本书得到中国敦煌石窟保护研究基金会的资助

新时代敦煌学研究丛书
荣新江 主编

幽赞化行

敦煌吐鲁番文献所见中古中国的占验与信仰

Divination and Beliefs in Medieval China
Observed in the Dunhuang and Turfan Manuscripts

游自勇 著

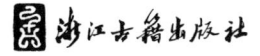

浙江古籍出版社

图书在版编目（CIP）数据

幽赞化行：敦煌吐鲁番文献所见中古中国的占验与信仰 / 游自勇著 . -- 杭州：浙江古籍出版社，2025.8. --（新时代敦煌学研究丛书 / 荣新江主编）.

ISBN 978-7-5540-3417-0

Ⅰ．K870.64；B933

中国国家版本馆 CIP 数据核字第 2025SA8916 号

新时代敦煌学研究丛书　荣新江主编

幽赞化行：敦煌吐鲁番文献所见中古中国的占验与信仰

游自勇　著

出版发行	浙江古籍出版社
	（杭州市环城北路 177 号　邮编：310006）
网　　址	https://zjgj.zjcbcm.com
责任编辑	徐　立
责任校对	叶静超
封面设计	时代艺术
责任印务	楼浩凯
照　　排	大千时代（杭州）文化传媒有限公司
印　　刷	浙江海虹彩色印务有限公司
开　　本	710mm×1000mm　1/16
印　　张	22.25
字　　数	395 千字
版　　次	2025 年 8 月第 1 版
印　　次	2025 年 8 月第 1 次印刷
书　　号	ISBN 978-7-5540-3417-0
定　　价	128.00 元

如发现印装质量问题，影响阅读，请与市场营销部联系调换。

"新时代敦煌学研究丛书"编纂委员会

（按姓氏音序排列）

主　　　编：荣新江
编　　　委：郝春文　刘安志　刘进宝　刘　屹
　　　　　　游自勇　于志勇　张小艳　张涌泉
　　　　　　张元林　赵声良　郑炳林
编委会助理：冯　婧　沈晓萍
编 纂 单 位：中国敦煌吐鲁番学会

总　序

如果把1900年敦煌藏经洞的发现作为敦煌学研究的起点，敦煌学已经走过了120多年的历程。郝春文教授等所著《当代中国敦煌学研究》把中国的敦煌学研究分成1909—1949年、1949—1978年、1978—2000年、2000—2019年四个阶段。我们在此基础上，把2020年作为"新时代敦煌学研究"的开始。

为了展现新时代敦煌学的研究成果，我们计划编纂"新时代敦煌学研究丛书"。这套丛书由中国敦煌吐鲁番学会主持编纂，会长担任主编，以学会副会长及学术带头人组成编委会，负责质量把关。丛书由浙江古籍出版社出版，由敦煌学出版中心具体运作。大致每5本一辑，持续推出。

这套丛书主要收录新的学术研究论著，以成系统的专著和论集为主。内容上以敦煌学研究为主，兼收吐鲁番、于阗、龟兹以及石窟寺等方面的研究著作，是一套开放的敦煌学研究丛书。

我们希望集合老中青学者的力量，形成学术"合力"，推进敦煌学研究进步，展现新时代敦煌学的研究实力。希望本丛书吸纳近年来敦煌学者的最新研究成果，成为当今敦煌学研究最高水准的代表，共同构筑新时代敦煌学的雄伟大厦。

浙江与敦煌，一在东之南，一在西之北，相距六千余里，却有着深厚的学术渊源与文化联系。1900年后，浙江与敦煌学就紧密联系在一起，浙江籍里研究敦煌文献的，稍早一点有叶昌炽、罗振玉、王国维等。此后代有其人，敦煌研究院两任院长常书鸿、樊锦诗均为杭州人。浙江出版联合集团多年来也是敦煌学著作的出版阵地，早年姜亮夫先生的《瀛涯敦煌韵书卷子考释》等，近期赵声良主编的《藏经洞敦煌艺术精品》，都是由浙江古籍出版社出版，获得不少好评。

当下，敦煌学界和出版界都在为敦煌学的发展而努力，浙江出版联合集团支持浙江古籍出版社成立"敦煌学出版中心"，为"新时代敦煌学研究丛书"的实施提供了大力的支持，相信未来会有更多更优秀的敦煌学相关著作由此产生。

丛书编委会
2025年5月11日

序

敦煌吐鲁番文献中保存了丰富的社会生活史资料，过去学者比较关注的是社邑文书、社条、社司转帖等，主要涉及敦煌吐鲁番地方社会的民间组织、相互协助等方面。随着研究的深入和材料的大量公布，占卜类文献受到了不少学者的关注，这些占验文书不仅反映了社会各阶层民众日常生活的重要一面，也透露了中古时期从统治阶级到普罗大众的信仰空间。这些不受封建史家重视的残篇断简，这些曾经被后世史家斥为封建迷信的材料，近年来备受敦煌吐鲁番学研究者的青睐，学者们从文献整理、占卜技术、宗教信仰等不同层面加以研究，取得了不少引人瞩目的成果。

游自勇君多年来从事中古时期正史《五行志》的研究，对于传统士人有关占验类的著作及其来源作过十分详细的梳理。2006 年他在首都师范大学历史系完成的博士学位论文《天道人妖：中古〈五行志〉的怪异世界》，被评为 2008 年"全国优秀博士学位论文"，获得学界广泛好评。他同时熟悉敦煌吐鲁番文献，从 2006 年进入北京大学历史学系博士后工作站以来，曾参与我主持的"吐鲁番出土文书总目""新获吐鲁番出土文献""旅顺博物馆藏新疆出土汉文文献""吐鲁番出土文献散录"等整理研究吐鲁番出土文献的各个项目，接触各类吐鲁番文书。2008 年入职首都师范大学历史学院以后，自 2010 年以来又参与郝春文教授主持的"英藏敦煌社会历史文献释录"工作，近年来更成为主力，对敦煌文献和文书也有总体的把握。

本书发表的三组研究成果，可以说与他参与上述敦煌吐鲁番项目有着密切的关系。他从文献出发，比如通过对敦煌本《白泽精怪图》《百怪图》《瑞应图》以及民间堪舆、选择文书的整理，进而研究民间日常生活中的占验和厌禳。他从吐鲁番出土的北凉冥讼文书的解读出发，探讨从先秦到魏晋南北朝时期的冥讼源流，进而深入研究唐中叶西州有关张无价的丧葬文书，以及敦煌归义军时期龙神力亡兄墓田争讼案卷，把民间社会处理现实与冥界的关系拉出了一条演变的线索。他还从敦煌习字写本复原出没有传世的《史大奈碑》，整理研究了敦煌写本《失名史书》、吐鲁番写本《老子道德经》、《列子·杨朱》（张湛注）、《沙门法琳别传》等写本，弄清文本的流传，从中探讨中古时期文本与知识传递的关系问题。

游自勇君和我有着广泛的学术交往和深入的学术交流，他收入本书的大部分文章在发表前我都曾拜读，获益匪浅。这次结集出版，更能看出他多年来对敦煌吐鲁番文献的整体思考，并从中找到自己研究的重点，从几个方面做出系统的、有突破性的成果。

在我担任中国敦煌吐鲁番学会会长期间，他作为学会的秘书长承担了大量的学术组织工作，这些琐碎的事务一定会影响到他的学术研究。然而他却游刃有余，在繁忙的工作中，仍不断有新作发表，可喜可敬。

如今，我见到他的新书列入"新时代敦煌学研究丛书"首批选目，即将付梓，喜不自禁，因略叙其学术成果与贡献所在，是为序。

荣新江

2025 年 5 月 12 日于杭州归途中

目 录

总　序　*i*

序（荣新江）　*iii*

上编　占验与厌禳　*001*

第一章　敦煌写本《白泽精怪图》研究　*003*

一、引　言　*003*

二、《白泽精怪图》释录　*006*

三、《白泽图》与《白泽精怪图》关系析论　*014*

四、《白泽精怪图》所见的物怪　*030*

五、结　论　*054*

第二章　敦煌写本《百怪图》研究　*056*

一、敦煌写本《百怪图》的缀合　*057*

二、《百怪图》内容蠡测　*069*

三、"狐鸣占"考论　*074*

第三章　敦煌写本 P.2683《瑞应图》新探　*092*

一、问题的提出　*092*

二、P.2683《瑞应图》的引书中有《瑞应图》　*094*

三、"凤凰"类图说的来源　*096*

四、P.2683 与《开元占经》的关系　*098*

五、"旧图"与"新图"　*103*

001

第四章　德藏吐鲁番文书《推十二支死后化生法、推建除日同死法》研究　106

一、录文与年代　106

二、性质与定名　109

三、文书所见佛教转生观念　111

第五章　唐代汉地堪舆观念在吐鲁番地区的传播——以出土文书为中心　117

一、旅博馆藏汉文《宅经》的性质与复原　117

二、吐鲁番出土的其他堪舆文书　121

三、其他吐鲁番出土文书所见堪舆观念　128

四、结　论　133

第六章　敦煌吐鲁番汉文文献中的剃头、洗头择吉日法　135

一、德藏 Ch.3821v 文书录文及内容　135

二、俄藏 Дх.1064、1699、1700、1701、1702、1703、1704 文书录文及内容　138

三、汉文剃头、洗头择吉日法与具注历日的关系　140

四、结　论　143

第七章　敦煌吐鲁番占卜文献与日常生活史研究　144

中　编　现世与冥界　151

第八章　吐鲁番新出《冥讼文书》与中古前期的冥界观念　153

一、文书内容与定名　153

二、相关名词解说　156

三、《冥讼文书》的书写　163

四、《冥讼文书》所见的血亲关系　172

五、结　论　177

第九章　先秦至南北朝时期的冥讼——从吐鲁番新出《冥讼文书》谈起　178

一、引　言　178

二、先秦时期的冥讼　179

三、中古前期的冥讼　181

四、冥讼的消弭及其特质 189

五、余　论 193

第十章　唐西州"张无价文书"新考 195

一、既有观点的检讨 196

二、法慈非张无价之女 199

三、析"田第人夫" 202

四、结　论 207

第十一章　"沙州龙神力亡兄墓田争讼案卷"再探——兼论敦煌文献中的"墓田" 209

一、"沙州龙神力亡兄墓田争讼案卷"录校 210

二、"沙州龙神力亡兄墓田争讼案卷"内容再探 214

三、敦煌文献所见的"墓田" 219

四、结　论 221

下　编　知识与文本 223

第十二章　敦煌写本 S.2078v "史大奈碑"习字之研究 225

一、S.2078v "史大奈碑"习字的录文及复原 225

二、史大奈相关史事考释 231

三、从习字看"史大奈碑"的传播 239

四、结　论 242

第十三章　敦煌写本 S.2506v 等唐代《失名史书》再探 244

一、《失名史书》所见史事补考 246

二、《失名史书》的编撰年代及作者 254

三、结　论 257

第十四章　吐鲁番所出《老子道德经》及其相关写本 258

一、《老子道德经》 258

二、《老子道德经》相关写本 266

三、《老子道德经》在西州的流传 276

第十五章　唐写本《列子·杨朱》（张湛注）的文献价值——从旅顺博物馆藏
　　　　　残片谈起　279
　　一、旅博馆藏《列子·杨朱》残片　279
　　二、敦煌本《列子·杨朱》校录　282
　　三、敦煌本《列子·杨朱》的文献价值　288
第十六章　新见敦煌吐鲁番写本《沙门法琳别传》　291

附录一　《白泽图》辑校　300
附录二　敦煌写本《百怪图》释录　310
附录三　敦煌写本 P.2683《瑞应图》校录　321
图版目录　327
表格目录　332
后　记　335

Contents

General Preface *i*

Preface (Rong Xinjiang) *iii*

Part One: Divination and Averting Misfortune *001*

    Chapter 1 A Study of the Dunhuang Manuscript *Baize Jingguai Tu* *003*

        1.1 Questions *003*

        1.2 The Transcription of the *Baize Jingguai Tu* *006*

        1.3 An Analysis of the Relationship between the *Baize Tu* and the *Baize Jingguai Tu* *014*

        1.4 The Recorded Spirits and Monsters in the *Baize Jingguai Tu* *030*

        1.5 Conclusion *054*

    Chapter 2 A Study of the Dunhuang Manuscript *Baiguai Tu* *056*

        2.1 Piecing Together the Fragments of the *Baiguai Tu* *057*

        2.2 Preliminary Interpretations of the Content of the *Baiguai Tu* *069*

        2.3 A Study on "Fox Cry Divination" *074*

    Chapter 3 New Investigations into the Dunhuang Manuscript P.2683 *Ruiying Tu* *092*

        3.1 Questions *092*

        3.2 The *Ruiying Tu* Cited in P.2683 *Ruiying Tu* *094*

        3.3 The Sources of Phoenix-Related Auspicious Omens in the *Ruiying Tu* *096*

3.4 An Analysis of the Relationship between P.2683 and the *Kaiyuan Zhanjing*　098

3.5 "Old Version" and "New Version"　*103*

Chapter 4 A Study on the Turfan Manuscript Ch.842v, "Methods for Inferring Rebirth After Death Based on the Twelve Earthly Branches and Techniques for Determining Concurrent Death According to the Jianchu Almanac-based Day-Selection System" in the German Collection　*106*

4.1 The Transcription of Ch.842v and Its Date　*106*

4.2 The Nature and Name of Ch.842v　*109*

4.3 The Buddhist Rebirth Concept Recorded in Ch.842v　*111*

Chapter 5 The Dissemination of Chinese Geomantic Idea in Turfan in the Tang Dynasty: Research on Excavated Manuscripts　*117*

5.1 The Nature and Restoration of the Chinese Manuscript *Zhai Jing* (*Treatise on Dwelling Sites*) at the Lüshun Museum　*117*

5.2 Other Geomantic Manuscripts Excavated from Turfan　*121*

5.3 Geomantic Concepts Recorded in Other Manuscripts Excavated from Turfan　*128*

5.4 Conclusion　*133*

Chapter 6 The Selection of Auspicious Days for Haircut and Head-washing in Dunhuang and Turfan Chinese Manuscripts　*135*

6.1 The Transcription and Content of Manuscript Ch.3821v　*135*

6.2 The Transcription and Content of Manuscripts Дх.1064, 1699, 1700, 1701, 1702, 1703, 1704　*138*

6.3 The Relationship Between Chinese Literary Sources on Auspicious Day Selection for Haircut and Head-washing and Annotated Almanacs　*140*

6.4 Conclusion　*143*

Chapter 7 Divination Manuscripts from Dunhuang and Turfan and Their Implications for the Study of Daily Life History　*144*

Part Two: The Mortal World and the Netherworld *151*

Chapter 8 Newly Unearthed Turfan Document "Litigation Documents in the Afterlife" and Early Medieval Concepts of the Netherworld *153*

    8.1 The Content and Name of the Document *153*

    8.2 Explanations of Terms *156*

    8.3 Writing Format, Scribe, and Writing Process *163*

    8.4 Consanguineous Relationships Seen in the Document *172*

    8.5 Conclusion *177*

Chapter 9 Litigative Practices from the Pre-Qin Period to the Northern and Southern Dynasties: Insights into the Newly Unearthed Turfan Document "Litigation Documents in the Afterlife" *178*

    9.1 Questions *178*

    9.2 Spiritual Litigation during the Pre-Qin Period *179*

    9.3 Spiritual Litigation in the Medieval Period *181*

    9.4 The Disappearance and Characteristics of Spiritual Litigation *189*

    9.5 Conclusion *193*

Chapter 10 A New Study on the Documents on Zhang Wujia in Turfan during Tang Dynasty *195*

    10.1 A Critical Review of Prevalent Opinions *196*

    10.2 Nun Faci Was Not Zhang Wujia's Daughter *199*

    10.3 An Analysis of "Tiandi Renfu" *202*

    10.4 Conclusion *207*

Chapter 11 A Re-examination of the *Case File on the Dispute over the Grave Land of the Deceased Brother of Long Shenli from Shazhou* *209*

    11.1 Transcription and Critical Collation *210*

    11.2 A Re-examination of the Document *214*

    11.3 "Tomb-related Farmland" Revealed in Dunhuang Documents *219*

    11.4 Conclusion *221*

Part Three: Knowledge and Texts *223*

  Chapter 12 A Study of the Writing Exercises of the Shi Danai Inscription in the Dunhuang Manuscript S.2078v *225*

    12.1 The Transcription and Reconstruction of the Writing Exercises *225*

    12.2 An Examination and Explication of Shi Danai-Related Historical Accounts in the Inscription *231*

    12.3 The Transmission of the Shi Danai Inscription Reflected by the Writing Exercises *239*

    12.4 Conclusion *242*

  Chapter 13 A New Study on the Tang-Period Dunhuang Manuscripts *Anonymous Historical Records* (S.2506v etc.) *244*

    13.1 A Supplementary Analysis of the Historical Events Recorded in the *Anonymous Historical Records* *246*

    13.2 The Compilation Date and Author of the *Anonymous Historical Records* *254*

    13.3 Conclusion *257*

  Chapter 14 A Study on the *Laozi Daodejing* and Relevant Manuscripts from Turfan *258*

    14.1 The *Laozi Daodejing* Discovered in the Turfan Manuscripts *258*

    14.2 Relevant Manuscripts of the *Laozi Daodejing* *266*

    14.3 The Dissemination of the *Laozi Daodejing* in Xizhou *276*

  Chapter 15 The Textual Value of the Tang Dynasty Manuscripts of the "Yang Zhu" Chapter of the *Liezi* (Annotated by Zhang Zhan) *279*

    15.1 Fragments of the "Yang Zhu" Chapter of the *Liezi* in the Collection of the Lüshun Museum *279*

    15.2 A Critical Transcription of the Dunhuang Manuscripts of the "Yang Zhu" Chapter of the *Liezi* *282*

15.3 The Textual Value of the Dunhuang Manuscripts of the "Yang Zhu" Chapter of the *Liezi*　*288*

Chapter 16 A Study on the Newly Discovered Dunhuang and Turfan Manuscripts of the *Separate Biography of Shamen Falin*　*291*

Appendix I The Compuilation and Collation of the *Baize Tu*　*300*

Appendix II The Transcription and Critical Collation of the *Baiguai Tu*　*310*

Appendix III The Transcription and Critical Collation of the P.2683 *Ruiying Tu*　*321*

List of Figures　*327*

List of Tables　*332*

Postscript　*335*

上编 占验与厌禳

第一章　敦煌写本《白泽精怪图》研究

一、引　言

　　20世纪初，法国人伯希和从敦煌掠走了大批珍贵的文献，他本人完成了汉文写本2001—3511号的编目工作，但没有刊行。1923年，罗福苌翻译了2001—2700号的内容，其中2682号为："《白泽精浤图》一卷。（不全，见张彦远《历代名画记》及《纬学源流兴败考》）"[1]其后，张凤游学巴黎，手抄出完整的伯希和法文编目的目录，陆翔重新翻译并补全了剩下的2701—3511号。据他的译文，2682号为："华文，残籍，极残损。此系瑞应书之一种并附图画（殊饶兴味）。末有题识，知是书名《白庆精浤图》共一卷。（参观《后汉书》访辑佚书条，可装裱摄影，《白泽图》见张彦远《历代名图记》及《纬学源流兴废考》）"[2]"庆"应该是排印错误，本当为"泽"字。从这两种译本来看，伯希和是根据卷末题识将2682号定名为《白泽精浤图》的，且将其与《白泽图》联系起来。

　　1935年，王重民在法国国立图书馆见到了伯希和定名为《白泽精浤图》的P.2682号残卷。该卷前幅有图有文，后幅有文无图，他重新定名为《白泽精话图》，并撰写跋语云："此残卷尚有图二十幅，着以彩色，颇为醒目，可藉窥吾国中世纪时人民对于万物精魂之想象，弥足珍矣。"[3]

---

[1] 伯希和编，罗福苌译《巴黎图书馆敦煌书目》，《国立北京大学国学季刊》第1卷第4号，1923年12月，第748页。
[2] 伯希和编，陆翔译《巴黎图书馆敦煌写本书目》，《国立北平图书馆馆刊》第7卷第6号，1933年12月，第68页。
[3] 王重民《巴黎燉煌残卷叙录（七）·白泽精话图》，《大公报》1935年7月11日"图书副刊"第87期。此跋文修订后收入氏著《巴黎敦煌残卷叙录》第1辑卷三《子部》，北平图书馆出版，1936年，叶6a；《敦煌古籍叙录》卷三《子部上》的文字有所不同："此残卷尚有图二十幅，着以彩色，颇为省目，可藉窥吾国中世纪时，对于万物精魂之想象画，弥足珍矣。"北京：中华书局，1979年，第174—175页。

1956 年，松本荣一首次刊布了 P.2682 的图版及录文，并根据尾题定名为《白泽精怪图》，沿用至今，殆无疑义。文章分两部分：第一部分考察《白泽图》的起源和流传；第二部分是对《白泽精怪图》中所载精怪的简单说明，引用了相关史籍加以印证，附有图版和录文，这也是此文的最大价值所在[①]。松本荣一的录文直到今天依然最为精审。或许是巴黎馆方在收藏过程中出现差错，松本荣一之后的各种影印件都在第 17 幅图的下方缺失一角，而由他影印的图版则是完整的，其学术价值自不待言。

　　20 世纪 50 年代末，斯坦因收集品中的 S.1—6980 号文书的缩微胶卷陆续运到中国和日本，刘铭恕据此编成《斯坦因劫经录》。他将 S.6261 定名为《白泽精话图》[②]，但没有说明定名的理由。从沿用"精话图"推测，应是受王重民的影响，显见在 60 年代初，刘铭恕（或王重民）已经意识到 S.6261 与 P.2682 属同一卷文书。

　　1969 年，继松本荣一之后，饶宗颐发表了他对《白泽精怪图》的研究，涉及源流、功用、书法、绘画等方面，文后附有 P.2682 和 S.6261 的图版，遗憾的是他没有发表全部录文[③]。饶先生在一些精怪的考证上比松本荣一有所推进，特别是提示了《白泽精怪图》与《白泽地镜》《金楼子·志怪篇》及《抱朴子·登涉篇》等书的关系。1977 年，林聪明也对辑本《白泽图》和敦煌写本《白泽精怪图》进行了研究，他的贡献在于对 P.2682 的 19 幅图说作出了完整录文，并有精细考订，释读出了松本荣一未能录出的一些文字[④]。

　　1989 年，高国藩从民俗信仰的角度对《白泽精怪图》作了考察，涉及该书的源流、成书过程、书中所涉精怪的考订等许多方面，是当时较为全面的研究[⑤]。可惜的是，他并未参考松本荣一的研究，而是据缩微胶卷作出录文，限于当时的条件，错漏在所难免。之后，相关的研究一度沉寂，只有菅原信海和白化文的两篇简短解题[⑥]。

---

① 松本荣一《敦煌本白泽精怪图卷》，《国华》第 65 编第 5 册，总第 770 期，1956 年，第 135—147 页。
② 刘铭恕《斯坦因劫经录》，商务印书馆编《敦煌遗书总目索引》，北京：商务印书馆，1962 年，第 238 页。
③ 饶宗颐《跋敦煌本白泽精怪图两残卷（P.2682，S.6261）》，《"中研院"历史语言研究所集刊》第 41 本第 4 分，1969 年 12 月，第 539—552 页。
④ 林聪明《巴黎藏敦煌本"白泽精怪图"及"敦煌二十咏"考述》，《东吴文史学报》第 2 期，1977 年 3 月，第 97—102 页。
⑤ 高国藩《敦煌民俗学》，上海：上海文艺出版社，1989 年，第 342—367 页。
⑥ 菅原信海《占筮书》，池田温编《敦煌汉文文献》（"讲座敦煌"第 5 卷），东京：大东出版社，1992 年，第 445—446 页；白化文《白泽精怪图》，季羡林主编《敦煌学大辞典》，上海：上海辞书出版社，1998 年，第 778 页。

2003 年，黄正建在为敦煌占卜文书作解题时简要介绍了《白泽精怪图》，他从 S.6261 与 P.2682 行文"颇不类"这一点，对前者定名作《白泽精怪图》存疑[①]。王爱和在其博士学位论文中对 S.6261 和 P.2682 作出完整录文并附解题，惟录文未能参考前贤成果，错讹之处不少。不过，她指出《白泽精怪图》的部分内容后来逐渐被"六十甲子历"类占卜文书吸收，这是一大发明[②]。周西波在对《白泽图》进行综合研究时也释录了《白泽精怪图》的部分文字[③]。戴思博（Catherine Despeux）吸收了松本荣一、饶宗颐、林聪明、夏德安（Donald Harper）诸人的研究成果，对《白泽精怪图》的解题十分简洁精当[④]。

2010 年、2013 年，佐佐木聪分赴法国国家图书馆、英国国家图书馆调查 P.2682 和 S.6261 的写本情况，之后发表调查结果，提供了很多新的信息，尤其是对二者是否为同一写卷表示了怀疑[⑤]。2019 年，关长龙在参考松本荣一、饶宗颐、王爱和以及拙录的基础上[⑥]，重新作了录文[⑦]，对各家录文多有取舍。

可以看到，前人对《白泽精怪图》的关注度很高，但目前的工作尚处于解题和释录文字阶段，在一些文字的释读上还有值得完善之处。除此之外，由于中古时期《白泽图》的流传很广，现代学者很自然地将敦煌本《白泽精怪图》等同于《白泽图》，并由此展开了一些研究。那么，二者究竟是不是同一本书呢？《白泽精怪图》所记精怪和厌禳之法的渊源又在哪里呢？

[①] 黄正建《敦煌占卜文书与唐五代占卜研究》，北京：学苑出版社，2001 年，第 166—167 页；增订版，北京：中国社会科学出版社，2014 年，第 148 页。
[②] 王爱和《敦煌占卜文书研究》，兰州大学博士学位论文，2003 年，第 462—465 页。
[③] 周西波《〈白泽图〉研究》，项楚主编《中国俗文化研究》第 1 辑，成都：巴蜀书社，2003 年，第 166—175 页。
[④] Catherine Despeux, "Auguromancie", in Marc. Kalinowski ed., *Divination et société dans la chine médiévale. Étude des manuscrits de Dunhuang de la Bibliothèque nationale de France et de la British Library*, Paris: Bibliothèque nationale de Fance, 2003, pp.436-443, 455-45, 467.
[⑤] 佐佐木聪《法藏〈白泽精恠图〉（P.2682）考》，《敦煌研究》2012 年第 3 期，第 73—81 页；佐佐木聪《〈白泽精怪图〉再考——S.6261 を中心として》，《敦煌写本研究年报》第 11 号，2017 年 3 月，第 57—72 页。
[⑥] 拙文《敦煌本〈白泽精怪图〉校录——〈白泽精怪图〉研究之一》，《敦煌吐鲁番研究》第 12 卷，上海：上海古籍出版社，2011 年，第 434—440 页。
[⑦] 关长龙《敦煌本数术文献辑校》，北京：中华书局，2019 年，第 1045—1060 页。

二、《白泽精怪图》释录

（一）写本的相关情况

敦煌写本《白泽精怪图》现有两个写本号：S.6261 和 P.2682，均为彩绘，书法甚佳，为唐代写本。据松本荣一的介绍，P.2682 由 7 纸连接装裱成卷，前 4 纸分上下两栏排列，图文结合，长约 160 cm，后 3 纸有文无图，长约 110 cm，整卷高 28 cm，总长将近 3 米[1]。《法藏敦煌西域文献》第 17 册将 7 纸从右到左分别编号为 P.2682-1、P.2682-2、P.2682-3、P.2682-4、P.2682-5、P.2682-6、P.2682-7[2]。2010 年，佐佐木聪赴巴黎对 P.2682 进行了非常细致的调查，据他介绍，受纸张硬化等因素影响，现存各纸长度分别是 41.5cm、42 cm、39 cm、41 cm、40.5 cm、42 cm、34.5 cm，高度大致在 28cm—28.5cm 之间。根据以上调查，除第 7 纸长度稍小外，考虑到磨损装裱等因素，我推测各纸大小原本当为 42cm×28cm。

关于这两个号之间的关系，之前绝大多数学者都认为二者属同一写本，位置关系如下：

| P.2682-7 | P.2682-6 | P.2682-5 | P.2682-4 | P.2682-3 | P.2682-2 | P.2682-1 | | S.6261 |

也有学者对此提出异议，焦点便在于第 7 纸卷末的题记："已前三纸无像。道昕记，道僧并摄，俗姓范。白泽精怪图一卷，卌一纸成。"题记的书法拙劣，属于后人加写殆无异议。饶宗颐先生据此推断："似原图为散页，共四十一张。其前三纸无图，今本自出于后人重新装池，而置前三纸之无像者，厕于卷末，则此卷固非完帙矣。"[3]其意，有说无图的后 3 纸原本是放在卷首的，高国藩亦同此论[4]，各纸顺序如下：

| P.2682-4 | P.2682-3 | P.2682-2 | P.2682-1 | | S.6261 | | P.2682-7 | P.2682-6 | P.2682-5 |

---

[1] 松本荣一《敦煌本白泽精怪图卷》，第 138 页；Donald Harper, "A Note on Nightmare Magic in Ancient and Medieval China", *T'ang Studies*, 6, 1988, p.70 注 1。
[2] 《法藏敦煌西域文献》第 17 册，上海：上海古籍出版社，2001 年，第 229—232 页。
[3] 饶宗颐《跋敦煌本白泽精怪图两残卷（P.2682，S.6261）》，第 539 页。
[4] 高国藩《敦煌民俗学》，第 342 页。

根据佐佐木聪的调查，P.2682 上绘有格线，除了常见的竖线外还有横线，且横线只有一根，位于写本正中间，贯通 7 纸，这样就把整个卷子分为上下两个部分。他由此断定，原卷一开始就是设计成上下两段的图文并茂形式来书写的，后来才变更为无图形式，因此在最后 3 纸上才保留了横线。换言之，之前多数学者的缀合顺序是正确的。我以为，佐佐木聪的这个发现极为重要，有关 P.2682 纸张顺序的问题已经得到解决。那么，如何来理解 P.2682 前 4 纸与后 3 纸的关系呢？关键处在于第 4 纸卷末的"□精怪有壹佰玖拾玖窠□□□□"一句。第 4 纸最后一图绘的是一只鸡，紧接着就是这句文字（图 1-1），从图版看，本句迭压在下句"□家庭间出泉者，勿恶之，家大富也"上，遮住了右边三分之一的文字，这应该是装裱时的痕迹（图 1-2）。由此可以得知，"□精怪有壹佰玖拾玖窠□□□□"属于图文并茂的前 4 纸，不属于下面有文无图的 3 纸。从书法角度看，这句的书写不同于其他（图 1-3），应该也是出于后人之手①。从文义推测，"□精怪有壹佰玖拾玖窠□□□□"是总结之语，它既然被后人添写在了前 4 纸的最后，自然就是针对有图的 38 纸了。因此，这里所说的 199 种精怪涵盖的只是前面有图的 38 纸，并不包括后面 3 纸。

图 1-1 《白泽精怪图》第 4 纸题记

根据以上的分析，我们或许可以对 P.2862 的生成过程作出如下推测：唐时有人将纸张粘贴成卷，在卷子上打好竖格线和横格线，然后分上下两栏绘抄精怪书图，在绘抄完 199 种精怪之后，由于纸张不够，所以变更抄写方式，只抄文字，不再绘图，形成了一份较为完整的精怪书图。当时整卷未必有书名。在流传过程中，有图部分与无图部分出现断裂，后人在有图部分的末尾添加识语。之后被敦煌寺院所得，道昕等僧人将断裂的两部分粘合，根据文中多处出现的"精""怪"以及后人识语中的"精怪"一词，结合当时社会上流传的《白泽图》，将这份写卷命名为《白泽精怪图》。

---

① 松本荣一《敦煌本白泽精怪图卷》，第 144 页。

图 1-2 《白泽精怪图》第 4 纸
题记叠压痕迹

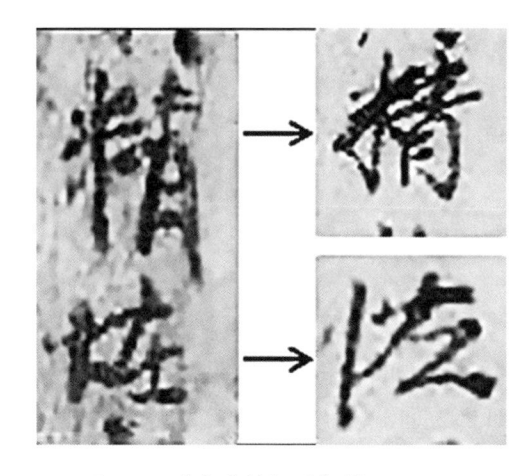

图 1-3 《白泽精怪图》第 4 纸题记
字迹比较

再来看 S.6261。此件亦分上下两栏，有图有说，内容、笔迹、结构与 P.2682 极为相似，故学界基本都将二者视为同一写本的分割，只有黄正建提出质疑。2013 年佐佐木聪在英国国家图书馆调查时发现，与 P.2682 相比，S.6261 没有上下分栏的横线，竖线也不规整，颇为扭曲，他怀疑二者不属于同一写本，而是同一写卷的不同抄本。2016 年，我在英国国家图书馆调阅了 S.6261，确认了佐佐木聪的调查结果，同意他的判断。

（二）《白泽精怪图》释录

据 IDP（国际敦煌项目）和法国国家图书馆网站公布的彩色照片释录，随附校记。P.2682 缺损处据松本荣一《敦煌本白泽精怪图卷》所附图版补全。录文保持原卷格式，不连写，按行录出，图文并茂部分不标行数，后人填写的识语在句首以"a、b、c"标注。

S.6261

（前缺）

木麋名曰札[①]，状如菟（兔）而尾青色，物类自然，非怪也。

[①] 写本所绘动物为兔头，但身体和尾巴部分则像马或鹿。《汉书》卷二七《五行志》云："刘向以为麋色青，近青祥也。"（北京：中华书局，1962 年，第 1396 页）萨守真《天地瑞祥志》卷一九："（鼯鼠）形大，头似菟，尾有毛，青黄色。"（日本尊经阁文库藏钞本，叶 30a）颇疑"木麋"即鼯鼠和麋形象的混合体。

掘地得□□□□□也，其状如□□□当有钱①。

掘地得人，无谓鬼神，名曰取（聚）也②，出而举之则消，无伤于人。

掘地得人手者，名曰□（封）□（物）也③，亨而食之④，有酒味，使人美气无病，亦名郢。

掘地得狗者，名曰耶也，其不害物矣，无谓鬼而怪之。

掘地得豕（豚）者，名曰□□，煞之，不害物也，无谓鬼神，勿怪也⑤。

□有角黑喙⑥，□□□□，黑喙有角□□□□□身□□□□⑦。

P.2682

□（鬼）夜呼长妇名者，老鸡也。□（以）马屎涂人户防之，不防之，□死煞则已⑧。

鬼夜呼次妇□（名）□（者），□（老）□（鸡）也。黑身、白尾、赤头。以其屎涂人灶。

鬼夜呼少妇名者，老鸡也。赤身、白头、黄衣、下黑。以其屎涂好器，煞之则已。一云涂灶。

夜行见火光下有数十小儿，头戴火车。此一物两名，上为游光，下为野童，

---

① 《天地瑞祥志》卷一七《肉》："掘地得肉，是谓地贼状如青漏之也，还其处，有钱当之则死。"（叶7b）疑"当有钱"乃"有钱当"之误，本句或可补全为："掘地得肉，名曰地贼也，其状如青漏，还其处，有钱当之则死。"

② "取"，饶宗颐认为"取"即"聚"。

③ "□□"，《天地瑞祥志》卷一七《肉》："掘地得手，名曰封物，状如人手。亨而食之，有酒盐味，使人美气力、无疾病。"（叶7b）据此可校补作"封物"。

④ "亨"，为"烹"的古字。

⑤ 这两条疑有错简。《搜神记》引《夏鼎志》："掘地而得狗，名曰贾；掘地而得豚，名曰邪；掘地而得人，名曰聚。聚，无伤也。此物之自然，无谓鬼神而怪之。"（干宝撰，李剑国辑校《新辑搜神记》卷一六《犀犬》，北京：中华书局，2007年，第265页）"掘地得狗"条，所配图却为马身、马尾。睡虎地秦简《日书》甲种《诘》："一室人皆毋（无）气以息，不能童（动）作，是状神在其室，屈（掘）脊泉，有赤豕，马尾犬首，亨（烹）而食之，美气。"（36背贰—38背贰）刘乐贤注："状，读为戕。《国语·晋语》注：'犹伤也。'按：《庄子·达生》：'西北方之下者，则泆阳处之。'《释文》：'司马云：泆阳，豹头马尾，一作狗头。'本简状神'马尾犬首'，与泆阳'狗头马尾'有相同之处。"（刘乐贤《睡虎地秦简日书研究》，台北：文津出版社，1994年，第242页）据此，颇疑"掘地得狗"和"掘地得豕"在内容上出现错乱，或可修正为："掘地得狗者，名曰赤豕也，其不害物矣，无谓鬼而怪之。掘地得豚者，名曰邪也，煞之，不害物也，无谓鬼神，勿怪也。"

⑥ "□"，关长龙释作"傍"；"喙"，关长龙释作"啄"，疑为"喙"字俗讹。

⑦ "喙"，关长龙释作"啄"，疑为"喙"字俗讹。

⑧ "□"，松本荣一校补作"身"。

见是者天下多疫死。兄弟八人①。

人革带夜有光,进酒脯祭之。若不酒脯祭之,当卖。

居室无故有人者及有声者,且有大奸□(也)。

雌雉无故入家者,名曰神行。家必有暴死者,急去,勿留居舍里。

雄鸡夜鸣者,涂内天女宅,宜子孙。

有五色鸟,人面被发,名似,其鸟所集,人多疾病。

蚋蚨白翼两头者,龙也,煞之身死。

斩蛇则续,苟欲煞之者,索缚其上,则不复续。

蛇无故入人家里、社庙,迹匪道者,皆大凶,勿煞之,理(埋)人骨吉。

□(鼠)上树者,有大水至,不度一年必至。

鱼从水上流下者,□(大)水至也。

〔龙〕乳人家,其主为庶人也。

雌鸡雄鸣,以黄土涂门户左右颊外,圆一尺,则已。

鼠群行者,有大水,不过一年。

灶无故自润湿者,里有钩注居之,其状如大虾蟆,去之则已②。

家不宜子孙,无畜鸡也。

a　□精怪有壹佰玖拾玖窠□□——
1　□家庭间出泉者③,勿恶之,家大富也。　山大树有能语者,
2　□(非)树语也④,其精名曰云阳,呼之即吉。　山夜见火光者,皆
3　□□枯木所作怪也⑤。　山见胡人者,铜铁之精也;见秦人
4　者,百岁木精也,勿怪之,不能为害。　山水之间见吏
5　者⑥,名曰四激⑦,呼之吉。　山见大蛇著冠帻者,名曰斗(升)卿,呼
6　□(之)吉。　山见吏,若但闻声不见形,呼人不止者,以白石掷

---

① 《天地瑞祥志》卷一七引《白泽图》:"夜行见火光,下有数十小儿戴之,一物二名,上为游光,下为野僮,此二物见者,天下多疾死之民。一曰僮兄弟八人也。"(叶4a)写本所配图画有八个小儿模样,正对应"八人"之说,故"兄弟八人"前当脱"一曰僮"。
② 本句在IDP彩图及《法藏敦煌西域文献》的图版里下残小块,"里""大"均缺,"者""如"亦只见笔画,而松本荣一刊布的图版是完整的,据释。
③ "□",关长龙校补作"人"。
④ "□",松本荣一校补作"即"。
⑤ "□□",关长龙认为只缺一字,校补作"久"。
⑥ "者"前,关长龙认为底本还有一字空格,可校补"人"。
⑦ "激",关长龙释作"徼"。

7 之则息矣。一法，以白苇为矛刺之，即吉。 山鬼来唤人，求食

8 不止者，以白茅捉（投）之，即死矣。 山鬼常迷或人，使失道径者，以

9 苇杖打之，即死矣。 子日称社君者，鼠也；称神人者，伏翼

10 也。丑日称书生者，牛也。 寅日称虞吏者，虎也；称当路君者，

11 狼也；称令长者，狸也。 卯日称丈人者，兔也；称东王父者，麋也；称西王

12 母者，鹿也。 辰日称雨师者，龙也；称河伯者，鱼也；称无肠公

13 子者，蟹也。 巳日称寡人者，社间蛇也；称仙人者，树也。

14 未日称主人者，羊也；称吏，麈也。 申日称时人君者，猴也；称九

15 卿者，猨也。 酉日称将军者，老鸡也；称贼捕者，雉也。戌日称人姓

16 字者，犬也；称成阳翁仲者，狐也；称人字者，金玉也。 亥日称臣

17 □（者）猪也①。 六畜能言者，勿煞，吉凶如其言也。 犬豕为人言

18 □（者），□家②。三柱大容手③，无复殃矣。无故自腥臊，贼且来攻，

19 □。 家中无故自腥臊者，必有火死之鬼。 井水瓮臊④，家

20 □（有）丧事⑤，汲除之，吉。 蛇虫蛰藏之时而见人家，家必丧亡。

21 □入人家，无故煞之，必死；释之勿煞者，昌，主人益地宅，吏人复官爵，

---

① 这段"十二衹精怪"的文字见于《抱朴子内篇·登涉》（王明《抱朴子内篇校释》增订本，北京：中华书局，1983年第2版，第304页），《天地瑞祥志》卷一四《物精》所引同于《抱朴子》，《金楼子》（《文渊阁四库全书》本，第848册）卷五《志怪篇》亦引寅、辰两日文字。以此相校，则《白泽精怪图》在巳、未两日间有脱文，当补为："巳日称寡人者，社间蛇也；〔称〕〔时〕〔君〕〔者〕，〔龟〕〔也〕。〔午〕〔日〕〔称〕〔三〕〔公〕〔者〕，〔马〕〔也〕；称仙人者，树也。未日称主人者，羊也；称吏，麈也。"另外，戌、亥两日有错简，当修正为："戌日称人姓字者，犬也；称成阳翁仲者，狐也。亥日称臣□（者），猪也；称〔妇〕人字（子）者，金玉也。"

② "□"，松本荣一释作"益"，王爱和释作"合"。

③ "三柱"，或为古代星图中五车星之三柱。《史记》卷二七《天官书》："西宫咸池，曰天五潢。五潢，五帝车舍。火入，旱；金，兵；水，水。中有三柱；柱不具，兵起。"（北京：中华书局，2013年，第1557页）《太平御览》卷七引《荆州星占》："五车，一名〔天〕库，凡十四星。五车中有三柱三星，若不见，兵尽起。"（北京：中华书局影印，1960年，第33页下）《真诰》卷一四《稽神枢第四》："赤怪潜骇，三柱为灾。"注云："赤怪则荧惑星也。三柱者，五车星中三柱也。"（陶弘景撰，赵益点校《真诰》修订本，北京：中华书局，2023年，第268页）

④ 《异苑》卷四："西秦乞伏炽盘都长安，端门外有一井，人常宿汲水亭之下，而夜闻磕磕有声。惊起照视，瓮中如血，中有丹鱼长可三寸，而有寸光。时东羌西房，共相攻伐，国寻灭亡。"（刘敬叔撰，范宁校点《异苑》，北京：中华书局，1996年，第32页）则当时一般是将井水汲于家中瓮里，故称"井水瓮臊"。

⑤ "□"，松本荣一校补作"必"。

22 □□得财矣①。　鼠鸣及屎溺物上，为怪不止，以丙丁巳午日
23 □□取常扫烧著其处，永不复来矣。凡鼠为怪，名阴贼，
24 以□和黄土，涂室内近床下地，方三尺，以黄土为犬，长六寸，置
25 土三日，取犬捐交道间，殃除已。犬见人尸者，勿煞之，煞之，家大败，
26 即以沾布逐犬，枌搒之，即已。　子日釜鸣，妻内乱。
27 丑日釜鸣，有上客君子会。寅日釜鸣，有嫁娶吉庆会。
28 卯日釜鸣，长子徭役，其门不好②。　辰日釜鸣，家有行，非父则母。
29 巳日釜鸣，忧聚众、狱讼事。　午日釜鸣，家有忧奴婢事。
30 未日釜鸣，家有德，吉。　酉日釜鸣，有祀祠事。申日釜〔鸣〕，家聚众，凶，有丧。
31 戌日釜鸣，凶③，耗钱财，凶。　亥日釜鸣，官禄成，家安乐，无殃咎，吉。
32 此皆自然应感，不怪之则神，众人弗知，畏之，故得疾，非有鬼
33 神之祸也，物有自然怪耳。厌釜鸣：取后甲上土，合五香，涂
34 灶额上，吉，无咎。假令甲子旬日鸣，取戌他（地）效此，五香、苏合、爵（郁）金、
35 青木、都梁木、蜜各一两，涂讫，悬□其上④，吉矣。又一法：釜鸣，以
36 □□长五寸⑤，五谷各三斗置灶上釜⑥，震呼之曰："女婴！"取釜置西南巳
37 未地，宜子孙，三年出贵子，利贾市，耕得五谷。法为五坐，以黄
38 白饭、日（白）鸡脯肉、清酒、祭肉之具于灶前，吉。又一法：釜鸣，令
39 家长带剑而应之曰："未可鸣，息于止！"令家大富，无咎矣。
40 又一法：釜鸣，取家铜镜于傍，击而和之，无咎。　血污门户关者，
41 臣妾有奸。　血污门者，宾客为害，祭之则吉。　血污床褥者，
42 忧妻子也。　血污帏帐，宿者有忧。　血污冠帻者，为士
43 所辱，勿服之。　血污人衣被，女子怀身堕伤，男子惊兵，卖之，
44 勿服。　血污冠帻簪及采镜钗珠玑者，有好淫之辱，皆
45 悉焚之、卖之，勿服。　血污人身，是谓为鬼所泣，其主不吉，

---

① "□□"，关长龙校补作"商人"。
② "门"，关长龙释作"所"。
③ "凶"，疑为衍文。
④ "□"，关长龙校补作"著"。
⑤ 第二个"□"，关长龙释作"二"。
⑥ "斗"，关长龙释作"升"。

46 以鲊酱洗去之,殃除。刀无故自鸣,此不可服,必煞人。
47 剑无故自拔者,拔之切割,吉。印绶有光者,必免官。人席夜
48 有光者,进酒脯,人有贺者。 人家无故夜惊有光者,恶上
49 下是者,名曰且赣,知其名,故可无咎矣。 人衣夜有光,且涂
50 内壁而方三尺,所求必得矣。 人夜卧,无故发自断者,怪也。
51 明旦以黄土涂门①、所卧床下,方一尺,厚三尺,手画之曰"老鼠"也,
52 不出三日,鼠死穴里,后无咎矣。 人夜得恶梦,旦起,于舍
53 东北被发咒曰:"伯奇!伯奇!不饮酒食肉,常食高兴地,其恶
54 梦归于伯奇,厌梦息,兴大福。"如此七咒,无咎也。
55 人家无故恐者,皆是诸鬼精变怪使然,各随其所在处,
56 以其名呼之,可除。又用黑鸡、黍糠、三家醯于四达路立,以其
57 名呼之,断鸡头置门上,醯、鸡血和黍糠以涂门户、井灶、溷,
58 无咎矣。 上山而畏者,呼曰善人; 入室而畏者,呼曰曹芋②;
59 上屏而畏者,呼曰申储③; □道而畏者④,呼曰庆忌;
60 上城而畏者,呼曰飞□; □雷而畏者,呼曰鼠提;
61 入渊而畏者,呼曰冈像; □泽而畏者,呼曰委蛇。
62 此皆是其鬼名,故先呼其名,即使人不畏之,鬼亦不伤人
63 者也。 夫妇喜斗讼者,人虚也,取白鸡埋之堂
64 上,殃已矣。奴婢喜叛亡,财虚也,取甑一,埋之门户中,殃已
65 矣。为家之法,常以月晦日向暮时,以灰离著门户□(上)⑤,
66 著屋外四角各一把许,令人辟恶除患却盗贼,宜□,
67 大吉。 鹔不来入堂室者,井之虚也,取梧桐为
68 人男女,各置井中,必来矣,殃已。蛇聚人邑中,若
69 群行道上者,其邑必虚空 也,其君必自将兵,兵急矣。
b 已前三纸无像。道昕记,道僧并摄,俗姓范。
c 白泽精怪图一卷,卅一纸成。

---

① "门",关长龙认为"门"不辞,疑涉下文"所"字误作"而"未删者。按,以黄土涂门,是为了防止老鼠入户,此处非"不辞"。
② "芋",关长龙释作"芋"。
③ "储",墨色明显偏淡,书法字迹也不同,当是后人所加。
④ "□",王爱和校补作"行"。
⑤ "□",松本荣一、王爱和未录,据文义补"上"。

三、《白泽图》与《白泽精怪图》关系析论

《白泽图》是中古时期流传很广的物怪指南，是研究当时社会信仰与民俗的重要资料，可惜久已佚失。清代马国翰和洪颐煊曾做过辑佚，但所得不多，且有说无图。1934 年，江绍原在其《中国古代旅行之研究》中引用了不少辑本《白泽图》的内容，主要是与出行有关的精怪图说，他广采典籍，对这些精怪进行了笺释[1]。之后，对《白泽图》研究贡献最大的当推陈槃。1944 年，陈槃继续撰写其对于古谶纬书录的解题，其中有一篇就是《白泽图》。此时他虽然已经知道敦煌写本 P.2682《白泽精怪图》的存在，但受战事阻隔，王重民寄来的影印本并未收到，因此他的研究只能围绕辑本《白泽图》展开，详细考订了《白泽图》的缘起以及流衍，仅在文后以"附记"形式对 P.2682 的价值稍有提及。四年后他又以"补记"方式订正辑本《白泽图》的错误并补充了一些佚文[2]。20 世纪 50 年代以后，随着松本荣一、饶宗颐等学者相继公布《白泽精怪图》的图版、录文并作出初步研究，学界的关注逐步提高。多数学者倾向于将《白泽图》与《白泽精怪图》相提并论，甚至将二者等同起来[3]，松本荣一虽持反对意见，但只是一笔带过。高国藩比较了《白泽精怪图》与《抱朴子》《金楼子》的异同，认为"敦煌本《白泽精怪图》不是原封未动的古神话《白泽图》，它已经过了敦煌民间口头与书面的修改、加工、增添，成为一本古神话加仙话，再加民间风俗信仰杂糅的《白泽精怪图》"[4]。然而这种比较只是说明有新的内容被杂糅进《白泽图》，这在书籍的传承史上并不奇怪，却不能从根本上将二者区分开。佐佐木聪从内容和辟邪理念的差异来说明二者的区别，则更深入一步，可惜也是概言之，未展开论述[5]。本节在前人研究基础上，从中国古代神怪专书演变的脉络入手，对两书关系作进一步的探讨。

---

[1] 江绍原《中国古代旅行之研究》，上海：商务印书馆，1935 年，第 41—54 页。
[2] 陈槃《古谶纬书录解题（二）·白泽图》，《中研院历史语言研究所集刊》第 12 本，1947 年，第 35—47、52 页。20 世纪 80 年代，陈槃对于《白泽图》的解题作了最后增订，此时他已得到了 P.2682《白泽精怪图》的影印件，但也只是附了两张影印图版，具体的研究则未展开，见《古谶纬研讨及其书录解题》，上海：上海古籍出版社，2010 年，第 271—290 页。
[3] 林聪明《巴黎藏敦煌本"白泽精怪图"及"敦煌二十咏"考述》，第 97—102 页；Donald Harper, "A Chinese Demonography of the Third Century B.C.", *Harvard Journal of Asiatic Studies*, Vol.45, No.2, 1985, pp.491-494; Donald Harper, "A Note on Nightmare Magic in Ancient and Medieval China", pp.69-76；周西波《〈白泽图〉研究》，第 166—175 页；孙文起《〈白泽图〉与古小说志怪渊源》，《哈尔滨学院学报》2007 年第 10 期，第 75—78 页。
[4] 高国藩《敦煌民俗学》，第 366 页。
[5] 佐佐木聪《〈白泽图〉辑校（附解题）》，《东北大学中国语言文学论集》第 14 号，2009 年，第 112 页；佐佐木聪《法藏〈白泽恠图〉（P.2682）考》，第 73—81 页。

（一）先秦时期的神怪记录

一般而论，中国上古社会流行泛神崇拜，各种神灵鬼怪纷繁芜杂，加之各地方言差异的存在，因此这些神怪名称及形象在流传的过程中出现了种种偏差，有的甚至面目全非。尽管如此，学者们仍孜孜不倦地从上古传说和神话中汲取资料，希望藉此重建上古史的脉络。极端者如顾颉刚的"层累古史说"，完全打破了古人对于远古及三代历史的建构，最著名的论调就是将禹解释为一条大虫。此说一出，即在学界引起轩然大波，但并未得到多数学者的认同，他们依旧沿着典籍与出土文物互证的思路考辨名物、条理神谱，如丁山在其遗著《中国古代宗教与神话考》里就钩沉探赜，为我们制作出一张《自然神号演变为上古王公简表》[①]。当然，丁山整理的上古神怪只是一小部分，此类工作古人很早就进行过，究其渊源，可上溯至著名的"铸鼎象物"传说。

公元前606年，楚庄王大军北进，顿兵洛水，周定王派王孙满至楚军犒劳。楚庄王乘机向王孙满询问鼎之大小、轻重。王孙满的回答是：

> 在德不在鼎。昔夏之方有德也，远方图物，贡金九牧，铸鼎象物，百物而为之备，使民知神、奸。故民入川泽、山林，不逢不若；螭魅罔两，莫能逢之。用能协于上下，以承天休。桀有昏德，鼎迁于商，载祀六百。商纣暴虐，鼎迁于周。德之休明，虽小，重也。其奸回昏乱，虽大，轻也。天祚明德，有所底止。成王定鼎于郏鄏，卜世三十，卜年七百，天所命也。周德虽衰，天命未改。鼎之轻重，未可问也。[②]

这是中国古代极其有名的一段政治论述。王孙满主旨是要说明一个政权的存在最关键的是"德"，是天命；鼎是政权的象征，但它的大小轻重无关紧要，只要天命不改，政权就不会垮台，询问鼎的大小轻重也就没有意义。他实际上是劝告楚庄王不要幻想取周代之。我们关注的是王孙满对于鼎的历史的描述。在他看来，周鼎就是夏鼎，夏建立后，"远方图物，贡金九牧，铸鼎象物，百物而为之备，使民知神、奸"。按照杜预的解释，其意为"图画山川奇异之物而献之。使九州之牧贡金，象所图物，

[①] 丁山《中国古代宗教与神话考》，上海：龙门联合书局，1961年，第589—601页。
[②] 《春秋左传正义》卷二一，宣公三年，《十三经注疏》本，北京：中华书局影印，1980年，第1868页中—下。

著之于鼎。图鬼神百物之形，使民逆备之"，也就是说将各地进呈的奇异之物的形象铸造在鼎上，这样民众就可以根据图像来了解川泽山林中存在的各种神物（对人有益）和奸物（对人有害），从而趋吉避凶。

对于《左传》的这段记载，东汉时王充有过激烈评论，他说：

> 夫金之性，物也，用远方贡之为美，铸以为鼎，用象百物之奇，安能入山泽不逢恶物，辟除神奸乎？

> 周鼎之金，远方所贡，禹得铸以为鼎也。其为鼎也，有百物之象。如为远方贡之为神乎？远方之物安能神？如以为禹铸之为神乎？禹圣，不能神。圣人身不能神，铸器安能神？如以金之物为神乎？则夫金者，石之类也，石不能神，金安能神？以有百物之象为神乎？夫百物之象，犹雷樽也，雷樽刻画云雷之形，云雷在天，神于百物，云雷之象不能神，百物之象安能神也？①

完全否定了鼎的神圣性。王充之后的古代学者在这个问题上大致分两派：一派肯定夏鼎（九鼎）的存在，但讨论的重点转移到九鼎的政权象征意义上，不去理会铸鼎象物、辨识百物的功能；另一派则怀疑乃至于否认九鼎的存在②。现代学者的关注点正好相反。象征政权的"九鼎"是否存在并不重要，殷周时期作为礼器的鼎的存在已是不争的事实，而且这些鼎上一般都铸有饕餮等神怪图案，所以铸鼎象物的传说不会只是空穴来风，背后其实揭示出上古英雄人物（圣王）在历史发展进程中的关键作用③。陈槃由此认为"铸鼎象物"其实是后世"白泽图型"神怪故事的源头④。杜正胜更是继傅斯年之后将"物"的政治意义发挥到极致，认为上古族群存在的基础是"物"（图腾）与"德"（内在特质），只有明白物怪世界"物外德内"的政治结构，才能够体会当时统治的理则⑤。不管何种观点，都提示我们应该关切"物"

---

① 黄晖《论衡校释》卷八《儒增篇》，北京：中华书局，1990年，第375、377页。
② 参见江绍原《中国古代旅行之研究》中所列各家观点，第10—12页注六。另参唐兰《关于"夏鼎"》，《文史》第7辑，北京：中华书局，1979年，第1—8页；小南一郎《古代中国 天命と青铜器》，京都大学学术出版会，2006年，第25—49页；巫鸿著，李清泉、郑岩等译《中国古代艺术与建筑中的"纪念碑性"》，上海：上海人民出版社，2008年，第6—13页。
③ 参江绍原《中国古代旅行之研究》，第78—84页。
④ 陈槃《古谶纬研讨及其书录解题》，第275—277页。
⑤ 杜正胜《古代物怪之研究（上）——一种心态史和文化史的探索》，分见《大陆杂志》第104卷第1期，2002年1月，第1—14页；第2期，2002年2月，第49—63页；第3期，2002年3月，第97—106页。

在先秦政治结构中所扮演的特殊角色，而这种角色在以往的研究中多被忽略了。

《左传》所谓夏世"铸鼎象物"，可能只是殷周时期古人想象的产物。上古时期人们应对自然环境的能力不强，能够辨识自然界"神怪"的少数人更能赢得尊崇和信服，由此成为族群领袖。这和我们熟悉的神农尝百草传说道理是一样的。久而久之，传说逐渐被神化，少数人就被追捧成为英雄人物，从而进入圣王的行列。相应地，"铸鼎象物"也变成此类圣王的标志性功绩。不过，这种鼎是否如《左传》所言，能够让民众辨识神、奸是很值得怀疑的。它的数量不多，殷周之世只有那些级别很高的贵族才能使用，而且上面铸造的神怪图案也十分有限，普通民众几乎不可能接触到这些鼎，更遑论去细致记下神怪的形像[①]。贵族使用的礼器鼎尚且如此，天子之鼎又岂能轻易示人？霸气如楚庄王者都无法一窥周鼎真容，何况一平民百姓？因此，"铸鼎象物"本质上只是一种想象，其象征意义远远大过记录神怪的作用。

既然"铸鼎象物"的主旨不是记录神怪，那么先秦时期是否就真的没有此类作品产生吗？答案是否定的。先秦典籍中关于神怪的记载其实不少。《庄子·达生》记齐桓公问皇子告敖："然则有鬼乎？"皇子告敖回答：

> 有。沈有履，灶有髻。户内之烦壤，雷霆处之；东北方之下者，倍阿、鲑蠪跃之；西北方之下者，则泆阳处之。水有罔象，丘有峷，山有夔，野有彷徨，泽有委蛇。

又答：

> 委蛇，其大如毂，其长如辕，紫衣而朱冠。其为物也恶，闻雷车之声，则捧其首而立。见之者殆乎霸。[②]

《管子》也载：

> 故涸泽数百岁，谷之不徙、水之不绝者，生庆忌。庆忌者，其状若人，其长四寸。

---

① 有关青铜器上动物纹样的讨论很多，可参看蒲慕州的简要概括，见《追寻一己之福：中国古代的信仰世界》，上海：上海古籍出版社，2007年，第29—32页。
② 王先谦撰，沈啸寰点校《庄子集解》卷五《达生》，北京：中华书局，2012年2版，第197—198页。

衣黄衣，冠黄冠，戴黄盖，乘小马，好疾驰。以其名呼之，可使千里外一日反报。此涸泽之精也。涸川，水之精者，生于蝎。于蝎者，一头而两身，其状如蛇，其长八尺。以其名呼之，可以取鱼鳖。此涸川水之精也。①

诸如此类的记载虽然零散，却未断绝，往往成为后世神灵精怪记录的源头所在②。这里，我们必须提及的是《山海经》。古代学者一般认为该书或是禹、益之作，或本于夏鼎而作，近代余嘉锡等亦持此说。时至今日，越来越多的学者相信《山海经》的成书不是一时之事，其中不少内容均产生在战国。《山海经》包括《五藏山经》5篇、《海外经》4篇、《海内经》4篇、《大荒经》4篇，另又有《海内经》1篇，共五部分。在这五部分中，《山经》《大荒经》和《海内经》1篇成书于战国已为多数学者所接受，其余部分的成书年代则因出现了不少秦汉时期的地名而尚存争议。李剑国综合各家观点，对于《山海经》的成书梗概提出猜想：

> 战国中期至后期间先后有巫祝方士之流采撷流传的神话传说、地理博物传说，撰集成几种《山海经》的原本。因其性质相近，秦汉人合为一书，定名为《山海经》，最晚在汉武帝时已完成了这一工作。③

这种描述庶乎接近先秦秦汉时期典籍成书的一般过程。《山海经》五部分中，《山经》之外的部分，后人合称《海经》，《山经》和《海经》的风格有很大差异。前者相对平实一些，专记山川道里特产，类似于后世的地理之书。后者主要记载远国异民和神话传说，想象的空间更大，文字叙述上多描述所在方位、外形特征等内容，因而后世学者多怀疑这部分极有可能有古图作依据，它是图画的文字说明④。众所周知，先秦时期的书写材质有甲骨、金石和简帛，春秋战国时期竹简成为主要的书写材质。帛书的大小比较随意，用于图画不成问题，战国时期的地图便是绘制在帛书上，

---

① 《太平御览》卷八八六《妖异部二·精》，北京：中华书局影印，1960年，第3936页下。
② 关于先秦时期神怪记载的情况，详参蒲慕州《追寻一己之福》，第48—52、58—68页；李剑国《唐前志怪小说史》（修订本），天津：天津教育出版社，2005年，第81—120页。
③ 李剑国《唐前志怪小说史》（修订本），第96页。
④ 以上对《山海经》成书过程及内容的讨论，主要参考了李剑国《唐前志怪小说史》（修订本）的论述，第93—107页。

楚帛书中也绘有十二神像①。相比之下，竹简狭长，图画的难度要高得多，不过也并非不可能。西晋时出土的汲冢竹书为战国魏写本，据说内有《图诗》一篇，名称中既有"图"，又是"画赞之属"②，则其原本应是配合图画而作。由此可见，就现有文献而言，《山海经》无疑是最早的地理及神怪记录专书了，而且其记录神怪的方式是图文并茂。

　　除此之外，还有一类文献也值得引起我们的关注。1975 年，湖北云梦睡虎地出土了大批战国末期至秦初的竹简，其中有批竹简被学界定名为《日书》甲种，里面记载了很多神怪，尤其《诘》篇更是详尽罗列出数十种神怪的名字以及驱鬼辟邪之术③。之后，越来越多的《日书》材料相继出土，里面或多或少都有关于神怪的记录④。通读《诘》篇的内容，我们很容易发现它并非经过某种严整体例编纂而成。由于《日书》是一种实用性很强的占卜择日用书，所以最大的可能性是巫者将自己平日所知、所用的厌劾鬼怪之法逐条记录下来，久而汇编成册。与《山海经》图画神怪不同，《诘》篇既无图像，也很少对鬼怪的形象进行描述，重在介绍各种鬼怪作祟的特点以及驱除鬼怪的法门，至于鬼怪的形象则只有专门的巫者才通晓。因此《诘》篇不是作为"典籍"存在的，而是中下层民众的实用书⑤，是先秦日常生活中常见驱鬼辟邪之术的一次总汇。

---

① 参曾宪通、饶宗颐编著《楚帛书》，香港：中华书局，1985 年；李零《长沙子弹库战国楚帛书研究》，北京：中华书局，1985 年；刘信芳《子弹库楚墓出土文献研究》，台北：艺文印书馆，2002 年。关于楚帛书的研究概况，参李零《中国方术考》（修订本），北京：东方出版社，2000 年，第 178—196 页。

② 《晋书》卷五一《束晳传》，北京：中华书局，1974 年，第 1433 页。

③ 有关《诘》篇的讨论很多，重要的有：饶宗颐、曾宪通《云梦秦简日书研究》，香港：香港中文大学出版社，1982 年，第 28 页；Donald Harper, "A Chinese Demonography of the Third Century B.C.", pp.459-498；刘乐贤《睡虎地秦简日书〈诘咎篇〉研究》，《考古学报》1993 年第 4 期，第 435—454 页；蒲慕州《睡虎地秦简〈日书〉的世界》，《"中研院"历史语言研究所集刊》第 62 本第 4 分，1993 年 4 月，第 658—662 页；刘乐贤《睡虎地秦简日书研究》，第 225—268 页；蒲慕州《追寻一己之福》，第 77—84 页；Donald Harper, "Spellbinding", Religions of China in Practice, Princeton: Princeton University Press, 1996, pp.241-250；连劭名《云梦秦简〈诘〉篇考述》，《考古学报》2002 年第 1 期，第 23—38 页；王子今《睡虎地秦简〈日书〉甲种疏证》，武汉：湖北教育出版社，2002 年，第 339—445 页；陈家宁《睡虎地秦墓竹简日书甲种"诘"篇鬼名补证（一）》，《简帛》第 1 辑，上海：上海古籍出版社，2006 年，第 249—254 页。

④ 关于 20 世纪以来出土《日书》的情况及研究概况，参刘乐贤《简帛数术文献探论》，武汉：湖北教育出版社，2002 年，第 27—38 页；李零《简帛古书与学术源流》（修订本），北京：生活·读书·新知三联书店，2008 年 2 版，第 434—436 页。

⑤ 蒲慕州认为《日书》反映的是"以中下阶层为主的人民生活和信仰的部分情况"，见《睡虎地秦简〈日书〉的世界》，第 670 页；另参《追寻一己之福：中国古代的信仰世界》，第 86—89 页。

（二）汉晋时期的"白泽之辞"

汉晋之世，疾疫频发、巫风盛行①，神怪信仰在当时社会广泛存在并深刻影响着人们的日常生活。墓葬中的画像砖、壁画、铜镜、帛画，墓地祠堂的画像石等都无一例外地向我们展示了一个鲜活的鬼神世界②。文学作品里亦不乏神怪的踪影。如张衡的《东京赋》就有一段驱傩仪式的描写，其言曰：

> 煌火驰而星流，逐赤疫于四裔。然后凌天池，绝飞梁，捎魑魅，斮猰狂，斩蜲蛇，脑方良。囚耕父于清泠，溺女魃于神潢。残夔魖与罔象，殪野仲而歼游光。八灵为之震慑，况魁蜮与毕方。度朔作梗，守以郁垒。神荼副焉，对操索苇。目察区陬，司执遗鬼。京室密清，罔有不虔。③

《东京赋》中提到的神怪就有魑魅、猰狂、蜲蛇、方良、耕父、女魃、夔魖、罔象、野仲、游光、魁蜮、毕方、郁垒、神荼等，多是先秦典籍里出现过的神怪名。王延寿的《梦赋》也是一篇奇文，所记神怪更多：

> 臣弱冠尝夜寝，见鬼物与臣战，遂得东方朔与臣作骂鬼之书，臣遂作赋一篇叙梦。后人梦者读诵以却鬼，数数有验。臣不敢蔽其词，曰：余宵夜寝息，乃忽有非常之物梦焉。其为梦也，悉睹鬼物之变怪，则有蛇头而四角，鱼尾（首）而鸟身，或三足而六眼，或龙形而似人。群行而奋摇，忽来到吾前。伸臂而舞手，意欲相引牵。于是梦中惊怒，胭臆纷纭，曰："吾含天地之淳和，何妖孽之敢臻！"尔乃挥手振拳，雷发电舒。斮游光，斩猛猪，批獱毅，研魅虚，捎魍魉，拂诸渠，

---

① 参宫川尚志《六朝时代の巫俗》，初刊《史林》第44卷第1号，1961年，第74—97页，此据修订本，收入氏著《六朝史研究》（宗教篇），京都：平乐寺书店，1964年，第336—365页；林富士《汉代的巫者》，台北：稻乡出版社，1988年；李丰楙《六朝道教的终末论——末世、阳九百六与劫运说》，《道家文化研究》第9辑，上海：上海古籍出版社，1996年，第82—99页。

② 参 Michael Loewe, *Ways to Paradise: The Chinese Quest for Immortality*, London Boston: George Allen & Unwin, 1979；林巳奈夫《汉代の神神》，京都：临川书店，1989年；巫鸿著，柳扬、岑河译《武梁祠：中国古代画像艺术的思想性》，北京：生活·读书·新知三联书店，2006年；巫鸿《中国古代艺术与建筑中的"纪念碑性"》，第154—182、248—323页；Martin J. Powers 撰，黄咨玄译《早期中国艺术中的精灵与载体》，蒲慕州编《鬼魅神魔——中国通俗文化侧写》，台北：麦田出版社，2005年，第83—108页。

③ 《文选》卷三《京都中》，上海：上海古籍出版社，1986年，第123—124页。

撞纵目，打三颅，扑苕茇，挟夔䰠，搏睨睆，蹴睢盱，剖列魘，掣羯孽，劓尖鼻，踏赤舌，挈伦甂，挥髯鬻。……嗟妖邪之怪物，敢干真人之正度！①

除了游光、魍魎是常见神怪外，其他提到的"妖邪之怪物"的名称都异常生僻，可见汉代神怪的名目是在不断增长的。

面对身边随时随地都有可能出现的神怪，人们自然会想办法避免其对自身的干扰及危害，祭祀是途径之一，但更多的还要靠禳除之术。《汉书·艺文志》"杂占类"著录有《祯祥变怪》二十一卷、《人鬼精物六畜变怪》二十一卷、《变怪诰咎》十三卷、《执不祥劾鬼物》八卷、《请官除妖祥》十九卷等书②，虽然均已不传，我们也看不到其书内容的只言片语，但从书名上可以推测应属厌劾妖祥之类。20世纪70年代出土的居延破城子探方四九第3号汉简，简文题"厌魅书"，亦属此类③。汉晋时期，类似的专书及奇人异士还有不少。据说汉章帝时有称寿光侯者，"能劾百鬼众魅，令自缚见其形"④。王延寿《梦赋》中提到东方朔授予他"骂鬼之书"，他得以力搏诸鬼，刘勰认为这种"骂鬼之书"就是一种咒术⑤。联系到赋内罗列有很多神怪名称，则此类却鬼之法至少需要熟知神怪之名才能发挥其效力。曹魏时阳（一说杨）起，幼年"得素书一卷，乃谴劾百鬼法也"，他甚至可以驱使神怪为其送信、劳作，乃至于借神怪吓人⑥。葛洪《抱朴子》云：

> 及按鬼录，召州社及山卿宅尉问之，则木石之怪，山川之精，不敢来试人。其次则论《百鬼录》，知天下鬼之名字，及《白泽图》《九鼎记》，则众鬼自却。⑦

---

① Donald Harper, "Wang Yen-shou's Nightmare Poem", *Harvard Journal of Asiatic Studies*, Vol.47, No.1, 1987, pp.242-252.
② 《汉书》卷三〇《艺文志》，北京：中华书局，1962年，第1772页。
③ 甘肃省考古文物研究所、甘肃省博物馆、中国文物研究所、中国社会科学院历史研究所编《居延新简——甲渠候官》，北京：中华书局，1994年，上册释文第91页，下册图版第118页。
④ 干宝撰，李剑国辑校《新辑搜神记》卷二《寿光侯》，北京：中华书局，2007年，第47—48页。
⑤ 王利器校笺《文心雕龙校证》卷二《祝盟》："春秋已下，黩祀谄祭，祝币史辞，靡神不至。至于张老成室，致善于歌哭之祷；蒯聩临战，获佑于筋骨之请；虽造次颠沛，必于祝矣。若夫《楚辞·招魂》，可谓祝辞之组丽也。汉之群祀，肃其旨礼，既总硕儒之义，亦参方士之术。所以秘祝移过，异于成汤之心；侲子殴疫，同乎越巫之祝。礼失之渐也。至如黄帝有《祝邪》之文，东方朔有《骂鬼》之书，于是后之谴咒，务于善骂。唯陈思《诰咎》，裁以正义矣。"上海：上海古籍出版社，1980年，第66页。
⑥ 曹丕《列异传》，鲁迅辑《古小说钩沉》，《鲁迅辑录古籍丛编》第1卷，北京：人民文学出版社，1999年，第130页；《幽明录》，《古小说钩沉》本，第236页。
⑦ 王明《抱朴子内篇校释》（增订本）卷一七《登涉》，北京：中华书局，1983年第2版，第300、308页。

按《九鼎记》及《青灵经》，言人物之死，俱有鬼也。马鬼常以晦夜出行，状如炎火。①

其书《遐览篇》著录了《见鬼记》、《收山鬼老魅治邪精经》三卷、《收治百鬼召五岳丞太山主者记》三卷等道书②。干宝《搜神记》引书中有《夏鼎志》《白泽图》③。综合以上各种劾鬼作品可知，汉晋时期此类专书的编纂已经不是偶尔为之，而是已经形成了一定规模。究其原因，主要是因为此间神怪信仰极其流行，神怪名目也日渐增多，而察知神怪之貌、知其名目是禳除的前提，故编纂专书就显得十分必要。可惜这些作品今多已散佚，惟《夏鼎志》（《九鼎记》疑即《夏鼎志》）和《白泽图》尚可见佚文④。其中《夏鼎志》存佚文两则，《白泽图》的佚文较多。

"白泽"之名出现较早。（图1-4）《说文》训释"臭"云："大白泽也。从大白，古文以为泽字。"段玉裁以为"大白泽"之"泽"字乃后人妄增⑤。饶宗颐、刘钊训"臭"为"皋"或"罩"，借为"泽"，"泽"即"白泽"⑥。以"臭"训"泽"，进而成为白泽的指称，陈槃早已提出质疑⑦，出土石刻亦不支持这种解释。唐时陕西凤翔出土了十个鼓形石头，上刻文字，世称石鼓文，其年代有周、秦之争论，但属先秦文字则无疑。其中第三鼓《田车》有几句云："四出各亚，□□臭礻出，执而勿射。"⑧ "礻出"，一般认为是"襗"字，若据饶宗颐、刘钊训"臭"为"泽"，那么"襗"就不好解释了；若以白、大释"臭"，以"泽"借为"襗"，那么"臭襗"或即"白泽"之初文⑨。这种解释如果成立，则先秦时期已经有"白泽"之说了，但这时

图1-4 《天地瑞祥志》卷一九中的"白泽"

---

① 《太平御览》卷八八三《神鬼部三·鬼上》，第3924页上。
② 王明《抱朴子内篇校释》（增订本）卷一九《遐览》，第334页。
③ 《新辑搜神记》卷一六《贲羊》《犀犬》，第263、265页。
④ 关于《夏鼎志》《九鼎记》《见鬼记》《百鬼录》，参李剑国《唐前志怪小说史》（修订本），第252页。
⑤ 段玉裁《说文解字注》，上海：上海古籍出版社，1988年第2版，第499页上。
⑥ 饶宗颐《跋敦煌本白泽精怪图两残卷（P.2682，S.6261）》，第540页；刘钊《睡虎地秦简〈诘〉篇"诘咎"一词别解》，中国古文字研究会编《古文字研究》第25辑，北京：中华书局，2004年，第375页。
⑦ 陈槃《古谶纬研讨及其书录解题》，第271—272页。
⑧ 郭沫若《石鼓文研究》，《郭沫若全集·考古编》第9卷，北京：科学出版社，2002年，第63—64页。
⑨ 史树青《读〈石鼓文新解〉兼论"白泽"》，《收藏家》2003年第8期，第35页。

的白泽只是某种野兽,尚未被神化。汉魏六朝时期,白泽逐渐被塑造成一种神奇的瑞兽。《瑞应图》云:

> 黄帝时巡狩至于东海之滨,白泽出,能言语,达知万物之精神,以或(戒)于民,为时〔除〕害。贤君明德遂则出。①

《宋书·符瑞志》②、熊氏《瑞应图》③也都载有白泽的传说,大同小异。由此可见,白泽瑞兽传说的定型不会晚于东晋④,且其来源是单线的。又,《抱朴子》曰:"昔黄帝生而能言,役使百灵……穷神奸则记白泽之辞,相地理则书青乌之说。"⑤所谓"白泽之辞",即传说中白泽向黄帝言天下神怪之语。前已提及《抱朴子·登涉篇》载有《白泽图》一书,《搜神记》亦云:

> 诸葛恪为丹阳太守,出猎。两山之间,有物如小儿,伸手欲引人。恪令伸之,仍引去故地,去故地即死。既而参佐问其故,以为神明。恪曰:"此事在《白泽图》内,曰:'两山之间,其精如小儿,见人则伸手欲引人,名曰傒囊,引去故地则死。'无谓神明而异之,诸君偶未见耳。"众咸服其博识。⑥

据此可以推断,最晚到西晋时期,社会上已经编有专记神怪之书——《白泽图》,

---

① 萨守真《天地瑞祥志》卷一九"白泽"条引,日本尊经阁文库藏钞本,叶28a。按:此《瑞应图》或即孙氏《瑞应图》。唐代刘赓《稽瑞》引孙氏《瑞应图》曰:"白泽者,黄帝时巡狩至于东海,白泽见出,能言语,达知方物之精,以戒于民,为时除害,则贤君明德则至。"(《丛书集成初编》本,北京:中华书局,1985年新1版,第33页)《开元占经》卷一一六引孙柔之《瑞应图》云:"黄帝巡于东海,白泽出,能言语。达知万物之精,以戒于民,为除灾害。贤君德及幽遐则出。"(北京:中国书店影印,1989年,第813页下)文字基本相同,可证。
② 《宋书》卷二九《符瑞下》,北京:中华书局,1974年,第865页。
③ 刘赓《稽瑞》,第68页。
④ 清康熙年间编纂的《渊鉴类函》卷四三二引《山海经》曰:"东望山有兽名曰白泽,能言语。王者有德,明照幽远则至。"今本《山海经》不见此段文字,周西波、李剑国均以为是《山海经》佚文(《〈白泽图〉研究》,第167页;《唐前志怪小说史》修订本,第254页注①)。据笔者检索,明代张岱《夜航船》卷一七《四灵部》载:"东望山有兽曰白泽,能言语。王者有德,明照幽远则白泽自至。"(冉云飞校点,成都:四川文艺出版社,1996年,第365页)《渊鉴类函》显然是引据此书,但该书并未注明引自《山海经》,则此段文字是否《山海经》佚文颇值得怀疑。
⑤ 《抱朴子内篇校释》卷一三《极言》,第241页。
⑥ 《新辑搜神记》卷一六《傒囊》,第274页。

其书有图有文[①]。编者制造了一个"黄帝巡狩遇白泽"的神话，由于白泽能够辨识天下神怪，它将这种能力传授给了黄帝，遂使黄帝能够为民扫除祸害，从而获得人们的信任和拥戴，成为圣王。这种塑造英雄的过程与先前论及的"铸鼎象物"如出一辙。

以上梳理了先秦至魏晋时期神怪专书的发展脉络，这有助于理解《白泽图》的渊源和编纂意图。先秦秦汉社会广泛存在的神怪信仰无疑是《白泽图》的直接渊源所在，成为《白泽图》的主要取材对象。人们对神怪怀有敬畏之心，但在屈从神力的同时又渴望能够降伏鬼怪。于是，各种察知神怪之术应运而生，在长期的流传过程中逐渐汇编结集，成为了专书，《白泽图》就是这样产生的。为了增强正统性和权威性，编者给《白泽图》套上了神圣的光环，这种做法使得该书的内容在以后的流传过程中不断被他书征引，部分文字得以保留至今。下面，我将继续探讨《白泽图》在后世的流衍情况。

（三）《白泽图》与《白泽精怪图》

就现有文献来看，能够确认属于汉晋《白泽图》佚文的仅有一条，即上引诸葛恪辨识傒囊之事。《抱朴子》既言及《白泽图》，书中应该有所引用，但现在不好判定哪些文字属于《白泽图》，这在下文还要详细讨论。光凭一条佚文，我们自然难窥汉晋《白泽图》的原貌，关于该书的体例结构、编排原则、内容设置等等均无从谈起。

由于《白泽图》具有很强的实用性，其内容可能经常处于调整中，随着时间的推移，某些新的神怪被编入，书的内容得到扩充。到南朝时，梁简文帝撰有《新增白泽图》五卷[②]，既名为"新增"，显然是在汉晋《白泽图》的基础上增加了不少内容。《隋书》和两《唐书》都著录有《白泽图》一卷[③]，《历代名画记》中也载有"《白泽图》

---

① 汉晋之世《白泽图》有"图"，这只是从书名及敦煌《白泽精怪图》推测得出的结论，并无确切记载。北宋张君房编《云笈七签》卷一〇〇《轩辕本纪》云："帝巡狩东至海，登桓山，于海滨得白泽神兽，能言，达于万物之情。因问天下鬼神之事。自古精气为物、游魂为变者，凡万一千五百二十种，白泽言之，帝令以图写之，以示天下。帝乃作《祝邪之文》以祝之。"（李永晟点校，北京：中华书局，2003年，第2177页）此段文字其实杂糅了《瑞应图》和《文心雕龙·祝盟》的记载，增饰不少，所谓"帝以图写之"乃后世之言，不足为据。
② 《南史》卷八《梁本纪下·简文帝纪》，北京：中华书局，1974年，第233页。
③ 《隋书》卷三四《经籍三》，北京：中华书局，2019年，第1177页；《旧唐书》卷四七《经籍下》，北京：中华书局，1975年，第2043页；《新唐书》卷五九《艺文三》，北京：中华书局，1975年，第1556页。

一卷，三百二十事"①。隋唐时期的一卷本《白泽图》应该不是将五卷本《新增白泽图》归并在一起的结果。梁简文帝另撰有《灶经》一书，《南史》记载为二卷②，《隋书·经籍志》却记为十四卷③，虽然同时代的记载不一样，但作者一致。参照这个例子，《南史》中的《新增白泽图》如果也被《隋书》著录，即使卷数不同，作者也应该一致。然而，《隋书》只著录了《白泽图》，并未书作者，由此推断这一卷本的《白泽图》非简文帝的《新增白泽图》。若说二者之间有关系，最大的可能性就是：前者是在后者的基础上重新编订而成，由于新本与旧本之间存在较大差异，所以《隋书》不把新本的作者视为简文帝。元代修《宋史·艺文志》，著录有"李淳风《白泽图》一卷"④，李淳风为唐初著名的天文学家，唐宋时期不少术数书籍都假托其名，之前《白泽图》一般不书作者，所以我们有理由相信《宋史》著录的作者也是假托的。元以后官私书目中只有明代焦竑的《国史经籍志·杂占》著录有《白泽图》，可见其书已经不为人看重。然而，焦竑此书多依《通志·艺文略》，清代四库馆臣评曰："丛抄旧目，无所考核，不论存亡，率尔滥载。古来目录，惟是书最不足凭。"⑤则焦竑自己很可能并未见过《白泽图》，该书可能在明代就已经亡佚。

从隋唐时期书目的著录情况来看，当时的神怪专书大量减少，只有《白泽图》《百怪书》《妖怪图》三种⑥，这和当时占卜书吸收了大量神怪内容有关。由于占书、历书的流行，神怪专书逐渐式微，留存下来的《白泽图》应属比较流行的实用书籍。梁简文帝亲自编撰的《新编白泽图》《白泽图》被载入正史《经籍志》(《艺文志》)，都说明了这一点。除此之外，敦煌藏经洞的《白泽精怪图》让我们看到了《白泽图》在民间的巨大影响，但二者并非同一本书。以下从叙述方式和内容两方面进一步申论。

首先，二者在叙述方式上存在很大差异。新辑《白泽图》共得佚文61条（见附录一），从叙述方式上可以分成三类。第一类是佚文1—23条，以"故"字开头，通常的结构是：故……之精名……状如……以其名呼之……第二类是24—47条，也是先叙精名，再叙外形，最后说明对应之法，只是结构上不如第一类齐整。第三类是48—61条，叙述方式与前两类完全不同，并无固定结构，也无精名，更像是杂占。

---

① 张彦远撰，小野胜年译注《历代名画记》卷三《述古之秘画珍图》，东京：岩波书店，1938年，第327页。
② 《南史》卷八《梁本纪下·简文帝纪》，第233页。
③ 《隋书》卷三四《经籍三》，第1175页。
④ 《宋史》卷二〇六《艺文五》，北京：中华书局，1977年，第5239页。
⑤ 四库全书研究所整理《钦定四库全书总目》上册，北京：中华书局，1997年，第1153页。
⑥ 《旧唐书》卷四七《经籍下》，第2044页；《新唐书》卷五九《艺文三》，第1557页；《历代名画记》卷三《述古之秘画珍图》，第325页。

这61条佚文内容有一个突出特点，多数佚文都有"其名呼之"这样的叙述。反观《白泽精怪图》，其叙述方式没有固定结构，文中虽然也提到"以其名呼之"的方法，但都是统说，不像《白泽图》那样几乎在每一种精怪说明里都要提及。

其次，二者在记录的内容上重合度很低。《历代名画记》提到《白泽图》有"三百二十事"，《白泽精怪图》有图部分本有精怪199种，加上无图部分所述的66种，原本的总数是265种，已经少了很多。现存的记录有92种，尚缺173种，而现存《白泽精怪图》与《白泽图》在文字上能够重合的只有2条，即"夜行见火光"和"蚰蜒白翼两头者"。92种精怪里，只有2条记载重合，那么剩下173种精怪的重合概率估计也不会太高。下面我再从具体的内容来加以分析。

《白泽精怪图》里有两大段文字十分引人注目，一段是关于"山中遇精怪"，另一段是"十二祇精怪"，这是将《白泽精怪图》和《白泽图》等同起来的最主要依据。《白泽精怪图》的这两大段文字也见于《抱朴子·登涉篇》《天地瑞祥志·物精》和《金楼子·志怪篇》，如下表所示（表1-1）。

表1-1 "山中遇精怪""十二祇精怪"比较表

《白泽精怪图》	《抱朴子内篇·登涉篇》	《天地瑞祥志·物精》	《金楼子·志怪篇》
山大树有能语者，□（非）树语也，其精名曰云阳，呼之即吉。山夜见火光者，皆□□枯木所作怪也。山见胡人者，铜铁之精也；见秦人者，百岁木精也，勿怪之，不能为害。山水之间见吏者，名曰四激，呼之吉。山见大蛇著冠帻者，名曰斗（升）卿，呼□（之）吉。山见吏，若但闻声不见形，呼人不止者，以白石掷之则息矣。一法，以白茅为矛刺之，即吉。山鬼来唤人，求食不止者，以白茅捉（投）之，即死矣。山鬼常迷或人，使失道径者，以苇杖打之，即死矣。	山中有大树，有能语者，非树能语也，其精名曰云阳，呼之则吉。山中夜见火光者，皆久枯木所作，勿怪也。山中夜见胡人者，铜铁之精。见秦者，百岁木之精。勿怪之，并不能为害。山水之间见吏人者，名曰四徼，呼之名即吉。山中见大蛇著冠帻者，名曰升卿，呼之即吉。山中见吏，若但闻声不见形，呼人不止，以白石掷之则息矣；一法以苇为矛以刺之即吉。山中见鬼来唤人，求食不止者，以白茅投之即死也。山中鬼常迷惑使失道径者，以苇杖投之既死也。	水山之间见吏者，名曰四激，呼其名之则吉也。山中见吏君，但闻声不见形，呼之不止者，以白石掷之则息，一云以苇为殳刺之即去。引《抱朴子》曰："大树能语言者，非其语，其精名曰云阳，呼名之则去也。"	〔山〕中夜见火光者，亦久枯木也。夜在山中见胡人者，铜钱精也；见秦人者，百岁木也。

续 表

《白泽精怪图》	《抱朴子内篇·登涉篇》	《天地瑞祥志·物精》	《金楼子·志怪篇》
子日称社君者，鼠也；称神人者，伏翼也。丑日称书生者，牛也。寅日称虞吏者，虎也；称当路君者，狼也；称令长者，狸也。卯日称丈人者，兔也；称东王父者，麋也；称西王母者，鹿也。辰日称雨师者，龙也；称河伯者，鱼也；称无肠公子者，蟹也。巳日称寡人者，社间蛇也；称仙人者，树也。未日称主人者，羊也；称吏，麈也。申日称时人君者，猴也；称九卿者，猨也。酉日称将军者，老鸡也；称贼捕者，雉也。戌日称人姓字者，犬也；称成阳翁仲者，狐也；称人字者，金玉也。亥日称臣□（者）猪也。	山中寅日，有自称虞吏者，虎也；称当路君者，狼也；称令长者，老狸也。卯日称丈人者，兔也；称东王父者，麋也；称西王母者，鹿也。辰日称雨师者，龙也；称河伯者，鱼也；称无肠公子者，蟹也。巳日称寡人者，社中蛇也；称时君者，龟也。午日称三公者，马也；称仙人者，老树也。未日称主人者，羊也；称吏者，麈也。申日称人君者，猴也；称九卿者，猨也。酉日称将军者，老鸡也；称捕贼者，雉也。戌日称人姓字者，犬也；称成阳公者，狐也。亥日称神君者，猪也。称妇人者，金玉也。子日称社君者，鼠也；称神人者，伏翼也。丑日称书生者，牛也。但知其物名，则不能为害也。	入山中，寅日有种（称）虞吏者，虎也；称当路君者，狼也；称令长者，老狸也。卯日称大夫者，菟也；称东王父者，麋也；称西王母者，鹿也。辰日称雨师者，龙也；称河伯者，鱼也；称无肠公子者，蟹也。巳日称寡人者，社中蛇也；称时君者，龟也。午日称三公者，马也；称仙人者，老树也。未日称主人者，羊也；称吏者，麈也。申日称人君者，猴也；称九卿者，猨也。酉日称将军者，老鸡也；称贼捕者，鸡也。戌日称人姓字者，犬也；称成阳公仲者，狐也。亥日称臣君者，猪也；称妇人者，金玉也。子日称社君者，鼠也；称神人者，伏翼也。丑日称书生者，牛也。知其物，则不能为害也。	山中有寅日称虞吏者，虎也；称当路者，狼也。辰日称雨师者，龙也。知其物，不能为害矣。

20世纪40年代，陈槃即怀疑《抱朴子》的上引第一段文字可能是《白泽图》遗文[①]。《白泽精怪图》发现后，饶宗颐以此验陈槃之说，认为"其说良信"，林聪明在完全比较了两段文字之后也持这种看法[②]。他们实际上是先存了"《白泽精怪图》等于《白泽图》"的想法，再从《抱朴子》的文字见于《白泽精怪图》来推断其是《白泽图》的佚文。这种思考方式显然存在很大问题。如果这两段文字只见于《抱朴子》，我们当然可以怀疑其是《白泽图》佚文，但《天地瑞祥志》也载有这两段文字，则先前的判断需要修正。按照《天地瑞祥志》的体例，它引用文献一般都会将文献名

---

① 陈槃《古谶纬研讨及其书录解题》，第273页。
② 饶宗颐《跋敦煌本白泽精怪图两残卷（P.2682，S.6261）》，第542页；林聪明《巴黎藏敦煌本"白泽精怪图"及"敦煌二十咏"考述》，第101—102页。

027

列出。"大树能语"条,《天地瑞祥志》注明是引自《抱朴子》,文字与现行的点校本小异;其余文字则不注明是出自《抱朴子》。更关键的是,在引用了这两段文字之后,紧接着就是一段明确注明是《白泽图》的文字。如果这两段文字果真如先前怀疑的是《白泽图》佚文,《天地瑞祥志》此处为何不注明?最大的可能是:这两段文字本就不属于《白泽图》。在比较了各书文字记载之后,我们大致可以推断,《金楼子》《天地瑞祥志》《白泽精怪图》此处的记载都源自《抱朴子》,至于《抱朴子》又是引自何书就不得而知,出自《白泽图》的可能性不大。

《白泽精怪图》里有段"老鸡作祟"的文字:

> □(鬼)夜呼长妇名者,老鸡也。□(以)马屎涂人户防之,不防之,□死煞则已。鬼夜呼次妇□(名)□(者),□(老)□(鸡)也。黑身、白尾、赤头。以其屎涂人灶。鬼夜呼少妇名者,老鸡也。赤身、白头、黄衣、下黑。以其屎涂好器,煞之则已。一云涂灶。

《天地瑞祥志》卷一四云:

> 鬼夜呼人长子名,曰白头鸡之精,以狗屎涂门则已。鬼夜呼人父名,黑头鸡之精,合□涂门自死则已。鬼夜呼人母名,黄鸡赤头之精,取其尾著灶上煞之。鬼夜呼中子名,白腹黑毛赤鸡之精,煞之则已。[①]

所记有长子、人父、人母、中子四条,与《白泽精怪图》虽然不重合,但内容非常相似;从叙述方式看也与《白泽精怪图》此段的记载极为接近。推测《天地瑞祥志》的这段文字当是《白泽精怪图》此段前缺部分的内容。值得注意的是,《天地瑞祥志》此处没有注明是引自《白泽图》。它在另一处清楚注明引《白泽图》曰:

> 老鸡能呼家长,以其屎涂门,煞鸡。呼家母,以其屎涂门及灶,煞鸡。呼长子,犬屎涂门即灶则煞。呼中子,其屎涂门则煞之,无咎灾也。[②]

[①] 《天地瑞祥志》卷一四《鬼》,叶12b。
[②] 《天地瑞祥志》卷一八《禽·鸡》,叶20b。

这里所列的家长、家母、长子、中子四条与同书卷一四所引内容相同，但文字差异较大，正是《白泽精怪图》与《白泽图》非一书的明证。

《白泽精怪图》还有一段记载：

> 上山而畏者，呼曰善人；入室而畏者，呼曰曹芋；上屏而畏者，呼曰申储；□道而畏者，呼曰庆忌；上城而畏者，呼曰飞□；□雷而畏者，呼曰鼠提；入渊而畏者，呼曰罔像；□泽而畏者，呼曰委蛇。

其中庆忌、罔像之名亦见于《白泽图》，但文字同样差异极大。

以上从叙述方式和具体内容两方面比较了《白泽图》与《白泽精怪图》，大体可以判定：二者不是一书。通过与其他典籍的互证可以发现，《白泽精怪图》的取材范围包括《白泽图》、《夏鼎志》、《抱朴子》、《地镜》、《天镜》、京房占辞等。另外，文中记载了不少禳除之法，与六朝时期比较流行的《淮南万毕术》《杂五行书》等书性质接近[①]，这些书也应是《白泽精怪图》的材料来源之一。尽管《白泽图》已经不是主要的取材对象，但鉴于其在民间的巨大影响力，加上文中出现频率最多的"精""怪"以及后人识语中的"精怪"一词，遂有了《白泽精怪图》这个书名。

（四）余 论

先秦至六朝，神怪专书的编纂比较兴盛，隋唐以后则呈现衰落趋势。在这个历史过程中，《白泽图》是流传较广的神怪百科全书。由于白泽神兽传说的流布，白泽辟邪驱鬼的能力得到社会的广泛认同，不但民间大量使用带有白泽图像的器物，官方也把白泽作为卤簿仪仗的图识，佛道两教还正式把白泽引入神界[②]。由此，《白泽图》得以超越其他神怪专书，在不同的时代不断得到补充和修订。《白泽精怪图》应该就是在《白泽图》的基础上重新编纂的。从内容和结构上看，《白泽精怪图》

---

① 现有多种《淮南万毕术》辑本，收入《丛书集成初编》第694册，北京：中华书局，1985年新1版。另参楠山春树《淮南中篇と淮南万毕》，氏著《道家思想と道教》，东京：平河出版社，1992年，第258—265页。

② 参周西波《〈白泽图〉研究》，第167—169页。吐鲁番地区发现了带有"白泽"字样的文书，据雷闻研究属于唐代的《礼部式》，见氏撰《吐鲁番新出土唐开元〈礼部式〉残卷考释》，《文物》2007年第2期，第56—61页；增订本收入荣新江、李肖、孟宪实主编《新获吐鲁番出土文献研究论集》，北京：中国人民大学出版社，2010年，第193—302页。

比较芜杂，并无严格的编排原则，只是同类项的汇编，而且相同事项的记录也常常是分散于多处。所以，《白泽精怪图》尽管抄写精美，但它更像是一部将从各类书籍中摘录出来的条目简单堆砌到一起的初级品。它的语言十分通俗，取材的范围较广，一些专记民间禁忌及驱邪之术的书籍也在它的参考之列。这些特点都强烈地表明了它的实用性。

夏德安曾以厌梦术为例，比较《白泽精怪图》与睡虎地秦简日书《梦》篇之间的关系，试图证明它与《日书》存在文本的传承关系[①]。刘乐贤对夏德安的观点提出质疑。他认为，秦简《诘》篇虽然与《白泽精怪图》相近，但着重点不同：后者着重介绍各种鬼怪的名字、特性，驱鬼祛邪之术只是附带提及；前者主要目的不在于介绍鬼怪，而在于教人如何对付鬼怪[②]。刘钊也比较了《诘》篇与《白泽图》所记鬼怪，但得出的结论与刘乐贤相反，他认为二者"在性质上完全相同，两者应该是相同的著作。只是因为秦简《诘》篇在简上无法画图，才没有配上鬼怪的图像，否则就是在形式上也会与后世的《白泽精怪图》完全相同"[③]。以上三位学者都天然地将《白泽精怪图》等同于《白泽图》，在此基础上展开争论，刘钊对刘乐贤的反驳引用的都是《白泽图》而非《白泽精怪图》。而据我的比对，《日书》在内容上与《白泽精怪图》有较大相似度的只有2条，与《白泽图》相似的也只有2条，以这有限的2条材料来作出系列推论，实在难以服人。实际上，《白泽图》的编纂不是突兀的，它必定从之前的各种神怪记载中获得了相当多的资料，其中也包括《日书》。《诘》篇和《白泽图》在内容上各有侧重，这是比较清楚的，但二者的性质不会因此有所差异，都是实用性的驱鬼辟邪专书。

四、《白泽精怪图》所见的物怪

（一）精怪与物怪

"精怪"在现代观念里指的是妖怪，但在《白泽精怪图》中，它实际上是两个词：

[①] Donald Harper, "A Note on Nightmare Magic in Ancient and Medieval China", pp.72-74.
[②] 刘乐贤《睡虎地秦简日书〈诘咎篇〉研究》，第453页；《睡虎地秦简日书研究》，第265页。
[③] 刘钊《睡虎地秦简〈诘〉篇"诘咎"一词别解》，第378页。

精和怪，意思是"鬼精变怪"。

中国古代思想观念里，有一类词专门被用来指称各种非常之人、非常之事、非常之物，如神、鬼、妖、怪、精、魅等。在崇尚万物有灵的上古社会，神灵的存在极其普遍，《礼记·祭法》曰："山林川谷丘陵，能出云，为风雨，见怪物，皆曰神。"[①] 从天气的变化到奇异生命体的出现都被认为是"神"。而在"魂魄"观念方面，鬼被认为与神具有相同的性质，鬼神并称十分普遍，都是对某种"灵"的指称，鬼的意义基本上为"恶灵"，神则指受崇敬的精灵。尽管后来"人死为鬼"的观念开始凸显，形成了天神、人鬼的区分[②]，但并不能涵盖"鬼"的一切，其他精灵成为"鬼"的例子在中古社会并不少见。因此，"鬼神"逐渐成为后世对于各种神灵的通称[③]。

"妖"是后出的一个字，它在先秦秦汉文献中有多种写法。先秦简帛里写作"夭"[④]；它是媄的省字[⑤]；《说文》写作"祅"，祅又是袄的省字[⑥]；它又通"訞"，与讹言、流言有关，常搭配"訞言"，亦同妖言。《左传》曰："天反时为灾，地反物为妖，民反德为乱。乱则妖灾生。"汉唐时人注疏"地反物为妖"，指"群物失性"，"物"包罗万象，杂而言之是昆虫草木之类，大而言之也包括了岁时日月星辰，因而"反其常性即是妖也"[⑦]。可见，"妖"是指那些反常怪异的事物。"怪"与"妖"的字义相仿，慧琳《一切经音义》引顾野王云："凡奇异非常皆曰怪。"[⑧] 二者经常连用，即我们熟悉的"妖怪"，《荀子》里有"訞怪狡猾之人"一说[⑨]。秦汉以后，使用"妖怪"来指称各种奇异非常之事物已经非常普遍了。《风俗通义》卷九为《怪神》篇，

---

① 《礼记正义》卷四六《祭法》，《十三经注疏》本，第1588页上。
② 《周礼注疏》卷一八《大宗伯》，《十三经注疏》本，第757页上。
③ 以上关于鬼神的讨论，主要参考了 Mu-chou Poo, "The Completion of an Ideal World: The Human Ghost in Early Medieval China", *Asia Major*, third series, vol. 10, 1997, pp.69-94；Mu-chou Poo, "Ghost Literature: Exorcistic Ritual Texts or Daily Entertainment ?" *Asia Major*, third series, vol. 13, part 1, 2000, pp.43-64；蒲慕州《中国古代鬼论述的形成》，同作者编《鬼魅神魔——中国通俗文化侧写》，第19—40页。
④ 吴九龙《简牍帛书中的"夭"字》，文化部文物局古文献研究室编《出土文献研究》，北京：文物出版社，1985年，第250—252页。
⑤ 《辞源》（修订本），北京：商务印书馆，1980年，1册第754页；许慎撰，段玉裁注《说文解字注》，第622页下。
⑥ 《说文解字注》，第8页下。
⑦ 《春秋左传正义》卷二四，宣公十五年五月，《十三经注疏》本，第1888页上。
⑧ 慧琳《一切经音义》卷九四"可怪"条，徐时仪校注《一切经音义三种校本合刊》，上海：上海古籍出版社，2008年，第2106页下。
⑨ 王先谦撰，沈啸寰、王星贤点校《荀子集解》卷三《非十二子篇》，北京：中华书局，1988年，第100页。

应劭专门列有"世间多有精物妖怪百端"条①。《论衡·订鬼篇》云:

> 人之且死,见百怪,鬼在百怪之中。故妖怪之动,象人之形,或象人之声为应,故其妖动不离人形。②

班固创立《汉书·五行志》,将"妖怪"观念提升到儒家治道论的高度③;干宝《搜神记》也专设《妖怪篇》④。这些文献的记载很符合筱原寿雄给妖怪的定义。他认为,秦汉以后,凡是遇到怪异事物、疾病作祟、不可思议的现象,人们都把它当作"妖怪"看待⑤。

与妖、怪相近的还有精、魅。李剑国认为:

> 精训为精灵、精气,人以外的事物获得灵魂、神力而能兴妖作怪,故而称作精。精也常与妖、怪合称为精怪、妖精。⑥

魅也是怪物的称呼。据林富士的研究,中国传统社会对于"魅"的认知和观念在先秦时便已萌芽,到两汉时期成熟,出现了螭魅、鬼魅和精魅三组最基本的概念和词汇;无论是哪种"魅",对古人而言,它都是罕见、神秘、怪异之物,且会带来祸害、迷惑、疾病、灾难和烦扰,所以常用妖魅、邪魅等字眼来表示。在林富士看来,"魅"本质上是一种"物怪"(非人类)⑦。

从以上的描述可以发现,六种指称中,"神"和其他五种的差异较大,鬼、妖、怪、精、魅之间的区别则很微小。它们经常可以互相搭配,如鬼怪、鬼精、鬼魅、妖怪、妖精、妖魅、精怪、精魅等,都表示了"怪物"之义,我们可以用一个词来概括——物怪。

---

① 应劭撰,王利器校注《风俗通义校注》,北京:中华书局,1981年,第423—433页。
② 黄晖《论衡校释》卷二二《订鬼篇》,第940页。
③ "妖"在先秦秦汉时期的灾异指向,可参吕宗力《汉代的谣言》,杭州:浙江大学出版社,2011年,第36—41页。
④ 干宝撰,李剑国辑校《新辑搜神记》卷一〇至一五,第165—256页。
⑤ 筱原寿雄《中国の妖怪:中国古代宗教思想史覚え书》,《宗教学论集》第9辑,1978—1979合并号,第145—162页。
⑥ 李剑国《唐前志怪小说史》(修订本),第14—15页。
⑦ 林富士《释"魅":以先秦至六朝时期的文献资料为主的考察》,《鬼魅神魔》,第109—134页;林富士《人间之魅——汉唐之间"精魅"故事析论》,《"中研院"历史语言研究所集刊》第78本第1分,2007年3月,第107—182页。

之所以使用"物怪"来代替"精怪",乃是因为物怪涉及的范围更广。《白泽精怪图》虽题名是"精怪",但现存的内容有不少都与精怪无关,若用"物怪"一词会更合适。所谓"物",最早指"百物",是与天地、鬼神并称的某种超自然存在;秦汉之后其"鬼怪精魅"的意涵凸现出来[①]。王充说:

> 鬼者,老物精也。夫物之老者,其精为人;亦有未老,性能变化,象人之形。人之受气,有与物同精者,则其物与之交。及病,精气衰劣也,则来犯陵之矣。何以效之?成事:俗间与物交者,见鬼之来也。夫病者所见之鬼,与彼病物何以异?人病见鬼来,象其墓中死人来迎呼之者,宅中之六畜也。及见他鬼,非是所素知者,他家若草野之中物为之也。[②]

葛洪也说:"万物之老者,其精悉能假托人形,以眩惑人目而常试人。"[③]这种物怪观念包含了两层意思。其一是"物老成精",任何东西只要获得足够长的时间都可以成精,获得生命,有的甚至可以幻化成人形。其二,时间不够不能成精者,也具有变化的能力,导致人们的日常生活产生种种"变怪"现象。因此,和其他的指称相比,物怪的内涵和外延最广,涵括了有生命与无生命、有形与无形诸多方面。

(二)《白泽精怪图》所见的物怪

1. 家中见怪

人活动的空间不外乎家内家外,作为人起居饮食生活的主要场所,家内的吉凶至关重要。《庄子·达生》里说:"沈有履,灶有髻。户内之烦壤,雷霆处之;东北方之下者,倍阿、鲑蠪跃之;西北方之下者,则泆阳处之。"[④]可见先秦时期已经认定户内存在各种物怪了。秦汉以降,宅中鬼神的观念十分盛行且绵延不绝[⑤],但这种鬼神基本是有形的实体。在民众的观念里,"家内物怪"的概念十分宽泛,除了

[①] 江绍原《中国古代旅行之研究》,第8页注三、78—84页;杜正胜《古代物怪之研究(上)——一种心态史和文化史的探索》,第1—14页。
[②] 黄晖《论衡校释》卷二二《订鬼篇》,第934—935页。
[③] 王明《抱朴子内篇校释》(增订本)卷一七《登涉》,第300页。
[④] 王先谦撰,沈啸寰点校《庄子集解》卷五《达生》,第197页。
[⑤] 参余欣《神道人心:唐宋之际敦煌民生宗教社会史研究》第三章《宅中鬼神》,北京:中华书局,2006年,第196—211页。

宅中鬼神的存在之外，家庭内部的纠纷、防范盗贼的侵入等非实体的方面也是重要内容。《白泽精怪图》（以下简称《精怪图》）载："□家庭间出泉者，勿恶之，家大富也。"又云：

> 夫妇喜斗讼者，人虚也，取白鸡埋之堂上，殃已矣。奴婢喜叛亡，财虚也，取瓶一，埋之门户中，殃已矣。为家之法，常以月晦日向暮时，以灰离著门户□（上），著屋外四角各一把许，令人辟恶除患却盗贼，宜□，大吉。鹊不来入堂室者，井之虚也，取梧桐为人男女，各置井中，必来矣，殃已。

这些内容其实与"精怪"并无多大关系，尤其是后者，其内容与《杂五行书》类似，兹引几条以对照：

> 悬羊头门上，除盗贼。[1]
> 埋鹊一枚沟中，辟盗贼奸邪。[2]
> 常以正月旦及正月半，以麻子、赤豆二七颗置井中，辟温病甚效。[3]
> 悬瓶井中，除邪鬼。[4]

《杂五行书》所载多是"为家之法"，祈求家内无盗贼、家人安康无疾病等。该书的内容后多被其他占卜书籍所吸收，如敦煌 P.2661v《诸杂略得要抄子一本》大部分内容就是源于《杂五行书》。因此，颇疑《精怪图》此处亦是采资于《杂五行书》。

广义而言，只要是家中出现的变怪都应属"家内物怪"，《精怪图》中此类内容很多。如果集中论述，势必会出现芜杂及重点不突出的问题，为了叙述方便，相关内容将在其他类别中探讨。

2. 山川林泽物怪

山川林泽属人活动的家外空间，相对家内空间来说，"家外"所蕴含的不可知性和危险性要大得多。《山海经》《博物志》《玄中记》《十洲记》等地理博物体作品

---

[1] 《艺文类聚》卷九四《兽部中》，上海：上海古籍出版社，1982 年新 1 版，第 1634 页。
[2] 《初学记》卷三〇《鸟部》，北京：中华书局，1962 年，第 734 页。
[3] 《太平御览》卷二九《时序部一四》，第 138 页上。
[4] 《太平御览》卷七五八《器物部三》，第 3365 页上。

以记载家外空间的内容为主，显示出古人对于未知世界既新奇又恐惧的矛盾心理。

《精怪图》中有段山中遇物怪的文字：

> 山大树有能语者，□（非）树语也，其精名曰云阳，呼之即吉。山夜见火光者，皆□□枯木所作怪也。山见胡人者，铜铁之精也；见秦人者，百岁木精也，勿怪之，不能为害。山水之间见吏者，名曰四激，呼之吉。山见大蛇著冠帻者，名曰斗（升）卿，呼□（之）吉。山见吏，若但闻声不见形，呼人不止者，以白石掷之则息矣。一法，以白苇为矛刺之，即吉。山鬼来唤人，求食不止者，以白茅捉（投）之，即死矣。山鬼常迷或人，使失道径者，以苇杖打之，即死矣。

本段文字源自《抱朴子·登涉篇》，文中所记，入山所遇到的能语之大树、火光、胡人、秦人都只是物怪的变形，其原形一般是木精、铜铁精等；还会遇到穿戴如吏者、著冠帻的大蛇、只闻声不见形的吏以及扰人不止的山鬼，这些都是其记载的原形。

《精怪图》另有一段专记鬼名的文字：

> 上山而畏者，呼曰善人；入室而畏者，呼曰曹芋；上屏而畏者，呼曰申储；□道而畏者，呼曰庆忌；上城而畏者，呼曰飞□；□雷而畏者，呼曰鼠提；入渊而畏者，呼曰冈像；□泽而畏者，呼曰委蛇。

八种物怪中，庆忌、冈像和委蛇均可以在先秦典籍里找到相关记载，江绍原对此的疏理也比较完整，兹不赘述[①]。

3. 十二祇物怪

《精怪图》中有一段关于"十二祇物怪"的文字：

> 子日称社君者，鼠也；称神人者，伏翼也。丑日称书生者，牛也。寅日称虞吏者，虎也；称当路君者，狼也；称令长者，狸也。卯日称丈人者，兔也；称东王父者，麋也；称西王母者，鹿也。辰日称雨师者，龙也；称河伯者，鱼也；称无肠公子者，蟹也。巳日称寡人者，社间蛇也；称仙人者，树也。未日称主

---

① 参江绍原《中国古代旅行之研究》，第43—51、92—104页。

人者，羊也；称吏，麏也。申日称时人君者，猴也；称九卿者，猨也。酉日称将军者，老鸡也；称贼捕者，雉也。戌日称人 姓 字者，犬也；称成阳翁仲者，狐也；称人字者，金玉也。亥日称 臣□(者) 猪 也。

这也是源自《抱朴子·登涉篇》。"十二祇物怪"的特点之一是物怪的变形。物老成精、变化人形，这是汉魏六朝流行的观念。东晋末僧人竺道爽撰有一篇《檄太山文》，里面有段文字说：

故《黄罗子经》《玄中记》曰："夫自称山岳神者，必是蟒蛇。自称江海神者，必是鼋鼍鱼鳖。自称天地父母神者，必是猫狸野兽。自称将军神者，必是熊罴虎豹。自称仕人神者，必是猨猴猯玃。自称宅舍神者，必是犬羊猪犊、门户井灶破器之属。"鬼魅假形皆称为神，惊恐万姓，淫鬼之气，此皆经之所载，传之明验也。[1]

从内容看，有些颇能与"十二祇物怪"对照。比如《精怪图》称丈人者兔也、称主人者羊也，对应于《玄中记》的"称宅舍神者，必是犬羊猪犊"；《精怪图》称虞吏者虎也、称当路君者狼也、称令长者狸也，对应《玄中记》的"称将军神者，必是熊罴虎豹"。当然，也有很多无法对应的，这表明当时存在着多种分类变形的标准。《玄中记》是西晋郭璞的作品[2]，上述引文是一种总说、概述，不像《抱朴子》引文那样细致到和十二地支结合起来，带有明显的择日占卜色彩。不过，它至少表明，西晋时期有关此类动物精怪变形的认识已经比较普遍了。

"十二祇物怪"的另一个特点是三十六禽的搭配。关于"三十六禽"，《五行大义》有段解释：

禽虫之类，名数甚多，今解三十六者，盖取六甲之数，式经所用也。其十二属配十二支。支有三禽，故三十有六禽。[3]

可见它是式法的一种，将十二地支与动物搭配，每一支和三种动物关联。李零

---

[1] 僧祐《弘明集》卷一四，CBETA, T52, no. 2102, pp. 91c27-92a4。
[2] 关于《玄中记》，参李剑国《唐前志怪小说史》（修订本），第265—274页。
[3] 中村璋八《五行大义校注》（增订版）卷五《论三十六禽》，东京：汲古书院，1998年，第212页。

认为"三十六禽"是十二生肖的扩大,是以十二生肖为主,每一辰位增加两种有关动物①。就现有文献来看,《抱朴子·登涉篇》最早提到了多种动物与十二支的搭配,虽然还不是完备的"三十六禽",但一致性是很明显的(表1-2)。六朝以后,这种"三十六禽"体系已经比较成熟,成为演禽法的所本。

表1-2 "三十六禽"搭配比较表

	《抱朴子·登涉篇》《白泽精怪图》	上海博物馆藏六壬铜式	《五行大义》	《太白阴经》
子	鼠、伏翼	蝠、鼠、鷰	燕、鼠、伏翼	燕、鼠、蝠
丑	牛	牛、蟹、鳖	牛、蟹、鳖	蟹、牛、鳖
寅	虎、狼、狸	豹、狸、虎	狸、豹、虎	狸、虎、豹
卯	兔、麋、鹿	貒、兔、貉	貒(一云狐)、兔、貉	兔、貉、蛟
辰	龙、鱼、蟹	龙、鲸、鱼	龙、蛟、鱼	龙、鱼、虾
巳	蛇、〔龟〕	蟺(蚓)、蝉(鳝)、蛇	鳝、蚯蚓、蛇(一云龟)	蚓、蛇、狙
午	〔马〕、树	鹿、马、獐	鹿、马、獐(麈)	□、鹿、獐
未	羊、麋	羊、鹰、鹍	羊、鹰、雁(一云老木)	雁、羊、鹜
申	猴、猨	狙、猨、猴	猫(一云羊)、猨、猴	猿、犹、猴
酉	老鸡、雉	鸠(雉)、鸡、乌	雉、鸡、乌	乌、鸡、犬
戌	犬、狐	狗、豺、狼	狗、狼、豺	豕、豺、狼
亥	猪、金玉	豕、豚、猪	豕、獾、猪	熊、猪、罴

说明:本表参照李零《中国方术考》(修订本)第229页改制。

综合这两个特点,"十二衹物怪"颇有整合动物变形精怪的努力。它不但将动物精怪按照十二支分配,而且指出了每种精怪的名号和原形,便于查询。所以"十二衹物怪"的内容后来被时日宜忌类占卜文书所吸收,如敦煌P.3685 + P.3281《六十甲子历》在每一干支日的最后都会记录本日所逢精魅,大致同于《精怪图》。

4. 十二支釜鸣占

《精怪图》中有一段关于釜鸣的文字:

> 子日釜鸣,妻内乱。丑日釜鸣,有上客君子会。寅日釜鸣,有嫁娶吉庆会。卯日釜鸣,长子徭役,其门不好。辰日釜鸣,家有行,非父则母。巳日釜鸣,

---

① 李零《中国方术考》(修订本),第228—229页。关于三十六禽,还可参刘国忠《〈五行大义〉研究》,沈阳:辽宁教育出版社,1999年,第111—120页。

忧聚众、狱讼事。午日釜鸣，家有忧奴婢事。未日釜鸣，家有德，吉。酉日釜鸣，有祀祠事。申日釜〔鸣〕，家聚众，凶，有丧。戌日釜鸣，凶，耗钱财，凶。亥日釜鸣，官禄成，家安乐，无殃咎，吉。

"釜鸣"是后世占书中常见的事项。《天地瑞祥志》卷一七引京房曰：

子日鸣釜，家中男女乱；一云忧外丧也。丑日鸣釜，家昌吊会；一云得财物，吉。寅日鸣釜，天谋有喜；一云卧丧。卯日鸣釜，家有子孙闻不孝；一云病，长出事。辰日鸣釜，家长有出行事；一云有财物来之。巳日鸣釜，家有憙事；一云有兵贼。午日鸣釜，家大凶及财；一云争田宅，奴婢卒死。未日鸣釜，家有喜；一云家长有口舌。申日鸣釜，家中丧事；一云争田宅，大富，家中有。酉日鸣釜，家有酒事；一云家有卒死人。戌日鸣釜，有盗贼至；一云财物来复去。亥日鸣釜，有喜；一云斗讼，有狱事也。①

京房列出了两套不同的釜鸣占辞，可见当时对于釜鸣吉凶的判定并不统一，列表如下（表1-3）。

表1-3 釜鸣占比较

	《精怪图》（A）	京房（B）	京房（C）
子	妻内乱	家中男女乱	忧外丧
丑	有上客君子会	家昌吊会	得财物，吉
寅	有嫁娶吉庆会	天谋有喜	卧丧
卯	长子徭役，其门不好	家有子孙闻不孝	病，长出事
辰	家有行，非父则母	家长有出行事	有财物来之
巳	忧聚众，狱讼事	家有憙事	有兵贼
午	家有忧奴婢事	家大凶及财	争田宅，奴婢卒死
未	家有德，吉	家有喜	家长有口舌
申	有祀祠事	家中丧事	争田宅，大富，家中有
酉	家聚众，凶，有丧	家有酒事	家有卒死人
戌	耗钱财，凶	有盗贼至	财物来复去
亥	官禄成，家安乐，无殃咎，吉	有喜	斗讼，有狱事

---

① 萨守真《天地瑞祥志》卷一七《釜》，叶13b-14a。

《精怪图》的占辞与京房两种占辞都有相似之处，笔者用"√"表示如下：

	子	丑	寅	卯	辰	巳	午	未	申	酉	戌	亥
A	√	√	√	√	√	√	√	√	√	√	√	√
B	√	√	√	√	√			√	√	√	√	√
C				√		√	√			√		

需要说明的是：卯日，A"长子徭役"对应C"病，长出事"，A"其门不好"对应B"家有子孙闻不孝"；酉日，C"家有卒死人"正应A"家聚众，凶，有丧"，但B"家有酒事"的意涵较广，若作喜丧讲，亦可对应A。其他地支日也有此类对应关系。可见，《精怪图》"釜鸣占"吸收、整合了当时社会上的多种占辞，因而比较具体、详细。"十二支釜鸣占"的内容在后来的时日宜忌类占卜文书中也可以得见，如敦煌P.3685＋P.3281《六十甲子历》在每一干支日的最后都会记录本日釜鸣所预示的吉凶，大致同于《精怪图》。

5. 血污占

《精怪图》中有段"血污占"的文字：

> 血污门户关者，臣妾有奸。血污门者，宾客为害，祭之则吉。血污床褥者，忧妻子也。血污帏帐，宿者有忧。血污冠帻者，为士所辱，勿服之。血污人衣帔，女子怀身堕伤，男子惊兵，卖之，勿服。血污冠帻簪及采镜钗珠玑者，有好淫之辱，皆悉焚之、卖之，勿服。血污人身，是谓为鬼所泣，其主不吉，以鲊酱洗去之，殃除。

古代观念中，古人杀牲以血为祭，血代表生命，具有神圣性。另一方面，血又是不洁的，可用于驱邪，如我们熟悉的以鸡血、狗血涂抹门户等习俗。此外，祭祀时有"血忌"日，在这些日子里是不能杀牲见血[①]。不管"血"被赋予何种象征意义，它一般都预示着凶、不祥。《金楼子》载："汉昌邑王在藩时，有大鸟集于宫中。血污王坐席，其怪如此。"[②]似乎预示着昌邑王入继大统之后被废的结局。《天地瑞祥志》卷一七引《杂灾》云：

---

① 关于血的禁忌，可参刘增贵《禁忌——秦汉信仰的一个侧面》，《新史学》第18卷第4期，2007年12月，第41—43页。
② 《金楼子》卷一《箴戒篇二》，《文渊阁四库全书》本，第848册，第806页下。

血污室中为死亡。血污巾慎（帻）为悬官。血污器物，下为贱遇。血污衣被，有死亡。血污门户、壁、床，飞榍至。血污灶，清屋履展兵死。血污物器，下贱。血污小帻，县官。血污食器，夏子。血污瓦器，奴婢。血污书籍及大诚，煞小口、奴婢堂屋中。无故血，忧扬兵、口舌，卅日至。①

同卷又引《太公金匮》云：

家见血，鬼之精也。著门户，有县官事。著井灶，大人素食。著车船，行人有官事。著衣冠，君子免官、小人忧官事。著床席，有病。著厕则物亡。著履，为刑狱起。著案，马兵伤。著碓，有丧。著五谷，丈人恨。著扇，有口舌。著杖，为不安。②

三家血污占辞列表如下（表1-4）。

表1-4 血污占比较

血污之处	《精怪图》	《杂灾》	《太公金匮》
门户关	臣妾有奸		县官事
门	宾客为害，祭之则吉	飞榍至	
室中		死亡	
床褥	忧妻子	飞榍至	
床席			有病
帷帐	宿者有忧		
厕			物亡
碓			有丧
灶		清屋履展兵死	大人素食
人身	为鬼所泣，其主不吉，以鲊酱洗去之，殃除		
冠帻	为士所辱，勿服之		君子免官、小人忧官事
冠帻簪及采镜钗珠玑	有好淫之辱，皆悉焚之、卖之，勿服		
巾帻		悬官	

---

① 《天地瑞祥志》卷一七《血》，叶7a。
② 《天地瑞祥志》卷一七《血》，叶5b-6a。

续表

血污之处	《精怪图》	《杂灾》	《太公金匮》
人衣帔	女子怀身堕伤，男子惊兵，卖之，勿服	死亡	君子免官、小人忧官事
器物		下为贱遇	
食器		夏子	
瓦器		奴婢	
案			马兵伤
扇			口舌
杖			为不安
履			刑狱起
书籍		煞小口、奴婢堂屋中	
车船			行人有官事
五谷			丈人恨

比较可知，三家占辞相似度很低，在血污项的设置上也少有重合者。值得注意的是，血污之处基本围绕家居环境，上述釜鸣占也是如此，显示了古人对于"门户之内"的重视程度。

6. 光怪

《精怪图》记载了一些与"光"相关的物怪。八小童推车的图画配文曰：

> 夜行见火光下有数十⃞小⃞儿，头戴火车。此一物两名，上为游光，下为野童，见是者⃞天⃞下多疫死。〔一〕〔曰〕〔僮〕兄弟八人。

文中提到的"游光""野童"是汉代常见的物怪，张衡《东京赋》里有"殪野仲而歼游光"之语①，马融《广成颂》也有"拂游光"的文句②。最流行的观念是将游光、野童与瘟疫联系起来。《风俗通》云：

> 夏至著五彩辟兵，题曰"游光"，厉鬼知其名者无瘟疾。……又永建中，京师大疫，云厉鬼字"野重游光"。亦但流言，无指见之者。其后岁岁有病，

---

① 《文选》卷三《京都中》，1986年，第124页。
② 《后汉书》卷六〇上《马融列传上》，北京：中华书局，1965年，第1964页。

人情愁怖，复增题之，冀以脱祸。①

考古文物中有枚直径 2.5 厘米的东汉白玉圆形方孔钱，在玉币两面楷书"野重游光"与"疾疫鬼名"八字②。可见游光、野童在汉代被视为是能引发疾疫的疠鬼。游光又是地府神灵之一，陕西南李王陶瓶朱书：

> 游光、地柱、南组、北斗、三秸、七星，主别解张氏后死者白伍重复。弪持铅人、人参、雄黄，解佳裹草别羁，以代生人之名。急如律令。③

还有一种说法认为它是火精，《正部》曰：

> 山神曰螭，物精曰魅，土精曰羵羊，水精曰罔象，木精曰毕方，火精曰游光，金精曰清明。天下有道，则众精潜藏。④

《精怪图》中关于"光怪"的几条文字如下：

> 印绶有光者，必免官。人席夜有光者，进酒脯，人有贺者。人家无故夜惊有光者，恶上下是者，名曰且赣，知其名，故可无咎矣。人衣夜有光，且涂内壁而方三尺，所求必得矣。

绘图中也有一幅是"人革带夜有光"。

"光怪"是占书中常见的怪异现象，《开元占经》卷九九《光》列举文献甚多，可参看。《天地瑞祥志》卷一七《光》所引更详，其中有一段"见光占"文字不见于其他文献，兹引录如下：

> 子日地□黑大，忧小光急去；一云忧六畜。丑日见光，病去，宅下大吉；一云忧家长。寅见光聚，忧罪人；一云忧煞小口。卯日见光，大吉；一日（云）

---

① 《太平御览》卷二三《时序部八·夏至》，第 111 页下。
② 徐琳《两汉用玉思想研究之一——辟邪厌胜思想》，《故宫博物院院刊》2008 年第 1 期，第 136—137 页。
③ 王育成《南李王陶瓶朱书与相关宗教文化问题研究》，《考古与文物》1996 年第 2 期，第 61 页。
④ 马总《意林》卷四，《丛书集成初编》271 册，第 87—88 页。

忧争田树。辰日见光，为悬官；一云忧小妇子病。巳日见光，为悬官，夫女子病；一云忧父母病。午日见光，大吉，宜牛马；一云忧长妇、家长；一云忧小口死。未日见光，初祀鬼，不吉，杀母人。申日见光，为口舌、疫病；一云忧母不还死池许；酉日见光，大吉；一云忧妇人斗讼相煞。戌日见光，家长衰急告；一云兵祸死，故牢狱人相幸。亥日见光，为女子病。光见人头，精神还无池。光见床壁，为疾病。光见石中、光见门，致讼事。光见饭，贪悬官。光见屋间，死亡。①

这段"见光占"比起《精怪图》所载要详细得多，它由两部分组成。前段是"十二支见光占"，按照十二地支罗列该日见光所预示的吉凶。后段是根据光照见之处来推断吉凶。

7. "无故恐者"怪

这类物怪较多，之所以归为"无故恐者"怪，是因为《精怪图》中有句总结之言："人家无故恐者，皆是诸鬼精变怪使然。"并且这类记载中多有"无故"二字。"无故"导致的灾祸，是占书里最常使用的语式，睡虎地秦简日书《诘》篇中就有大量记载，可见其渊源甚早。《精怪图》此类物怪，有家中无故自腥臭、刀无故自鸣、剑无故自拔、人夜卧无故发自断、人夜得恶梦，绘图中有居室无故有人及声、雌雉无故入家、蛇无故入人家里社庙、灶无故自润湿四幅。可以发现，无故产生的异象基本还是围绕家居环境。家内空间是人最为熟悉的环境，人们在此起居生活，维持着一种平衡状态。任何异象的产生、外物的侵入其实都是对这种平衡的打破，所以才会引起人们的极大关注，尤其是这种"无故"。因为人对于未知的领域其实都怀有一种恐惧心理，"无故"意味着不确定性，在吉凶难测的状态下，人很容易产生恐慌。

8. 六畜鸟兽鼠虫怪

这是最大的一类物怪。绘图多数属于此类，有掘地得物、老鸡夜呼人名、雄鸡夜鸣、五色鸟、蚋蚁白翼两头、斩蛇则续、鼠上树、鱼从水上流下、龙乳人家、雌鸡雄鸣、鼠群行等。动物的行为出现异常，一般都预示了某种征兆，这是人们在长期的生活实践中总结出来的，比较好理解。如鼠上树、鼠群行这类迁徙行为与发大水有关；龙本是尊贵之物，却屈居普通人家，预示了地位的巨变。

有些行为就不能用这种常识来理解。比如，蛇具有再生能力，这是其生理机能

---

① 《天地瑞祥志》卷一七《光》，叶 4a-5a。

的表现，但在古人眼中则是蛇自己能够将断裂的身体接续在一起，是一种超能力。因此《淮南子》说："神蛇能断而复续，而不能使人勿断也。"①《搜神记》云："千岁之蛇，断而复续。"②《天地瑞祥志》卷一九亦云："千岁蛇断复续，无怪也。"又引《灵蛇铭》曰："嘉慈灵蛇，断而能续，飞不须翼，行不待足。上腾霄雾，下游山岳，进此明珠，托身龙族。"③一为神蛇，一为千岁蛇，表明能具有"断而自续"能力的非普通蛇，而是灵蛇。

又如，鸡在六畜中是最小的家禽，一般观念里它出现变怪是所谓的"牝鸡司晨"之类；正史《五行志》又有"鸡生角"一类变怪来象征小人、妇女专权。鸡一般不会和"鬼"联系起来，因为鸡的主要职责是报时，它是最早见到太阳的生物，所以它的阳气较盛。《荆楚岁时记》注引《括地图》曰：

> 桃都山有大桃树，盘屈三千里。上有金鸡，日照则鸣。下有二神，一名郁，一名垒，并执苇索，以伺不祥之鬼，得则杀之。④

《艺文类聚》引《春秋运斗枢》曰："鸡为积阳，南方之象。"⑤可见在中古的观念里，鸡具有驱邪辟鬼的功能。但《精怪图》却有三幅绘图是关于鬼夜呼长妇、次妇、少妇作祟的情况，如果加上《天地瑞祥志》卷一四《鬼》所引鬼夜呼长子、人父、人母、中子名者，基本就是一个完整的大家庭，唯缺少子。这个夜呼人名的"鬼"居然就是老鸡、鸡精。鸡精作祟既然能被记载入《精怪图》，说明其自有所本，不会是无源之水。《幽明录》载有一则故事：

> 临淮朱综遭母难，恒外处住。内有病，因前见，妇曰："丧礼之重，不烦数还。"综曰："自荼毒以来，何时至内？"妇曰："君来多矣。"综知是魅，敕妇婢，候来，便即闭户执之。及来，登床，往赴视，此物不得去，遽变老白雄鸡。推问是家鸡，杀之，遂绝。⑥

---

① 何宁《淮南子集释》卷一六《说山训》，北京：中华书局，1998年，第1108页。
② 《新辑搜神记》卷一六《变化》，第258页。
③ 《天地瑞祥志》卷一九《蛇》，叶40。
④ 宗懔撰，宋金龙点校《荆楚岁时记》，太原：山西人民出版社，1987年，第5页。
⑤ 《艺文类聚》卷九一《鸟部中·鸡》，第1583页。
⑥ 《幽明录》，《古小说钩沉》本，第265页。

这个能变化人形的精魅就是家中的老白雄鸡。鸡作为家禽，与人的关系十分密切，也正因为此，它一旦成精，便能容易叫出家中成员的姓名，甚至变作家中成员的模样。

绘图中的"五色鸟"人面鸟身，预示着疾病，这很值得注意。文献中对"人头鸟身"之神很早就有记载。《墨子·非攻下》言上古三苗大乱，大禹征有苗氏，"有神人面鸟身，若瑾以侍，搤矢有苗之祥"①；《明鬼下》记郑穆公（当为秦穆公）遇神，"鸟身，素服三绝，面状正方"，其名为句芒②。《山海经·海外东经》也说："东方句芒，鸟身人面，乘两龙。"郭璞注云："木神也，方面素服。"③与《明鬼下》对句芒的描述相同。战国楚帛书十二神里也有两幅神祇图是人面鸟身，分别是三月"秉"和七月"仓"。"秉"为鸟身、方首，被认为是句芒；"仓"是鸟身人首，顶有二角④。汉唐时期的人头鸟身神也比较常见，据林巳奈夫的收集，山东沂南汉代画像石、洛阳西汉卜千秋墓壁画、新繁清白乡东汉画像砖、邓县北齐墓彩画砖、合肥西郊隋唐墓中均可见这种形象，尤其是卜千秋墓壁画中的人头鸟身画与《精怪图》十分相似⑤。《抱朴子》云："千岁之鸟，万岁之禽，皆人面而鸟身，寿亦如其名。"⑥这些人头鸟身神是作为辟邪神而存在的，寓意了"千秋""万岁"的永生⑦。与以上形象和寓意完全不同，《精怪图》的人面鸟身神是一种凶神，它披发，所到之处，人多疾病。在古代的观念里，一方面认为头发具有避邪作用，如睡虎地秦简《日书》甲种《诘》："人行而鬼当道以立，解发奋以过之，则已矣。"⑧另一方面还认为披发是鬼怪附体和中邪的迹象，预示着疾病⑨。"五色鸟"即属后者。

（三）《白泽精怪图》所见的驱鬼辟邪之术

编纂《精怪图》的目的是为了让人知晓并防范生活中可能遇到的物怪，因此必

---

① 孙诒让撰，孙启治点校《墨子间诂》卷五《非攻下》，北京：中华书局，2001年，第147页。
② 《墨子间诂》卷八《明鬼下》，第227页。
③ 袁珂《山海经校注》，上海：上海古籍出版社，1980年，第265—266页。
④ 李零《长沙子弹库战国楚帛书研究》后附图版及摹本，北京：中华书局，1985年；刘信芳《中国最早的物候月名——楚帛书月名及神祇研究》，氏著《子弹库楚墓出土文献研究》，第130—133、149—152页。
⑤ 林巳奈夫《汉代の神神》，第299—302页。
⑥ 王明《抱朴子内篇校释》卷三《对俗》，第47页。
⑦ 林巳奈夫《汉代の神神》，第300—301页。
⑧ 刘乐贤《睡虎地秦简日书研究》，第247、267页；王子今《睡虎地秦简〈日书〉甲种疏证》，第440页。
⑨ 江绍原《发须爪：关于它们的迷信》，上海：开明书店1928年初刊，北京：中华书局，2007年，第28—49页。

然会载有驱鬼辟邪的办法。睡虎地秦简《诘》篇是先秦时期此类法术的汇总。比较《精怪图》和《诘》篇的辟邪之术，我们会发现前者仍在继续使用后者记载的一些法门，但也有不少是后世新近出现的。

1. 知其名

《精怪图》最重要的辟邪之术是"知其名"，即知道物怪的名字。古人认为，物怪都有名字，只要知道了物怪的名字并能准确叫出，就可以解除灾祸，这在中古时期是最基本而实用的辟邪法术。1957年江苏高邮出土的汉代朱书木牍上写道：

> 乙巳日死者，鬼名天光。天帝神师已知汝名，疾去三千里。汝不即去，南山纷□令来食汝。急急如律令。①

居延新简有枚"厌魅书"，上书：

> 厌魅书：家长以制日疎（疏）魅名，魅名为天牧，鬼之精，即灭亡。有敢苛者，反受其央（殃）。以除为之。②

1980年洛阳史家湾出土的东汉镇墓陶瓶文字里也说天帝使者"菫（谨）摄录佰（百）鬼名字，无令得逃"③。可见掌握了物怪的名字就能制住它，从而使自己免受伤害。所以汉晋时期如《百鬼录》《九鼎记》《白泽图》之类记录物怪名字的专书得以产生。《精怪图》里反复强调遇到物怪时"呼之即吉""知其名，故可无咎矣"；当出现了"无故"的异象时，"皆是诸鬼精变怪使然，各随其所在处，以其名呼之可除"；当遇山林川泽之鬼时，"先呼其名，即使人不畏之，鬼亦不伤人者也"。这应都是"知其名"辟邪术的表现。

"知其名"不是人类的专利，物怪同样可以使用。这点在《诘》篇中已有反映，但所占分量很小，较明显的只有一条："鬼恒召人出宫，是是遽鬼毋（无）所居，罔譁（呼）其召，以白石投之，则止矣。"④本条可与《精怪图》"山见吏，若但闻声不见形，呼人不止者，以白石掷之则息矣"对照。二者提供针对物怪呼人的解除

---

① 江苏省文物管理委员会《江苏高邮邵家沟汉代遗址的清理》，《考古》1960年第10期，第21页。
② 《居延新简——甲渠候官》，北京：中华书局，1994年，上册释文第61页。
③ 蔡运章《东汉永寿二年镇墓瓶陶文考略》，《考古》1989年第7期，第650页。
④ 刘乐贤《睡虎地秦简日书研究》，第230页。

之法都是以白石投之，《诘》篇特别强调了"罔譁（呼）其召"，也就是不能答应物怪的呼唤，但没有说明原因。我们可以在其他文献记载中找到答案。《搜神后记》载元嘉初，富阳有个姓王的人在水中作蟹断捕蟹，接连几次都看到蟹断裂开，蟹都跑掉了，只有一根木材在其中。他怀疑是这根木材在作怪，就把它装到蟹笼里，准备带回家用斧劈开，然后烧掉。行至半路，木材变成一物：

> 人面猴身，一手一足，语王曰："我性嗜蟹，比日实入水破君蟹断，入断食蟹。相负已尔，望君见恕，开笼出我。我是山神，当相祐助，并令断大得蟹。"王曰："汝犯暴人，前后非一，罪自应死。"此物恳告，苦请乞放，王回顾不应。物曰："君何姓何名？我欲知之。"频问不已，王遂不答。去家转近，物曰："既不放我，又不告我何姓名，当复何计，但应就死耳。"王至家，炽火焚之，后寂然无复异。土俗谓之山獠，云知人姓名则能中伤人，所以勤勤问王，欲害人自免。[①]

引文最后一句已经点出答案：物怪知人姓名之后就可伤人。不过，另外一则资料则显示，"知人姓名"不是此类法术的关键。《搜神后记》载东晋元帝末，谯郡周子文小名阿鼠。一日，他和人结伴入山打猎，途中和同伴走失：

> 忽山岫间见一人，长五丈许，捉弓箭，箭镝头广二尺许，白如霜雪。此人忽出声唤曰："阿鼠。"（阿鼠，子文小字）子文不觉应曰："诺。"此人牵弓满，镝向子文，子文便失魄厌伏，不能复动。遂不见此人。猎伴寻求子文，都不能语。舆还家，数日而卒。[②]

人的小名比较隐密，一般只有亲近的家人才知晓，所以当有人突然叫唤自己的小名时，周子文的第一反应是应答，这是自然的反应，然而结果却很残酷，他因此丢了性命。和上举"山獠伤人"事例需要知道人的名字不同，此例中的物怪事先已经知道了周子文的小名，但这并不能伤害周子文，只有等周子文响应了物怪的呼唤之后，灾祸才发生。所以，答应物怪的呼唤才是关键，这也正是《诘》篇"罔譁（呼）其召"的深意所在。

---

① 陶潜撰，李剑国辑校《新辑搜神后记》卷七《山獠》，北京：中华书局，2007年，第554—555页。
② 《新辑搜神后记》卷五《阿鼠》，第523页。

2. 勿怪之

《精怪图》有一种辟邪法门是《诘》篇所没有的，那就是"勿怪之"，也就是见怪不怪。如入山"见秦人者，百岁木精也，勿怪之，不能为害"；碰到釜鸣，"此皆自然应感，不怪之则神，众人弗知，畏之，故得疾，非有鬼神之祸也，物有自然怪耳"。前者的态度是建立在对物怪的透彻认识上，知道它不能为害，所以"勿怪之"，但还是承认物怪的存在；后者则是从物质属性的角度否定了此种物怪的存在。这两种截然相反的认识存在于同件文书中，再次说明了《精怪图》资料来源的芜杂性和汇编的随意性。《精怪图》对物怪的否定不止这一处，绘图中还有四处提到。它们是"木麋名曰札，状如菟（兔）而尾青色，物类自然，非怪也""掘地得人，无谓鬼神，名曰取（聚）也，出而举之则消，无伤于人""掘地得狗者，名曰耶也，其不害物矣，无谓鬼而怪之""掘地得豕（豚）者，名曰□□，煞之，不害物也，无谓鬼神，勿怪也"。后三条句式一致，应属同组。《夏鼎志》曰：

> 掘地而得狗，名曰贾；掘地而得豚，名曰邪；掘地而得人，名曰聚。聚，无伤也。此物之自然，无谓鬼神而怪之。[①]

在内容和思想两方面都与《精怪图》一致，但文字小异，推测二者当有共同的来源。

严格来说，"勿怪之"并非驱鬼辟邪的法门，它只是一种态度。《淮南子·泛论》谈到圣人对待怪物的态度与普通百姓不同，与《精怪图》的"勿怪之"颇有相通之处，其言曰：

> 圣人心平志易，精神内守，物莫足以惑之。夫醉者，俯入城门，以为七尺之闺也；超江、淮，以为寻常之沟也：酒浊其神也。怯者，夜见立表，以为鬼也；见寝石，以为虎也：惧掩其气也。又况无天地之怪物乎！夫雌雄相接，阴阳相薄，羽者为雏鷇，毛者为驹犊，柔者为皮肉，坚者为齿角，人弗怪也；水生蠬蜄，山生金玉，人弗怪也；老槐生火，久血为磷，人弗怪也。山出枭阳，水生罔象，木生毕方，井生坟羊，人怪之，闻见鲜而识物浅也。天下之怪物，圣人之所独见；利害之反覆，知者之所独明：达也。同异嫌疑者，世俗之所眩，惑也。夫见不

[①] 《新辑搜神记》卷一六《犀犬》，第265页。

可布于海内，闻不可明于百姓，是故鬼神襪祥而为之立禁，总形推类，而为之变象。①

《淮南子》此段主旨是要破除鬼神襪祥之论。人们对于熟悉的事物不会感觉怪异，因为这是身边随时发生的自然变化；对于山林川泽的各种鬼神却总是以"怪异"视之，毕竟这是超出了人们日常生活的领域，来自另一个陌生的世界。在《淮南子》看来，是否"怪异"，并不取决于事物本身，而是取决于看见怪物的人。普通人以之为怪，是由于"闻见鲜而识物浅"的缘故；圣人因为具备常人所没有的博识及心平、内守的心境，所以他们不会感觉"怪异"，也就不会受到物怪的迷惑。相比之下，《精怪图》尚未达到如此高的认识论程度，它基本还是停留在物质属性的层面。

3. 厌釜鸣法

《精怪图》所载驱怪方术中，厌釜鸣法是花费笔墨最多也最集中的一类，除去"勿怪之"，总共列出了五种方法。第一种："取后甲上土，合五香，涂灶额上，吉，无咎。假令甲子旬日鸣，取戌他（地）效此，五香、苏合、爵（郁）金、青木、都梁木、蜜各一两，涂讫，悬囗其上，吉矣。"第二种："釜鸣，以囗囗长五寸，五谷各三斗置灶上釜，震呼之曰：'女婴！'取釜置西南己未地，宜子孙，三年出贵子，利贾市，耕得五谷。"第三种："法为五坐，以黄白饭、曰（白）鸡脯肉、清酒、祭肉之具于灶前，吉。"第四种："釜鸣，令家长带剑而应之曰：'未可鸣，息而止！'令家大富，无咎矣。"第五种："釜鸣，取家铜镜于傍，击而和之，无咎。"其中一、三、五只有消灾作用；二、四不但能消灾，且能转祸为福。这些方法都使用了不少器物，下面就其中部分器物试作解说。

青木，《玄中记》云："千岁树精为青羊，万岁树精为青牛。"② 树木可成精，且名称中都带"青"字，或许年岁久远之树木即青木，可制鬼辟邪。中古时期有"青牛制鬼"一说。东晋裴启《语林》载：

宗岱为青州刺史，禁淫祀，著《无鬼论》，甚精，莫能屈。后有一书生葛巾修刺诣岱，与谈论，次及《无鬼论》，书生乃振衣而去，曰："君绝我辈血食二十余年，君有青牛、髯奴，所以未得相困耳；奴已叛，牛已死，今日得相

---

① 《淮南子集释》卷一三《泛论训》，第980—982页。
② 《太平御览》卷八八六《妖异部二·精》，第3937页上。

制矣。"言绝而失。明日而岱亡。①

《冤魂志》亦载：晋孙元弼为王范所杀，"至夜，范始眠，忽然大魇，连呼不醒。家人牵青牛临范上，并加桃人左索，向明小苏。十许日而死"②。两个事例中都以青牛镇邪，显然直接受到了"万岁树精为青牛"的影响。

白鸡是祭祀时常用的牺牲。《杂五行书》提到正月己丑日以"白鸡祠灶，宜蚕"③，与本条比较接近。《精怪图》另有"夫妇喜斗讼者，人虚也，取白鸡埋之堂上，殃已矣"的记载；敦煌 P.4793《百怪图》载厌釜鸣法："又妨子孙，以黄石百斤□□又一：以厌埋之处，各杵一千下，令妇人勿□□一斗，随方色，鸡一只，绢七尺，席一领，丹□□净洁，主人甲乙祭之家中，造作百事□□"④内亦提到使用鸡作为厌镇之物。以鸡作为祭祀的牺牲，目的就是为了辟邪，这种观念由来已久。《风俗通义》总结说：

> 谨按：《春秋左氏传》："周大夫宾孟适郊，见雄鸡自断其尾，归以告景王曰：'惮其为牺也。'"《山海经》曰："祠鬼神皆以雄鸡。"鲁郊祀常以丹鸡，祝曰："以斯翰音赤羽，去鲁侯之咎。"今人卒得鬼刺痱，悟，杀雄鸡以傅其心上，病贼风者，作鸡散，东门鸡头可以治蛊。由此言之：鸡主以御死辟恶也。⑤

其对鸡的这种辟邪有明确说明。

剑和铜镜是金属制品，釜的材质为石或金属，古代观念里金石属同类，因此剑、铜镜、釜就材质而言是一类。釜鸣时，于旁持剑应之，或是敲击镜子和之，都是应用了声波共振、声律共鸣之法。同时，剑和镜子在古代观念里也都具有辟邪降妖的功能⑥。

---

① 裴启《语林》，《古小说钩沉》本，第22页；又见《殷芸小说》，《古小说钩沉》本，第104—105页。
② 颜之推著，罗国威校注《冤魂志校注》，成都：巴蜀书社，2001年，第57页。
③ 《艺文类聚》卷八〇《火部·灶》，第1375页。
④ 图版见《法藏敦煌西域文献》第33册，上海：上海古籍出版社，2005年，第182页。
⑤ 《风俗通义校注》卷八《祀典·雄鸡》，第375—376页。
⑥ 参李丰楙《六朝镜剑传说与道教法术思想》，静宜文理学院中国古典小说研究中心编《中国古典小说研究专集二》，台北：联经出版社事业公司，1980年，第1—28页；福永光司《道教镜剑》，氏著《道教思想史研究》，东京：岩波书店，1987年，第1—69页，许洋主中译文《道教的镜与剑》，刘俊文主编《日本学者研究中国史论著选译》第7卷《思想宗教》，北京：中华书局，1993年，第386—445页。

4. 咒术

咒术是一门古老的法术,世界各地都有广泛应用。《精怪图》有两处地方提到咒术。一处是:

> 人夜卧,无故发自断者,怪也。明旦以黄土涂门、所卧床下,方一尺,厚三尺,手画之曰"老鼠"也,不出三日,鼠死穴里,后无咎矣。

鼠怪是家居环境中比较常见的物怪之一,民间产生了不少除鼠害的办法。如《精怪图》另记:

> 鼠鸣及屎溺物上,为怪不止,以丙丁巳午日□□取常扫烧著其处,永不复来矣。凡鼠为怪,名阴贼,以□和黄土,涂室内近床下地,方三尺,以黄土为犬,长六寸,置土三日,取犬捐交道间,殃除已。

《开元占经》卷一一六引京氏曰:"鼠为怪凶者,伤丈夫,为之烧铁门户,无咎。"[①]《杂五行书》云:"取停部地土涂灶,水火盗贼不经;涂屋四角,鼠不食蚕;涂仓篑,鼠不食稻;以塞垍,百日鼠种绝。"[②]采用的都是以物制物的办法。《精怪图》此处的灭鼠之法有所不同。以黄土涂在门、床下等老鼠必经之地,这是以物制物;手书"老鼠",颇有些像符咒之术。此法也不是《精怪图》所独有,《淮南万毕术》里说:

> 狐目狸脑,鼠去其穴。注曰:以涂鼠穴,即去。被发向北,咒杀巫鼠。注曰:夜有鼠,巫被发北向,咒曰:"老鼠不祥,过者受其殃!"[③]

此咒术亦见于《搜神记》载淳于智筮鼠事,言:

> 高平刘柔夜卧,鼠啮其左手中指,意甚恶之。以问(淳于)智,智为筮之曰:"鼠本欲杀君而不能,当相为,使之反死。"乃以朱书其手腕横文后三寸为田字,

---

① 《开元占经》卷一一六《鼠啮杂物》,北京:中国书店影印,1989 年,820 页下。
② 《艺文类聚》卷九五《兽部下·鼠》,第 1660 页。
③ 《丛书集成初编》第 694 册,第 1 页。

辟方一寸二分，使夜露手以卧。其明，有大鼠伏死手前。①

这和《精怪图》的咒杀鼠怪之法十分相似。《天地瑞祥志》卷一九也载有消除鼠怪的符咒②。这让我们有理由相信，咒杀鼠怪之法在中古时期颇为流行，不过其操作者多数应是专门的巫师和道士，《精怪图》的咒术相比之下是最简便的。

另一处是：

人夜得恶梦，旦起，于舍东北被发咒曰："伯奇！伯奇！不饮酒食肉，常食高兴地，其恶梦归于伯奇，厌梦息，兴大福。"如此七咒，无咎也。

睡虎地秦简《日书》中已有禳梦之术，甲种《梦》云：

人有恶薺（梦），罋（觉），乃绎（释）发西北面坐，纆（祷）之曰："皋，敢告壐（尔）豺䝞。某有恶薺（梦），走归豺䝞之所。豺䝞强饮强食，赐某大幅（富），非钱乃布，非茧乃絮。"则止矣。③

乙种《梦》亦云：

凡人有恶梦，觉而择（释）之，西北乡（向）择（释）发而䭾（呬），祝曰：'縎（皋），敢告壐（尔）宛奇，某有恶梦，老来□之，宛奇强饮食，赐某大畐（富），不钱则布，不壐（茧）则絮。④

《日书》禳梦之法与《精怪图》相似，但在祷告的对象上记载有所不同。《日书》祷告对象是豺䝞、宛奇，《精怪图》则是伯奇。传世典籍未见豺䝞、宛奇之名，伯奇见于《续汉书·礼仪中》"伯奇食梦"，是汉代宫廷举行大傩仪式时祈祷的十二神之一⑤。"宛"与"穷"形近，或为《山海经》所记之穷奇，推测豺䝞、宛奇和伯

---

① 《新辑搜神记》卷三《淳于智筮鼠》，第 68 页。
② 《天地瑞祥志》卷一九《鼠》，叶 35a-b。
③ 刘乐贤《睡虎地秦简日书研究》，第 212 页。
④ 刘乐贤《睡虎地秦简日书研究》，第 380 页。
⑤ 《续汉书·礼仪中》，《后汉书》志第五，第 3128 页。

奇为同一种神灵①。

5. 其他

除了以上诸种方术之外，辟邪之法尚有"杀之"（宰杀物怪）、去之（规避物怪）等最直接的手段，以及使用白石、白苇、白茅、灰等器物，前人论之已详，本文从略②。另有几种器物比较特殊，需要略为说明。

"血污占"里提到血污人身，可以鲊酱洗去。鲊酱即鱼酱。在消除"无故恐者"怪时，除了叫出其名外，还可以将鸡血和黍糠、三家醯混合在一起涂于门户、井灶和厕所。黍糠，《诘》篇云：

> 人毋（无）故而弩（怒）也，以戌日日中而食黍于道，遽则止矣。
> 鬼入人宫室，勿（忽）见（现）而亡，亡（无）已，以脩（滫）康（糠），寺（待）其来也，沃之，则止矣。③

可见，黍、糠和滫都具有辟邪避鬼的作用。三家醯，醯即醋。《诘》篇云：

> 鬼恒召（诏）人曰："壐（尔）必以枼（某）月日死。"是祷鬼伪为鼠，入人醯、酱、滫、将（浆）中，求而去之，则已矣。④

醯和滫并列，滫的功用已如上述，则醯也应具有相同功能。"三家"用语在占书中并不少见，如敦煌 P.2661v《诸杂略得要抄子一本》云："以满日，取三家井水作酒，令人富贵、得才，吉。""人家□□悬官不利者，取三家水涂门户上，吉。"⑤"三"代表"多"，非确切之数，称"三家"者，或许是为了集合更多生人之气来增强厌胜的能力。

---

① 饶宗颐、曾宪通《云梦秦简日书研究》，第 28 页；Donald Harper, "Wang Yen-shou's Nightmare Poem", pp.270-271; Donald Harper, "A Note on Nightmare Magic in Ancient and Medieval China", pp.72-74.
② 刘乐贤《睡虎地秦简日书〈诘咎篇〉研究》，《考古学报》1993 年第 4 期，第 450—451 页；王子今《睡虎地秦简〈日书〉甲种疏证》，第 356—362、410—411、428—429、434—435 页。
③ 刘乐贤《睡虎地秦简日书研究》，第 229—230 页。
④ 刘乐贤《睡虎地秦简日书研究》，第 228 页。
⑤ 关长龙《敦煌本数术文献辑校》，分见第 1272、1273 页。

（四）小　结

前一节从资料来源的角度简单论及《白泽精怪图》较《白泽图》更具实用性，本节则通过与其他文献的对照疏证，对《白泽精怪图》中所见物怪进行了梳理，进一步论证了这种实用性。从现有佚文来看，《白泽图》的物怪多是有形、有生命的实体，那些怪异的现象不在它的考虑之列。《白泽精怪图》记载的则多是那些和人们日常生活最为密切的物怪，像釜鸣、血污、光怪之类无生命的物怪也进入了它的视野，而这些在日常生活中难免会碰到。《白泽图》的辟邪方术单一，"知其名"占据了绝大多数。《白泽精怪图》的辟邪方术多种多样，针对同一种物怪的不同方术也都列出，便于人们根据情况选用。《白泽图》的编纂虽然不那么严整，但在叙述方式、文字表述以及内容选取上看得出是经过考虑和斟酌的，前后比较一致。《白泽精怪图》只是一部初编本，是将不同来源的文字堆砌到一起，经简单编排后成书的，因此在叙述方式、文字表述和内容上并不一致，有些内容传达出的信息甚至截然相反。这些都表明《白泽精怪图》纯粹是为实用而编成的，实用性是它最大的特点。

五、结　论

人类历史在漫长的发展进程中，总是伴随着对外部世界的好奇与探索，由此生发出众多有关"异界"的想象。古人的观念认为，人实际上是生活在一个充满各种神怪的世界里，为了各安其分，求得平衡和谐的生活环境，各种约定俗成的禁忌应运而生。人们努力不去违反禁忌、不去触犯神怪的世界。但是，再小心翼翼也不可能永远没有差错，违反禁忌、触犯神怪是不可避免的，而且有时候是神怪主动作祟，不见得是对所受侵犯的回应。所以，驱邪辟鬼之术成为必要，《山海经》《日书·诘》《白泽图》《白泽精怪图》《百怪图》之类的神怪指南也因此广受民众青睐。对于他们来说，实用性是第一的。由于不同时代对于神怪的判定标准会有差异，原有的神怪可能随着时间的推移就不再被视为怪异，同时新的神怪会再产生，因此民众的神怪知识也是在不断变动的。《白泽精怪图》就属此类，它应该是在《白泽图》的基础上重新汇编而成，实用性大大加强。在长期的人与物怪的斗争过程中，这些物怪指南的部分内容逐渐积淀下来，成为民众的生存技艺，代代相传，遂演变成一种民俗。时至今日，当我们摘下科学的有色眼镜来看待这些民俗的时候，仍然会在心中感慨信仰的延续性是如此长久、顽固。

对神怪的想象，说到底是对"人外"（extra-human）世界的恐惧。王充说："妖怪之至，祸变自凶之象。"[1]这种视人外世界的异动为吉凶祸福征兆的观念几千年来长盛不衰，一方面反映了民众渴望通过事先的预兆来把握命运的愿望，另一方面也提示我们，古代普通百姓的观念里并没有截然的"世界"划分，一切其实还是以"人"为中心，了解家庭内外的各种神怪及驱除之法，最终都是为了自己在人世的幸福而努力着。所以，趋吉避凶，"追寻一己之福"，这或许正是中古民众信仰的一个最基本的落脚点。由此，不同宗教的因素都可以在他们的信仰世界里存在，各种看似矛盾的技艺可以交替使用，只要能够使自己（及家庭）避免受到伤害，一切均无不可。从这个意义上说，与物怪相伴，已经成为中古时代民众日常生活的一部分了。

（本文第一部分原载《敦煌吐鲁番研究》第12卷，上海：上海古籍出版社，2011年，第429—440页；第二部分原载《出土文献研究》第10辑，北京：中华书局，2011年，第336—363页；第三部分原载黄正建主编《中国社会科学院敦煌学回顾与前瞻学术研讨会论文集》，上海：上海古籍出版社，2012年，第200—220页。此次统合成一文时，删去了一些重复的内容，并作了修订。）

---

[1] 黄晖《论衡校释》卷五《感虚篇》，第234页。

第二章 敦煌写本《百怪图》研究

敦煌占卜文献中有一大类属于"杂占",其中 P.3106 和 P.4793 的内容多语涉精怪,性质不明,无法给出明确的定名,20 世纪 80 年代中期以后,学界才较多采用"占怪书""厌怪"之类的拟名[1]。2009 年,日本杏雨书屋所藏敦煌文献陆续公布,其中有一件编号羽 44 的"阴阳书",岩本笃志率先将之与 P.3106、P.4793 比较,发现这三件有极大的相似性;又从 P.3106 背面题记中有"百怪图"字样以及 S.4400"归义军节度使曹延禄醮奠文"中的"百怪书图",判定 P.3106 和羽 44 都是《百怪图》的不同抄本,进而推测抄写时间在曹氏归义军时期;P.4793 则不能断定就是《百怪图》的一部分[2]。刘永明基本接受岩本笃志的观点,但他认为 P.4793 也是《百怪图》[3]。王晶波赞同刘永明的看法,对敦煌写本中已知的 4 件《百怪图》进行了叙录[4]。郑炳林、陈于柱的叙录在文书缀合上与王晶波稍有差异[5]。与以上学者的看法不同,黄正建坚持把 P.3106 定名为"占怪书",认为羽 44 从内容上虽然和 P.3106 很接近,但一则内有占釜鸣等内容,定名为"百怪图"恐不确切;二则史志著录中没有《百怪图》,羽 44 也无图。他倾向于定名作《旧唐书·经籍志》中所载的《百怪书》[6],关长

---

[1] 相关学术史讨论,参王晶波《敦煌占卜文献与社会生活》,兰州:甘肃教育出版社,2011 年,第 518 页。
[2] 岩本笃志《敦煌占怪书〈百怪图〉考——杏雨书屋敦煌秘笈本とフランス国立图书馆藏本の関系を中心に》,2010 年 6 月 28 日报告于京都大学人文科学研究所"西陲发现中国中世写本研究"班,后同名刊于高田时雄主编《敦煌写本研究年报》第五号,2011 年 3 月,第 65—80 页;此据何为民汉译本《敦煌占怪书〈百怪图〉考——以杏雨书屋藏敦煌秘笈本和法国国立图书馆藏的关系为中心》,余欣主编《中古时代的礼仪、宗教与制度》,上海:上海古籍出版社,2012 年,第 126—142 页。
[3] 刘永明《日本杏雨书屋藏敦煌道教及相关文献研读札记》,《敦煌学辑刊》2010 年第 3 期,第 76—78 页。
[4] 王晶波《敦煌占卜文献与社会生活》,第 513—518 页。
[5] 郑炳林、陈于柱《敦煌占卜文献叙录》,兰州:兰州大学出版社,2013 年,第 279—281 页。
[6] 黄正建《敦煌占卜文书与唐五代占卜研究》,北京:学苑出版社,2001 年,第 165 页;同氏《敦煌占卜文书与唐五代占卜研究》(增订版),北京:中国社会科学出版社,2014 年,第 146—147 页。

龙从之[①]。黄正建又从陆续刊布的中国国家图书馆所藏敦煌遗书中检出 BD15432、BD15774、BD16359 和 BD10791 四件关系密切的残片[②]，眼光十分敏锐。在我看来，要解决上述争论，需要对敦煌写本中的《百怪图》进行彻底的梳理，理清各写本之间的关系，这样才能为后续的研究打下坚实的基础。

一、敦煌写本《百怪图》的缀合

岩本笃志关于《百怪图》文本的探讨主要是 3 件文书：P.3106、羽 44 和 P.4793，他认为前两件可以确定属于《百怪图》，后一件则不能确定。岩本笃志的讨论相对简单，很多细节问题并未涉及，以下分别补论之。

P.3106 正面由三部分组成，伯希和最早著录："华文，残占筮书，益以他种书。中有一种似为史籍（须揭开）。"[③] 伯希和疑为史籍的部分其实是《礼记正义》[④]，而前一部分占筮书长期以来多以笼统的"占卜书"名之[⑤]，到黄永武编《敦煌宝藏》才较为明确地拟名"占怪书"[⑥]，黄正建、王爱和、戴思博（Catherine Despeux）均从拟名[⑦]。但少有人注意到 P.3106 背面的题记"此百怪图于法不能违肉（害）"，正是岩本笃志首次将题记中的"怪"与正面的占怪内容联系起来，断定 P.3106 正面占卜书部分是"百怪图"，为类似文书的定名铺平了道路。不过，这种判断毕竟是基于联想，缺乏直接的证据。我以为，更为有力的证据是，题记部分的笔迹与正面一致，

[①] 关长龙《敦煌本数术文献辑校》，北京：中华书局，2019 年，第 1061—1085 页。
[②] 黄正建《敦煌占卜文书与唐五代占卜研究》（增订版），第 146—147、149 页。
[③] 伯希和编，陆翔译《巴黎图书馆敦煌写本书目》，《国立北平图书馆馆刊》第 8 卷第 1 号，1934 年 3 月，第 61 页。
[④] M. Soymié ed., *Catalogue des manuscrits de Touen-houang. Fonds Pelliot chinois de la Bibliothèque Nationale* Ⅲ, Paris, 1983, p.84.
[⑤] 如《敦煌遗书总目索引》（北京：商务印书馆，1983 年，第 279 页）、*Catalogue des manuscrits de Touen-houang. Fonds Pelliot chinois de la Bibliothèque Nationale* Ⅲ (p.84)、《敦煌遗书总目新编》（北京：中华书局，2000 年，第 267 页），《法藏敦煌西域文献》第 21 册（上海：上海古籍出版社，2002 年，第 317 页）。
[⑥] 黄永武主编《敦煌遗书最新目录》，台北：新文丰出版有限公司，1986 年，第 704 页。
[⑦] 黄正建《敦煌占卜文书与唐五代占卜研究》，第 165 页；增订版，第 146 页；王爱和《敦煌占卜文书研究》，兰州大学博士学位论文，2003 年 5 月，第 460 页；Catherine Despeux, "Auguromancie", in Marc. Kalinowski ed., *Divination et société dans la chine médiévale. Étude des manuscrits de Dunhuang de la Bibliothèque nationale de France et de la British Library*, Paris: Bibliothèque nationale de Fance, 2003, pp.443-445, 464.

当是出自同一抄写者之手，因此，题记中的"百怪图"无疑指的就是正面的占卜文书。

羽 44 出自李盛铎旧藏，后归日本杏雨书屋，岩本笃志从标题、文本构造两方面将之与 P.3106 进行比较，确认二者的理论构造是共同的，是同一典籍的不同抄本部分。我基本赞同这一看法，以下再作补论。第一，P.3106 和羽 44 都有朱笔校读印迹。P.3106 为楷书，有墨栏，标题前有朱笔"Δ"符号，多数占事项前有朱点分隔。羽 44 字迹潦草，无墨栏，标题上有朱笔圈勾符，占事大项前用朱笔勾勒符区分，占事小项前用朱点分隔。第二，标题显示二者在内容是顺接的，但文句上稍有重合和差异。P.3106 第 23—27 行内容为：

> 占音声怪第廿七　凡是音声之怪，兵死之鬼。子日音声，忧病患、官事。宜书天文符户上，吉。丑日声怪，忧财物，少子凶。厌用桃木长六寸七枚，书天文符著中，吉。寅日声怪，忧病患、官事、亡财。厌用桃木长六寸七枚，书天文符著在处，吉。卯日声〔怪〕，忧官事、少子。厌用桐木长三寸九枚，书天文符，星下祭之以酒脯，吉。辰日声怪，忧父母死亡。厌用桃木长六寸八枚，书□□

羽 44 第 1—7 行内容为：

1　□□枚，书天文□□
2　□□长九寸七枚，书天文符，酒肉祭之，吉。午日为怪，□□
3　□木长九寸三枚，书天文符，酒肉祭之，吉。未日怪，忧□□
4　□□福德。桃木二寸四枚，书天文符户上，吉。申日怪□□
5　以用桃木长三寸六枚，书天文符著户上，吉。戌日□□
6　用桃木长四寸一枚，丹书天文符户上，吉。亥□□
7　用桃木长四寸四枚，书天枚（文）符著户上，吉。凡人门户初（？）
　□□

P.3106"占音声怪"存子、丑、寅、卯、辰 5 日占文。羽 44 标题部分已缺，从第 2 行后半句算起，存午、未、申、戌、亥 5 日占文。因本段文句结构基本一致，由此推测，申、戌间脱酉日占文，第 2 行午日前文字应属巳日占文，第 1 行则属辰日占文，这就与 P.3106 有少量重合了。另外，P.3106 每日占文以"某日声怪"起始，羽44 则是"某日为怪"或省成"某日怪",二者稍有差异,这不仅仅如岩本笃志所说是"同一典籍的不同抄本部分",更表明各自传抄的底本是不一样的。

P.4793 首缺尾全下残,原未抄完。《敦煌遗书总目索引》拟名"卜筮书"[①],黄永武拟名"符咒"[②],《法藏目录》未拟名[③]。黄正建虽未拟名,但将之归入杂占类,据内容分为三部分:十干日符(拟)、厌釜鸣法和十二辰符,从内容判断主要是"厌怪"[④]。王爱和认为该件似抄自某厌禳类专门卜书,拟名"厌禳书"[⑤]。马克(Marc. Kalinowski)亦未拟名,但本件是归入择日术类占卜文书讨论[⑥],说明他对本件文书的性质判断与之前学者有异。《法藏敦煌西域文献》拟名"神符经"[⑦]。学者们集中关注的是本件文书中的"厌釜鸣法",这本是敦煌占卜文献中较为常见的事项,但本件的内容特殊,黄正建认为标题虽为"厌釜鸣法第卅二",却没有"厌釜鸣"的内容,与 P.2682《白泽精怪图》中釜鸣以及"厌釜鸣法"很不相同;余欣认为这是一种镇宅法[⑧];岩本笃志经仔细比较后认为,尽管它与羽44有相似的"符",但"表现的是用厌胜术的镇石法",与羽44和 P.3106 不同,因而只是与羽44相似的典籍,不确定就是《百怪图》的一部分。刘永明粗略比较了 P.4793 和羽44 的"十干日符"之后,认为二者完全一致,判定 P.4793 也是《百怪图》,不过他基本是一笔带过,并无细致地论证。我以为,要解决以上的争论,关键在中国国家图书馆藏 BD15774 和 BD15773。

据《国家图书馆藏敦煌遗书》(以下简称"《国图遗书》")的介绍,BD15774 已经与 BD15773 上下缀合,定名"厌符法";《国图遗书》认为此件与 P.4793 所抄为同一文献[⑨]。关长龙据此拟名为"百怪书"[⑩]。就内容来看,此件明显分两部分:前面的四个符图(甲乙日、戊己日、庚辛日、壬癸日)与 P.4793 前的三个符图(甲

---

① 《敦煌遗书总目索引》,第308页;《敦煌遗书总目索引新编》,第325—326页。
② 黄永武主编《敦煌遗书最新目录》,第772页。
③ M.Soymié ed., *Catalogue des manuscrits de Touen-houang. Fonds Pelliot chinois de la Bibliothèque Nationale V*, Paris, 1995, p.372.
④ 黄正建《敦煌占卜文书与唐五代占卜研究》,第167页;增订版,第148—149页。
⑤ 王爱和《敦煌占卜文书研究》,第466页。
⑥ Marc. Kalinowski, "Hémérologie", *Divination et société dans la chine médiévale. Étude des manuscrits de Dunhuang de la Bibliothèque nationale de France et de la British Library*, p.274.
⑦ 《法藏敦煌西域文献》第33册,上海:上海古籍出版社,2005年,第182页。
⑧ 余欣《神道人心:唐宋之际敦煌民生宗教社会史研究》,北京:中华书局,2006年,第216页。
⑨ 《国家图书馆藏敦煌遗书》第144册,北京:北京图书馆出版社,2012年,《条记目录》第51—52页。
⑩ 关长龙《敦煌本数术文献辑校》,第1069页。

乙日、丙丁日、庚辛日）、羽44最后的一个符图（丙丁日）性质一样，都属于"十干日符"；后面是"厌法第卅二"，记载的是厌釜鸣法，文字与P.4793有很大的相似度。因为与羽44相关，黄正建由此认为此件不仅是厌符法，"一定还有占怪法的内容在内"。这给了我很大提示。《敦煌秘籍》所刊布的彩色图版上，羽44的颜色与后衬的底色之间色差很小，不太容易看出文书的边缘，经过多重调色处理后，我大致可以将文书的图版抠出，再与BD15774+BD15773进行比较，结果发现二者是可以直接缀合的（图2-1）。缀合后的文字如下：

102 右甲乙日、丙丁日、戊己日、庚辛日、壬癸日符如左。
103 （符图）甲乙日符如上。（符图）丙丁日符如上。

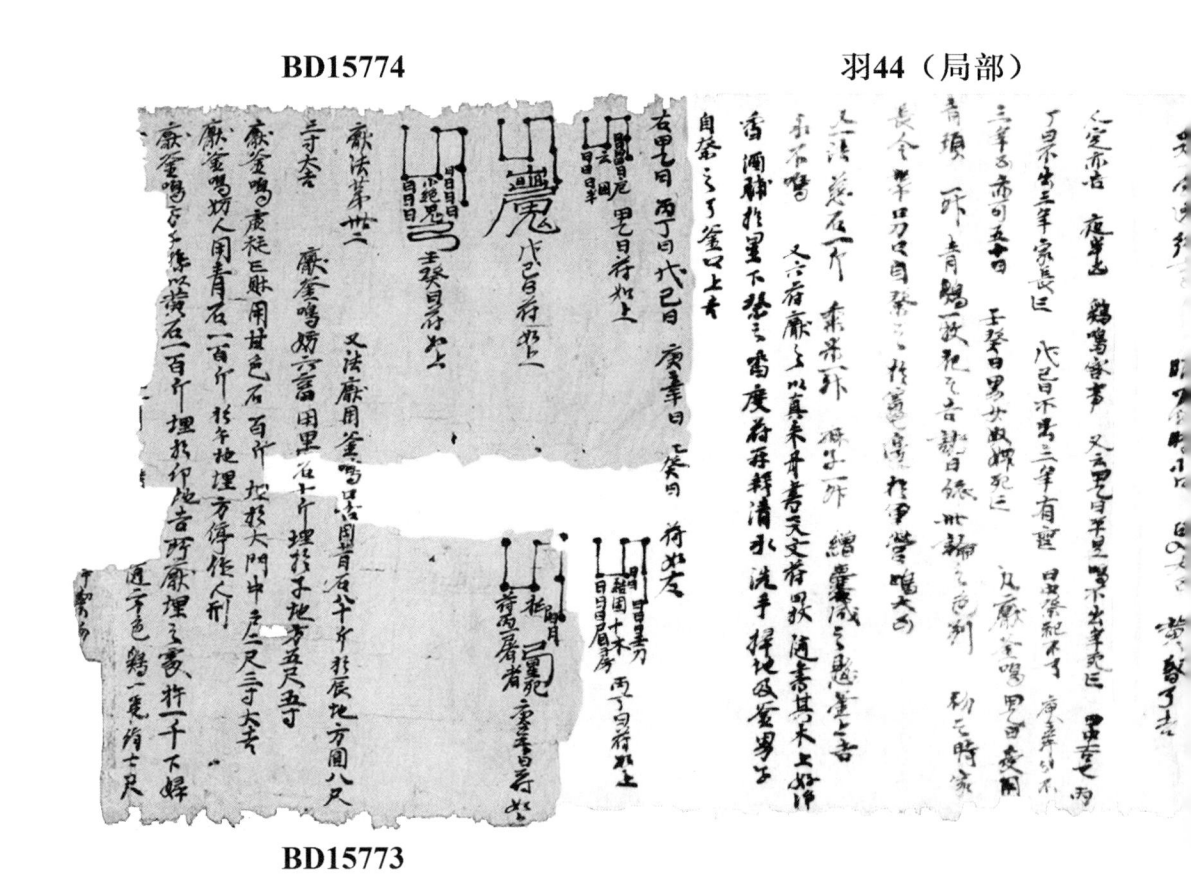

图 2-1　羽 44+BD15774+BD15773 缀合图（局部）

104　（符图）戊己日符如上。（符图）庚辛日符如上。
105　（符图）壬癸日符如上。
106　厌法第卅二　又法：厌用釜鸣口舌，用青石八十斤于辰地，方圆八尺
107　三寸，大吉。　厌釜鸣妨六畜，用黑石十斤，埋于子地，方五尺五寸。
108　厌釜鸣虚耗亡财，用甘色石百斤，埋于大门中户，〔方〕二尺三寸，大吉。
109　厌釜鸣妨人，用青石一百斤，于午地埋，方停作人刑（形）。
110　厌釜鸣妨子孙，以黄石一百斤，埋于卯地，吉。所厌埋之处，杵一千下，妇
111　　　　　　　　　　　随方色，鸡一只，绢七尺，
112　　　　　　　　　　净洁，勿

这可以廓清不少疑问。第一，缀合后的文本保留了完整的五个"十干日符"，与 P.4793 残存的三个"十干日符"无论是在符图还是文字上都完全一致（表 2-1）。

表 2-1　"十干日符"比较

P.4793			
羽 44+BD15774+BD15773			

第二，"厌釜鸣法第卅二"部分的性质判断。前已述及，学者们对 P.4793 心存疑虑的最重要原因在于"厌釜鸣法"中并无厌釜鸣的内容，更像是镇宅法或镇石法。缀合后的文字与 P.4793 雷同之处颇多，见下表（表2-2）。可以看到，P.4793 在占法大类上标明是"厌釜鸣法"，具体记载各种方法时则省略了"厌釜鸣"三字。羽44+BD15774+BD15773 则相反。因此，P.4793"厌釜鸣法"中包含了厌釜鸣的内容，这可以定谳。

表 2-2 "厌釜鸣法"部分文字比较

羽 44+BD15774+BD15773	P.4793
厌法第卅二	厌釜鸣法第卅二
厌用釜鸣口舌，用青石八十斤于辰地，方圆八尺三寸，大吉。	厌口舌：以青□□□□
	又疾病，用斑文石九十斤，于鬼门□□□
厌釜鸣妨六畜，用黑石十斤，埋于子地，方五尺五寸。	又妨六畜，用黑石十斤，埋子地，五尺五□□
厌釜鸣虚耗亡财，用甘色石百斤，埋于大门中户，〔妨〕二尺三寸，大吉。	百斤，埋大门中，方二尺三寸，吉。
厌釜鸣[妨]人，用青石一百斤，于午地埋，方停作人刑（形）。	妨□□停作人形。
厌釜鸣妨子孙，以黄石一百斤，埋于卯地，吉。所厌埋之处，杵一千下，妇	又妨子孙，以黄石百斤□□□□又一：以厌埋之处，各杵一千下，令妇人勿□□□
□□□□随方色，鸡一只，绢七尺，	一斗，随方色，鸡一只，绢七尺，席一领，
□□□□净洁，勿□□□□	丹□□□□净洁，主人甲乙祭之家中，造作百事

第三，"十二辰符"的性质。广义上说，厌釜鸣可视为镇宅法，P.2615a《诸杂推五姓阴阳等宅图经》中就有厌釜鸣的咒法[1]，故余欣的判断不能说有误，只是他将"十二辰符"部分排除在外，从而认定是石镇加祭祀镇宅法，尚不全面。之前学者均将 P.4793 的"十二辰符"视为独立的部分，可能是由于它和上文"急急如律令"间有三个字的空白，较别处为多；又因其后面有一个"第"字，黄正建遂补字为"第卅三"，与"厌釜鸣法第卅二"并列，这似乎顺理成章。我以为，最可靠的辨别途径就是文书上的朱笔符号。"厌釜鸣法第卅二"前是"△"符号，其余均是"丶"符，可证"十二辰符"是厌釜鸣法的一部分（图2-2）。文书中所列厌法，口舌、疾病、

---

[1] 关长龙《敦煌本数术文献辑校》，第 743 页。

第二章 敦煌写本《百怪图》研究

图 2-2 P.4793《百怪图》

幽赞化行：敦煌吐鲁番文献所见中古中国的占验与信仰

妨六畜、妨子孙均采石镇法，其余则是祭祀法和符镇法，所以这是一种合石镇、祭祀、符镇于一体的复合性厌法[①]。

羽 44 和 BD15773、BD15774 的缀合，凿实了其与 P.4793 属同种文献的不同抄本的论断。而陈于柱率先指出 P.4793 与 P.3106 属同卷，但不能直接缀合，惜未举证。比较一下这两件的字迹（表 2-3），二者的关系就一目了然。加上 P.3106 与羽 44 的文字有少量重合，各种迹象都确凿无疑地证明 P.3106+？+P.4793 和羽 44+BD15773+BD15774 这两个写本具有同源关系，只是各自传抄的底本不同。前已论及，根据 P.3106 背面题记，可以将正面内容定名作"百怪图"，据此，P.4793 和羽 44+BD15773+BD15774 自然也是"百怪图"了。

表 2-3　P.3106 与 P.4793 字迹比较

字例	怔	文	灶	厌	病
P.3106					
P.4793					

除了 P.3106、羽 44 和 P.4793 之外，还有 Дх.3876 和 Дх.6698 两件文书被岩本笃志忽略了。这两件文书在《俄藏敦煌文献》中未拟名[②]，黄正建最早注意到它们与 P.4793 的关系。他比较了 Дх.3876 与 P.4793 中题为"十二辰符"的部分，发现二者基本相同，而 Дх.6698 从字迹到内容都与 Дх.3876 相同，因而是同一文书的不同部分，遂将这两件文书拟名为"十二辰符"。黄正建还注意到，P.4793 将十二辰写于符的上方，Дх.3876 和 Дх.6698 则写在符的下方，文书字体也不同，所以"二者并非出自同一底本"[③]。黄正建的眼光十分敏锐，我完全赞同他的论断。据此，Дх.3876 和 Дх.6698 也属于《百怪图》，其内容为十二辰符，Дх.6698 存寅、卯、辰三日，Дх.3876 存未、申、酉、戌、亥五日，加上 P.4793 所存子、丑、寅三日，除去重复部分，

---

① 此处的"复合法"是借用余欣的说法，见《神道人心：唐宋之际敦煌民生宗教社会史研究》，第 237 页。
② 分见《俄藏敦煌文献》第 11 册，上海：上海古籍出版社，1999 年，第 79 页；第 13 册，2000 年，第 183 页。
③ 黄正建《关于〈俄藏敦煌文献〉第 11 至第 17 册中占卜文书的缀合与定名等问题》，《敦煌研究》2002 年第 2 期，第 47—48 页。

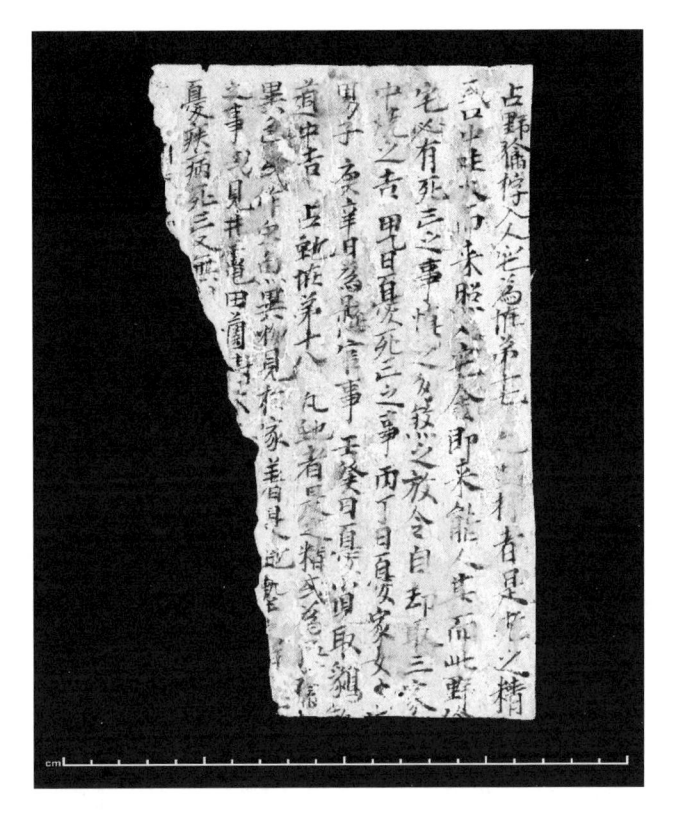

图 2-3　BD15432《百怪图》

实得十日，缺巳、午两日。

中国国家图书馆藏敦煌文书还有 3 件亦是《百怪图》。

BD15432（图 2-3）。《国图遗书》定名作"百怪图"，认为与 P.3106 为同一文献，但并非同卷[①]。黄正建如同之前对羽 44 的看法一样，疑当为"百怪书"。关长龙则直接拟名"百怪书"[②]。BD15432 释文如下：

（前缺）

1　占野猺悖入人宅为怪第十七　凡野狩者，是老之精☐☐

2　或口中吐火而来，照人宅舍。即来，能人（入）其〔☐〕，而此野
　　猺☐☐

---

① 《国图遗书》第 143 册，北京：北京图书馆出版社，2012 年，《条记目录》第 27 页。
② 关长龙《敦煌本数术文献辑校》，第 1084 页。

065

3 宅，必有死亡之事，慎之，勿煞之。放令自却，取三家□□□
4 中烧之，吉。甲乙日，忧死亡之事。丙丁日，忧家女子。戊□□
5 男子。庚辛日，为悬官事。壬癸日，忧小儿，取雉□□□
6 道中，吉。 占蛇怪第十八 凡蛇者，是〔□〕之精，或为聚（？）阴（？）□□□
7 异色。或作虫鱼异物见于家著，是蛇蛰□□□
8 之事。或见井灶田园树木□□□
9 忧疾病死亡，又无□□□
10 □□□□

（后缺）

内容上存占野獶悖入人宅为怪第十七、占蛇怪第十八两目，无分节符。就类目而言，P.3106 有"占狗缩鼻为怪第廿六""占音声怪第廿七"，羽 44 有"占狐鸣怪第廿九"，BD15432 的类目构造与上述两件相同。体例上，每类目起首均有总括。"占野獶悖入人宅为怪"首云"凡野狩（兽）者，是老之精"，"占蛇怪"首云"凡蛇者，是〔□〕之精"。P.3106"占音声怪"首云"凡是音声之怪，兵死之鬼"。羽 44"占鬼呼人"首云"凡是鬼呼人，是妖媚之鬼"，"占狐鸣怪"首云"凡是狐鸣，妖魅之精、亡鬼杠一切物，以为声鸣，或死或生，其状如此"。体例上亦相同。因此，《国图遗书》把 BD15432 定名作"百怪图"是可取的。

BD10791 和 BD16359。BD10791，《国图遗书》定名作"魇蛊术残片"[1]，黄正建认为"应当也与厌釜鸣法有关"。BD16359，《国图遗书》定名"厌符法"[2]，黄正建认为"应该也是厌釜鸣类文书，但与 P.4793、BD15774 不同，不是用埋石的方法，更接近羽 044 号文书中的厌釜鸣法"。其实，这两件是可以直接缀合的（图 2-4），缀合后的文字如下：

（前缺）

1 □□□厌用三升酱，盛瓮中，悬灶上，大吉。未日
2 □□□厌用桃木长三寸以六枚，雉血书天文符，

---

[1] 《国图遗书》第 108 册，北京：北京图书馆出版社，2009 年，《条记目录》第 41—42 页。
[2] 《国图遗书》第 146 册，北京：北京图书馆出版社，2012 年，《条记目录》第 53—54 页。

第二章 敦煌写本《百怪图》研究

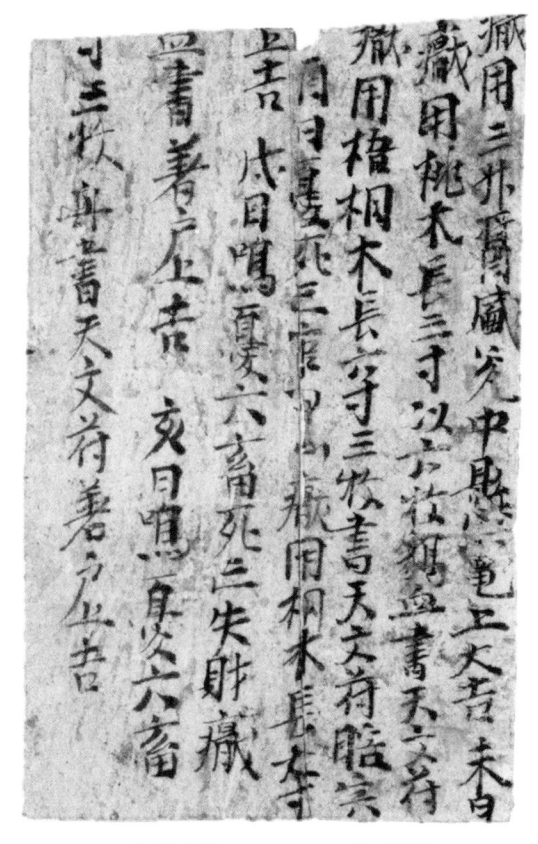

BD16359　　　BD10791

图 2-4　BD10791+BD16359《百怪图》

3　▭▭厌用梧桐木长六寸三枚，书天文符，瞎肉
4　▭▭酉日忧死亡，官事凶，厌用桐木长六寸
5　▭▭上吉。戌日鸣，忧六畜死亡，失财。厌
6　▭▭血书著户上，吉。亥日鸣，忧六畜
7　▭▭寸①三枚，丹书天文符著户上，吉。
　（后缺）

---

① "寸"，据残笔划及文义补。

067

《国图遗书》误将首字"厌"释作"魇",才定名作"魇蛊术",这明显是错误的。文书内容残存了未日、酉日、戌日、亥日鸣的占辞,黄正建是据内容判断与厌釜鸣法有关,然并无切实证据。我注意到《国图遗书·条记目录》对这两件的来源描述都是揭下的裱补纸,而BD15432也是裱补纸,再比较BD15432和BD10791+BD16359的文字(表2-4),二者极为相似,因此这三件属同一抄本。也就是说,BD10791+BD16359也是《百怪图》。《百怪图》中有关"釜鸣"的内容见于羽44+BD15774+BD15773和P.4793,其中与BD10791+BD16359句式相似的是第卅一类的"十二日辰占":

表2-4　BD15432与BD10791+BD16359字迹比较

字例	鸡	忧	悬	灶
BD15432				
BD10791+BD16359				

　　子日釜鸣,女妇口舌、耗财、失火,不出旬月有〔□〕。丑日,会客、亡六畜、口舌。用桃木七寸六枚克(刻)作人,书天文符户上,吉。子准同。寅日,忧女子亡、时家破、口舌、女长子人凶。用桃木长九寸十枚,书天文符悬宅上,吉。卯日,祭祀不了,家长、少子口舌,不出其年月,破家。恶(用)同(桐)木长六寸七枚,书天文符,新(星)光中盆下祭之,三月四月吉也。辰日,口舌、子孙不利。巳日,斗打、口舌,凶。〔□〕未日,家吉或凶,北家病。申日,死亡、官事,不出日。酉日,非祸、论财、妇女口舌。戌日,口舌、官事、六畜死亡。亥日,官事、亡遗六畜。

　　此占法丑、寅、卯三日还记载了厌禳之法,辰日以下则只记不吉事项,无法对照。不过,戌日的"六畜死亡"、亥日的"亡遗六畜"倒能和BD10791+BD16359对应上,酉日则不合。考虑到《百怪图》是多种占法的汇编,此处酉日不合只能说明占法不同。检视其他文献中有关釜鸣的记录，唐代萨守真所撰《天地瑞祥志》卷一七引京房曰："酉日鸣釜，家有酒事；一云家有卒死人。戌日鸣釜，有盗贼至；一云财物来复去。"① 颇能合得上。当然，上述都只是出于认定 BD10791+BD16359 所记为"厌釜鸣"而作的猜测，即便如此，作为《百怪图》的不同抄本，BD10791+BD16359 和羽 44+BD15774+BD15773 在这部分差异如此之大，不免令人生疑。羽 44+BD15774+BD15773 第廿九类是"占狐鸣怪"，里面也有十二辰占，厌禳之法和 BD10791+BD16359 也颇相似，因此 BD10791+BD16359 的内容不一定就是"厌釜鸣"。

以上，我梳理了敦煌文献中目前能比定为《百怪图》的所有残片，共有 10 片，分属 4 个写本，分别是（1）P.3106……P.4793，（2）羽 44+BD15774+BD15773，（3）BD15432……BD10791+BD16359 和（4）Дх.6698+Дх.3876。可以复原出第十七、十八、廿五至卅二的内容。可知《百怪图》全书的篇幅巨大，且带有汇编性质，其篇幅已经远超《白泽精怪图》了。

二、《百怪图》内容蠡测

"百怪"一词至迟到东汉已经出现，《论衡》云：

> 人之且死，见百怪，鬼在百怪之中。故妖怪之动，象人之形，或象人之声为应，故其妖动不离人形。天地之间，妖怪非一，言有妖，声有妖，文有妖。或妖气象人之形，或人含气为妖。象人之行，诸所见鬼是也；人含气为妖，巫之类是也。②

王充所说的"妖"，与"怪"字义相仿，顾野王谓"凡奇异非常皆曰怪"③，故"百怪"泛指世间各种奇异非常之事物。尽管出现较早，但"百怪"在中古前期的使用并不流行，常见者为"百鬼"。如《论衡》记上古神荼、郁垒兄弟二人，"居东海度朔山上，

---

① 萨守真《天地瑞祥志》卷一七《釜》，日本尊经阁文库藏钞本，叶 14a。
② 黄晖《论衡校释》卷二二《订鬼篇》，北京：中华书局，1990 年，第 940 页。
③ 慧琳《一切经音义》卷九四"可怪"条，徐时仪校注《一切经音义三种校本合刊》，上海：上海古籍出版社，2008 年，第 2106 页下。

立桃树下,简阅百鬼"[1];《荆楚岁时记》引《典术》云:"桃者五行之精,厌伏邪气,制百鬼也。"[2]隋唐以后,"百怪"的使用开始频繁,最终出现了专门的《百怪书》和《百怪图》。

根据上节的梳理,敦煌写本《百怪图》的内容可依次列表如下(表2-5):

表2-5 敦煌写本《百怪图》内容示意表

文书编号	各部分原有标题	各部分内容
BD15432	占野獸悖入人宅为怪第十七	
BD15432		占十干日野兽入宅为怪
BD15432	占蛇怪第十八	
BD10791+BD16359		占〔□〕鸣发法
P.3106	□第廿五	占犬噪吉凶、犬自食其子
P.3106	占狗缩鼻为怪第廿六	占十二辰日狗缩鼻吉凶法
P.3106		犬杂占
P.3106		厌犬怪法
P.3106/羽44	占音声怪第廿七	十二辰日音声占(子、丑、寅、卯、辰)
羽44		十二辰日音声占(辰、巳、午、未、申、戌、亥)
羽44		十干日音声占
羽44	占鬼呼人第廿八	占十二辰日鬼呼人
羽44	占狐鸣怪第廿九	占狐鸣宅舍及厌禳法
羽44		十二辰日狐鸣占及厌禳法
羽44	占人家釜鸣第卅	十二辰日釜鸣占
羽44		厌釜鸣法(禳除法)
羽44		占十二时釜鸣吉凶法
羽44	十二日辰占第卅一	十二辰日釜鸣占
羽44		十二时辰釜鸣占
P.4793/羽44+BD15774+BD15773		十干日釜鸣占

---

[1] 黄晖《论衡校释》卷一六《乱龙篇》,第699页。
[2] 宗懔撰,宋金龙校注《荆楚岁时记》,太原:山西人民出版社,1987年,第8页。

续　表

文书编号	各部分原有标题	各部分内容
P.4793 / 羽44+BD15774+BD15773	厌釜鸣法第卅二	厌口舌、疾病
		妨六畜、子孙
		虚耗亡财
P.4793		十二辰符（子、丑、寅）
Дх.6698		十二辰符（寅、卯、辰）
Дх.3876		十二辰符（未、申、酉、戌、亥）

隋唐时期官方书目著录的神怪专书只有《白泽图》《百怪书》和《妖怪图》三种[1]，那么，敦煌的《百怪图》与正史书目中的《百怪书》是什么关系？

敦煌文书S.4400"曹延禄醮奠文"中提到，灾怪频现，"伏睹如斯灾现，所事难晓于吉凶，怪异多般。只恐暗来而搅扰，遣问阴阳师卜，检看百怪书图。或言宅中病患，或言家内死亡，或言口舌相连，或言官府事起。无处避逃，解其殃祟"[2]。此处的"百怪书图"是泛指还是专有书名，实在难以遽断，我倾向于后者。敦煌本《百怪图》虽名之曰"图"，其实无图，这种情况也见于敦煌本《白泽精怪图》的后半部分，所以我认为，《百怪图》为《百怪书图》省称的可能性极大，而《百怪书图》或许源自《百怪书》。《隋书》记载："临孝恭，京兆人也。明天文算术，高祖甚亲遇之。每言灾祥之事，未尝不中，上因令考定阴阳。"其一生著述丰富，与占卜术数相关的就有《九宫五墓》《遁甲月令》《元辰经》《元辰厄》《百怪书》《禄命书》《九宫龟经》《太一式经》《孔子马头易卜书》等，"并行于世"[3]。临孝恭所撰《百怪书》十八卷，《隋书·经籍志》无载，两《唐书》著录为一卷[4]。史书既言其著作行于世，敦煌文献中也有"禄命书""孔子马头卜法"[5]，因此《百怪书》流行于敦煌的可能性是存在的。也就是说，敦煌本《百怪图》可能是据临孝恭的《百怪书》改编而成。《百怪书》的样貌今已不可考，《初学记》卷二九引《百怪占书》云："鼠咋人衣领，

---

[1] 《旧唐书》卷四七《经籍下》，北京：中华书局，1975年，第2044页；《新唐书》卷五九《艺文三》，北京：中华书局，1975年，第1557页；张彦远撰，小野胜年译注《历代名画记》卷三《述古之秘画珍图》，东京：岩波书店，1938年，第325页。
[2] 郝春文等编著《英藏敦煌社会历史文献释录》第19卷，北京：社会科学文献出版社，2022年，第421页。
[3] 《隋书》卷七八《艺术·临孝恭传》，北京：中华书局，2019年，第1997—1998页。
[4] 《旧唐书》卷四七《经籍下》，第2044页；《新唐书》卷五九《艺文三》，第1557页。
[5] 黄正建怀疑敦煌的"孔子马头卜法"的作者就是临孝恭，见《敦煌占卜文书与唐五代占卜研究》（增订版），第23页。

有福至,吉。"①《太平御览》卷九一一引《百怪书》云:"鼠咋人衣领,有福。"②二者基本相同,可知《百怪书》又称《百怪占书》,传世典籍引自该书者仅此一条。另外,日本平安时代末期的日记《玉叶》治承元年(1177)六月十二日条记载:

> 天阴雨下,物忌也。余冠,鼠咋之,昨日戌刻见,付之,仍下卜筮,申慎之由,甲乙之日云云。件事去夜问泰茂,《百怪图》之中有所见。③

"泰茂"指日本阴阳道安倍家族的安倍泰茂,显然,到12世纪下半叶,《百怪图》还是这个家族的日常占书之一。本条所记"鼠咋冠",与前引《百怪书》中"鼠咋人衣领"应属同一占卜事项下的小目,可证《百怪图》与《百怪书》之间是有渊源关系的。"鼠怪"为常见的占卜事项,《百怪图》中必定包含了"占鼠怪"的内容。

宋以后,《百怪书》《百怪图》不见于公私书目,说明其已经在中国本土散佚,但此类作品的内容多涉民众日常生活,是居家必备的知识,重新改编或编入其他书籍的可能性很大。《崇文总目》著录有《怪书》一卷,不书作者④,《宋史·艺文志》归之于袁天纲⑤,陈乐素疑非⑥。南宋吴曾《能改斋漫录》载:

> 欧阳文忠公诗云:"拂面蜘蛛占喜事,入帘蝴蝶报佳人。"自注云:"李贺诗:'东家蝴蝶西家飞,白骑少年今日归。'"贺盖用李淳风《占怪书》云:"蛱蝶忽入人宅舍及帐幕内者,主行人即返。"又云:"生贵子,吉。"⑦

"蜘蛛占喜"在占卜中常见,"蝴蝶占喜"在隋唐时代则绝少得见,且李淳风著述可考,其中并无《占怪书》,故吴曾所引《占怪书》当为托名之作,或即《怪书》亦未可知。从所引"蝴蝶占喜"的文辞来看,与《百怪书》《百怪图》类似,可证此类书籍的传承并未中断。

---

① 《初学记》卷二九《鼠第十四》,北京:中华书局,1962年,第718页。
② 《太平御览》卷九一一《兽部二十三·鼠》,北京:中华书局影印,1960年,第4036页上。
③ 转引自山下克明《若杉家文书"杂卦法"の考察》,小林春树、山下克明编《"若杉家文书"中国天文·五行占资料の研究》,东京:汲古书院,2007年,第142页。
④ 王尧臣等编,钱东垣等辑释《崇文总目辑释》卷四,《丛书集成初编本》,上海:商务印书馆,1937年,第251页。
⑤ 《宋史》卷二〇六《艺文五》,北京:中华书局,1977年,第5242页。
⑥ 陈乐素《宋史艺文志考证》,广州:广东人民出版社,2002年,第267页。
⑦ 吴曾《能改斋漫录》卷七"蜘蛛蝴蝶占喜"条,上海:上海古籍出版社,1979年,第182—183页。

南宋陈元靓所编《事林广记》是一部日用百科全书式的民间类书，原本已不存，现在所见均为元明时期的重编本，元至顺本是存世最早的本子，且最接近宋本[①]。日本藏有元禄十二年（1699）刻本，是元泰定二年（1325）的增补重刻本，其底本又可追溯至前至元年间（1264—1294）的刻本。元禄本中有些内容是至顺本所没有的，如"谶候玄机"目下录有四种占法，分别题为占眼瞤图、占喷嚏经、占鸦鸣经和占灯花经[②]。元代的《居家必用事类全集》中节录有《百怪断经》一书（以下简称"《居家必用》本"），存占喷嚏、占眼瞤、占鸦鸣、听鸦鸣禳厌法、六合出行日、占灯花经六种占法和"鸦经图"一幅[③]，除六合出行日外，其余均见于元禄本。日本贺茂在盛（1412—1479）所撰《吉日秘传考》成书于1458年，内有"百怪吉凶第六十七"一目，不但包含了《百怪断经》除六合出行日外的所有内容，另有釜鸣日、鼬鸣吉凶、鼠犬杂占、蛇杂占、宅院杂占等内容[④]。由于日本的阴阳道知识多源自中国，上述三家重合的部分大致相同，可知其有共同的底本依据，只是元禄本和《吉日秘传考》节录更为详细。元禄本的占法标题上多带"经"字，《居家必用》本中也有"占灯花经"，《百怪断经》既然名为"经"，可知元禄本最接近该书原貌，其书或成于宋元之际。然而，清初陶珽重编的百廿卷本《说郛》卷一〇九也引录了《百怪断经》（以下简称"《说郛》本"），题宋代俞琰撰，有喷嚏占、眼跳占、心惊占、耳鸣占、耳热占、鸦鸣占六种[⑤]。眼跳即眼瞤，较之《居家必用》本和两种和刻本，《说郛》本多出心惊占、耳鸣占和耳热占。不过《说郛》本又迥异于上述三家。其一，三家所载的占法基础是十二支日，《说郛》本则为十二辰。其二，三家所载"鸦鸣占"虽有详略之分，但均有一幅鸦经图，以八方作经、十二时作纬组成占法，可判定源自同一底本；《说郛》本无鸦经图，其占法结构正好相反，以十二时作经、八方作纬，最后的一段总括之词不见于其余诸本。

　　这两种《百怪断经》究竟是同名的两种书，还是同一种书在流传过程中经后人改编造成差异？我以为后者的可能性较大。百廿卷本《说郛》所引的《百怪断经》

[①] 陈元靓编《事林广记》，胡道静"前言"，北京：中华书局影印，1963年。
[②] 《重刊群书类要事林广记·壬集》卷五，长泽规矩也《和刻本类书集成》第1辑，上海：上海古籍出版社，1990年，第414—415页。
[③] 佚名编《居家必用事类全集·丙集》，《续修四库全书》第1184册，上海：上海古籍出版社，1995年，第422—424页。
[④] 中村璋八《日本阴阳道书の研究》（增补版），东京：汲古书院，2000年，第467—470页。
[⑤] 《说郛三种》，上海：上海古籍出版社影印，1988年，第5044—5048页。

不见于百卷本及《续说郛》，后来发现的六十卷本《说郛》亦不载[①]，而百廿卷本中诸多窜乱，已非陶宗仪原书之旧，四库馆臣早有讥评，所以这部《百怪断经》很可能是明人改编后的作品。

元明时期的《百怪断经》从书名及节录的占卜事项来看，与《百怪书》《百怪图》未必不存在渊源关系。《百怪断经》所列的占法，在敦煌吐鲁番占卜文献中都能找到踪迹。如 P.2661v"占人手痒目瞤耳鸣等法"、P.2621v"占耳鸣耳热心惊面热目瞤等法"，鸟鸣占也有多件（P.3479、P.3988、P.3888 等），都是当时习见之占法。即便是罕见的"占灯花"，德国国家图书馆藏吐鲁番文献中也有一件"占灯吉凶法"[②]。由此，我推测《百怪图》的占卜事项中应该还包含占眼瞤、占耳鸣、占耳热、占心惊、占鸟鸣、占灯花等内容。

综上，敦煌本《百怪图》的确认，提供了可与《白泽图》《白泽精怪图》作比较的新资料。由于《白泽图》早佚，现在的辑本已经看不出原本的编排结构。《白泽精怪图》只是一部初编本，是将不同来源的文字堆砌到一起，经简单编排后成书的，结构亦显混杂。《百怪图》虽然只保留了第十七、十八、廿五至卅二部分，其分门别类的编排结构却一览无遗，这为我们借助后世同类型的书籍来蠡测敦煌本《百怪图》的缺失部分提供了可能。

三、"狐鸣占"考论

"篝火狐鸣"为国人熟知之典故，"狐鸣"遂成为民众起事的代名词，与国运的衰亡联系在一起，带有浓厚的占验意味。但作为一种"兽鸣"，其对民众日常生活发挥了什么样的影响，传世文献的记载不多。敦煌写本《百怪图》中第廿九"占狐鸣怪"是目前所见最为详细的狐鸣占，为我们了解"狐鸣"对日常生活的意义提供了难得的材料。王祥伟首先关注到这件文献，简要梳理了狐鸣占文献的产生及流传，

[①] 陶宗仪《说郛》原本已不存，通行者有两种：一为民国张宗祥校理的明抄本，即涵芬楼百卷本；一为陶珽重编的百廿卷本。另有汲古阁藏明抄六十卷本，据考为陶宗仪初稿的抄本，见徐三见：《汲古阁藏明抄六十卷本〈说郛〉考述》，《东南文化》1994 年第 6 期，第 112—126 页。

[②] 余欣《占灯术源流考：德藏吐鲁番出土文献 Ch 1634 发微》，《浙江大学学报》2022 年第 7 期，第 90—105 页。

但极为简单,对《百怪图》所记狐鸣占本身也着墨极少[1]。山崎蓝在校注《天地瑞祥志》卷一九"狐"时,曾引《百怪图》狐鸣占以及道经《太上老君混元三部符》所载"狐怪符"作注[2],限于体例,他未能对三种文献进行比较和考察。本节以山崎蓝提示的三种文献为核心,结合其他传世文献,对中古时期的狐鸣占进行考论,揭橥这一罕见占法的原理与信仰实态。

(一)《百怪图》中的"狐鸣占"

《百怪图》中有"占狐鸣怪第廿九",只见于杏雨书屋羽44上[3]。为讨论方便,先将这部分内容迻录如下,每条前加①②等标号:

占狐鸣怪第廿九
① 凡是狐鸣,妖魅之精、亡鬼村一切之物,以为声鸣,或死或生,其状如此。
② 狐无故入人家宅及绕舍而去,作其声向,必忧丧亡、官事。一以酒和黄土泥灶上,方员五寸,又泥壁上,方寸,吉。
③ 狐鸣守人门户,家有移及远行。
④ 狐无故从东来鸣而去,有惊丘亡之忧。
⑤ 狐鸣舍上,泥四壁,方九寸。
⑥ 子日鸣,不出三十日,东家、北家忧小口、女,患斗讼、官事、六畜死。用桃木长九寸六枚,以狗血四升、努(弩)箭一枚于庭中,以木炭二斤悬一竿上,著户左右,又以鸡孥、桃木柴烧之,埋于门中,吉。
⑦ 丑日鸣,不出一七日,东家男子死,西家官事,南家死亡。用桐木长八寸四枚、肉二斤、努(弩)箭二枚于未地埋之,铜三斤悬一丈竿上,庭中向之,吉。
⑧ 寅日鸣,忧东北家有亡失,北家官事、失财,南家吉。用肉二斤、努(弩)箭一枚埋著庭中,以金铁向之,五尺竿向之,又用一(三)家奖(浆)向之,又用甑带悬向之,吉。

---

[1] 王祥伟《一件罕见的"狐鸣占"文献及相关问题》,《中国典籍与文化》2014年第1期,第156—159页。
[2] 山崎蓝《京都大学人文科学研究所所藏〈天地瑞祥志〉第十九翻刻·校注(六)—"狐"—》,《青山语文》52,2022年3月,第183—185页。
[3] 图版见《敦煌秘笈影篇册》一,非卖品,武田科学振兴财团,2009年,第293—294页。

⑨ 卯日鸣，北家有死亡、官事、妇女口舌；南家有死亡，不出七日；西家男子死，不出三十日。用桃木长七寸六枚、狗肉二斤、努（弩）箭一枚瓮中著，埋于酉地，吉。又作木兔刑（形）向之，吉。

⑩ 辰日鸣，东家官事、失火、少子忧死、妇女忧死，不出七日。不解，凶；解之，桐木长七寸四枚，丹书天文符，以酒脯于星下祭之，吉。

⑪ 巳日鸣，不出五十日，西家兵死，东家患伤六畜，西家女子死。用李木长八寸三枚，丹鸡血书天文符四枚，埋厕中，又以炭三斤悬于一丈竿上向之，吉。又穿地三尺，满□著水向之，吉。

⑫ 午日鸣，不出六日，西家男子死及失火、六畜亡。用桃木长五寸三枚、乌鸡血丹书天文符、赤小豆等于庭中，土三升合悬一丈竿上向之，吉。

⑬ 未日鸣，不出卅日，东北家失火、官事，南家斗讼。用桐木长九寸二枚，鸡血书天文符，置四域中埋之，亦可取域中土和埋井，以炭三斤悬于一丈竿上向之，吉。

⑭ 申日鸣，忧官事、死亡、盗贼起，西家有死，南家忧女妇。用桃木长七寸三枚，丹鸡血书天文符和赤小豆一升，埋于灶口中，又以生铁一斤悬著户上，吉。又黄土三升悬于一丈九尺竿上，亦大吉。

⑮ 酉日鸣，东家、南家忧长子、官事、失火，不出三日。用桃木长八寸三枚，乌鸡血书天文符，用三家浆三升埋于厕中，又以炭二斤悬于丈三竿上向之，吉。

⑯ 戌日鸣，西南家忧官事、六畜死亡、失火、女亡，不出三十日；北家男子〔□□□〕。用桃木长八寸三枚，以丹书天文符和鸡血作之，和合埋于庭。又以井华水二升盛瓶中，于八尺竿上向之。又以土二升悬于竿上〔向之，吉〕。

⑰ 亥日鸣，不出卅日，西家女子亡、官事、盗贼、见血，北家男子死。用桃木长三寸三枚，酱豉共三升和〔□□□〕金铁三斤悬于丈五竿上向之，吉也。

"占狐鸣怪第廿九"包含三部分内容。第一部分是标号①，确认其性质属"声鸣"，产生的原因是"妖魅之精、亡鬼杅一切之物"。《说文》:"杅,撞也。"[1] 即鬼怪精魅撞击某物发出声响。

第二部分是标号②—⑤,罗列了狐围绕宅舍鸣叫的四种预兆及厌禳之法,可拟名为"占狐鸣宅舍及厌禳法"。其中②⑤所载厌禳之术是以酒和黄土,涂抹在灶和墙壁上。酒除了饮用外,另一个重要的场合便是用于宗教、祖先祭祀上,被认为具有沟通天地人神鬼的作用,进而衍生出驱邪避祟的功能。黄土则具有类似于石灰的功用,如睡虎地秦简《日书》甲种《诘》中就记载:"人毋(无)故室皆伤,是粲迓之鬼处之,取白茅及黄土而西(洒)之,周其室,则去矣。"[2] 王子今认为这种做法有消毒和卫生的意义[3]。灶代表饮食,在宅舍中居于核心位置,在门窗封闭的状态下,它是保持与外界交通的孔穴之一,因而是宅舍的薄弱之处,也是鬼怪侵入的通道。所以,以酒和泥涂于灶上、壁上,是一种防范邪物进入的术法。标号③谓"有惊丘亡之忧","丘亡"典出"狐死首丘",此处预示有丧亡。

第三部分是标号⑥—⑰,按照十二辰日罗列狐鸣预兆的吉凶及禳除之法,可拟名为"十二辰狐鸣占及厌禳法"。这部分,狐鸣指向的预兆属一般占法中常见的事项,关心邻保组织下己身及四邻的祸福。厌禳之术最值得一说。余欣在考察敦煌民众生活空间与信仰空间时,曾总结出宅舍厌劾妖祥的六种方法,分别是石镇法、解厌法、符镇法、丹药法、诵经法和复合法,其中复合法融前列五种为一体[4]。十二辰狐鸣占的厌禳术即是复合法,笔者将相关信息列表如下(表2-6):

表2-6 "十二辰狐鸣占"厌禳术信息表

日期	预兆及身	厌禳法1	厌禳法2	厌禳法3	厌禳法4
子日	东家、北家	桃木、狗血、弩箭埋庭中	木炭悬竿		鸡孥、桃木柴烧埋
丑日	东家、西家、南家	桐木、肉、弩箭埋未地	铜悬竿,庭中向之		
寅日	东北家、北家、南家	肉、弩箭埋庭中	金铁悬竿向之	三家浆向之 甑带悬向之	

---

[1] 许慎撰,段玉裁注《说文解字注》卷一一《第六篇上·木部》,上海:上海古籍出版社,1988年第2版,第268页下。
[2] 刘乐贤《睡虎地秦简日书研究》,第229页。
[3] 王子今《睡虎地秦简日书甲种疏证》,第414页。
[4] 余欣《神道人心:唐宋之际敦煌民生宗教社会史研究》,第212—239页。

续　表

日期	预兆及身	厌禳法1	厌禳法2	厌禳法3	厌禳法4
卯日	北家、南家、西家	桃木、狗肉、弩箭著瓮中，埋酉地		木兔形向之	
辰日	东家	桐木丹书天文符，以酒脯于星下祭			
巳日	西家、东家	李木丹鸡血书天文符埋厕中	炭悬竿向之	穿地三尺，满□著水向之	
午日	西家	桃木乌鸡血丹书天文符、赤小豆于庭中	土悬竿向之		
未日	东北家、南家	桐木鸡血书天文符埋四域	炭悬竿向之		域中土和埋井
申日	己家、西家、南家	桃木丹鸡血书天文符、赤小豆埋灶口	生铁悬户上黄土悬竿		
酉日	东家、南家	桃木乌鸡血书天文符、三家浆埋厕中	炭悬竿向之		
戌日	西南家、北家	桃木丹书天文符和鸡血合埋庭中	井华水盛瓶中悬竿向之；土悬竿		
亥日	西家、北家	桃木、酱豉和（后有脱文）①	金铁悬竿向之		

可以看到，厌禳之术具有两个明显的特征。

其一，"厌禳法1""厌禳法4"所呈现的解厌法是基本方法。除了辰日使用祭祀法外，其余十一辰日全部是埋物于地的解厌法。所埋之物中，桃木、鸡血、天文符都是最为常见的辟邪之物。刘宋时期的医书《典术》里记载："桃者，五木之精也。故厌伏邪气制百鬼。故今人作桃符著门以厌邪。此仙木也。"② P.2615《诸杂推五姓阴阳等宅图经》"卜种树法"云："桃木者，百木之恶，种舍前，百鬼不入宅。"③ 其护宅辟邪功能广为人知。鸡本身就是厌镇之物，鸡血和狗血一样，因其污秽又具有辟邪作用。天文符镇压源自道教，亦是习以为常之法，无需赘言，惟强调"丹书""鸡

---

① 此处脱文，关长龙认为据占辞文例当脱抄埋葬之所的文字（《敦煌本数术文献辑校》，第1075页注④），极是。
② 《初学记》卷二八《果木部·桃》引《典术》，第634—674页。
③ 关长龙《敦煌本数术文献辑校》，第704页。

血书""乌鸡血丹书"等,是镇压之物叠加,起到加持的效用。木料中除桃木外,另有桐木和李木,但都不属于传统的"五木"系统。桐木能驱邪,睡虎地秦简《日书》甲种《诘》中就有记载:"一室人皆养(痒)膸(体),疠鬼居之,燔生桐其室中,则已矣。"刘乐贤又引《肘后方》以证之①。道教中制作玉箓,可用桐木代替。约出于东晋的《大洞真经》云:

  八景玉箓,藏于太素瑶台,玄云羽室,封以郁森之笈,玉清三元之章。《简札品》曰青童君,曰无金简者,银木亦可当也;无玉札者,桐木亦可当。但令精好也。②

  其具神性如此。道教作符,桃符占绝大多数,亦可见桐木符。如旧题李淳风注,约出于唐宋间的《太玄金锁流珠引》卷一四的注文里就提到"《流珠外篇》用桐木符"③。两宋之际的《高上神霄玉清真王紫书大法》卷一〇中列"断咒诅口舌符",其法:"掐辰文,取巽炁,于正旦端午,书桐木上,钉门堂中。"④所以用桐木制作符箓也是一种传统。至于李木,上引 P.2615《诸杂推五姓阴阳等宅图经》"卜种树法"云:"李〔木〕者,百木之使,种之舍前,出贵子。"⑤不过,丑、辰日用桐木,巳日用李木,其中的机理为何,目前尚不清楚。

  埋物中还有狗血、狗肉、弩箭、赤小豆、三家浆、酱豉等。前三种见于子日至卯日,和桃木符、桐木符配伍,特别是弩箭的使用,显然起到厌杀的作用。赤小豆自汉代以来就被赋予了辟邪神力,余欣已有举证⑥,但此法还与五行方位相关。赤小豆的使用是在午日、申日,这两日的"预兆及身"中都有"西家"。按照五行相克理论,西方属金,火克金,火色为赤,故赤小豆有克金之意。这种原理的应用在占术中并不少见。典型者如 P.4667《阴阳五姓宅图经》"石镇法第七":

  南方以黑石一枚,重十一斤,大豆一升,埋南墙下,大吉。东方以白石一枚,重十二斤,白米一升,埋东墙下,大吉良。西方以赤石一枚,重十斤,赤小豆一升,

---

① 刘乐贤《睡虎地秦简日书研究》,第232、247页。
② 《太平御览》卷六七六《道部十八·简章》引《大洞真经》,第3016页下。
③ 《太玄金锁流珠引》卷一四,《道藏》第20册,北京:文物出版社,上海:上海书店,天津:天津古籍出版社,1988年,第422页下。
④ 《高上神霄玉清真王紫书大法》卷一〇,《道藏》第28册,第640页下。
⑤ 关长龙《敦煌本数术文献辑校》,第705页。
⑥ 余欣《神道人心:唐宋之际敦煌民生宗教社会史研究》,第215—216页。

埋西墙下，大吉良。北方以雄黄五两，黍米一升，埋北墙下，大吉良。庭中以青石一枚，重十斤，青米一升，埋庭中，大吉良。①

南方属火，水克火，以黑石、大豆（水色黑）克之；东方属木，金克木，以白石、白米（金色白）克之；西方属金，火克金，以赤石、赤小豆（南方火）克之；北方属水，土克水，以雄黄、黍米（黍米即黄米，土色黄）克之；中央属土，木克土，以青石、青米（木色青）克之。"石镇法"也是用赤小豆来克制西方，与狐鸣占的原理是一样的。三家浆是类似米酒的微酸饮品，其辟邪的作用和醋相似，"三"代表多，非确数，称"三家"者，或许是为了集合更多生人之气来增强厌胜的能力。酱豉是汉代以来民众饮食生活中最普遍的消费品之一。酱的种类虽然多样，但民间一般使用的酱是用豆麦等谷物发酵制成的；豉也是用煮熟的大豆发酵制成②。所以此处酱豉的使用，或许也是借用了豆类的辟邪之力。

以上，笔者对具有厌镇效果的物品略作考述，除了弩箭外，其余都是占书中常见之物，是民众在日常生活中容易获得的东西。除此外，埋物之所也需要关注。辰日、亥日无埋物之所，其余十辰日中，子、寅、午、戌日埋于庭中，丑日埋未地，卯日埋酉地，巳、酉日埋厕中，申日埋灶口，未日埋四域、井中。灶、厕、井是宅舍与外界交通的孔穴，四域即宅舍四隅，都是重点需要防范的地方。未地、酉地的选择是有对应关系的。P.4686《阴阳宅图经》"阴阳宅第四"论阳宅修造禁忌，若月日不合天道、月德，可用倍功报治宅舍方位的办法来禳除，其对应关系是：子—午，丑—未，寅—申，卯—酉，辰—戌，巳—亥（图2-5）③。狐鸣占应该也是遵循这一原则。子、寅、午、戌日埋于庭中，"庭中"概念在占书中比较少见，上举P.4667《阴阳五姓宅图经》"石镇法第七"

图 2-5 宅经方位示意图

---

① 关长龙《敦煌本数术文献辑校》，第 769 页。
② 王子今《汉代人饮食生活中的"盐菜""酱""豉"消费》，初刊《盐业史研究》1996 年第 1 期，第 34—39 页，此据氏著《秦汉社会史论考》，北京：商务印书馆，2006 年，第 281—295 页。
③ 关长龙《敦煌本数术文献辑校》，第 674—676 页。

在论及五方位时曾使用。P.2615《诸杂推五姓阴阳等宅图经》"镇宅"先列一符，下云："凡人家宅不安，朱书此符，皆长一尺二寸，以一丈竿子头县之庭中，皆令大吉，急急如律令。"①狐鸣占与这两条记载当类似，都是指五方位的"庭中"或"中庭"。另外，宅舍中央是土公、伏龙等宅神所在，特别是土公，"位常在中庭"②，埋物于此，是要借用宅神的力量来厌禳。整体上看，不管是厌禳之物，还是埋物之所的选择，都遵循了厌劾妖祥的基本法则，有的还采取了叠加法力、借用神力的办法，虽然总体上是一种解厌之术，但无疑综合了各种元素，是复合式的。

其二，"厌禳法2""厌禳法3"采用以某种方式"向之"的方法。这在占书中极其少见。从文义上理解，"向之"是朝向某个特定方位或事物。《抱朴子内篇·金丹》记《羡门子丹法》，云："此丹可以厌百鬼，及四方死人殃注害人宅，及起土功妨人者，悬以向之，则无患矣。"③是将丹悬挂起来并朝向鬼怪，用丹之神力祛邪。唐宋及之后的道经中则基本是以印文或符文"向之"，如宋以前成书、专记符咒的《太上老君混元三部符》中有二十多道符的使用方式是"向之"④。约出于南宋的《上清灵宝大法》卷一二载有"火铃印治病法"："右手执印，当令动止详缓，毋使神炁轻浮，范象师巫，取笑世俗矣。当行持去兆两步，以印文向之。"⑤明初的《灵宝无量度人上经大法》卷三六《怯袄拯厄品》有"用印诀"："左手捻离文，右手执印，去兆两步，以印文向之，即称法位，上启一炁宗神长生大君。"⑥狐鸣占的方法显然与《抱朴子》接近，品类也多种多样，包括铜、金铁、生铁、木炭、土、井华水、甑带、三家浆、木兔形等。除后两种外，其余都是悬竿物。井华水，"此水井中平旦第一汲者"，"与诸水有异，其功极广"⑦，可入药，还可用于辟邪。《淮南万毕术》载："二月上壬日，取道中土、井华水和涂蚕屋四角，则宜蚕。"⑧道教中用井华水服丹药、炼制丹药的记载也很多，此不备举。甑带，是束甑的带子，可入药，也有驱邪之效。《外台秘要方》中有"崔氏主卒魇方"：

---

① 关长龙《敦煌本数术文献辑校》，第743—744页。
② 关长龙《敦煌本数术文献辑校》，第785、786、792页。
③ 王明《抱朴子内篇校释》（增订本）卷四《金丹》，北京：中华书局，1985年第2版，第79页。
④ 《太上老君混元三部符》，《道藏》第11册，第644—676页。
⑤ 《上清灵宝大法》卷一二，《道藏》第30册，第771页下—772页上。
⑥ 《灵宝无量度人上经大法》卷三六《怯袄拯厄品》，《道藏》第3册，第810页上—中。
⑦ 唐慎微撰，王家葵、蒋淼点评《证类本草》卷五"井华水"条，北京：中国医药科技出版社，2021年，第303页。
⑧ 杜台卿撰，石川三佐男解说《玉烛宝典》"二月仲春第二"引，东京：明德出版社，1988年，第109页。

> 崔氏云：疗卒狂鬼寐方，以甑带急令缚两手大指，便灸左右胁下屈肘头尖各七壮，须臾鬼语，自道姓名，乞去。徐诘问，乃解其手。[1]

《证类本草》卷十一引《子母秘录》："治小儿夜啼：甑带悬户上。"[2]这两例中，甑带都扮演了驱邪之器的角色。这些"向之"厌禳品类与十二辰日之间是否有固定的对应关系，限于学力，笔者不得而知，唯一能作出合理解释的是木兔形，它对应卯日，正是其生肖。总之，将金属（铜、金铁、生铁）、木炭、土、井华水、甑带等悬于不同高度的竿上"向之"，居高管控，俯视四方，可使邪物无所遁形，最大程度保障了宅舍的安全。

综上，日本杏雨书屋羽44《百怪图》所载"狐鸣占"包含了占术成因、占法指向、厌禳之法等完整的内容，尽量涵盖了民众在日常生活中所能遇到的各种情境，是一种十分成熟的占法。那么，这种占法起源于何时，又是如何流传的呢？

（二）"狐鸣占"的源流

敦煌写本《百怪图》"狐鸣占"已经是十分成熟的占法了，在此之前必定有一个较为长期的发展过程，但其形成只能是在"狐"被赋予征兆意义之后。狐作为一种常见野兽，在《易》《诗》《楚辞·天问》《竹书纪年》等典籍中已有记载，但具有某种征兆的象征意义，则始于其"瑞兽"的形象，最著名的便是九尾狐。一般认为，九尾狐被视为吉祥物是在战国时期，最重要的依据便是《山海经》。但《山海经》各篇成书年代不一，最后合成一书已在汉武帝时代。现在多数学者认为《山海经》虽然记载了九尾狐，但尚未与征兆联系在一起，比较确定的是大禹娶涂山女的神话[3]。《艺文类聚》引《吕氏春秋》曰：

> 禹年三十未娶，行涂山，恐时暮失嗣，辞曰："吾之娶，必有应也。"乃有白狐九尾而造于禹。禹曰："白者，吾服也。九尾者，其证也。"于是涂山

---

[1] 王焘撰，高文铸校注《外台秘要方》卷二八《卒魇方二十一首》，北京：华夏出版社，1993年，第538页。
[2] 唐慎微撰，王家葵、蒋淼点评《证类本草》卷十一"甑带灰"条，第795页。
[3] 参胡堃《中国古代狐信仰源流考》，《社会科学战线》1989年第1期，第222—223页；李建国《中国狐文化》，北京：人民文学出版社，2002年，第24—39页；蒋宸《唐前狐怪传说源流考略》，《安徽农业大学学报（社会科学版）》2005年第1期，第117—119页；许净瞳《论古典文献中九尾狐形象之流变》，《中国海洋大学学报（社会科学版）》2011年第5期，第124—128页。

人歌曰："绥绥白狐，九尾庞庞。成于家室，我都攸昌。"于是娶涂山女。①

此条又见于《北堂书钞》卷一〇六、《太平御览》卷五七一，亦引自《吕氏春秋》，然今本不载，应为佚文。九尾白狐的出现，成为大禹的瑞应，无疑被涂抹上了浓厚的符命色彩。

秦汉时期，主流观念里狐被当作一种象征符命的瑞兽②，即便是文献中最早提到"狐鸣"的《史记·陈涉世家》也不例外，文曰：

> 又间令吴广之次所旁丛祠中，夜篝火，狐鸣呼曰"大楚兴，陈胜王"。卒皆夜惊恐。③

众所周知，此处的"狐鸣"是人为的，借狐之口传递出"大楚兴，陈胜王"的信息，这自然是利用了当时流行的符瑞思想。然而，符瑞的判定，与时代背景息息相关。西汉为了否定秦的正统性，对陈胜、吴广的起事基本还是肯定的，所以"篝火狐鸣"此时还具有符瑞色彩。随着政权的稳固、正统性建构完成，"狐鸣"的象征意义出现了一百八十度急转，成为国乱之兆。

西汉焦延寿所撰《焦氏易林》曰："鸟惊狐鸣，国乱不宁，上弱下强，为阴所刑。"④此处占辞十分完整，站在当政者的立场上，狐鸣的"符命"色彩就是对现政权的反动，故而与反向的"灾异"联系在一起，奠定了后来此类占验的基调。《论衡·遭虎篇》记田光谋反事：

> 卢奴令田光与公孙弘等谋反，其且（旦）觉时，狐鸣光舍屋上，光心恶之。其后事觉，坐诛。⑤

狐鸣宅舍，预示不祥，这是对《焦氏易林》的细化，也是狐鸣与宅舍建立关联

---

① 欧阳询撰，汪绍楹校《艺文类聚》卷九九《祥瑞部下·狐》引《吕氏春秋》，上海：上海古籍出版社，1982年新1版，第1715页。
② 李建国《中国狐文化》，第40—53页。
③ 《史记》卷四八《陈涉世家》，北京：中华书局，2013年，第2366页。
④ 《焦氏易林》卷八《离卦·颐》，《四部丛刊初编》第403册，上海：商务印书馆，1929年，叶27a。
⑤ 黄晖《论衡校释》卷一六《遭虎篇》，第712页。

的最早记录。到东汉末年蔡邕撰写《广连珠》时,有云:

> 臣闻目瞤耳鸣,近夫小戒也;狐鸣犬噪,家人小祅也。犹忌慎动,作封镇书符以防其祸。是故天地示异,灾变横起,则人主恒恐惧而修政。①

其中将"狐鸣"与"犬噪"并列,视之为"家人小祅",也提到了"作封镇书符以防其祸",这与《百怪图》"狐鸣占"已经极为接近了。尽管白狐、九尾狐等瑞兽依旧是"狐"形象的主流,但"狐鸣"作为一类灾异在当时已经被人们广为接受。不过,此时的狐鸣还只是作为一种占验现象,远未达到体系化占法的程度。

中古时代,狐鸣占验的应用不出两汉的藩篱,依旧集中在两个层面上。其一,基本沿用了《焦氏易林》的说法,狐鸣与国运的关联不断被强化。如段龟龙《凉州记》载:

> 可蓝山,一名都卢山,皆泾水源与笄头山连亘。赫连定胜光二年,畋于凉州,登可蓝山望统万城,泣曰:"先帝若以朕承大业,岂有今日!"在平凉县,接百泉界。又云:定据平凉,登此山,有群狐绕之而鸣,射之竟不得一。定乃叹曰:"咄咄,此亦怪事也。"②

此事又见于崔鸿《十六国春秋·夏录》,系于胜光元年(427)十月:

> (赫连定)畋于阴磐,登苛蓝山而望统万城,泣曰:"先帝以朕承大业者,岂有今日之事乎!使天假朕年,当与诸卿建王季之业。"俄而有群狐百数鸣于定傍,命射之,无所获。定恶之曰:"此大不善,咄咄天道,复何言。"③

两书的记载当有共同史源,均特意提到了群狐绕赫连定而鸣一事,《凉州记》中赫连定视之为"怪事",但崔鸿笔下则改成了具有征兆意味的"大不善",系天道,

---

① 《太平御览》卷四五九《人事部一百·鉴戒下》,第 2112 页上。
② 《太平御览》卷五〇《地部十五·可蓝山》引《凉州记》,第 243 页下。
③ 《太平御览》卷一二七《偏霸部十一·赫连定》,第 616 页下。乐史撰,王文楚等点校《太平寰宇记》卷三三《关西道九·原州·百泉县》"可蓝山"条引《十六国春秋》(北京:中华书局,2007 年,第 705 页)稍微简略,意思大同小异。

"复何言",完全成了命数,以此作为四年后大夏亡国的预兆。这是史书中灾异书写的惯常方式。

又如《隋书·五行志》载:

> 中大同中,每夜狐鸣阙下,数年乃止。京房《易飞候》曰:"野兽群鸣,邑中且空虚。"俄而国乱,丹阳死丧略尽。①

中大同(546—547)是南朝梁武帝萧衍的年号,"国乱"指的是548年爆发的侯景之乱。需要注意的是,此处采用的是京房《易飞候》的占辞,但这一占辞针对的是泛化的"野兽群鸣",而非专门的狐鸣之占,显示直到6世纪中叶,有关狐鸣的占辞仍不成熟。

再如隋唐之际的李密,《新唐书·李密传》载:

> 初,密建号登坛,疾风鼓其衣,几仆;及即位,狐鸣于旁,恶之。及将败,巩数有回风发于地,激砂砾上属天,白日为晦;屯营群鼠相衔尾西北度洛,经月不绝。②

李密败于王世充,被迫入关中投奔李渊。此处所述,就是败前的各种异象,甚至追溯到了他刚被推举为魏公,登坛即位时的狐鸣。虽然当时李密只是"恶之",然此时的回溯式书写显然将狐鸣与李密的失败联系在了一起。类似的情况到五代仍可见到。南汉刘铢统治末年,"野蕈生于宫殿,御井石自行百余步,狐鸣鬼哭,妖怪日作,至于亡国"③。

从十六国到五代,狐鸣被看作是国运衰落、政治人物败亡的预兆,除了上举数例外,亦常见于当时反向使用"篝火狐鸣"的典故。陈霸先封陈公,加九锡,策文中表彰他的功劳就有"列郡无犬吠之惊,丛祠罢狐鸣之盗"一句④。李渊太原起兵,进发长安,令温大雅作书报李密,内有云:

---

① 《隋书》卷二二《五行志上》,第710页。
② 《新唐书》卷八四《李密传》,第3685页。
③ 陶宗仪等编《说郛》(百廿卷本)卷一七《五国故事》,《说郛三种》,第840页上。
④ 《陈书》卷一《高祖本纪》,北京:中华书局,2021年,第17页。

顷者昆山火烈，海水群飞，赤县丘墟，黔黎涂炭。布衣戍卒，耰锄棘矜，争帝图王，狐鸣蜂起。翼翼京洛，强弩围城；膴膴周原，僵尸满路。①

黄巢起事，郑畋承制招谕畿内诸镇禁军，又传檄天下，文中称"誓与义士忠臣，共剪狐鸣狗盗"②。唐昭宗时，浙东董昌自立为帝，唐廷的征讨制书里说"欲就丛祠，妄举狐鸣之兆"③。五代初，军阀混战正酣，后梁乾化元年（911）正月庚寅的制书里则将不服从的势力称为"蚁聚余妖，狐鸣丑类"④。以上事例都化用了"篝火狐鸣"的典故，只不过再也不具有符瑞的象征意义，"狐鸣"成为了叛乱的代名词，彻底走向了反面。

其二，接续蔡邕"家人小祅"的定性，关注其对民众日常生活的影响。葛洪《抱朴子外篇·博喻篇》云："麟止凤仪，所患在少；狐鸣枭呼，世忌其多。"⑤道出了东晋初期人们对狐鸣的忌惮，在笔者看来，这种禁忌更多地体现在日常生活中。《佛说灌顶经》卷三列护卫人身的二十五善神，其中第二十三"神名萨鞞尼乾那波，主护人除诸鸟鸣狐鸣"⑥；卷八列阿难国土四方山精杂魅，其中也有"狐鸣鬼"⑦。《佛说灌顶经》十二卷，世传为东晋帛尸梨蜜多罗所译，现代学者对此多有怀疑，伍小劼的研究表明，此系中土伪经，是刘宋沙门慧简撰作，后三卷在北魏太武帝灭法之前形成，前九卷约成于刘宋孝武帝大明元年（457）前后⑧。所以经中所言"主护人除诸鸟鸣狐鸣""狐鸣鬼"当源自本土的日常生活信仰，国运、政争等话题不在其考虑范围之内。中古医书多载有祛邪之法，"狐鸣"被当作一种魅术加以去除。孙思邈《备急千金要方》中记载："狐魅，合手大指缚指，灸合间三七壮，当狐鸣即瘥。"⑨《千金翼方》中载有太一神明丸，其功效之一为"杀鬼邪气"，"狐鸣，以一丸向掷之，

---

① 温大雅、韩昱撰，仇鹿鸣笺证《大唐创业起居注笺证：附壶关录》卷二，北京：中华书局，2022年，第87页。
② 《旧唐书》卷一七八《郑畋传》，第4636页。
③ 宋敏求编《唐大诏令集》卷一二〇《政事·讨伐下·讨董昌制》，北京：商务印书馆，1959年，第640页。
④ 《旧五代史》卷六《梁书六·太祖纪第六》，北京：中华书局，2015年，第107页。
⑤ 杨明照《抱朴子外篇校笺》卷三八《博喻》，北京：中华书局，1997年，下册第270页。
⑥ CBETA, T21, no. 1331, p. 503a14.
⑦ CBETA, T21, no. 1331, p. 519c26.
⑧ 伍小劼《〈大灌顶经〉形成及其作者考》，《华东师范大学学报》2011年第3期，第105—111页。
⑨ 孙思邈著，李景荣等校释《备急千金要方校释》卷一四《小肠腑·风癫第五》，北京：人民卫生出版社，1998年，第317页。

狐即于其处死"①。《千金要方》成书于唐高宗永徽三年（652），是对唐以前医学成就的总结；《千金翼方》成书于永淳二年（682），是孙思邈晚近三十年经验之总结，以补《千金要方》之不足。两部医书都记载了消除狐鸣之法，可见它在当时并不罕见，且影响到了民众的日常生活。

集中体现"狐鸣"与民众日常生活关系的资料见于唐代典籍《天地瑞祥志》中。此书为太史萨守真于666年撰就，属官修占书，然久佚，所幸日本保存了部分残卷②。该书卷一九《兽总载·狐》在引用了各种具名文献之后，记载一大段与狐鸣相关的佚名文字，包含三部分内容。第一部分无题，按照十二辰日罗列狐鸣预兆，结构上与羽44《百怪图》极为相似，故可拟名"十二辰狐鸣占"③，列表比较如下（表2-7）：

表2-7 羽44《百怪图》与《天地瑞祥志》"十二辰狐鸣占"比较

	羽44《百怪图》	《天地瑞祥志》
子日	不出三十日，东家、北家忧小口、女，患斗讼、官事、六畜死。	不出卅日，东北家有死者，若见血。
丑日	不出一七日，东家男子死，西家官事，南家死亡。	不出七日，东北男子死，若县官。
寅日	忧东北家有亡失，北家官事、失财，南家吉。	不出十六日，东方有死者。
卯日	北家有死亡、官事、妇女口舌；南家有死亡，不出七日；西家男子死，不出三十日。	不出卅日，东南家男子死。
辰日	东家官事、失火，少子忧死，妇女忧死，不出七日。	不出廿日，西大树家长死，口舌起，有黄牛。
巳日	不出五十日，西家兵死，东家患伤六畜，西家女子死。	不出廿五日，东家牛、犬死。
午日	不出六日，西家男子死及失火、六畜亡。	不出八日，东北家男子死。
未日	不出卅日，东北家失火、官事，南家斗讼。	不出卅日，北三家女子伤。
申日	忧官事、死亡、盗贼起，西家有死，南家忧女妇。	不出廿日，西北五家县官事。
酉日	东家、南家忧长子、官事、失火，不出三日。	不出十八日，西家长死。
戌日	西南家忧官事、六畜死亡、失火、女亡，不出三十日；北家男子〔□□□〕	不出卅日，南二家女人死。
亥日	不出卅日，西家女子亡、官事、盗贼、见血，北家男子死。	不出十五日，南三家男子死。

---

① 孙思邈著，李景荣等校释《千金翼方校释》卷二〇《杂病下·备急第一》，北京：人民卫生出版社，1998年，第309页。
② 有关《天地瑞祥志》的情况，参拙文《〈稀见唐代天文史料三种〉前言》，高柯立选编《稀见唐代天文史料三种》，北京：国家图书馆出版社，2011年，第7—14页。另参余欣《西域文献与中古中国知识—信仰世界》，兰州：甘肃教育出版社，2023年，第13—21页；刘炜《〈天地瑞祥志〉研究评述：回顾与新进展》，《国际汉学研究通讯》第26期，北京：北京大学出版社，2023年，第301—318页。
③ 萨守真《天地瑞祥志》卷一九《禽总载·狐》，日本尊经阁文库藏钞本，叶23b-24a。

前已述及，在6世纪中叶时，成系统的狐鸣占尚未出现，而7世纪中叶成书的《天地瑞祥志》中已然记载了成熟、系统的"十二辰狐鸣占"，占法的形成必定是在成书之前，一百年的时间里，狐鸣占快速完成了体系化。就"十二辰狐鸣占"而言，《天地瑞祥志》和羽44《百怪图》在具体的祸福预兆指向上虽差异较大，但无论在占辞结构还是预兆事项的选择上还是高度一致的，显示二者之间具有较大的关联性。《天地瑞祥志》的占辞较为简单，预兆事项单一，集中在死亡、官事上，偶见口舌、六畜。羽44包含的预兆事项大大增加，涉及死亡、官事、口舌、斗讼、失火、损财、盗贼、六畜等，且各类事项都是多次出现，这符合后出占法的特点。可以认为，唐初，狐鸣占在社会上比较流行，到高宗时太史萨守真才会将其收入官方占书《天地瑞祥志》中。这种占法在后续的流传过程中不断丰富，融入民众日常生活中最关心的事项，羽44就是更加成熟、复杂的狐鸣占。

后两部分是厌禳之法，一种是祝文，一种是符。文曰：

祝狐之法。以箕簸灰散头，被发，祝曰：天门开，地户闭，北斗七星饮狐血。老狐妄鸣，狐死人生。狐一鸣，狐父死；狐二鸣呼，狐母死；狐三鸣呼，狐兄死；狐四鸣呼，狐弟死；五鸣呼，狐夫死；狐六鸣呼，狐妇死；狐七鸣呼，狐自死。急急如律令！

厌狐鸣符，桃也。䜌（赞）晋郭璞《九尾〔狐〕赞》曰："青丘奇兽，九尾之狐。有道祥见，出则衔书。作瑞于周，以标灵符。"[1]

"祝狐之法"未见于此前文献记载。《百怪图》"狐鸣占"中有不少天文符，但未记符图，无法与此处的"厌狐鸣符"比勘；所引郭璞《九尾狐赞》又见于《艺文类聚》和《太平御览》[2]，文字相同。水口幹记在讨论《天地瑞祥志》所载符咒时，曾特别提示应与道教典籍《太上老君混元三部符》作比较研究[3]，这是一个重要的线索。该书集各种神符740多道，将近一半是厌怪之符，约出于宋前[4]，其中保留了十通"狐

---

[1] 《天地瑞祥志》卷一九《禽总载·狐》，叶24b-25a。
[2] 《艺文类聚》卷九五《兽部下·狐》，第1652页；《太平御览》卷九〇九《兽部二一·狐》，第4030页下。
[3] 水口幹记《〈天地瑞祥志〉に载る呪符》，住吉大社主编《遣隋使·遣唐使と住吉津》，大阪：东方出版社，2008年，第187—199页。
[4] 任继愈主编《道藏提要》（修订版），北京：中国社会科学出版社，1995年，第481页。

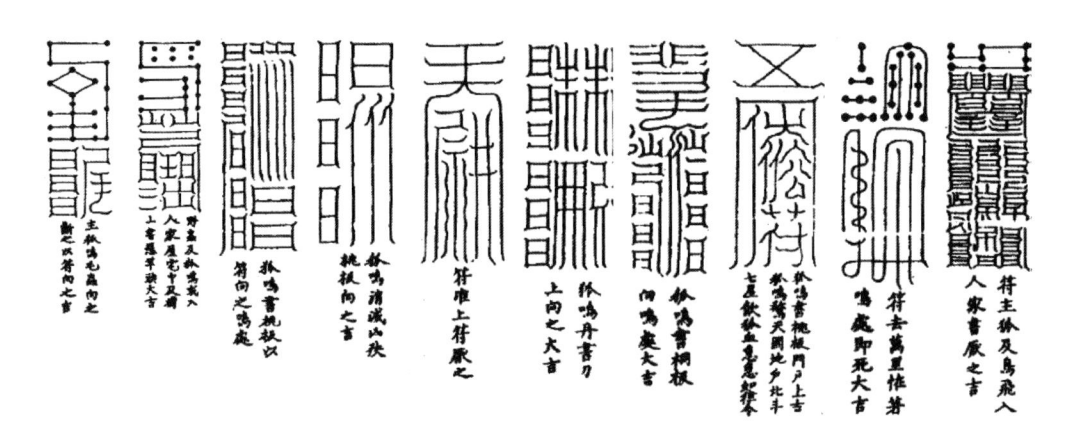

图 2-6 《太上老君混元三部符》卷上"狐怪符十通"

怪符"（图 2-6）①，从左到右，各通文字如下：

1 主狐鸣，毛虫向之断之，以符向之，吉。
2 野虫及狐鸣，或入人家屋宅中及树上，书悬竿头，大吉。
3 狐鸣，书桃板，以符向之鸣处。
4 狐鸣，消灭凶殃，桃板向之，吉。
5 符准上符厌之。
6 狐鸣，丹书刀上，向之，大吉。
7 狐鸣，书桐板，向鸣处，大吉。
8 狐鸣，书桃板门户上，吉。狐鸣，惊天，关地户，北斗七星饮狐血，急急如律令。
9 符去万里怪，著鸣处，即死，大吉。
10 符主狐及鸟飞入人家，书厌之，吉。

第 5、10 两通不涉狐鸣；第 8 通"狐鸣，惊天，关地户，北斗七星饮狐血，急急如律令"，和《天地瑞祥志》的祝文"天门开，地户闭，北斗七星饮狐血……急急如律令"相差不大，"惊天"后当脱"门"字。"狐怪符"的文字简略，但"书悬竿头"，书桃板、桐板，"向之"等厌禳之法和羽 44《百怪图》的做法颇为相似。

---

① 《太上老君混元三部符》卷上"狐怪符十通"，第 656 上—中。

遗憾的是，这十通符无一能与《天地瑞祥志》的三通"厌狐鸣符"对应上。不过，可以肯定的是，它与羽44、《天地瑞祥志》共享了狐鸣占的相关知识，在被纳入道教符箓典籍时作了简化处理。

（三）余　论

　　鸟兽的鸣叫是十分自然的一件事情，但受到"万物有灵"思想的影响，中国人很早就把一些特定情境下的鸟兽鸣叫视作吉凶的征兆，努力加以解读并试图掌控。如睡虎地秦简《日书》甲种《诘》中就记载："鸟兽恒鸣人之室，燔蠹（𧉟）及六畜毛𨱍（鬣）其止所，则止矣。"[①]开启了鸟兽鸣叫这一大类专门性占法的渊薮，后世进而发展出了乌鸣、狐鸣、犬嗥等占法[②]。其中，狐鸣占的特色比较明显。战国秦汉时期，狐作为一种具有浓厚符命色彩的瑞兽，主流观念中它代表的是"吉兆"，历史上著名的"篝火狐鸣"也不例外。西汉中期以后，随着王朝正统性构建的完成，"篝火狐鸣"对政权"反动"的意义凸显出来，成为狐鸣占的底色之一。站在王朝国家的立场上，狐鸣遂成为臣子反叛、群雄竞逐的代名词，与国运紧密联系在了一起，其象征意义就此转向了"凶兆"。有趣的是，两汉中古时代，此类占验虽屡屡被提及，但仅有一两条占辞留存，没有形成完整的占法，说明狐鸣与国运间的关联叙事通道十分狭窄，涉及面不宽。换言之，二者的关联只体现在宏观层面上，无法在具体层面铺陈开，自然也就不能形成系统性的占法了。

　　但我们现在之所以能从"占法"的角度来探讨狐鸣占，这要得益于狐鸣对民众日常生活施加的影响。最晚到东汉末年，狐鸣被视为"家人小袄"，是民众诸多禁忌之一。中古时代，它被当作需要消除的邪祟，佛教伪经、医书纷纷记载了祛邪之法。当时社会上广泛流行狐仙、狐魅信仰，狐的神性日益减弱，妖性高涨[③]，其对人类生活领域的浸透非常普遍，正因为有了不同情境下的狐鸣，才需要各种各样的应对之法，从而催生了系统性的狐鸣占。从现存材料看，《天地瑞祥志》所载"狐鸣占"是最早的完整占法，敦煌写本《百怪图》"狐鸣占"是流传过程中不断丰富、完善的占法，《太

[①] 刘乐贤《睡虎地秦简日书研究》，第232页。
[②] "犬嗥"的系统性研究目前尚阙如，乌鸣占的系统性研究见房继荣《敦煌本乌鸣占文献研究》，兰州：甘肃人民出版社，2016年。
[③] 李建国《中国狐文化》，第54—126页；康笑菲著，姚政志译《说狐》，杭州：浙江大学出版社，2011年，第17—49页。

上老君混元三部符》"狐怪符十通"是简化后的占法。总体而言，三种文献所载狐鸣占共享了某种知识体系，表现出较强的关联性。宋以后，正史中"狐鸣"的踪迹全无，其他文献中的记载也不多，一方面表明官方意识形态上放弃了狐鸣与国运的关联性叙事，另一方面也显示狐鸣占在日常生活领域影响力的衰落。这自然与宋代以降理性主义兴起有关，彼时连五德终始说都受到严重挑战，乃至于终结[1]，遑论狐鸣这一小小的异象了。但更重要的原因还在于狐鸣占本身。唐代以来的三种狐鸣占文献共享某种知识体系，没有其他异质性知识的引入，这恰恰说明狐鸣占的知识体系开放性和拓展性不大。类似占法最后基本都走向一个共同的结局，那就是不再作为单独的占法存在，相关占辞散入日常生活类书中，以另一种形式延续着生命力[2]。

（本文内容原载《复旦学报》2013年第6期，第78—88页；《文史知识》2018年第12期，第4—14页；《敦煌吐鲁番研究》第19卷，上海：上海古籍出版社，2020年，第153—162页；《敦煌学辑刊》2025年第2期，第72—86页。统合成一文时作了较大改订。）

---

[1] 刘浦江《"五德终始"说之终结——兼论宋代以降传统政治文化的嬗变》，初刊《中国社会科学》2006年第2期，此据氏著《正统与华夷：中国传统政治文化研究》，北京：中华书局，2017年，第61—87页。
[2] 参见本书第六章《敦煌吐鲁番汉文文献中的剃头、洗头择吉日法》。

第三章　敦煌写本 P.2683《瑞应图》新探

一、问题的提出

法国国家图书馆所藏敦煌文献 P.2683 长约 4.5 米，系上图下文的精美图卷，首尾俱缺，失原题。1933 年，日本学者小岛祐马首次公布录文，简要地概述了中古时期瑞应图书的发展史，将 P.2683 笼统定为"祥瑞图说"[1]。1935 年，王重民在巴黎见到该图卷，定名为"瑞应图"。他在简单梳理中古图谶的发展情况之后，指出该卷作者当在梁陈之世，又从引文中不避唐讳推断为六朝写本，"作者系杂采群说，欲为汇总"，疑为顾野王《符瑞图》[2]。1946 年，陈槃据小岛祐马的录文，在王重民的基础上，从四个方面论证残卷为顾野王《符瑞图》[3]。之后，松本荣一、张铁弦、饶宗颐、戴思博（Catherine Despeux）的研究均属解题式[4]，并无逸出王重民、陈槃的新见。饶宗颐尤重王重民之说，并从 P.2005《沙州都督府图经》背面记"瑞应图借与下"六字，断定"原卷之为《瑞应图》，了无可疑"[5]。殷善培、窦怀永的研究

---

[1] 小岛祐马《巴黎国立图书馆藏敦煌遗书所见录（六）》，《支那学》第 7 卷第 1 号，1933 年 5 月，第 113—120 页。
[2] 王重民《巴黎敦煌残卷叙录》第一辑卷三《子部》，北平图书馆，1936 年，叶 4b—5b。
[3] 陈槃《敦煌钞本〈瑞应图〉残卷》，初刊《中研院历史语言研究所集刊》第 17 本，1948 年，第 59—64 页，增订本据氏著《古谶纬研讨及其书录解题》，上海：上海古籍出版社，2010 年，第 609—628 页。
[4] 松本荣一《燉煌本瑞应图卷》，《美术研究》第 184 号，1956 年 1 月，第 113—130 页；张铁弦《敦煌古写本丛谈》，《文物》1963 年第 3 期，第 9—11 页；饶宗颐《敦煌本〈瑞应图〉跋》，《敦煌研究》1999 年第 4 期，第 152—153 页；Catherine Despeux, "Auguromancie", in Marc Kalinowski ed., *Divination et société dans la Chine Médiévale. Étude des manuscrits de Dunhuang de la Bibliothèque nationale de France et de la British Library*, Paris: Bibliothèque nationale de France, 2003, pp.432-435, 458-461。
[5] 饶宗颐《敦煌本〈瑞应图〉跋》，第 152 页。

专注于文本比对[1]，这是前辈学者着力较少之处，从中可见 P.2683 巨大的文献价值。殷善培认为，P.2683 的编纂其实遵循"类书"的形式；窦怀永利用唐代类书《稽瑞》校正 P.2683 的文本讹误，这都是新的推进。2011 年，郑炳林、郑怡楠合作，对该卷进行了迄今最为详尽的研究[2]。该文的特色有两个：一是论证 P.2683 是南齐庾温所撰《瑞应图》，这与之前的结论完全不同；二是揭示了 P.2683 的成书背景及社会影响，尤其是与河西魏晋墓葬壁画的关系，这也是前人没有论及的。2014 年，余欣在东京国立博物馆讲演《唐代的瑞应图》，此文发表后经不断增订，从"视觉文献"角度扩展至对敦煌文献和日本写本中符应图书的综合考察，视野宏观[3]。胡晓明详尽考述了汉代以来流传的《瑞应图》，认为：史籍中提到不明撰者的《瑞应图》应该具有一个完整而连续的传承，到了南朝，新出《瑞应图》的作者姓氏皆可考，史书在引用新出《瑞应图》时都会有明确的区分。所以，P.2683 中几次提到的"旧图"，"即为汉魏时流传下来的《瑞应图》"[4]。王菡薇从美术史的角度，推测 P.2683 残卷"为梁陈南朝抄手以顾野王《符瑞图》本为据而摹制的"，"这是一卷珍贵的敦煌南朝本《符瑞图》"[5]。

可见，学界对 P.2683 怀有持久的兴趣，尽管对其撰者还存在争议，但通过梳理中古时期瑞应图类典籍发展的脉络，将其定名为《瑞应图》似乎是水到渠成之事，已成不刊之论。这其实是一种推理的演绎方式，并无直接的证据加以支撑。2004 年以来，我关注《天地瑞祥志》、《稽瑞》、《白泽图》、敦煌写本《瑞应图》和《白泽精怪图》等文献，其中的文字多有可以互相印证者。在对前人成果进行梳理并重新释录、比对 P.2683 文字的时候，我发现这件文献仍有一些问题值得继续探讨。以下从三个方面提出我的疑问，并尝试对这些疑问作出整体的解答。

---

[1] 殷善培《敦煌本瑞应图残卷的结构与文化意涵》，《淡江大学中文学报》第 5 期，1999 年 6 月，第 147—167 页；窦怀永《敦煌本〈瑞应图〉谶纬佚文辑校》，张涌泉、陈浩主编《浙江与敦煌学——常书鸿先生诞辰一百周年纪念文集》，杭州：浙江古籍出版社，2004 年，第 396—406 页。
[2] 郑炳林、郑怡楠《敦煌写本 P.2683〈瑞应图〉研究》，樊锦诗、荣新江、林世田主编《敦煌文献·考古·艺术综合研究：纪念向达先生诞辰 110 周年国际学术研讨会论文集》，北京：中华书局，2011 年，第 493—514 页。
[3] 余欣《西域文献与中古中国知识—信仰世界》，兰州：甘肃教育出版社，2023 年，第 3—39 页。
[4] 胡晓明《图说精灵瑞物——论〈瑞应图〉》，《社会科学战线》2014 年第 11 期，第 84—93 页。
[5] 王菡薇《从刘宋元嘉二年石刻画像与敦煌本〈瑞应图〉看南朝绘画》，《文艺研究》2014 年第 3 期，第 132—139 页，引文见第 137 页。

二、P.2683《瑞应图》的引书中有《瑞应图》

P.2683 中第 19 条为（图 3-1）：

  赤龙负图授帝尧　　《春秋元命苞》曰：尧游河渚，赤龙负图以出，图赤色如绨状，赤王（玉）为匣，白玉为检，黄珠为泥，玄玉为绳，章曰"天皇大帝"，合神制署，上曰"天帝孙伊尧"。龙消图在。尧与太尉等百甘（廿）臣发视之，藏之大麓。《瑞应图》云：图有江河海水山川丘泽之形及州国之分，天子圣人所兴起，容颜刑（形）状也。《宋书·瑞》曰：赤龙河图者，地之符也，王者德至渊泉则河。

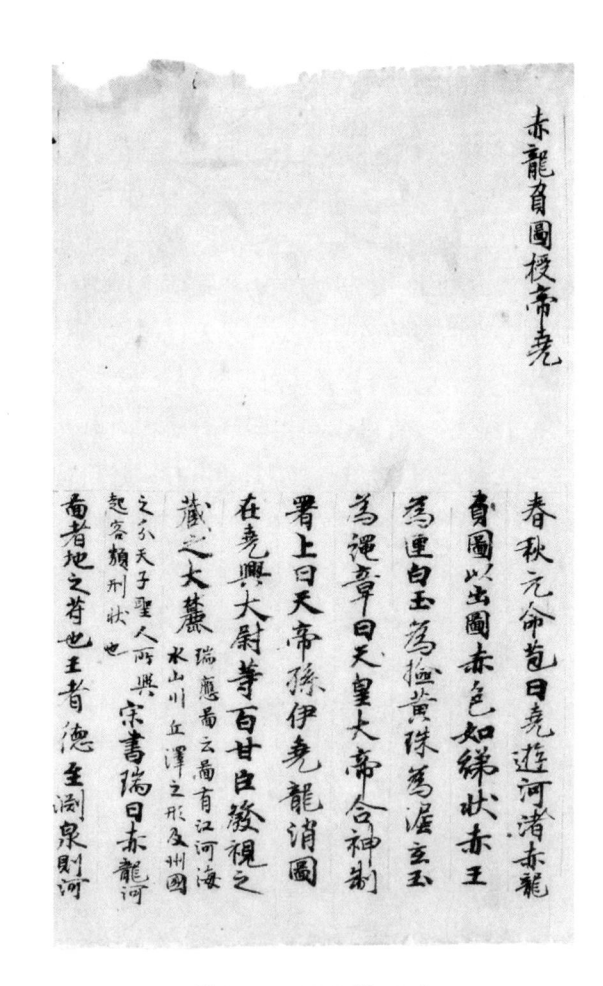

图 3-1　P.2683 第 19 条

小注部分明确引用了《瑞应图》。

这不是孤例。第 7、8 条分别为（图 3-2）：

  龙 《礼记》曰：圣王用水火金木，必时，颁爵位，必当年德，无水旱之灾，妖孽之疾，则龙在官沼。《瑞应图》。

  黄帝乘龙 《应图》曰：君子在位则神龙出。《大戴礼》曰：黄帝治五气，设五量，抚万民，四方，乘龙而游。

第 7 条末尾出现了"瑞应图"三字，按照一般的理解，这是引书，但前面文字

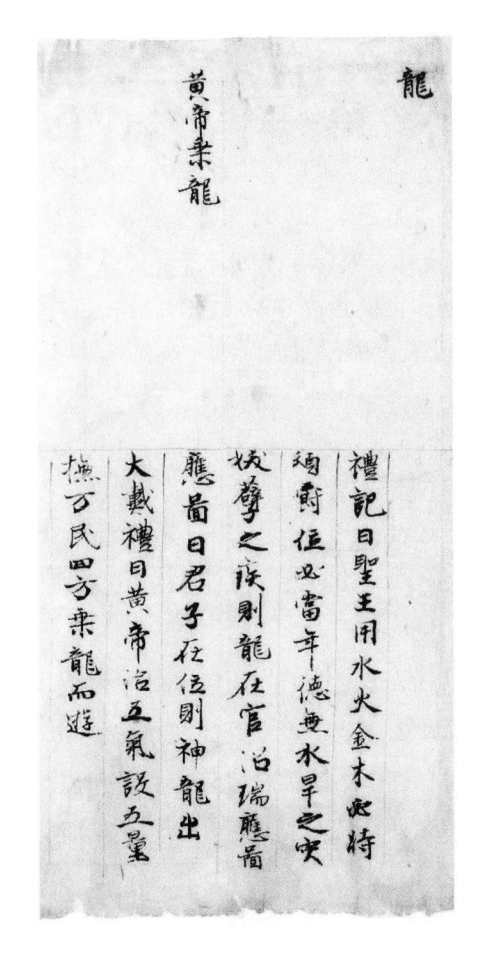

图 3-2 P.2683 第 7、8 条

全是《礼记》的内容，并非《瑞应图》的引文，这该如何解释？"瑞应图"下转行又有"应图"二字，传统认为就是《瑞应图》脱"瑞"字，并将其所引文字视为"黄帝乘龙"的解说，但从"君子在位则神龙出"的文义看，应该仍是对"龙"的解说。下文第 27 条为：

  神龙 旧图不载。君子在位则神龙出矣。

第 31 条重出，为：

  神龙 君子在位则神龙出。

所引解说文字全同，即是明证。

  所以，我认为"应图"两字或为当时"提行添字例"的抄写习惯，应不录。这样，此处就出现了"《瑞应图》曰：君子在位则神龙出"的引文。
  因此，在这篇被定名为《瑞应图》的文献中，两次引用了《瑞应图》的文字，让人颇为费解。之前的研究从未对此作出解释。一般认为，P.2683《瑞应图》是新编本，因为多处出现了"旧图不载"的文字。从这个思路出发，或许有人会指出，P.2683上引两处《瑞应图》就是"旧图"，但第 7 条所引的《瑞应图》文字在第 27 条中明确属于"旧图不载"，这就排除所引《瑞应图》就是"旧图"的可能性了。这样，问题就又回到了原点：为什么 P.2683《瑞应图》会引用《瑞应图》呢？

三、"凤凰"类图说的来源

  P.2683 存 42 条图说，分龟、龙、凤凰 3 类，凤凰类存 5 图、4 图说，除第 1 图有"发鸣"榜题外，其余 4 图榜题均缺。之前学者只是笼统地将之与《续汉书·五行志》刘昭注引《叶图征》比对，但有许多不能契合之处。窦怀永发现《稽瑞》中所引《瑞应图》文字正好可与 P.2683 参照，他作了很详细的比对工作，使得凤凰类这 4 条图说的文义得以明晰。他的基本结论是：这 4 条都是《叶图征》的佚文，P.2683 较为简略，《稽瑞》讹误较多，《续汉书·五行志》较胜。其实，唐人萨守真的《天地瑞祥志》里也引用了类似文字，诸家文字比较如下表（表 3-1）：

第三章 敦煌写本 P.2683《瑞应图》新探

表 3-1 "凤凰"类图说文字比较

P.2683	《续汉书·五行志》注引《叶图征》[①]	《天地瑞祥志》卷一八引《乐斗图》[②]	《稽瑞》引《瑞应图》[③]
发鸣，状似凤皇，鸟喙，大鸹，羽翼，大足胫，身仁，戴智，婴义，应信，负礼，至则丘丧之感也。	二曰发明，鸟喙，大颈，大翼，大胫，身仁，戴智，婴义，膺信，负礼，至则丧之感也。	发明，东方鸟也，状似凤皇，鸟喙，大鸹，羽翼，又大足胫，身仁，戴智，婴义，膺信，负礼，至则兵丧之感，为兵备也。	发鸣，状似凤皇，鸟喙，大羽翼，大足胫，身短，戴仁，婴义，膺信，负礼，至则兵丧之应也。
□□，状似凤皇，锐喙，小头，大身，细足，胫翼若郚叶，身短，戴义，婴信，膺仁，负礼，至则旱之感也。	四曰幽昌，兑目，小头，大身，细足，胫若鳞叶，身智，戴信，负礼，膺仁，至则旱之感也。	幽昌，北方鸟也，状似凤皇，锐喙，小头，大身，细足，胫翼若郚叶，身智，戴义，婴信，膺仁，负礼，至则旱之感，为旱备也。	幽昌，状似凤皇，锐喙，小头，大身，细足，胫翼若郚叶，身短，戴义，翼信，膺仁，负礼，至则旱之应也。
□□，状似凤皇，鸠喙，专刑，身义，信，婴礼，应仁，负智，至则之感也。《汁图微》。	一曰鹔鹴，鸠喙，圆目，身义，戴信，婴礼，膺仁，负智，至则旱役之感也。	鹔鹴，西方鸟也，状似凤皇，鸠喙，专形，身义，戴信，婴仁，膺智，至则旱役之减，为旱备也。	焦鸣，状似凤凰，鸠喙，专刑，身信，婴礼，膺仁，负智，至则水之应也。四鸟状皆似凤凰，亦非嘉瑞，以水旱之感。今载者，将辨非凤皇而已。
□□，状似凤皇，喙，流翼，负尾，身礼，戴信，婴仁，膺智。	三曰焦明，长喙，疏翼，圆尾，身义，戴信，婴仁，膺智，负礼，至则水之感也。	焦明，南方鸟也，状似凤皇，鸠喙，疏翼，负尾，身礼，戴信，婴仁，膺智，负义，至则水之减，为水备也。	肃敬，状如凤皇，锐喙，流翼，负尾，身礼，戴信，婴仁，膺智，见则荒歉之应也。（《玉芝堂谈荟》卷三三引）

可以看到，P.2683 的文字与《天地瑞祥志》所引《乐斗图》最为接近，其次是《稽瑞》所引《瑞应图》，最后才是《续汉书·五行志》注。松浦史子即是据《天地瑞祥志》所引《乐斗图》来校补 P.2683 凤凰类图说的脱讹之处[④]。《乐斗图》中的"乐"应为"乐纬"之省称，写本时代，汁、斗易混（表 3-2），因此《乐斗图》其实就是《乐汁图》。汁、叶古通用，《乐汁图》即

表 3-2 汁、斗字形比较

汁	斗

---

① 《续汉书·五行二》，《后汉书》志第十四，北京：中华书局，1965 年，第 3301 页。
② 萨守真《天地瑞祥志》卷一八《禽》，日本前田尊经阁文库本，叶 5a-7a。
③ 刘赓《稽瑞》，《丛书集成初编》本，北京：中华书局，1985 年新 1 版，第 121—122 页。
④ 松浦史子《汉魏六朝における〈山海经〉の受容とその展开——神话の时空と文学·图像》，东京：汲古书院，2012 年，第 253—257、272 页。

《乐叶图》，而后者又是《乐纬·叶图征》之省称[①]。P.2683 在第 40 条末尾有 "汁图微" 三字，这应该就是凤凰类四条图说的来源。汁通叶，"微" 当是 "徵" 之误，所以 "汁图微" 就是 "叶图征（徵）"。

既然《续汉书·五行志》刘昭注、《天地瑞祥志》和 P.2683 都将 "凤凰" 类图说的来源指向了《乐纬·叶图征》，为什么《稽瑞》却引作《瑞应图》？

四、P.2683 与《开元占经》的关系

王重民为 P.2683 撰写解题时是对照过《开元占经》的，后来殷培善也逐条对照过，可惜都没有就此整理出一个清晰的文本出来。问题还在于，虽然学者们注意到了《开元占经》与 P.2683 之间存在密切的关系，但都只是把《开元占经》作为对读、校勘的资料使用，并未仔细探究二者的关系。我在逐条对照的过程中发现，《开元占经》卷一二〇 "龙" 部与 P.2683 有着惊人的相似性，瞿昙悉达很可能利用了和 P.2683 相同的典籍。

《开元占经》卷一二〇为 "龙龟虫蛇占"，分 "龙龟鱼虫瑞" 和 "龙龟鱼虫怪" 两大类。"龙龟鱼虫瑞" 下按顺序为：龙，蛟，玉龟、龟负图、玄龟负书、灵龟五色、龟在宫沼，毛龟四眼六眼八眼龟，比目鱼、黄鱼跃出、白鱼入舟、神鱼舞河，赤蛇、大螾、大蝼，野蚕成茧。与 P.2683 有关的是前四种瑞像，因 P.2683 所列 42 种瑞像中有 31 种是关于 "龙" 的，所以我集中比较这部分。下表（表 3-3）是两种文献中引书的比对结果，括号内的数字是我标示出在各自文献中的位置：

表 3-3　P.2683 与《开元占经》"龙" 类引书比较

	P.2683 "龙" 类		《开元占经》卷一二〇 "龙" 部[②]
7	龙	（1）《礼记》	（3）《礼记》
		（2）《瑞应图》	
8	黄帝乘龙	（3）《大戴礼》	

---

① 安居香山和中村璋八最早认定《天地瑞祥志》此段文字系《乐叶图征》的佚文，循此逻辑，他们是将《乐斗图》比定为《乐叶图》，但因体例所限，并未给出比定的依据。见安居香山、中村璋八辑《纬书集成》，石家庄：河北人民出版社，1994 年，第 561 页。

② 瞿昙悉达《唐开元占经》卷一二〇，北京：中国书店影印，1989 年，第 838 页下—839 页下。

续 表

	P.2683 "龙" 类		《开元占经》卷一二〇 "龙" 部[②]	
9	帝颛顼乘龙	（4）《大戴礼》	（16）《大戴礼》	
10	帝喾乘龙	（5）《大戴礼》	（17）《大戴礼》	
11	帝禹御二龙	（6）《括地图》	（18）《括地图》	
		（7）《神灵记》	（19）《神灵记》	
12	五龙舞河	（8）《魏文帝杂事》	（11）《魏文帝杂事》	
13	交龙洗于河	（9）《礼斗威仪》		
14	天龙负图	（10）《孝经援神契》	（2）《援神契》	
15	青龙	（11）《孙氏瑞应图》	（5）《瑞应图》	
16	青龙进驾	（12）《淮南子》		
17	青龙衔图授周公	（13）《尚书中候》	（20）《尚书中候》	
18	赤龙在泽谷	（14）《礼稽命征》	（6）《礼稽命征》	
19	赤龙负图授帝尧	（15）《春秋元命苞》	（13）《元命包》	
		（16）《瑞应图》		
		（17）《宋书·瑞》		
20	龙负图	（18）《孙氏瑞应图》		
		（19）《孙氏瑞应图》	（1）《瑞应图》	
21	黄龙	（20）《孝经授神契》		
22	黄龙负图授黄帝	（21）《龙鱼河图》	（10）《河图》	
		（22）《尚书中候》	（12）《尚书中候》	
23	黄龙负图授舜	（23）《春秋运斗枢》	（14）《运斗枢》	
		（24）《尚书中候》	（15）《尚书中候》	
		（25）《春秋运斗枢》		
		（26）蔡伯喈《月令章句》	（8）蔡氏《月令章句》	
24	玄龙衔云	（27）《春秋孔演图》		
25	蛟龙	（28）《文子》		
		（29）《山海经》		
26	黄龙		（7）《瑞应图》	
27	神龙			
28	河图			
29	河书			
30	河图			
31	河图			
32	神龙			
33	青龙		（5）《瑞应图》	
34	黄虬			
35	黑龙			
36	白龙		（9）《瑞应图》	
37	黄龙		（7）《瑞应图》	

我将《开元占经》卷一二〇"龙"部的所有文字标示成 20 条,除了第 4 条"《天境》曰:凡龙春见无殃咎"外,其余 19 条不但全部见于 P.2068"龙"类,而且文字的相似度极高。以下试举几例。

前引第 7 条"龙"引《礼记》曰:

圣王用水火金木,必时,颁爵位,必当年德,无水旱之灾,妖孽之疾,则龙在官沼。

此句出《礼记·礼运》:

故圣王所以顺,山者不使居川,不使渚者居中原,而弗敝也。用水火金木,饮食必时,合男女,颁爵位,必当年德。用民必顺,故无水旱昆虫之灾,民无凶饥妖孽之疾。故天不爱其道,地不爱其宝,人不爱其情。故天降膏露,地出醴泉,山出器车,河出马图,凤皇麒麟皆在郊棷,龟龙在宫沼,其余鸟兽之卵胎,皆可俯而窥也。①

P.2683 系节引,脱"饮食""合男女","宫"误作"官"。《开元占经》卷一二〇引作:

圣王用水火金木,必时,颁爵位,必当年得,无水旱之灾,妖孽之疾,则龙在官沼。

亦脱"饮食""合男女",惟"德"作"得","宫"不误。脱字全同,说明二者所据文献同源。

第 19 条"赤龙负图授帝尧":

《春秋元命苞》曰:尧游河渚,赤龙负图以出,图赤色如绨状,赤玉为匣,白玉为检,黄珠为泥,玄玉为绳,章曰"天皇大帝",合神制署,上曰"天帝孙伊尧"。龙消图在。尧与太尉等百甘臣发视之,藏之大麓。《瑞应图》云:图有江河

---

① 《礼记正义》卷二二《礼运》,《十三经注疏》本,北京:中华书局影印,1980 年,第 1427 页中。

海水山川丘泽之形及州国之分，天子圣人所兴起，容颜刑（形）状也。《宋书·瑞》曰：赤龙河图者，地之符也，王者德至渊泉则河。

本条所引《春秋元命苞》内容，它书所引均为片段[①]，只有《开元占经》作：

《元命包》曰：唐帝游河渚，赤龙负图以出，图赤色如锦床，赤玉为匣，白玉为检，黄珠为泥，玄玉为鉴，章曰"天皇大帝"，合神制署"天上帝孙伊尧"。龙润涓图在唐典右尉。舜等百二十臣发视之，藏之大麓。

文字小异，"龙润涓图在唐典右尉"一句读来费解。《文选》卷五六《石阙铭》李善注引《春秋元命包》曰："尧游河渚，赤龙负图以出，图赤如绨状，龙没图在。"可知"润"字衍，"涓"为"消"之误，"唐典右尉"或为后世窜入之文字。

第23条"黄龙负图授舜"：

《春秋运斗枢》曰：舜为天子，东巡至乎，中月临观，注云：临河观望也，月或为丹。至采负图，出置舜前。图黄玉为匣，如匦，长三尺，广八寸，厚一寸，四合而连，有户。曰玉为检，黄金为绳，黄芝为泥，封两端，章曰"天黄帝符玺"五字，广袤各三寸，深四分，鸟文。舜与三公大司空禹等卅人发图，玄色而绨状，可卷舒，长卅二尺，广九尺，中有七十二帝地形之制，天文分度之差。注云：黄龙，含枢纽之使也，故龙匣皆黄；四合者，有道相入也；有户，言可开阖也。《尚书中候》云："舜沉璧，黄龙负卷舒图，出水坛畔，赤文录字。"《春秋运斗枢》曰：旋星得则黄龙见。蔡伯喈《月令章句》曰：智听政事则黄龙见。

如上表所示，本条引书4条，除第3条外，均见于《开元占经》，且顺序一样；所引《尚书中候》《月令章句》文字亦全同。第1条的内容见于《艺文类聚》《北堂书钞》《初学记》《稽瑞》《开元占经》《太平御览》等多种类书，安居香山、中村璋八辑《纬书集成》列了五种文字[②]，各种文字除了正文有差异外，小注的位置

[①] 参安居香山、中村璋八辑《纬书集成》，第591—592页；窦怀永《敦煌本〈瑞应图〉谶纬佚文辑校》，第403页。
[②] 安居香山、中村璋八辑《纬书集成》，第711—713页。

和文字也有差别，只有《开元占经》与本条能完全契合。

"龙"部如此，"龟""蛟"也有踪迹可寻。

第 1 幅图的榜题缺，解说文字作：

> ▭□者，其唯龟乎！《书》曰"龟从"，此之谓也。灵者，德之精也。龟者，久也，能明于久远事也。王者不偏不党，尊耆不失故旧，则神龟出矣。

能与之对应的文字仅见于《开元占经》卷一二〇《灵龟五色》：

> 《瑞应图》曰：灵龟者，玄文五色，神灵之精也。上隆法天，下平象地，能见存亡，明于吉凶，不偏不党，唯义是从，其惟龟乎！《书》"龟从"，此谓也。灵者，德之精也。龟者，久也，能明于久远事。王者不偏不党，尊耆老不失旧故，则神龟出。[1]

据此，第 1 幅图的榜题应为"灵龟"，缺失的解说文字也可据《开元占经》补。
第 25 条"蛟龙"：

> 《文子》曰：王有道德者，天与之，地助之，鬼神辅之，则蛟龙宿其沼。《山海经》云：蛟似龙蛇而四脚，小头细颈，颈有白婴，大者十数围。

所引出《文子·道德》：

> 人主者，民之师也；上者，下之仪也。上美之则下食之，上有道德则下有仁义，下有仁义则无淫乱之世矣。积德成王，积怨成亡，积石成山，积水成海，不积而能成者，未之有也。积道德者，天与之，地助之，鬼神辅之，凤凰翔其庭，麒麟游其郊，蛟龙宿其沼。[2]

《文选·杂诗》注、《太平御览》、定州西汉中山怀王墓竹简《文子》亦载有片

---

[1] 《唐开元占经》卷一二〇，第 840 页下。
[2] 李定生、徐慧君校释《文子校释》卷五《道德》，上海：上海古籍出版社，2004 年，第 220 页。

段①。P.2683 显系节引，然注文不见于以上文献。《开元占经》卷一二〇《蛟》作：

> 《文子》曰：王有道德者，天与之，地助之，鬼神辅之，则蛟龙宿其沼。注云《山海经》言：蛟龙，蛇而四脚，小头，细颈，颈有白婴，大者十数围也。②

其"注云"部分与 P.2683 几乎全同，而且这样的表述方式确凿无疑地说明了二者源自同一种文献。

所以，不管是从征引文献的唯一性、顺序，还是文字的相似度来看，都可证明《开元占经》卷一二〇"龙""蛟""龟"部的内容应当是抄录了与 P.2683 高度相似的文献，换言之，《开元占经》的这部分记录与 P.2683 均源自同种书籍。

五、"旧图"与"新图"

如前所述，将 P.2683 定名为《瑞应图》已成不刊之论，但之前的学者其实并未严格论证过，采取的方法基本是从中古祥瑞书的发展历程来推测。饶宗颐则找出了新证据，那就是 P.2005《沙州都督府图经》背面记有"瑞应图借与下"的字样（图 3-3）。其实这只是一小块粘补卷子的小纸条，其中的"瑞应图"很可能是官方所掌握的《瑞应图》，没有证据显示与 P.2683 有直接关系。我在上一部分揭示了 P.2683 与《开元占经》的关系，这应该是目前最为直接的证据了。P.2683 的 42 条图说里，有引书者 24 条，无引书者 18 条。在这 18 条中，除去重复的 3 条，还有 15 条。其中 8 条在《开元占经》中没有出现；5 条直接引作《瑞应图》，文字基本相同；2 条引作《瑞应图》，文字有较大差异。也就是说，除去有引书的 24 条外，P.2683 见诸于《开元占经》的文字大部分明确属于《瑞应图》，这就表明，瞿昙悉达

图 3-3　P.2005《沙州都督府图经》背面

---

① 《文子校释》卷五《道德》，第 222 页注〔六〕。
② 《唐开元占经》卷一二〇，第 839 页下—840 页上。

当时看到的这种文献的名称就是"瑞应图"。

汉代以降的"瑞应图"不止一种，P.2683《瑞应图》属于哪种？

王重民推测是南朝陈顾野王的《符瑞图》，但他自己又持谨慎态度，认为"六朝之末，王者益重祥瑞，臣子遂总汇旧图，以便侈陈符应为有据，盖即此图，则不必求其主名也"。陈槃据《玉海》所引《中兴书目》之说，力主作者是顾野王，其所举四个方面的论证，最重要的有两个：增采图纬；引书以为注释。从今天辑佚的结果看，这都不能算是顾野王《符瑞图》的特征，因为某种《瑞应图》也具备这样的编纂体例。如《天地瑞祥志》卷一六《木》引《瑞应图》曰：

王者德化洽八方，合为一家，则木连理。异根而枝合也。一本曰：不失小民心则生。《孝经援神契》曰：德至于草，则木连理也。①

卷一七《玉》引《瑞应图》曰：

明珠，王者不尽鳞介之物，则先（光）可以为镜。《援（搜）神记》曰：有云鹤为弋人所射，覆而堕。参以养，创愈而放之。后鹤夜致门外，参执烛视之，鹤衔明珠，□参之也。又曰：王者不以则为宝，则地珠出也。

碧瑠璃，王者不隐遇则见也。《物志》曰：色如云母，色如紫玉，光曜如烛，离如蝉，内积女水里谷也。《魏略》曰：大秦，曰出赤白黑黄青绿绀缥红紫十种瑠璃之也。②

也都是征引各类典籍作为注释。而且，存世的顾野王《符瑞图》佚文中，能与P.2683对照的只有1条，即《玉海》卷一九八引顾野王《符瑞图》：

黄帝世，鱼龙负图从河中出，付黄帝。虞舜时，黄龙从洛水出，诣舜，鳞甲成字。舜即位，与三公临观，黄龙五采负图出舜前。③

对应P.2683第22、23条，稍加比对就可以知道，文字差异很大。所以P.2683《瑞

---

① 《天地瑞祥志》卷一六《木》，叶12a。
② 《天地瑞祥志》卷一七《玉》，叶16b。
③ 王应麟辑《玉海》卷一九八《祥瑞》"舜黄龙负图"条，南京：江苏古籍出版社，上海：上海书店影印，1987年，第3624页下。

应图》不可能是顾野王《符瑞图》。

郑炳林、郑怡楠推测是庾温《瑞应图》。但庾温《瑞应图》成于南齐永明（483—493）中，《宋书》定稿在494年以后，P.2683中引用了《宋书·符瑞志》和《孙氏瑞应图》，这都晚于庾温《瑞应图》[①]，故不能成立。

所以，要想确定敦煌写本P.2683《瑞应图》的作者几乎是不可能的，如王重民所说"不必求其主名"或许是切合实际的态度。

总体上看，公元6世纪，人们在"旧图"的基础上新编了一种《瑞应图》，或可称之为"新图"，P.2683应该与这种"新图"关系极为密切，很可能是"新图"的不完整抄本。P.2683中两次引用的《瑞应图》或许是当时存世的另一种佚名《瑞应图》，是作为"新图"编撰的素材之一。"新图"定型成书后，曾流传于世，8世纪20年代，瞿昙悉达在编纂《开元占经》时利用过此书。8世纪中叶，刘赓编撰《稽瑞》时也参考了此书，很可能他看到的凤凰类图说文字并无引书，所以他才会直接引作《瑞应图》，这从P.2683本身亦可得到旁证。如前所述，P.2683凤凰类4条图说中，只有第3条末尾加上了"汁图微"三字，与一般引书体例不同，让人不得不怀疑这是后加的。从敦煌写本《瑞应图》到《开元占经》，再到《稽瑞》，"新图"行用了两个多世纪，且受到官私书籍编纂者的关注，展现出了强劲的生命力。

（原载《敦煌吐鲁番研究》第16卷，上海：上海古籍出版社，2016年，第297—313页。收入本书时略有改订。）

[①] 关于孙柔之《瑞应图》的成书年代，一般认为是南朝梁，陈槃据《玉海》引《中兴书目》认为是魏晋时期。胡晓明力驳魏晋说，参《图说精灵瑞物——论〈瑞应图〉》，第91—92页。

第四章　德藏吐鲁番文书《推十二支死后化生法、推建除日同死法》研究

德国柏林所藏吐鲁番文献的三百余件世俗文书中，占卜文书约有30件，一向少有人问津。近年来，宇野顺治、古泉圆顺对Ch.1830《占地动·日月蚀法》[1]，余欣对Ch.3316《占风法》、Ch.1634《杂占要抄》[2]，陈昊对Ch.1044v和Ch.2432v《推三阵图法》都进行了深入研究[3]，使学界得以一窥德藏吐鲁番占卜文书的价值。我在整理这批文书时，发现Ch.842v《推十二支死后化生法、推建除日同死法》的内容比较特殊，从中我们可以探知中古中国冥界信仰的某些侧面。

一、录文与年代

Ch.842号文书现藏德国国家图书馆，尺寸为19cm×10cm，正面抄写5行《妙法莲华经》卷七，背面为占卜文书，存6行（图4-1）。现将录文迻录如下：

（前缺）
1　酉日死，化人，一百日受辛苦 后 生霍□□□

---

[1] 宇野顺治、古泉圆顺《复元：トルファン出土"二十八（七）宿占星书"》，《龙谷大学佛教文化研究所纪要》43集，2004年，第44—63页。
[2] 余欣《中国古代占风术研究——以柏林藏吐鲁番文献Ch 3316为中心》，高田时雄编《唐代宗教文化与制度》，京都大学人文科学研究所，2007年，第87—114页；《占灯术源流考：德藏吐鲁番出土文献Ch 1634发微》，《浙江大学学报》2022年第7期，第90—105页。
[3] 陈昊《德藏吐鲁番文书"推三阵图法"古注本考释》，《文献》2009年第4期，第17—25页。

第四章　德藏吐鲁番文书《推十二支死后化生法、推建除日同死法》研究

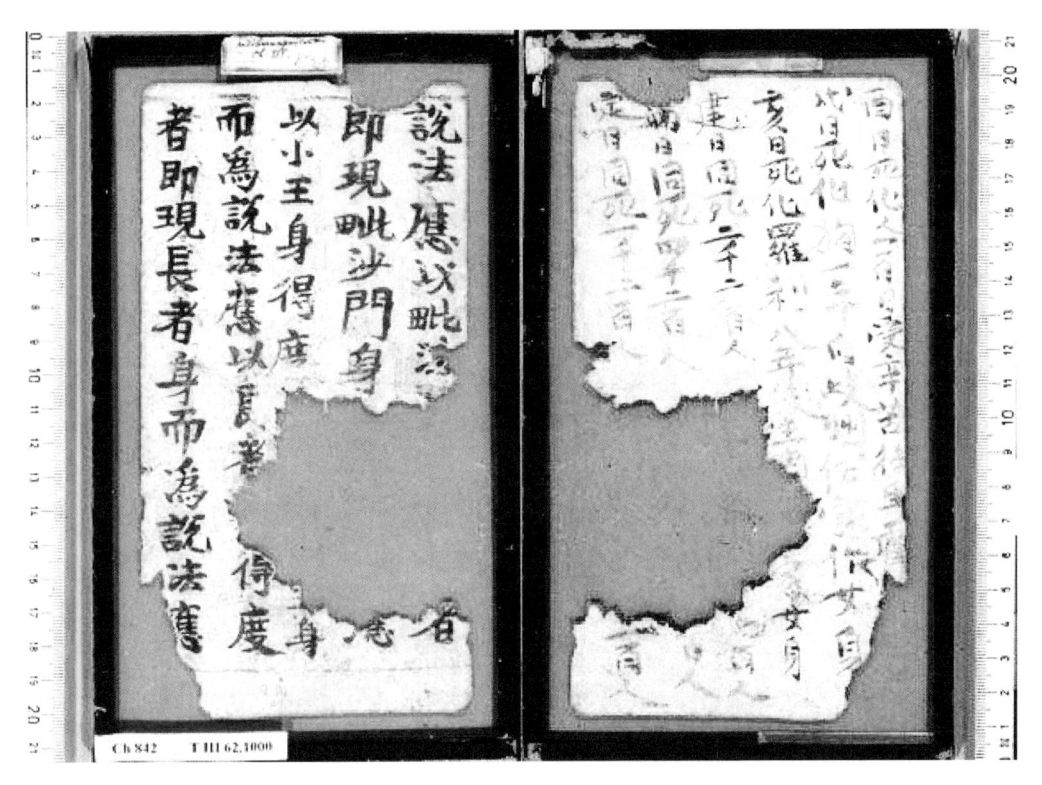

图 4-1　Ch.842（左：正面；右：背面）

2　戌日死，化狗，一年向歧州任家作女身。
3　亥日死，化罗刹，八年后生 南□□家女身。
4　建日同死二千六百人，□千七百人。
5　满日同死四千二百人，□□百人。
6　定日同死一千二百人，□□三百人。①
（后缺）

Ch.842号文书的年代，西胁常记认为背面占卜文书的年代早于正面，他从书法

---

① 图版见西胁常记《ベルリン・トルファン・コレクシヨン汉语文书研究》，京都大学综合人间学部国际文化学科，1997年，第80页，图版十一；录文见荣新江、史睿主编《吐鲁番出土文献散录》，北京：中华书局，2021年，第192—193页。

107

推测正面佛典约抄写于 9—10 世纪[①]。荣新江进一步指出，Ch.842v "右边沿字迹被剪去少半，而正面佛典完整，知此抄写年代较正面为早"，他推测约在 7 世纪中至 8 世纪末[②]。荣先生之意，右下角缺损部分一面无字，另一面字迹基本完好，合理的解释只能是僧人在缺损的纸张上抄写经文，所以占卜文书的抄写年代较佛典为早。细审彩色照片，佛典此处最后一个字"应"的左半部其实也残缺，而占卜文书的抄写整体向右偏斜，以至于首行"后"字的右半部分没有写全。为何出现这种情况，现在已无从得知。我以为更加合理的推测是：右下角的残损处是在正反面均抄写完之后产生的，由于正面抄写的是佛经，有一定规则，行距较为稀松，而背面占卜文书的抄写十分紧密且整体偏右，因此残损之后呈现的面貌如此。所以，右下角的残损不能作为判断抄写顺序的依据。

占卜文书第 2 行提到"歧州"，歧州当即岐州。三国时为魏扶风郡，西魏时为岐阳郡。隋初郡废，置岐州；炀帝初州废，置扶风郡。唐武德元年（618）六月改为岐州，天宝元年（742）正月又改为扶风郡。至德元载（756）七月改为凤翔郡，二载（757）十二月改为凤翔府，称西京。上元元年（760）九月，停西京之号。元年（761）建卯月一日，改为西都，旋罢[③]。可见，唐代"岐州"之名从武德元年沿用至天宝元年。文书第 3 行记"八年后生 南□□ 家女身"，参照第 2 行"一年向歧州任家作女身"，此处的" 南□ "应该就是"南州"。南州，唐武德二年置，三年改称僰州，四年复旧；天宝元年改南川郡，乾元元年（758）复旧[④]。据此，本件文书的创作年代当在武德四年至天宝元年间。

[①] 西胁常记《ドイツ将来のトルファン汉语文书》，京都大学学术出版会，2002 年，第 44 页。
[②] 荣新江《再谈德藏吐鲁番出土汉文典籍与文书》，初刊《华学》第 9、10 辑合刊，上海：上海古籍出版社，2008 年，第 857 页；收入氏著《吐鲁番的典籍与文书》，上海：上海古籍出版社，2023 年，第 372 页。另参同作者主编《吐鲁番文书总目（欧美收藏卷）》，武汉：武汉大学出版社，2007 年，第 68 页。
[③] 参杜佑撰，王文锦等点校《通典》卷一七三《州郡三》，北京：中华书局，1988 年，弟 4515 页；《唐会要》卷六八《诸府尹》，上海：上海古籍出版社，2006 年新 1 版，第 1409 页；《新唐书》卷三七《地理一》，北京：中华书局，1975 年，第 966 页。
[④] 《旧唐书》卷四〇《地理三》，北京：中华书局，1975 年，第 1628 页；《新唐书》卷四一《地理四》，第 1076 页。

二、性质与定名

　　西胁常记在1997年及以后的著作中均没有给出定名，他只是认为本件是有关死后转生的占卜书[1]。1998年，荣新江著录时暂定为"占卜书"[2]，2008年拟名为《推十二支死后化生法》[3]。审视文书内容，前3行按照十二地支的顺序排列，分述在酉、戌、亥三个支日死后转生的结果；后3行则按照建除日排列，占卜该日总共死亡多少人。因此，荣先生的拟名只能概括前3行十二地支的内容，尚不够全面。另据荣先生提示，Ch.842v从形制上判断，原本是册页装中的一页，首尾俱全。有鉴于此，我以为对本件文书性质的判定，还需要结合其形制来考虑。

　　如前所述，本件十二地支只存酉、戌、亥三支，之前的九支占辞当在另纸；十二建除存六日，后面还应有3行在另纸，可惜均已佚。按照每页抄写6行计算，这两种占法就占用了4页，而且有理由相信，这本册子里不仅仅只是抄录了两种占法。本件文书中最令人费解的是后3行，以建除法推死亡总数，仅仅是给出一个确切数字，而非通常的占测吉凶、结果等。我怀疑这只是此种占法的一个总表，在罗列完十二建除之后，才是各种具体的与建除对应的占死丧法。在其他的敦煌吐鲁番占卜文书中亦可找到这样的例子。

　　敦煌吐鲁番占卜文书绝大部分内容指涉的对象是阳世的生人，占测"死丧"的内容仅占极少数，管见所及，不过几件而已。最为完整的是P.3028《推死丧法》[4]，全卷有156行，是各种占死丧法的汇编。其中第8种是"推人上计及合死不合死廿八宿伤加法"，先列出一年360日对应的廿八宿表，再依次罗列廿八宿死者对应的

---

[1] 西胁常记《ベルリン・トルファン・コレクシヨン汉语文书研究》，第80页；《ドイツ将来のトルファン汉语文书》，第44页。
[2] 荣新江《德国"吐鲁番收集品"中的汉文典籍与文书》，《华学》第3辑，北京：紫禁城出版社，1998年，315页。
[3] 荣新江《再谈德藏吐鲁番出土汉文典籍与文书》，第857页；《吐鲁番文书总目（欧美收藏卷）》，第68页；《吐鲁番的典籍与文书》，第372页。
[4] 本件解题参见：黄正建《敦煌占卜文书与唐五代占卜研究》，北京：学苑出版社，2001年，第150—151页；增订版，北京：中国社会科学出版社，2014年，第134—135页；Marc Kalinowski ed., *Divination et société dans la chine médiévale. Étude des manuscrits de Dunhuang de la Bibliothèque nationale de France et de la British Library*, Paris: Bibliothèque nationale de France, 2003, pp.257-258；王晶波《敦煌占卜文献与社会生活》，兰州：甘肃教育出版社，2011年，第471—474页；郑炳林、陈于柱《敦煌占卜文献叙录》，兰州：兰州大学出版社，2013年，第108—109页。录文见关长龙《敦煌本数术文献辑校》，北京：中华书局，2019年，第152—164页。

幽赞化行：敦煌吐鲁番文献所见中古中国的占验与信仰

情况，占卜者据此就可以查询到明确的死亡日期。试举略表和几条占辞如下：

70　丑　正　二　三　四　五　六　七　八　九　十　十一　十二
71　一　室　奎　星　觜　井　柳　翼　厕　立　尾　计　　女
72　二　箕　妻　昴　参　鬼　星　轸　危　房　翼　牛　　虚
……
106　鬼星死者，犯治门户死。司命检算，未合亡，二月上计而死。
107　毕星死者，犯土，太阴来煞之。司命检算有六，三月上计而亡。①

此类表格亦见于德藏吐鲁番文书 Ch.217，迻录如下：

（前缺）
1　△ 建日亡者，注长子，不出一月内死。　　△ 除
2　△ 满日亡者，注家长不利，不出三月。　　△ 平
3　△ 定日亡者，殃西家一人，不期男女。　　△ 执
4　△ 破日亡者，殃家中三人，不出七月内。　△ 危
5　△ 成日亡者，殃东北家一长子，不出三月。
6　△ 开日亡者，叔不出，殃家中寡妇，八日内。
7　△ 星历　正月　二月　三月　四月　五月　六月　七月　八月　九
8　一日　室　奎　胃　毕　参　鬼　星　翼
9　二日　壁　娄　昴　觜　井　柳　张　轸　亢
10　三日　奎　胃　毕　参　鬼　星　翼　角　氐
11　四日　娄　昴　觜　井　柳
12　五日　胃　毕　参　鬼
（后缺）②

本件文书，荣新江拟名为《占死丧法》③。据余欣的分析，该文书 1—6 行属推

---

① 图版见《法藏敦煌西域文献》第 21 册，上海：上海古籍出版社，2002 年，第 116 页。
② 荣新江、史睿主编《吐鲁番出土文献散录》，第 191—192 页。
③ 荣新江主编《吐鲁番文书总目（欧美收藏卷）》，第 17 页。

建除日死妨忌法；7—12行有栏线，应属推人上计及合死不合死法的表格的一部分。我以为，1—6行的内容与P.3647《葬经》"占衰殃去处"颇相似，都是关于死亡对生人世界的影响，比照"占衰殃去处"的定名，这部分应属"推建除日亡殃法"。推人上计及合死不合死廿八宿伤加法的表格已见于上举P.3028《推死丧法》。

综上所述，Ch.842v、Ch.217应该是分属于不同的《推死丧法》汇编中的一部分，Ch.842v可拟名为"推十二支死后化生法、推建除日同死法"。

三、文书所见佛教转生观念

Ch.842v中"推十二支死后化生法"虽然只存3支占辞，却是极具特色的。就我目前掌握的材料，其他占死丧法几乎都是预测人在什么时候、以何种方式死亡，死者会给生人世界带来什么样的灾祸，如何避免这些灾祸等等。"推十二支死后化生法"的特别之处在于，将中国本土十二地支法与佛教的转生观念结合起来，它要占卜的是死后归宿。

佛教的思想体系中原本就有大量占卜预言的内容，在华传播之初很大程度上是附托鬼神方术来扩大其影响的，到魏晋南北朝时期，正统儒学衰落，佛教势力大盛，此风更盛[1]，所以中古时期占卜与佛教的结合是很自然的现象[2]。我们在敦煌写本梦书、相书、宅经、禄命书中也能清晰地看到这种结合的痕迹[3]，在吐鲁番的随葬衣物疏中更可见明晰的五道轮回观念[4]。尽管如此，鲜有明确与转生相关的占辞见于记载。上举学者对于敦煌写本梦书、相书、宅经的研究中，虽有佛教事项见诸占辞，但并

---

[1] 汤用彤《汉魏两晋南北朝佛教史》，《汤用彤全集》第1卷，石家庄：河北人民出版社，2000年，第39—46、58—61、399—401页。
[2] 严耀中《魏晋南北朝时期的占卜谶言与佛教》，《史林》2000年第4期，第12—17页；同作者《论占卜与隋唐佛教的结合》，《世界宗教研究》2002年第4期，第30—37页。
[3] 郑炳林《敦煌写本解梦书校录研究》，北京：民族出版社，2005年，第118—120、156—161页；陈于柱《敦煌写本宅经校录研究》，北京：民族出版社，2007年，第213—222页；陈于柱《占卜·佛道·族群——敦煌写本禄命书P.3398〈推十二时人命相属法〉研究》，《敦煌吐鲁番研究》第11卷，上海：上海古籍出版社，2008年，第199—211页；王晶波《敦煌写本相书研究》，北京：民族出版社，2009年，第269—285页；陈于柱《区域社会史视野下的敦煌禄命书研究》，北京：民族出版社，2012年，第164—172页。
[4] 孟宪实《汉唐文化与高昌历史》，济南：齐鲁书社，2004年，第245—251页。

不能直接与轮回转生相联系①。我翻阅了目前公布的所有敦煌吐鲁番占卜文书，除了Ch.842v外，直接与轮回转生相关的占法还有两种，即《廿八宿星相法》（拟）和十二属相占法。

P.2499v + P.4058Cv《廿八宿星相法》（拟）原文共31行，分为两部分，1—27行是《大方等大集经》卷二〇《宝幢分第九三昧神足品第四》的内容，28—31行是廿八宿表。王重民最早著录时没有将这两件缀合，只是分别给予了"星占书"和"残星占书"的定名②。苏远鸣（Michel Soymié）主编的法藏《敦煌汉文写本目录》第五卷里，根据正面抄录的《春秋左氏传集解》将之缀合，定名为《大方等大集经》之《宝幢分》③。邓文宽、刘乐贤从之，并将抄写年代定在北朝④。但《法藏敦煌西域文献》则是分别予以定名：《大方等大集经》卷二〇和《二十八宿纪日》。黄正建虽然认为第一部分的性质尚待判断，但还是将此篇归入星宿书⑤。王爱和则把其中的"星宿书藉"误录为"生宿书藉"，据此定名为《生宿书》，实误⑥。2009年，陈于柱发现成书于982年前后的《医心方》所引《产经》内有"生子廿八宿星相法"，内容与P.2499v相同，但是一个缩编本。通过进一步考察，他认为，P.2499v + P.4058cv是一个整体，当时人将《大方等大集经·宝幢分》视为占卜书而加以改编，与中国本土的朔宿法相结合，从而创造出一种新的禄命书，时间约在南北朝⑦。由于是对佛经的改造，文书自然带有浓厚的佛教色彩，涉及轮回转生的占辞有：

---

① 例如P.3908《新集周公解梦书》专列"佛道音乐章"，占辞有："梦见礼佛，得贵人力。梦见入寺行，主喜事。梦见菩萨者，主长命。梦见金刚，得人力助。梦见僧尼，百事不和。梦见喫斋者，主大吉。梦见焚香者，主婚姻事。"（关长龙《敦煌本数术文献辑校》，第995页）郑炳林认为："尊佛信佛，勤作功德都会给人带来善果，免遭轮回之苦，那么梦见佛像、礼佛、菩萨、金刚、寺院等，说明做梦者信仰至诚，其梦象的预兆都是吉兆。"（郑炳林《敦煌写本解梦书校录研究》，第120页）严耀中据此将之视为因果业力与占卜结合的力证（《论占卜与隋唐佛教的结合》，第34页）。其实，就占辞本身来看，至多表明与佛教相关的事物、行为已经被吸收成为占卜的事项，佛教与中国传统的吉凶占卜相结合，至于因果轮回之类则属于推论了。
② 王重民《伯希和劫经录》，原稿完成于1934—1938年间，此据商务印书馆编《敦煌遗书总目索引》，北京：中华书局，1983年新1版，第265、300页。
③ M. Soymié ed., *Catalogue des manuscrits chinois de Touen-houang. Fonds Pelliot chinois de la Bibliothèque Nationale* V, Paris, 1995, p.52.
④ 邓文宽、刘乐贤，"Uranomancie", in Marc Kalinowski ed., *Divination et société dans la chine médiévale. Étude des manuscrits de Dunhuang de la Bibliothèque nationale de France et de la British Library*, p.50, pp.71-72；中文版《敦煌天文气象占写本概述》，《敦煌吐鲁番研究》第9卷，北京：中华书局，2006年，第421页。
⑤ 黄正建《敦煌占卜文书与唐五代占卜研究》，第116页；增订版，第103—104页。
⑥ 王爱和《敦煌占卜文书研究》，兰州大学博士学位论文，2003年，第317页。
⑦ 陈于柱《区域社会史视野下的敦煌禄命书研究》，第164—172页。

第四章 德藏吐鲁番文书《推十二支死后化生法、推建除日同死法》研究

属昴星者，六日，乐于正法，辩口利辞，聪明富贵，多有名称，护持禁戒，人所敬信，死已〔生〕天，膝有青子，寿五十年。

属觜星者，八〔日〕，富贵乐施，惭愧无贪，无有病苦，众生乐见，死已生天，衰在七十，寿满八十。

属室星者，廿九日，受性弊恶，多犯禁戒，为至富贵，寿命百年，死堕恶道，不宜父母及以兄弟。[①]

占辞中提到属昴星、觜星者"死已生天"，即进入"六道"之一的天道；属室星者"死堕恶道"，即畜生、饿鬼和地狱三恶道，无疑是佛教轮回学说的最直接表述。

十二属相占法依次叙述十二时出生之人的属相、命属和宜忌，现有4篇，公布的占辞与轮回转生有关的是2篇，分别是P.3398-2和P.t.127，均为《推十二时人命相属法》。P.3398-2当创作于吐蕃占领敦煌之后，写本年代属归义军时期；P.t.127则是以P.3398-2为底本的改写本[②]。以P.3398-2《推十二时人命相属法》为例，子、丑、寅、卯、辰、巳、午七时的推命还属于纯粹的推十二相属法，后五时的推命则融入了新的因素，占辞略云：

未生羊相人，命属武曲星……其人本是安国人，前世为破斋，遂来至此生。
申生猴相人，命属廉贞星……此人元是摩伽国人，前多犯怨过，遂来此处生。
酉生鸡相人，命属文曲星……其人元是天陀罗国人，前身为破斋，遂来此生。
戌生狗相人，命属禄存星……其人元是叶波国人，前身为好色，遂来此人生。
亥生猪相人，命属巨门星……此人元是波提国人，前身性多不净，遂来此生。[③]

显然，佛教的因果报应、转世轮回说被吸收进来，人因前世犯下的不同过错对应于不同的时辰转生，其后的人生境遇也千差万别，种种因缘，皆有业报。

P.2499v + P.4058Cv和P.3398-2均属禄命术，本质上占卜的是生人在现世的境遇。

[①] 图版见《法藏敦煌西域文献》第14册，上海：上海古籍出版社，2001年，第339页。录文见陈于柱《区域社会史视野下的敦煌禄命书研究》，第446、447页。

[②] 陈于柱《占卜·佛道·族群——敦煌写本禄命书P.3398〈推十二时人命相属法〉研究》，第199—211页；同作者《敦煌藏文本禄命书P.t.127〈推十二时人命相属法〉的再研究》，《中国藏学》2009年第1期，第157—160页。

[③] 关长龙《敦煌本数术文献辑校》，第1341—1342页。

上举与轮回转生相关的占辞中，主要借用了佛教的语汇，如"生天""恶道""前世""前身"以及戒律用语等。Ch.842v 中"推十二支死后化生法"的年代介于 P.2499v＋P.4058Cv 和 P.3398-2 之间，占辞少见佛教语汇，占卜的是死后去向问题，如下表（表 4-1）：

表 4-1　Ch.842v "推十二支死后化生法"信息表

时日	死后化为何物	受苦时限	转生情况
酉日	化人	一百日	不详
戌日	化狗	一年	生歧州任家女身
亥日	化罗刹	八年	生南州某家女身

由于仅存三个支日占辞，其余九支的情况不得而知，这就留给我们很多的分析空间。首先，这种占卜方法的运行机理是一个令人费解的问题。十二地支在占法中的应用最迟到春秋战国时期已非常成熟，这在先秦《日书》中有集中体现，但它与佛教观念的结合却没有清晰的轨迹可寻，"推十二支死后化生法"是目前所见最早的。

其次，人死亡后要经历轮回转生的过程。根据佛教教义，占辞中的"罗刹"为暴恶可畏之鬼[①]，本不在六道之列，但从十二支的顺序来看，化人、化狗对应的是人和畜生道，由于在古人眼中，饿鬼与地狱差别不大，常将二者等同看待，所以接下来的亥日对应的自然是这两道了，而化罗刹要经历 8 年之后才能转生，也是最为艰难的。因此，很可能在占法创作者的眼中，"罗刹"就是地狱中"鬼"的代名词。如此，死后的轮回转生尚未逸出佛教六道的行列。

最后，转生时的性别选择要根据生前的业力而定。戌日、亥日死者最后均转生为女身，酉日转生情况由于文字缺失，没有确切的结论，不过，我可以作一个推测。占辞里说"生霍□□□□"，比照戌日、亥日占辞，这里的"霍□"可能是"霍州"。然而，唐代"霍州"从武德四年到贞观元年（627）[②]，存废不过 7 年，相对于占辞的稳定性而言，"霍州"存在的时间过于短暂。另外，从文书的彩色照片上看，"霍"字下的空间最多能容纳 3 个字，若将"霍"视为姓氏，或可补"霍家女身"4 字，这

[①] 慧琳《一切经音义》卷二五"罗刹"条："此云恶鬼也，食人血肉，或飞空，或地行，捷疾可畏也。"徐时仪校注《一切经音义三种校本合刊》，上海：上海古籍出版社，2008 年，第 930 页下。
[②] 《新唐书》卷四一《地理五》，第 1053 页。

就与戌日、亥日占辞最后的性别选择相一致。作出这种推测,并非毫无根据。《玄怪录》载有地府鬼吏对于转生的解释:

> 凡人有善功清德,合生天堂者,仙乐彩云霓旌鹤驾来迎也,某何以见之?若有重罪及秽恶,合堕地狱者,牛头奇鬼铁叉枷杻来取,某又何以见之?此老人无生天堂之福,又无入地狱之罪,虽能修身,未离尘俗,但洁其身,净无瑕秽,既舍此身,只合更受男子之身。[①]

结果老人刚死,即投胎转生,中间未受一天辛苦。可见,一个人如能保持修身养性、无恶无过,死后方能立刻转生男子之身。酉日占辞中,化人前还要受一百日辛苦,表明生前有过失,这样的情况自然不能转生为男了。

性别成为转生预测的选项之一,表明"女身"是比"男身"低级的轮回报应。《冥祥记》载刘宋陈秀远梦中见到一妇人身穿青袄白裳,又有一妇人纯衣白布,手持香花。纯衣妇人告诉陈秀远:"汝前身即我也,以此花供养佛故,得转身作汝。"她指着穿青袄的妇人说:"此即复是我先身也。"[②]这是一则有趣的转生故事,从青袄妇人到陈秀远,中间转生了两次,第一次转世依旧是女身,第二次因为供奉佛像修福,才从女身转成了男身。类似的例子还有唐代的崔彦武[③]、刘善经母[④]等。可知,在信众看来,转生为男是一种善报。相反,从男身变成女身则是恶报。我们耳熟能详的红线女就是这样的一个例子。红线报恩之后欲辞别薛嵩,她说:

> 某前本男子,游学江湖间,读神农药书,而救世人灾患。时里有孕妇,忽患蛊症,某以芫花酒下之,妇人与腹中二子俱毙。是某一举杀其三人,阴力见诛,降为女子,使身居贱隶,气禀凡俚。幸生于公家,今十九年矣。身厌罗绮,口穷甘鲜。宠待有加,荣亦甚矣。况国家建极,庆且无疆。此即违天,理当尽弭。昨往魏邦,以是报恩。今两地保其城池,万人全其性命,使乱臣知惧,烈士谋安,

---

[①] 牛僧孺撰,程毅中点校《玄怪录》卷九《吴全素》,北京:中华书局,2006年,第95页。
[②] 王琰《冥祥记》,《古小说钩沉》本,《鲁迅辑录古籍丛编》第1卷,北京:人民文学出版社,1999年,第400页。
[③] 唐临撰,方诗铭辑校《冥报记》卷中《隋崔彦武》,《冥报记 广异记》,北京:中华书局,1992年,第17页。
[④] 郎余令撰,方诗铭辑校《冥报拾遗·唐刘善经》,《冥报记 广异记》,第103—104页。

在某一妇人,功亦不小,固可赎其前罪,还其本形。便当遁迹尘中,栖心物外,澄清一气,生死长存。[1]

红线前世本为男身,因误诊导致病人死亡,所以转生时"降"为女身。"降"字其实表明了这是一种惩罚性的报应。红线虽为女身,却有男子气概,避免了河北再次陷入战争惨境,立下大功。因此她自认为已经可以赎罪,"还其本形"。言下之意,可以转生为男了。转生时如此注重性别的选择,除了中国本土的男尊女卑观念影响外,还和佛教本身的教义有关。中古时期,中国佛教僧团遵行的是小乘律,而小乘教义有歧视女性的倾向,有的部派认为女人不能成佛,或者必须转成男身才能成佛[2]。所以,转生时的性别选择对于信众来说是非常重要的,它不仅关系到来世的幸福与否,更关系到最终能否修成正果。

(原载《国学学刊》2010年第4期,第84—90页。收入本书时略有改订。)

---

[1] 《太平广记》卷一九五《红线》引《甘泽谣》,北京:中华书局,1961年,第1462页。
[2] 李玉珍《唐代的比丘尼》,台北:台湾学生书局,1989年,第117—119页。有关这种性别转换的观念,参 Chen Ming, "Zhuan Nü Wei Nan. Turning Female to Male: An Indian Influence on Chinese Gynaecology?", *Asian Medicine: Tradition and Modernity*, Vol.1-No.2, 2005, pp.315-334。

第五章　唐代汉地堪舆观念在吐鲁番地区的传播
——以出土文书为中心

堪舆术是中国古代数术的一大门类，主要是相宅、相墓之法，至北宋时逐渐被"风水"一词所代替，我们今天所说的风水在唐代实为堪舆。在中国人的观念里，宅、葬不仅关系到现世的命运，还会影响到后世子孙的祸福，故堪舆的观念和实践很早就出现，睡虎地秦简中已经有了《相宅篇》。秦汉以降，堪舆类文献渐成体系并蔚为大观，但传世的唐代堪舆文献寥寥无几，直到敦煌文献的发现才改变了这一状况。敦煌藏经洞的堪舆文书数量不少，辑录与研究已经积累了不少成果[1]，极大地推进了我们对于唐五代堪舆的认知。但在敦煌以西的地区，以往受限于资料，我们对相关情况所知甚少。近年来，随着大谷文书、德国国家图书馆藏吐鲁番文书、旅顺博物馆藏新疆出土汉文文献的整体刊布，一些堪舆文书显露在世人面前。本文先对这些堪舆文书作一介绍校录，在此基础上，希望能够对唐代汉地堪舆观念在吐鲁番地区的传播情况进行初步探讨。

一、旅博馆藏汉文《宅经》的性质与复原

在旅顺博物馆藏 26000 多片新疆出土汉文文献中，有一件编号为 LM20-1523-13-

---

[1] 相关整理与研究成果，可参见余欣《神道人心：唐宋之际敦煌民生宗教社会史研究》，北京：中华书局，2006 年，第 161—252 页；陈于柱《敦煌写本宅经校录研究》，北京：民族出版社，2007 年；金身佳《敦煌写本宅经葬书校注》，北京：民族出版社，2007 年；关长龙《敦煌本堪舆文书研究》，北京：中华书局，2013 年；关长龙《敦煌本数术文献辑校》，北京：中华书局，2019 年，第 651—872 页；金身佳《敦煌写本宅经葬书研究》，兰州：甘肃文化出版社，2021 年。

128 的文书①，尺寸 9.2cm×7cm，中间绘双方形格，斜线对分成四等，外围四周环绕以八卦、十二地支等，书写拙劣，可初步判断为一占卜术图示（图 5-1）。

1995 年，王珍仁、孙慧珍首次刊布了文字内容，有不少讹误和未能释读之处，也未附图版，他们认为此件与大谷 2837 号文书性质相同，定名为"葬仪文书"②。2007 年，郭富纯、王振芬刊布了黑白图版，定名为"道教关系文书"③。2009 年，片山章雄、王振芬、孙慧珍将其与大谷 3747 号缀合，并给出了黑白缀合图（图 5-2 是我用彩色图版重新缀合），但未定名④。2010 年，都筑晶子根据缀合图绘制了概念图（图 5-3），并定名为"地相占"⑤。

都筑晶子的释文仍有未洽之处。"西六"所对应的"朱青龙"，"青"字图版清晰，不当作补字；"未明堂"下已无字，不当加"□"。下方（北）对应的"酉"下"勾"字大部分可识。"东十"对应的"亥明堂"误作"玄明堂"；"子天刑"之"子天"二字图版清晰，却未

图 5-1　LM20-1523-13-128

图 5-2　LM20-1523-13-128+Ot.3747

---

① 图版见孟宪实、王振芬、荣新江主编《旅顺博物馆藏新疆出土汉文文献》第 31 册，北京：中华书局，2020 年，第 160 页。
② 王珍仁、孙慧珍《旅顺博物馆藏新疆出土古文书（五）》，《新疆文物》1995 年第 2 期，第 29—30 页。
③ 郭富纯、王振芬《旅顺博物馆藏西域文书研究》，沈阳：万卷出版公司，2007 年，第 191 页。
④ 片山章雄、王振芬、孙慧珍《旅顺博物馆所藏文书と大谷文书その他の缀合》，《敦煌・トルファン汉语文献の特性に关する研究——研究成果报告书》，平成 18—20 年度科学研究费补助金研究成果报告书，东洋文库，2009 年，第 7 页。
⑤ 都筑晶子《大谷文书の占卜文书断片（稿）》，《大谷文书の比较研究：旅顺博物馆藏トルファン出土文书を中心に》，《龙谷大学佛教文化研究所纪要》49，2010 年，第 46 页。

能释出;"南"对应的"卯天德""辰白虎"之"德""虎",图版均清晰,不当作补字。图5-4是我据彩色缀合图重新录文的图示。

此图外围与十二地支搭配的文字,都筑晶子准确地判断出是黄黑道十二神,即天刑、朱雀、金匮、天德、白虎、玉堂、天牢、玄武、司命、勾陈、青龙和明堂。清代《协纪辨方书》卷七《义例五》引《星历考原》曰:"黄黑二道者,黄道六,黑道六,共十有二,以配十有二辰,一青龙,二明堂,三天刑,四朱雀,五金匮,六天德,七白虎,八玉堂,九天牢,十元武,十一司命,十二勾陈。其法则寅申青龙起子,卯酉起寅,辰戌起辰,巳亥起午,子午起申,丑未起戌,顺行十二辰。月起日则建寅之月子日为青龙,丑日为明堂。日起时则子日申时起青龙,酉时为明堂,依次顺数。"① 也就是说,黄黑道十二神的方位是可以移动的,但其与十二辰的搭配是依次顺数,不会出现重复的情况。参照这个原则,我们可以将此件中残缺的十二神补全,并改正讹误之处。"东十"对应的"子天刑"后应是"丑朱雀"。"南"对应的首个应是"寅金匮"。"西六"对应的"巳勾"后是"陈"字,然而"南"对应处已是"辰白虎",按照顺数原则,此处应改正为"巳玉堂";"朱青龙"应改为"午天牢";"未明堂"改为"未玄武"。下方(北)对应的是"申司命""酉勾陈"和"戌青龙"。另外,参照敦煌本《诸杂推五姓阴阳等宅图经》中的图式②,西方所对应的是申、酉、戌,则此件外围的八卦、十二辰、

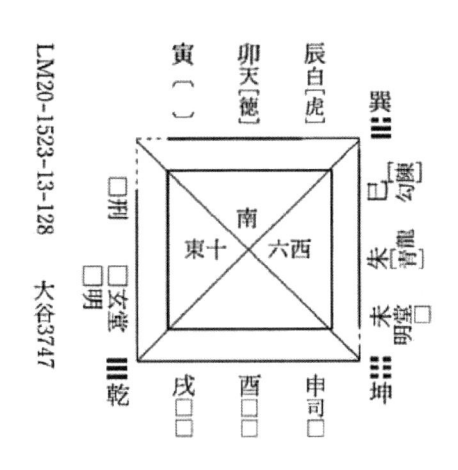

图5-3 都筑晶子绘制的概念图

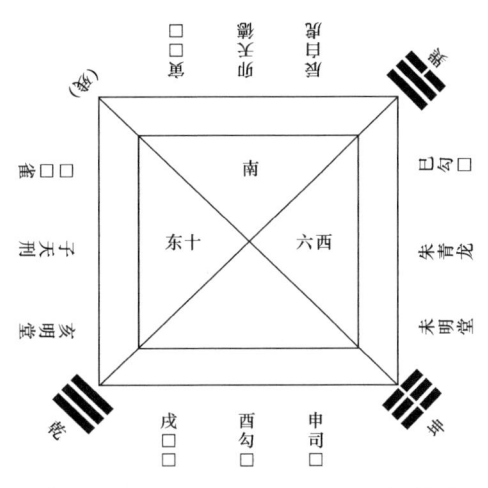

图5-4 LM20-1523-13-128+Ot.3747 图示

---

① 允禄、梅瑴成、何国栋等编《钦定协纪辨方书》卷七《义例五》,《景印文渊阁四库全书》子部第811册,台北:台湾商务印书馆,1986年,第348页下—349页上。
② 关长龙《敦煌本数术文献辑校》,第719—740页。

十二神均需逆时针转动 90°。

此件之性质，都筑晶子认为与敦煌本《诸杂推五姓阴阳等宅图经》中的图式类似，从而将此件的性质确定为"相宅法"。黄正建未见到旅博 LM20-1523-13-128，他在讨论大谷 3747 号时认为是《五姓宅经》角宅或徵宅中的一个[①]。就整体而论，我同意上述两位学者将此件判定为《宅经》的结论，但具体是什么内容尚可继续探讨。前已述及，黄黑道十二神是处于移动状态中的，图式既然确定了十二神与十二辰的搭配关系，只要反推二者搭配关系成立的时间节点，我们就可以知道此图的具体意旨了。《五姓宅经》虽然也是八卦、十二辰、十二神的搭配，但九宫格中央写的是"某宅十二神安置"，而非如此件中的月份。循此思路，图中的"西六""东十"就成为解决问题的关键。那么"六""十"指的是什么呢？敦煌文献 P.2964《三元宅经》中有"推移徙黄黑法"[②]，列有六图，呈现黄黑道移动与月份的对应关系，最后一图如左（图5-5）：

图 5-5　P.2964《三元宅经》"推移徙黄黑法"中的"六月、十二月"图（上：原图，下：图示）

说明：原图外框以赤色、黑色代表黄道、黑道，今以虚、实线分别。

[①] 黄正建《大谷占卜文书研究（之一）——兼与敦煌占卜文书比较》，《敦煌研究》2016 年第 6 期，第 107 页，收入氏著《中国古文书学综论》，上海：中西书局，2024 年，第 277 页。
[②] 关长龙《敦煌本数术文献辑校》，第 791 页。

可以看到，此图黄黑道十二神与十二辰的对应关系与修正后的旅博馆藏《宅经》完全相同，九宫格中央的"六月""十二月"也是处于西、东方位上。据此，旅博馆藏《宅经》的"六"是指六月，"十"后阙"二"字，是十二月。不过，此件左右两边缘较为齐整，不少文字转行书写，显系容纳不下所致，最外围也无绘制黄黑道的痕迹，再加上书写拙劣，讹误较多，方位也出现90°的错误，因此我推测此件是《宅经》"推移徙黄黑法"在实际行用中的简化抄本，其正确的复原图如图5-6所示：

图 5-6　LM20-1523-13-128+Ot.3747《宅经》"推移徙黄黑法"（六月、十二月）复原图

二、吐鲁番出土的其他堪舆文书

大谷文书中的占卜文献，都筑晶子已经辑录出来，并作了释文和解题。她并未单列一类堪舆文书，经我覆检，除了上节述及的大谷3747外，有5片可以确认属于镇宅法，1片与葬事有关。以下逐一说明。

幽赞化行：敦煌吐鲁番文献所见中古中国的占验与信仰

大谷 3289v，正面为《洞玄灵宝本行经》，背面文字为：

（前缺）
1　▭
2　▭ □符姓字佰 符 ▭
3　▭ 谁（虽）有 人家 居宅 ▭
4　▭ 石九十斤，镇鬼 ▭
5　▭ 居宅所遭□ ▭
6　▭ 人家居宅已 ▭
（后缺）

王卡最早指出其内容与 P.3594 近似，系用石镇宅法。余欣进一步认为，此用石镇宅法书写在道经背面，表明这种方法出现于吐鲁番与道教在当地的流行有关。

王卡又检出大谷 5790 亦为道教符咒残片，存镇宅符两枚，符下写神名 4 行，笔迹与大谷 3289 相同，背面也是《洞玄灵宝本行经》。按照文本撰作的常例，道经为正面，符咒为背面，其内容为：

（前缺）
1　▭ □ 蕭 高乡
2　▭ 唇 离神姓冯，字 马升大王
3　▭ □ 兑神 姓
（后缺）

残存的两枚符顶部都包含了卦象。第 1 行是震卦，都筑晶子误作坤卦[①]。第 2 行是离卦，双行小字中正有"离神"可对应上。第 3 行小字作"兑神"，则缺损的卦象当是兑卦。八卦对应的神灵名称，都筑晶子已检出敦煌 P.2830《推人游年八卦图》中也有"离神姓冯，家（字）仲□"[②]，"乾神姓高，字伯龙"，可惜震卦已缺。在坤卦和乾卦间有一卦，卦名脱，所以都筑晶子未能留意，此卦象下云"游年在兑"，

[①] 都筑晶子《大谷文书の占卜文书断片（稿）》，第 41 页。
[②] 关长龙《敦煌本数术文献辑校》误将"冯"释作"马"，第 1350 页。

则此卦是兑卦，兑神姓氏缺损，但"孟龙"的字号尚存[1]。整体来看，此件残存部分是融合了八卦的符图及说明，其正面与大谷3289同为《洞玄灵宝本行经》，且笔迹相同，但不能直接缀合，考虑到大谷3289的背面为镇宅法，则此八卦符图也应与宅第相关。

除上述两件外，都筑晶子发现大谷5050也是《洞玄灵宝本行经》，字迹与前两件相同，亦不能直接缀合，所以她将此件背面也定名为镇宅法，内容是：

（前缺）
1 ▭ 居吉▭
2 ▭ 宅鬼（？）收（？）未▭
3 ▭ □时□允（？）袁（？）▭
4 ▭ 书符□曰神▭
5 ▭ □曰书 符 ▭
（后缺）

虽然文字辨识困难，但出现了两处"书符"，第2行又有"宅"字，大体上此件还是与镇宅符有关。这样的话，这三件文书的背面笔迹相同，又都与宅第相关，应该同属于某部镇宅法的部分，可归入堪舆类文书。

大谷3277v仅存四字"根神姓刘"，大谷5447v存两符三字，两件笔迹相同。承蒙张新朋教授惠告，大谷5071可与大谷5447缀合。经查勘，这三件的正面内容与《四分律删补随机羯磨》卷一的"结戒场法"类似。据此可复原背面位置关系（图5-7），内容是：

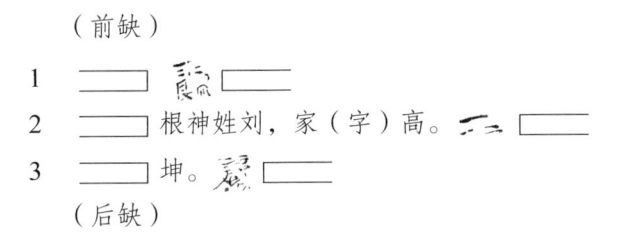

（前缺）
1 ▭ 〔符〕▭
2 ▭ 根神姓刘，家（字）高。〔符〕▭
3 ▭ 坤。〔符〕▭
（后缺）

---

[1] 关长龙《敦煌本数术文献辑校》，第1352页。

幽赞化行：敦煌吐鲁番文献所见中古中国的占验与信仰

大谷3277v

大谷5447v

大谷5071v

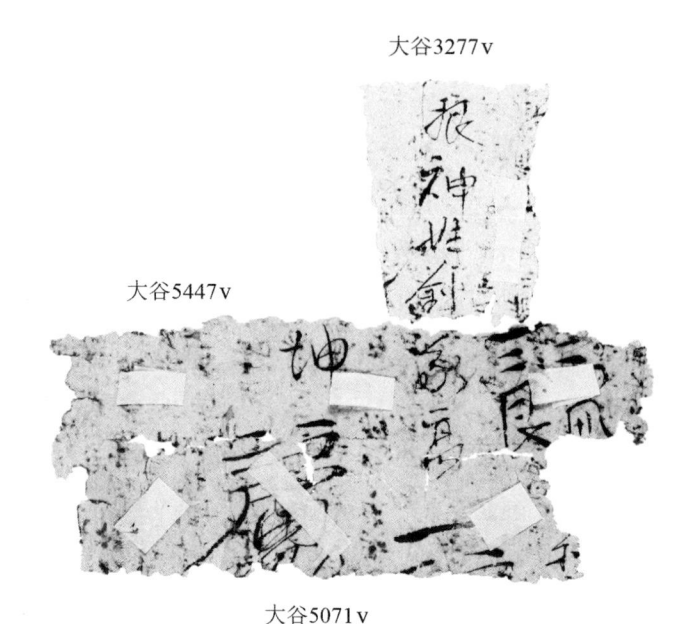

图 5-7　大谷 3277v+5447v+5071v 镇宅法

第 1 行顶部卦象是艮卦，则"根神姓刘"的"根"可能系"艮"之误。第 2 行残符是离卦，第 3 行为震卦。单从残存文字看，不好遽断与堪舆有关。不过，符的形制与前述三件镇宅法十分接近，都筑晶子因此以为亦属镇宅法，其说可从。

除以上 6 片外，都筑晶子认为大谷 4013、大谷 10501 是相宅法，但未说明依据。大谷 4013 文字为：

（前缺）
1　▢▢▢相形▢▢▢▢
2　▢▢▢八月酉地善▢▢▢
3　▢▢▢▢念善方得▢▢
4　▢▢▢▢▢▢▢
（后缺）

大谷 10501 存两行：

（前缺）
1　▢▢▢停五鬼▢▢▢

124

第五章　唐代汉地堪舆观念在吐鲁番地区的传播——以出土文书为中心

2　　▢▢▢余者相形▢▢▢
　　（后缺）

这两片具有辨识度的文字几乎没有。"五鬼"是二十八宿中鬼宿的第五星，是恶煞之一，在发病书、禄命书中常见，用在堪舆文书上则未见。"相形""酉地"也无法直接与"相宅"联系。所以这两片的性质仍有待考察。

大谷2837的主体内容与葬事相关，文字如下：

（前缺）

1　三月十一日景申，发故，吉。
2　　用丁时　　中（午）后　　未前
3　　先祭祀于左胁，如近后三，镬发出孔，熨斗
4　　成火，著青木香内孔中，辟秽气，除
5　　凶殃，大吉。发讫，即敛入木安置放，然
6　　后哭。　　壬地著　子西　亥东

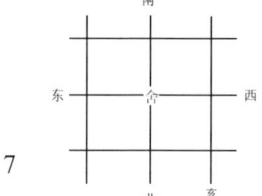

7　　　　　　　　　壬地安著。乙时即上。<small>卯后
辰前①</small>

8　十七日壬寅开，出行，吉。<small>天道北行填天，大吉。
日午出。</small>

此件中"景申"系"丙申"讳改，"月""日""地"为武周新字，其抄写年代可能在唐前期。都筑晶子将之与P.2831、P.2550《五姓同用卌五家书》以及P.2534《阴阳书·葬事》比较后，认为所记内容是举行葬礼时，占卜从家到墓地出行的时间、方位吉凶；埋葬时为祛除墓穴秽气而采取的措施等。她拟名为"择日（葬送文书）"②。此说并不准确。这件择日法存两日，分别是三月十一日和十七日，十一日的确对应葬事中的"发故"环节，但十七日对应的是"出行"，不属于葬事，故都筑晶子的

---

① "前"，都筑晶子释作"首"，误。
② 都筑晶子《大谷文书の占卜文书断片（稿）》，第27—28页。

125

定名不够全面，应拟名"择吉日法"，属于阴阳书类。

"发故"又称启故、开故，古时行合葬之法，故需发掘旧坟，将后死之人埋入。这个词虽常见于中古具注历日及葬书内，但这个环节具体怎么操作，并无记载。敦煌 S.10639Av+S.12456C+S.12456B《葬范》中有"论开故动尸法五十五"[1]，也只是存篇目而已。到北宋王洙等人编《地理新书》时才备其说，不过重在讲说原理及禁忌，亦不涉操作之法[2]。大谷 2837 三月十一日这一条记载的恰恰是"发故"的具体做法。先祭祀于旧坟之左胁，然后用镢挖出孔洞，点燃青木香置于孔洞内。青木香又名蜜香，以其香气如蜜得名，有抵御瘴气之功效。大业五年（609），隋炀帝西巡，将入吐谷浑，樊子盖"以彼多鄣气，献青木香以御雾露"[3]。旧坟长期幽闭，积累了秽气，故以青木香祛除，保证人员的安全。等秽气散尽，挖开封土，将新棺放入，亲属哭，整个环节才接近尾声。文中图示正中央是"舍"，应是葬书中所谓"冢茔域图"的地心，此处不可安冢穴。又云"壬地著"，意即冢穴在壬，但图示只是一个简略图，更为具体的可见 P.2831+P.2550B《五姓同用册五家书》中的"甲辰冢图"和"乾冢壬穴"图（图 5-8）[4]，二者壬穴位置不同，无法确定大谷 2837 属于哪种。总体上，大谷 2837 是阴阳书类的择吉文献，"三月十一日"这一条所记与堪舆有关，填补了之前学界对唐代葬事中"发故"具体操作的空白认知，弥足珍贵。

德国国家图书馆藏 Ch.1282（T II 1768）也是葬书。这是 1905 年以勒柯克（Albert von Le Coq，1860—1930）担任队长的德国第二次吐鲁番考察队在吐峪沟（Toyok）发掘所得，内容为：

（前缺）

1 ▭子封公，⬚來使
2 ▭火，此日葬者大吉，取
3 ▭贵子二千石，廿年中

（后缺）[5]

---

[1] 关长龙《敦煌本数术文献辑校》，第 856 页。
[2] 王洙等编、张谦重校《重校正地理新书》卷一五"开故祔新法""改葬开墓法"，《续修四库全书》子部第 1054 册，上海：上海古籍出版社，1997 年，第 118 页下—119 页上。
[3]《隋书》卷六三《樊子盖传》，北京：中华书局，2019 年，第 1670 页。
[4] 关长龙《敦煌本数术文献辑校》，第 843、846 页。
[5] 荣新江、史睿主编《吐鲁番出土文献散录》，北京：中华书局，2021 年，第 185—186 页。

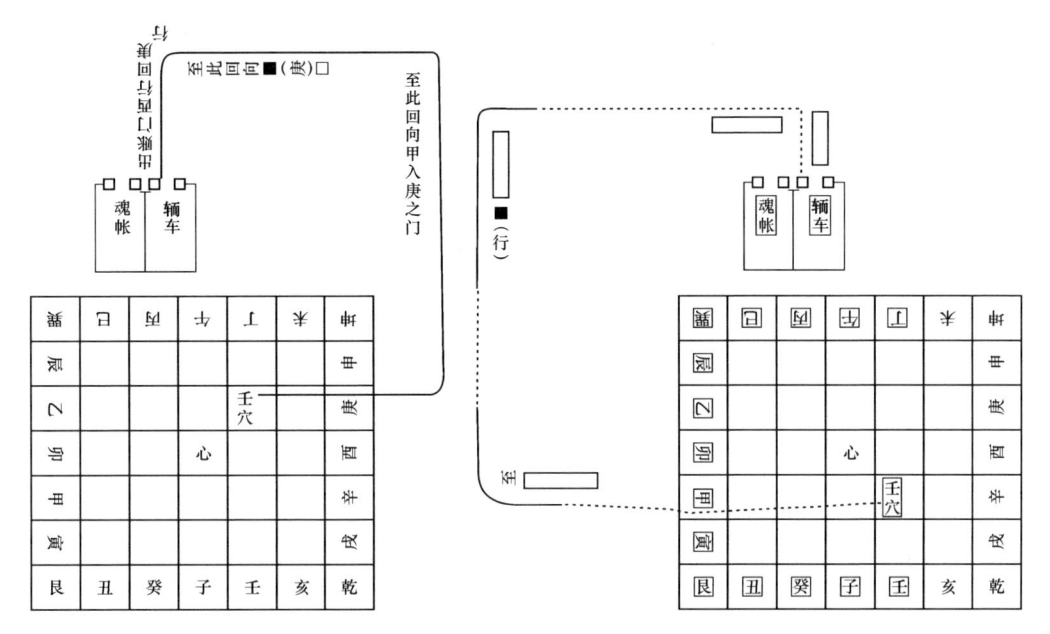

图 5-8　甲辰冢图（左）和乾冢壬穴（右）

《吐鲁番出土文献散录》据第 2 行"此日葬者大吉"，拟名"葬书"，可从。再审图版，第 1 行可补全为"子封公 侯刺使"；第 3 行"贵"后可断开。S.3877《葬经（岗原吉凶图解）》中记葬某地"出二千石 令长""出九卿、相""出方伯"等[①]。P.3647《葬经》有载："葬得大德下，大富贵，出二千石，大吉利。""葬得煞下，数逢官事，王子不孝；九年后出刺使，小吉。"[②] 上图 017b《卜葬书》云：

> 右此日宜用巳后午前，合南方或北方，合有赤云、黑云来临圹上，或有飞鸟并刑人持文书，或有人驱黑牛，见后出三公、封刺史，大吉利。[③]

均可与此件对照。惟此件既云"此日葬者大吉"，上下文分述"子封公侯刺使""子二千石"，按文例这些事项与具体择日应是一一对应。与此最为接近者是 P.2534《阴阳书·葬事》，该件"秋择日""冬择日"部分叙干支日葬埋之吉凶，多与建除十二辰、五姓搭配，如十月"丙寅日，火平，地下丙戌，此日殡埋、启殡、斩草吉"，十二月"丙

---

① 郝春文等编著《英藏敦煌社会历史文献释录》第 17 卷，北京：社会科学文献出版社，2021 年，第 341 页。
② 关长龙《敦煌本数术文献辑校》，第 832 页。
③ 关长龙《敦煌本数术文献辑校》，第 871—872 页。

寅日，火除，地下丙申日金鸡鸣，玉狗吠，此日殡埋，神灵安宁，子孙吉；启殡、斩草吉。商、羽二姓用之凶"等等①，但 Ch.1282 具体到后世子孙应得职官等级，这在敦煌所出葬书及相关文献中则未见。

三、其他吐鲁番出土文书所见堪舆观念

吐鲁番所出堪舆文书的大致样貌已如上述。还有一些虽不属于堪舆文书，但能够反映唐代汉地的堪舆观念，显示出其在吐鲁番地区流传的广度。

第一类是道经。德国第二次吐鲁番考察队在吐峪沟曾发掘获得一件道经残片，编号为 Ch.1002r（T Ⅱ T 1005），现藏德国国家图书馆。这件残片的一面为《太上洞玄灵宝无量度人上品妙经》，另一面为失名道书，内容如下：

（前缺）
1 时司命、十二月建、迁移真神、驾乘黑
2 车、黑马将、黑从者，迁移速出宅外空闲
3 之地。诸神欢喜，受天尊教旨，顶礼而去。
4 　　　　　中央辟神，
5 　　　　　修造大吉。
6 天尊告地神内外、百官九府：迁移速出。
7 天道之方，令弟子兴工修补，起造屋舍，
8 除故造新，改更灶焙，平治基土，填渠塞
9 穴，安置床座，门户井灶，碓硙仓库，厕圈
10 栏枥。若不禁固，有违干误者，头破作
11 七分，身不得完。诸神欢喜，受
12 天尊教旨，顶礼而去。
（后缺）②

---

① 分见关长龙《敦煌本数术文献辑校》，第 167、169 页。
② 荣新江、史睿主编《吐鲁番出土文献散录》，第 304—305 页，"符"据彩图（IDP）绘制。

第五章 唐代汉地堪舆观念在吐鲁番地区的传播——以出土文书为中心

据刘屹的研究，此件的年代在高昌回鹘时期，残存内容是天尊警告宅土诸神需配合人间的修造、安宅活动，中间的符咒为"太上三□咒鬼"；这里的"天尊"可能是元始天尊的简称，但他已经丢弃了原有的经教本色，改而号令一些中国本土传统信仰中的神灵，大讲符咒法术，沦为一个为俗人厌劾神鬼的角色了[1]。刘屹是从中古经教道教沉沦的角度来理解这件道经，我以为，符咒色彩的强烈恰恰表明堪舆观念已经深深浸入民众的日常生活，以至于道教信徒在造作此经时也必须吸收这种观念，如宅内诸神的存在、镇宅符的使用等等。其实早期道经中已有这样的迹象。《太上洞渊神咒经》卷七《斩鬼品》中就描述了很多宅神与鬼军斗争的场景，余欣以此来论证道经盛行对敦煌民众的崇拜对象产生的潜在影响[2]。吐鲁番出土的道经中也有《太上洞渊神咒经》，共4片，存卷三、卷六的内容，其中LM20-1470-22-01+LM20-1497-06-03+Ot.8104r 为卷六，23行，讲述鬼王率领鬼兵入宅杀人[3]。虽然尚未发现卷七的残片，但既然有卷三、卷六存世，说明此经曾经在吐鲁番地区传播过，理论上必定也会有卷七，则宅神等堪舆观念自然也会通过道经的传播对民众产生影响。

第二类是佛经，最为直接的是《佛说安宅神咒经》。余欣曾以敦煌所出《安宅神咒经》为例来说明作为镇宅术之一的"诵经法"，他同时也提到了德藏 Ch.3009（T Ⅲ 1120）正背面抄写的《安宅神咒经》，其文字几乎全与《大正藏》本相同，而与敦煌本有很大差异[4]。吐鲁番出土的《安宅神咒经》有十多片，集中在德藏和旅博藏品中。其中旅博馆藏4片，分别是：LM20-1458-16-21+ LM20-1458-20-15：

（前缺）

1 ▢▢▢ 来营卫使 ▢▢▢
2 ▢▢▢ 哉 当如汝 ▢▢▢

---

[1] 刘屹《天尊的降格与道教的转型——以德藏吐鲁番道教文献 Ch.349、Ch1002 为例》，初刊《吐鲁番学研究》2011年第1期，第77—88页；此据氏著《汉唐道教的历史与文献研究——刘屹自选集》，台北：博扬文化事业有限公司，2015年，第311—328页。部同麟认为此件内容"大约是将十二月与'后天十二宫'相配，从而讲述每月禁忌"，他推测是宋代以后造作的经典，见氏著《拘校道文：敦煌吐鲁番道教文献研究》，北京：中国社会科学出版社，2023年，第38—39页。
[2] 余欣《神道人心：唐宋之际敦煌民生宗教社会史研究》，第210—211页。
[3] 赵洋《新见旅顺博物馆藏吐鲁番道经叙录》，《敦煌吐鲁番研究》第17卷，上海：上海古籍出版社，2017年，第202—204页。
[4] 余欣《神道人心：唐宋之际敦煌民生宗教社会史研究》，第230—234页。

3 ☐☐弟子 可 ☐☐
4 ☐☐长者子☐☐
（后缺）

LM20-1458-24-19：

（前缺）
1 ☐☐前宅后宅☐☐
2 ☐☐六甲禁忌十二 时 ☐☐
3 ☐☐府著自☐☐
4 ☐☐诸神☐☐
（后缺）

LM20-1461-08-12：

（前缺）
1 ☐☐树枝尔时世尊☐☐
2 ☐☐陀四野　南☐☐
3 ☐☐子某甲☐☐
（后缺）

后两件属同一写本，但不能直接缀合，中间有约一行的空缺。以上4片的文字均见于《大正藏》本《佛说安宅神咒经》（黑体为旅博藏品文字）：

敕诸守宅诸神及四时禁忌，**常来营卫，使**日夜安吉，灾祸消灭。佛言：善哉善**哉！当如汝**说，吾自知时。尔时世尊，明旦敕诸**弟子，可**各整衣服，当入聚落，各持应器，往至**长者子**舍，饭食既毕，敷转轮座，为诸长者说微妙法，令离怖畏，身心悦乐。……我今持诸佛神力、菩萨威光、般若波罗蜜力，敕宅**前宅后**、宅左宅右、宅中守神、神子神母、伏龙腾蛇、**六甲禁忌**、**十二时**神、飞尸邪忤、魍魉鬼神，因托形声，寄名**府**（附）**著。自**今已后，不得妄娆我弟子等。神子神母、宅中**诸神**、邪魅蛊道、魍魉弊魔，各安所在，不得妄相侵陵，为作衰恼，令某甲等惊动怖畏。当如我教，若不顺我语，令汝等头破作七分，如多罗**树枝。尔时世尊**而说咒曰：南无佛**陀四野，南**无达摩四野，南无僧伽四野。今为弟**子某甲**承佛威力而说神咒……①

余欣认为这段文字中的神祇全源自中国本土信仰体系，是从道教吸收的，可谓的论。他当时只找到了 Ch.3009（T Ⅲ 1120）这一件，所以结论比较谨慎，认为敦煌本和吐鲁番本的差异虽具有地域性特征，但"未必敦煌流行的就是甲本，吐鲁番流行的就是乙本"②。现在有了旅博藏本，两地传本间泾渭分明的态势更加明朗。至于为何会产生这种传播态势，敦煌本为何最后消亡没能进入佛教藏经体系，这还有待更多的材料才能作出解释。另有一个现象值得注意，吐鲁番文书中回鹘文《安宅神咒经》的数量远超汉文。《安宅神咒经》为汉地疑伪经，且专门用于安宅之用，它被译成回鹘文并流行，这说明9世纪后半叶以后，汉地的安宅等堪舆观念已经被回鹘人所接受。

第三类是世俗文献中的入宅文、买地契。大谷5442，正面为佛教咒语，背面文曰：

1　☐☐☐☐已后☐白虎来相
2　☐☐☐☐☐有鲁斑充匠，截割
3　☐☐☐☐卜宅东方，肝☐和
4　☐☐☐☐散，各各寿命延长。

都筑晶子拟名"地相占（相宅）"③，以之为宅经，似有不妥。此件中出现四神之一的白虎，又有"鲁斑""卜宅"等字，确与宅第相关，但具体至"鲁斑充匠，截割"这样修造活动的在宅经中实未见。最关键的是第4行"各各寿命延长"一句，这明显是愿文的常用句式。我们可以比较下 S.5637《亡考妣文范本等》中的"入宅"：

其宅乃阴阳会合，龟兆相扶；八卦吉祥，五行通利；四方平正，八表堪居。离、坎分南北之堂，震、兑置东西之室。左青右白，妙惬乾坤；前朱后玄，雅合阴

---

① CBETA, T21, no. 1394, p. 911b13-c20.
② 余欣《神道人心：唐宋之际敦煌民生宗教社会史研究》，第234页。
③ 都筑晶子《大谷文书の占卜文书断片（稿）》，第59页。

阳之道。加以卜兆清居，选祈福地。……惟愿金龙绕宅，玉凤衔珠；地涌珊瑚，天垂玛瑙。四王持剑，斩斫魔军；八部冥加，殄除鬼魅。人增寿命，各保长年；忧患消沉，庆流后胤。①

可以看到，除了"鲁斑"外，大谷5442的其他元素在S.5637中均可找到，故此件更大可能是"入宅文"，是宅第兴建好后乔迁新居的一个设斋启愿的仪式，有关该仪式的探讨，余欣已有专门研究②，兹不赘述。

与堪舆相关者还有阴宅买地契，吐鲁番文书中有两件，一件是乌尔塘1号墓所出"唐至德二载张公买阴宅地契"：

1　维至二载岁次景酉朔
2　三月戊子，南阳张公谨
3　以清酌之奠，谨因今日今
4　时良功吉日，用钱五十千贯
5　文，帛练五十疋。谨于五土将军
6　买宅地一段，东西南北各廿步。其宅
7　上至黄（皇）天，下至黄泉。一卖已后，不
8　得更相忏扰。其契付五土将
9　军收领。③

另一件是阿斯塔那506号墓所出"张无价买阴宅地契"：

1　维大历四年岁次己酉，十二月乙未朔，廿日
2　甲寅，西州天山县南阳张府君张无
3　价俱城安宅兆，以今年岁月隐便，今龟
4　筮协从，相地袭吉，宜于州城前庭县界西北
5　角之原，安厝宅兆。谨用五彩杂信，买地一

---

① 黄征、吴伟编校《敦煌愿文集》，长沙：岳麓书社，1995年，第240—241页。
② 余欣《神道人心：唐宋之际敦煌民生宗教社会史研究》，第189—192页。
③ 唐长孺主编《吐鲁番出土文书》肆，北京：文物出版社，1996年，第601页。

6　亩：东至青龙，西至白虎，南至朱雀，北至玄武，

7　内方勾陈，分掌四域。丘承（丞）墓伯，封步累

8　畔。道路将军，整齐阡陌。千秋万岁，永无咎

9　殃。若辄忓犯诃禁者，将军庭帐收付河伯。

10　今已牲牢酒饭，百味香新，共为信契。安厝已

11　后，永保休吉。知见人：岁月主者；保人：今日直符。

12　故气邪精，不得忏扰；先来居，永避万里。若

13　违此约，地府主里（吏）自当祸，主人内外安吉。

14　急急如律令。①

　　阴宅买地券是中国古代葬仪中的重要环节，《重校正地理新书》卷一四引《鬼律》云："葬不斩草，买地不立券者，名曰盗葬，大凶。"②鲁西奇将中国古代葬仪分为卜葬、下葬和谢墓三个环节：卜葬包括择期和相墓；下葬包括立明堂、斩草、营墓、葬埋、镇墓等步骤，其中最重要的是斩草，"而斩草仪式中使用的最重要的文本，就是买地券"③。"张公买阴宅地契"相对简单，全部是围绕买阴宅展开，不管是地主（五土将军）还是花费全部是虚指。"张无价买阴宅地契"的文辞与《重校正地理新书》卷一四"论斩草忌龙虎符入墓年月"所收买地券文样基本相同，提示了之前已经完成择期、相墓的步骤（龟筮协从，相地袭吉），虽然墓地四至、花费、神煞等亦是虚指，但葬地的位置（州城前庭县界西北角之原）却是真实存在的，说明墓地实指的重要性在唐中后期得到了提升。这种格式化的阴契的使用，是汉地堪舆观念流传的最直接体现。

四、结　论

　　在中西文化交流史上，"汉文化的西渐"是一个重要的主题。具体到敦煌吐鲁番学的研究，多年来，学者们已经从众多方面阐述并论证中原文化在西域地区的流

---

① 图版见唐长孺主编《吐鲁番出土文书》肆，第395页；录文据本书第十章《唐西州"张无价文书"新考》，第196页。
② 王洙等编、张谦重校《重校正地理新书》卷一四"斩草忌龙虎符入墓年月"，第112页下。
③ 鲁西奇《中国古代买地券研究》，厦门：厦门大学出版社，2014年，第4—19页，引文见第19页。

行及其影响，集中于中原的典章制度、汉文典籍、汉化佛教、道观体系、习字等，不断拓展并推进了相关领域的讨论[①]。本文则关注占卜文献的流传与使用，梳理了吐鲁番地区出土的堪舆类文书。相较于敦煌堪舆文书，吐鲁番的文书基本来自于墓葬、城址寺院遗址等，更加破碎，因此残留的信息极为有限，我们只能得出一些大体性的认识。首先，吐鲁番地区出土的堪舆文书的数量和种类远远少于敦煌，我们看不到相对完整的宅经、葬书类文献。尽管如此，唐代汉地堪舆文书在吐鲁番地区得到了传抄和使用，这是不争的事实。其次，吐鲁番出土的堪舆文书虽然不多，但可与敦煌堪舆文书互补，如葬书中择日与具体事项的对应、"发故"的具体操作等，均是敦煌文书中所未见的，丰富了唐代堪舆文献的内容。再次，唐代西州道教主要借助于官方力量而得以流行，以往认为其活动的最晚时间在大历四年（769）[②]，而德藏 Ch.1002r 失名道书则显示，在高昌回鹘时期，当地仍有道教活动，只不过已经不是原来的经教道教的模式，而是符咒道教，吸收了汉地本土传统神灵观念以及堪舆思想。最后，《安宅神咒经》之类疑伪经被译成回鹘文，这表明 9 世纪下半叶的吐鲁番地区，汉地的堪舆观念仍在传播，其受众已经超出了汉民的范围，更加广泛了。

（原载《敦煌研究》2023 年第 5 期，第 90—100 页。收入本书时略有改订。）

[①] 较为集中的研究如荣新江的系列文章：《关于唐宋时期中原文化对于阗影响的几个问题》，《国学研究》第 1 卷，北京：北京大学出版社，1993 年，第 401—424 页；《唐代西域的汉化佛寺系统》《唐代龟兹地区流传的汉文典籍——以德藏"吐鲁番收集品"为中心》《唐代禅宗的西域流传》《〈兰亭序〉在西域》《王羲之〈尚想黄绮帖〉在西域的流传》《接受与排斥——唐朝时期汉籍的西域流布》，均收录在氏著《丝绸之路与东西文化交流》，北京：北京大学出版社，2015 年。朱玉麒《中古时期吐鲁番地区汉文文学的传播与接受——以吐鲁番出土文书为中心》，《中国社会科学》2010 年第 6 期，收入氏著《瀚海零缣——西域文献研究一集》，北京：中华书局，2019 年，第 131—152 页。
[②] 参王仲荦《沙州伊州地志残卷考释》，氏著《敦煌石室地志残卷考释》，北京：中华书局，2007 年，第 202—205 页。

第六章　敦煌吐鲁番汉文文献中的剃头、洗头择吉日法

头发在世界很多文化中都被视为人体或精神的象征物，人们普遍相信，对头发施加巫术，会对人产生重要影响[1]。因此，围绕"头发"，人们创造出了不少占卜之术。其中，剃头、洗头因与头发直接相关，所承载的禁忌自然更多。然而，在汉文典籍中，有关剃头、洗头的占卜术几乎都属于择吉法，散见于各种具注历日中，它们作为一种独立占术则极为少见。所幸，敦煌吐鲁番汉文文献中存有两件剃头、洗头择吉日法，可让我们管中窥豹，略见一斑。

一、德藏 Ch.3821v 文书录文及内容

德国国家图书馆藏吐鲁番出土 Ch.3821 号文书为 1904—1905 年德国第二次吐鲁番探险队所获，原编号为 T II 1497，具体出土地点不明。据荣新江的介绍，文书尺寸为 13.3cm×45cm，与德藏其他残片一样，用两块厚玻璃板夹住，四周用胶条固定。正面为《佛说灌顶七万二千神王护比丘咒经》卷一二（图6-1），年代约在 7 世纪中期到 8 世纪末；背面左侧沿字被剪断，切口较齐，余文不存（图6-2），可知抄写时间晚于正面佛经[2]。

---

[1] 参见江绍原《发须爪：关于它们的迷信》，北京：中华书局，2007 年；孔飞力著，陈兼、刘昶译《叫魂：1768 年中国妖术大恐慌》，上海：上海三联书店，1999 年，第 139—142 页。
[2] 荣新江主编《吐鲁番文书总目（欧美收藏卷）》，武汉：武汉大学出版社，2007 年，第 310 页；荣新江《再谈德藏吐鲁番出土汉文典籍与文书》，《华学》第 9、10 辑合刊，上海：上海古籍出版社，2008 年，第 869 页，后收入氏著《吐鲁番的典籍与文书》，上海：上海古籍出版社，2023 年，第 392 页。

图 6-1　Ch.3821r

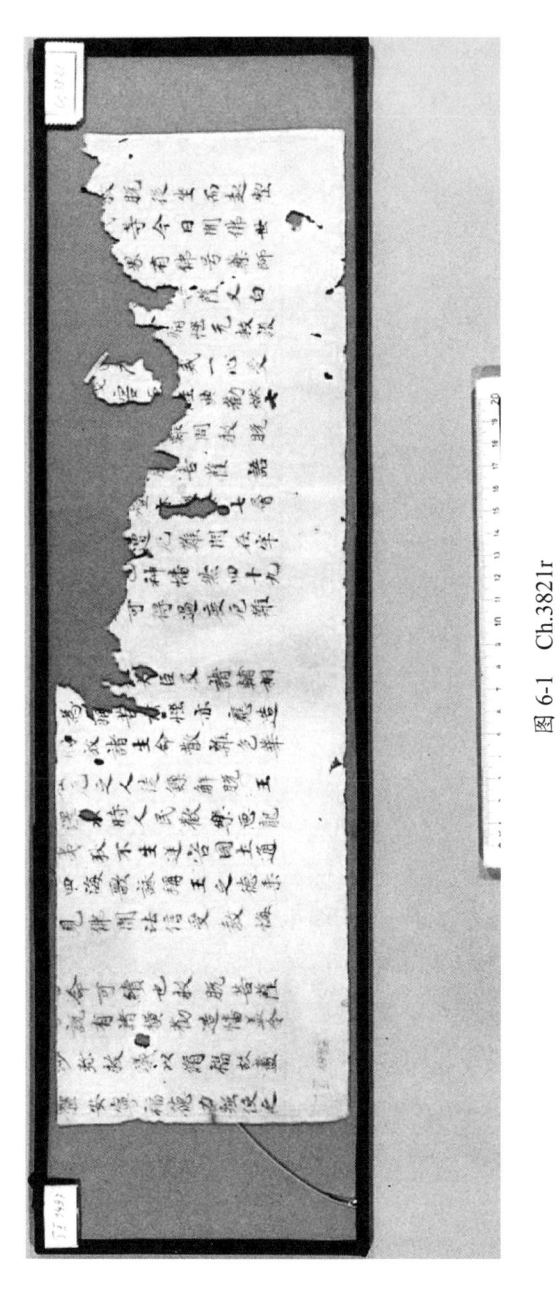

图 6-2　Ch.3821v

第六章 敦煌吐鲁番汉文文献中的剃头、洗头择吉日法

此件最早由荣新江于1998年著录并据首题拟名为《剃头良宿吉日法》[1]。2001年，西胁常记对其进行了录文并拟名为《剃头良宿吉日法·洗头择吉日法》，2002年他又重新校订了录文[2]。以下先迻录释文如下：

1　剃头良宿吉日法
2　女宿剃头，无病，大吉。
3　虚宿日剃头，无疮，大吉。
4　娄宿日剃头，聪明，长命，吉。
5　觜宿日剃头，润泽，易长，大吉。
6　角宿日剃头，宜道行，吉。
7　鬼宿日剃头，聪明，强记。
8　室宿日剃头，安乐，无病，吉。
9　□□日剃头，相富贵，得宝，吉。
10　□□日剃头，身安，自在，吉。
11　□□□八日六日
12　□□□□□日
13
14　□□法
15　□□洗头，令人长命。
16　□□至老不入狱。
17　□□头，令人至老不被事。
18　□□日、十二日洗头，令人高迁，大吉。
19　□□一日、廿六日洗头，令人眼明。
20　□□月二日、十二日洗头，令人长命、富贵。
21　　　　　□□洗头，令人不横死。
　　（后缺）[3]

---

[1] 荣新江《德国"吐鲁番收集品"中的汉文典籍与文书》，饶宗颐主编《华学》第3辑，北京：紫禁城出版社，1998年，第320页。
[2] Nishiwaki, Tsuneki, *Chinesische Texte vermischten Inhalts aus der Berliner Turfansammlung (Chinesische und manjurische Handschriften und seltene Drucke. Teil 3)*, Stuttgart: Franz Steiner Verlag, 2001, p.92. 西胁常记《ドイツ将来のトルファン汉语文书》，京都大学学术出版会，2002年，第166—168页，图47。
[3] 荣新江、史睿主编《吐鲁番出土文献散录》，北京：中华书局，2021年，第197—198页。

此件文书中部以后上缺严重，记载了两种占法。第 1 行原题"剃头良宿吉日法"，2—10 行挑出二十八宿中属于吉日的星宿卜辞，11—13 行罗列日子，参照敦煌时日宜忌类占书和历书中有关剃头、洗头吉日的记录，这三行应是集中罗列一年中适宜剃头的日子。第 14 行仅存"法"字，15 行以后的内容均为与"洗头"相关的占辞，可知这与前面的剃头法不同，这部分内容与俄藏敦煌文献"推皇太子洗头择吉日法"类似（见下文），西胁常记和荣新江据此拟名"洗头择吉日法"。比照第一种占法的原题，此处可能拟名为"洗头吉日法"更为合适。

二、俄藏 Дx.1064、1699、1700、1701、1702、1703、1704 文书录文及内容

俄藏 Дx.1064、1699、1700、1701、1702、1703、1704 号文书为册页装，8 纸，正、背面接抄，2—4 纸有原题"推皇太子洗头择吉日法"，此占法前有杂写、会兴题礼佛文、"故圆鉴大师二十四孝押座文"，后为讲经文，系同一人所抄[1]。其中"推皇太子洗头择吉日法"部分，西胁常记最早录文，王爱和、陈于柱、关长龙三位先生也有释录。以下对照俄藏图版并参照西胁常记、关长龙二位先生的释文迻录如下：

1　推皇太子洗头择吉日法
2　凡每│月│三│□│、│八│日洗头，│□□□│
3　十日│□□□□│
4　廿日│□□□│日得│□□□│
5　已上日，吉。│余│别日及阴□│洗│头，凶，│□□□│
6　之。又法：子日洗头，令人有好事及得
7　财，吉。丑日洗头，令人富贵，宜六畜。

---

[1] 图版见《俄藏敦煌文献》第 7 册，上海：上海古籍出版社，1996 年，第 293—295 页。相关介绍与录文参黄正建《敦煌占卜文书与唐五代占卜研究》，北京：学苑出版社，2001 年，第 104 页；增订版，北京：中国社会科学出版社，2014 年，第 91 页；西胁常记《ドイツ将来のトルファン汉语文书》，第 168—171 页；王爱和《敦煌占卜文书研究》，兰州大学博士学位论文，2003 年，第 333 页；王晶波《敦煌占卜文献与社会生活》，兰州：甘肃教育出版社，2011 年，第 405—406 页；郑炳林、陈于柱《敦煌占卜文献叙录》，兰州：兰州大学出版社，2013 年，第 293—294 页；关长龙《敦煌本数术文献辑校》，北京：中华书局，2019 年，第 1265—1268 页。

8　寅日洗头，令人死不上堂，凶。 卯日洗

9　头，令人发白更黑，大吉。 辰日洗头，令人

10　起事，数数被褥。 巳日洗头，令人宜远行，

11　无忧。 午日洗头，令人破伤、生疮，凶。

12　未日洗头，令人发美，长好，吉。 申日洗头，令

13　人见鬼，凶。 酉日洗头，令人得酒食。 戌日

14　洗头，令人□□①。 亥日洗头，□□□

15　贵□□□□

16　日□□□□日□②□□□

17　六月七日，七月七日，八月一日□□

18　九日、廿日，十月十一日，十一月十四日、廿日，十二月□□

19　并大吉利，余日即凶恶。 又法：

20　正月五日洗头，至老不入狱，不被官嗔。 二月

21　八日洗头，至老不入狱。 三月廿六日、廿一日洗

22　头③，令人高迁。 四月十二日洗头，令人长□□

23　廿日洗头，令人眼明。 六月八日洗头，令人富

24　贵、长命。 七月七日、廿一日洗头，令人不死□。

25　八月廿一日洗头，令人大吉，贵。 九月九日、十九日

26　洗头，人颜色好④。 十月四日、十一日洗头，令人□

27　贵⑤。 十一月□日□□洗头⑥ [ ] 十□□

28　洗头□□富贵□□

文书原题"推皇太子洗头择吉日法"，下列三种占法。第一种是2—6行，总述每月洗头吉日。第6行"又法"下至19行为第二种：6—15行是十二支日洗头吉凶法，有占辞；16—19行同样是总述每月洗头吉日。19行"又法"以下为第三种，系十二

---

① "□□"，关长龙释作"死伤"。
② 第一个"□"，关长龙释作"七"；第三个"□"，西胁常记、关长龙释作"八"。
③ "至老不入狱。三月廿六日、廿一日洗头"，关长龙漏录。
④ "人"，关长龙漏录。
⑤ "□"，关长龙释作"大"。
⑥ 此句，关长龙释作"十二□一日洗头"，并认为"□"依例可补作"月"字。按，此处顺接上文"十月"，当是"十一月"，"日"与"洗头"间尚有空间，据文例应是"某日"。

139

月中洗头吉日法，有占辞。从内容来看，2—6行与16—19行的性质相同，但吉日似有差别，说明前后是将几种洗头择吉日法汇编在一起的。

此件文书的年代，孟列夫定在9—11世纪[1]，郑炳林、陈于柱据册子装形制推测属归义军时期[2]。前已述及，此件中有"故圆鉴大师二十四孝押座文"，据《敦煌变文集》考证，圆鉴大师即云辩，卒于后周广顺元年（951）[3]，所以这份占法的抄录时间最早也在五代时期了。

三、汉文剃头、洗头择吉日法与具注历日的关系

以上简单介绍了敦煌吐鲁番汉文文献中的两件剃头、洗头择吉日法占书的内容。如本文开头所说，此类占法更多地散见于各种具注历日中，那么它与后者是什么样的关系呢？我以为，存在两种可能性：一种可能是，本来就存在这样一类专门的占法，后来散于历日中去了；另一种可能是，后人从历日中把相同的事项摘出来形成了专门的占法。就我的观察，前者的可能性更大。

第一，这是具注历日本身的体例和特点决定的。敦煌吐鲁番所出具注历日中，首次出现"沐浴"事项是P.2797v《大和三年己酉岁（829）具注历日》，明确出现"剃头"事项则要到P.4996+P.3476《嘉福二年癸丑岁（893）具注历日》，此后沐浴、剃头、洗头才成为具注历日的常见事项。如S.276《长兴四年癸巳岁（933）具注历日》四月七日癸丑，下有"洗头吉"；四月十日丙辰，下有"剃头吉"。S.95《显德三年丙辰岁（956）具注历日》正月一日甲午，下有"剃头吉"，正月四日丁酉，下有"洗头吉"。类似例子不少，不再一一赘列了。我将敦煌吐鲁番所出具注历日中提及剃头、洗头的日期全部摘出，可以发现，在对吉日的判定上，不但具注历日与上文讨论的两件独立剃头、洗头择吉日法无法吻合，即便是不同时期的具注历日间，也没有完全相同的吉日，其原因在于每年的历日本身就处于变动之中。这就说明从历日中摘出这些变动的吉日并且要将之纳入一个专门的占法之内，这其实是不现实的。另外，我们知道，具注历日只需要告诉民众某事项在某日的吉凶，无需附带占辞，极为单一，

---

[1] 孟列夫主编，袁席箴、陈华平译《俄藏敦煌汉文写卷叙录》，上海：上海古籍出版社，1999年，第583页。
[2] 郑炳林、陈于柱《敦煌占卜文献叙录》，第294页。
[3] 参见王重民等编《敦煌变文集》下册，北京：人民文学出版社，1957年，第838—839页。

如果是从历日中摘出，那还需要专门再创造出一套甚至更多套的占辞，这显然是更为费劲的作法。

第二，具注历日在对剃头、洗头吉日的选择上存在不止一套判断体系。这在S.612《大宋太平兴国三年戊寅岁（978）应天具注历日》中看得最清楚。此件卷首序言部分专列"洗头日"：

> 每月一日、三日、五日、七日、九日、十一日、十三日、十五日、十七日、十九日、廿一日、廿三日、廿五日、廿七日、廿九日，已上日用之，吉。亦宜使子、丑、申、酉、戌、亥，大吉。①

其中包含了两种占卜原则。一种是每月的奇数日，另一种是十二支中的子、丑、申、酉、戌、亥日。前者等于说隔日就是吉日，这在现实中是不可能的，目前所见具注历日也无法对应。我们还可以对照《推皇太子洗头择吉日法》的第一种：

> 凡每 月三 □、八 日洗头，□□ 十日 □□□□ 廿日 □□ 日得 □□ 已上日，吉。

句式基本一致，但在吉日选择上奇、偶数日都有。

后者的占卜原则更为通行。唐玄宗天宝年间成书的《外台秘要》引《崔氏书》云："初剃儿头良日，寅、丑日吉，丁、未日凶。"② P.2661v《诸杂略得要抄子》记："凡洗头、沐浴，子丑未酉亥吉。"③ 显见在与头发相关的地支日禁忌中，有些基本原则是一致。

S.612序言部分"洗头日"呈现出了两种占卜原则，说明是将不同判断体系汇集在一起，这亦可证具注历日中有关剃头、洗头的事项是源自专门的占法。

第三，其他民族语言占书可提供间接证据。有关头发的禁忌虽然是世界通行的一种文化，但中国中古时期的占卜书有其自身的结构和特点。德藏吐鲁番回鹘文献TIIY.29中载有"十二支剃头吉凶法（拟）"，按照十二地支的顺序，逐一罗列该日

---

① 郝春文、金滢坤编著《英藏敦煌社会历史文献释录》第3卷，北京：社会科学文献出版社，2003年，第288页。
② 王焘撰，高文铸校注《外台秘要方》，北京：华夏出版社，1993年，第706页。
③ 关长龙《敦煌本数术文献辑校》，第1274页。

剃头所对应的吉凶事项，如短命、白发、生病、六畜死等[①]。敦煌文献 P.3288 背面抄有藏文"沐浴洗头择吉日法（拟）"，据陈于柱、张福慧的译文，这种占法详列十二月中每月洗头、沐浴的吉凶日，有卜辞[②]。以后者为例，比较如下表（表 6-1）：

表 6-1　敦煌所出"洗头吉日法"比较

时间	Ch.3821v	Дх.1701+1702+1703	P.3288v
正月	▢▢头，令人长命。	正月五日洗头，至老不入狱，不被官嗔。	
二月	▢至老不入狱。	二月八日洗头，至老不入狱。	二月……日……洗头……致使头发脱落。
三月	▢洗头，令人至老不被事。	三月廿六日、廿一日洗头，令人高迁。	
四月	▢日、十二日洗头，令人高迁，大吉。	四月十二日洗头，令人长▢	
五月	▢▢日、廿六日洗头，令人眼明。	廿日洗头，令人眼明。	
六月	▢月二日、十二日洗头，令人长命、富贵。	六月八日洗头，令人富贵、长命。	六月六日和……日洗头，长寿。
七月	▢洗头，令人不横死。	七月七日、廿一日洗头，令人不死▢。	
八月		八月廿一日洗头，令人大吉、贵。	八月二十……日……洗头可长寿并富裕。

Ch.3821v 和 Дх.1701+1702+1703 的句式、构造基本一致，占辞指涉的事项也相差不大，二者应该同源，但在具体日期上则不能对应，可能是在实际行用过程中根据具体情况作了调整的结果。P.3288v 藏文本所存信息太少，虽然是译文，但句式和汉文本差不多，有些事项也相似，推测是据某种汉文本翻译过去的，这也间接说明当时独立编纂的剃头、洗头择吉日法的数量和种类不在少数。

---

① 西脇常记《ドイツ将来のトルファン汉语文书》，第 173—174 页。
② 陈于柱、张福慧《敦煌古藏文写本 P.3288v(1)〈沐浴洗头择吉日法〉题解与释录——P.3288v 研究之一》，《敦煌学辑刊》2019 年第 2 期，第 94—99 页。

四、结 论

吐鲁番所出 Ch.3821v《剃头良宿吉日法·洗头吉日法》和敦煌藏经洞发现的《推皇太子洗头择吉日法》,是中国中古汉文文献中仅有的两件以剃头、洗头作为独立占法的占卜书。此类占法的文字,逐渐被吸收进具注历日中,其作为独立占书则不复存在。从现实情况看,传统社会中有很多占法最后都不再作为单独的类项存在,而是散于历书、日常生活类书等中了,这在宋以后更为明显。其原因,一是就内容而言,这类占法是最"生活"的,二是占法原理容易掌握,基本是一一对应关系,一查就知道。这两点契合了普罗大众的"实用"心理,虽然这种方式使得占法的独立性消失,但藉由历书、日常生活类书的广泛传播,这类占法渗透入百姓的日常生活,从而获得了更长久的生命力。

(原载《文津学志》第15辑,北京:国家图书馆出版社,2021年,第229—236页。)

第七章　敦煌吐鲁番占卜文献与日常生活史研究

时至今日，敦煌学已经走过了百年历程，各项研究成果可谓汗牛充栋。如果说还有尚待集中研究的领域，那无疑就是占卜文献和佛教经疏了。就敦煌占卜文献的全面解题而言，黄正建居功至伟，2001年，他出版《敦煌占卜文书与唐五代占卜研究》，首次对敦煌占卜文献作了整体叙录[①]。2003年，由法国马克教授主编，集合了法、中、美三国10位学者，穷四年时间完成的《中国中古的占卜与社会——法国国家图书馆与大英图书馆所藏敦煌写本研究》出版[②]，该书实际上也是一本详细的叙录。2013—2014年，相继有三部关于敦煌占卜文献的叙录面世，分别是黄正建的《敦煌占卜文书与唐五代占卜研究》（增订版）[③]，王晶波《敦煌占卜文献与社会生活》[④]，郑炳林、陈于柱《敦煌占卜文献叙录》[⑤]。各种叙录的不断出版，说明学界对敦煌占卜文献的具体研究上有了长足进展。除去单篇论文外，截止目前，出版的敦煌占卜文献专著就有12种[⑥]，其中兰州大学敦煌学研究所以团队之力，分类刊布占卜文献，

[①] 黄正建《敦煌占卜文书与唐五代占卜研究》，北京：学苑出版社，2001年。
[②] Marc. Kalinowski ed., *Divination et société dans la chine médiévale. Étude des manuscrits de Dunhuang de la Bibliothèque nationale de France et de la British Library*, Paris: Bibliothèque nationale de Fance, 2003.
[③] 北京：中国社会科学出版社，2014年。
[④] 兰州：甘肃教育出版社，2013年。
[⑤] 兰州：兰州大学出版社，2014年。
[⑥] 郑炳林、羊萍《敦煌本梦书》，兰州：甘肃文化出版社，1997年；郑炳林、王晶波《敦煌写本相书校录研究》，北京：民族出版社，2004年；郑炳林《敦煌写本解梦书校录研究》，北京：民族出版社，2005年；陈于柱《敦煌写本宅经校录研究》，北京：民族出版社，2007年；金身佳《敦煌写本宅经葬书校注》，北京：民族出版社，2007年；王晶波《敦煌写本相书研究》，北京：民族出版社，2009年；王祥伟《敦煌五兆卜法文献校录研究》，北京：民族出版社，2011年；陈于柱《区域社会史视野下的敦煌禄命书研究》，北京：民族出版社，2012年；关长龙《敦煌本堪舆文书研究》，北京：中华书局，2013年；房继荣《敦煌本乌鸣占文献研究》，兰州：甘肃人民出版社，2016年；关长龙《敦煌本数术文献辑校》，北京：中华书局，2019年；金身佳《敦煌写本宅经葬书研究》，兰州：甘肃文化出版社，2021年。另有两篇博士学位论文：王爱和《敦煌占卜文书研究》，兰州大学博士学位论文，2003年5月；宁宇《敦煌写本时日宜忌文书研究》，兰州大学博士学位论文，2013年5月。

作出了巨大贡献;关长龙《敦煌本数术文献辑校》是集大成之作,首次刊布了敦煌占卜文献的全部录文,极大便利了学界利用这些文献开展进一步的研究。

随着敦煌文献的刊布接近尾声,学界对于今后的研究曾作出了各种展望[①]。敦煌吐鲁番占卜文献也面临同样的问题,如何从原先较为单一的文献、民俗研究中拓展出多维度的面相,这是今后研究中无法避免的一个话题。

关于敦煌占卜文献的定义和涉及范围,黄正建最早予以揭示。他从唐五代的语境出发,认为唐人使用"占卜"一词来概括数术类文献中的"卜、占、形法","占卜"可以概括"那些除巫术法术之外的、一切预测未来吉凶祸福的方法即'预测术'",敦煌占卜文书是指"敦煌文书中涉及'预测术'的所有文书",涉及卜法、式法、占候、相书、梦书、宅经、葬书、时日宜忌、禄命、事项占、杂占、其他等十三类,但不包括"历日文书"[②]。这种界说在中国大陆影响巨大,王著,郑、陈著都遵循了此说,只是在具体的分类上稍有调整,但都不出黄著的框架。马克编著分天文气象占、历日、择日术、数卜术、梦占、符、物象占、医占、相法、风水术十类,将"历日"纳入其中,这是和黄著最大的不同。黄著之所以不涵盖历日,一是因为历日主要性质是记年月,其中涉及的占卜术主要是选择,内容多见于其他文书,二是为了和科技史区别。但同时,黄著也承认,"《历日》中的占卜性内容,则是研究'占卜文书'时应该据以比较或参考的对象"[③]。显然,黄著本身对历日亦抱有一种矛盾的心态,究其根本还在于历日包含了众多选择术的内容,其"占卜"性质不容回避,但又囿于传统的分类法,故只能模糊处理。而众多学者的研究已经揭示出敦煌历书在晚唐五代时期的多样化趋势,"不同的制历知识传统和选择术传统提供给历书的编写者更大的选择空间"[④],因此,我以为将历日排除在敦煌占卜文献之外,并不合适。

如上所列,近二十年来,中国学者对于敦煌占卜文献的研究贡献巨大[⑤]。黄正建

---

① 《中国史研究》2009年第3期曾刊发过一组笔谈,主题是"敦煌学百年:历史、现状与发展趋势"。
② 黄正建《敦煌占卜文书研究的回顾与展望》,初刊《敦煌吐鲁番研究》第7卷,北京:中华书局,2004年,此据《敦煌占卜文书与唐五代占卜研究》(增订版),第214—216页。
③ 黄正建《敦煌占卜文书与唐五代占卜研究》(增订版),第2、216页。
④ 陈昊《"历日"还是"具注历日"——敦煌吐鲁番历书名称与形制关系的再讨论》,初刊《历史研究》2007年第2期,修订本收入孟宪实、荣新江、李肖主编《秩序与生活:中古时期的吐鲁番社会》,北京:中国人民大学出版社,2011年,第434页。
⑤ 关于敦煌占卜文献的研究情况,参看刘泓文《百年敦煌占卜文献论著目录》,郝春文主编《2013敦煌学国际联络委员会通讯》,上海:上海古籍出版社,2013年,第264—279页;同氏《百年敦煌占卜文献研究综述》,郝春文主编《2014敦煌学国际联络委员会通讯》,上海:上海古籍出版社,2014年,第149—178页。

曾提出从文献整理、天文历法、民俗文化、历史社会，以及占卜术本身等多方面开展研究[1]。受此影响，上举各类校录本除了基础文献整理工作外，多数情况下都会探讨占法的原理与机制，进而将占法与当时的社会历史结合起来考察。王晶波从文献、文本、文化三个层面来回顾敦煌占卜文献研究的历史，并对今后研究的方法和视野提出了自己的看法。所谓文献研究，"主要指针对敦煌藏经洞文献文本所进行的释录、校勘、定名、断代、分类、解题、编目、注释等工作"；文本研究"主要指在获得一种经过整理的、较为可靠的文献凭据的基础上，对占卜文献本身所内涵的有关占卜方术的种种信仰、欲望、知识、想象、符号体系、解释逻辑等，进行系统的分析、研究"；文化研究"主要指将有关敦煌占卜文献的研究，与其产生前后的古代社会生活史、文化生态史以及各类占卜方术作为一种源远流长的传统自身的发展演变史联系起来，从各种不同的角度，做全方位的社会文化分析"[2]。这是目前为止对敦煌占卜文献研究的内容和方法作出的最为明确的阐述。

2011 年，兰州大学敦煌学研究所对敦煌占卜文献的整体校录基本完成，王晶波作为最早参与其中的学者之一，将她多年从事占卜文献校录和研究的心得凝结成此文，她的阐述在理论层面十分必要且精当。受此启发，我想从"日常生活史"的视野来观照敦煌吐鲁番占卜文献，提出自己的一点设想。

"日常生活史"是 20 世纪 70 年代兴起于德国、意大利的史学流派，当时的左翼学者不满社会科学史学所宣扬的规律、宏观结构等，"见物不见人"，因而将目光转向丰富多彩的大众日常生活，希望从中发现历史的多维。与年鉴学派所倡导的"整体史"（total history）不同，日常生活史学家倡导的是"全面史"（integral history），以"微观化"的视角探寻具体的"人"的具体生活实践，以人的具体行为作为历史解释的逻辑出发点，从而区别于传统的宏大叙事，也有别于之前风行的"社会生活史"[3]。敦煌吐鲁番占卜文献除了少数属于官方抄写之外，多数是在民众日常生活中流传的实用性文本，与《乙巳占》《开元占经》《天文要录》《天地瑞祥志》

---

[1] 黄正建《敦煌占卜文书与唐五代占卜研究》（增订版），第 224 页。
[2] 王晶波《敦煌占卜文献研究的问题与视野》，《敦煌研究》2011 年第 4 期，第 61—67 页。
[3] 关于日常生活史学派的理论和观点，参 Alf Lüdtke ed., *The History of Everyday Life*, Trans. by, William Templer, Princeton: Princeton University Press, 1995；伊格尔斯《20 世纪的历史学——从科学的客观性到后现代的挑战》，英文本初刊于 1997 年，此据何兆武中译本，沈阳：辽宁教育出版社，2003 年，第 116—135 页；阿尔夫·吕特克"日常生活史"，斯特凡·约尔丹主编《历史科学基本概念辞典》，德文本初刊于 2002 年，此据孟钟捷中译本，北京：北京大学出版社，2012 年，第 1—4 页；刘新成《日常生活史与西欧中世纪日常生活》，《史学理论研究》2004 年第 1 期，第 35—47 页。

等传世占卜典籍以占测军国大事为主有相当大的差异。不可否认，这类文献也都经历了专业人士"文本化"再造的过程，但因其占卜事项多涉民众日常生活，且在流传过程中会根据实际需要分割重组，或是制作成更加简便明了的节抄、略抄本，因而是我们追寻古人具体生活实践印迹的绝好资料。我以为，可以从三个方面来加强"日常生活史"的研究。

第一，长时段考察，打通与简帛术数文献的樊篱。自20世纪70年代睡虎地秦简《日书》出土以来，围绕《日书》展开的秦汉信仰世界的研究一直持续至今。敦煌占卜文献中的历日与《日书》有很多相似之处，尽管在二者的界限范围上还存在争议，学者们基本都承认它们有一脉相承的地方[1]。就敦煌历日的研究而言，基本只限于邓文宽、华澜（Alain Arrault）等几位学者。他们也结合简牍资料考察过历日中一些术语的源流变化[2]，华澜还专门讨论过历日所反映的日常生活中的医疗"行事"和与身体有关的"行事"[3]，但受限于研究者的数量，与简帛术数文献尤其是《日书》的比较研究尚无法全面铺开。我们以往的史学研究着重强调的是历史的"变化"，因为在"变化"中更容易探察到时代的特征，从而能够描绘出各具特色的时代画卷。在这样的史观影响下，我们往往忽略了历史中相对"不变"的因素。布罗代尔早就给我们揭示了"环境"在人类历史演进过程中的决定力量[4]，雅克·勒高夫也提醒我们："心

---

[1] 参江晓原《历书起源考》，《中国文化》第6期，1992年8月，第150—159页；邓文宽《从"历书"到"具注历日"的转变——兼论"历谱"与"历书"的区别》，初刊《2000年敦煌学国际学术讨论会文集·历史文化卷》，兰州：甘肃民族出版社，2003年，此据氏著《邓文宽敦煌天文历法考索》，上海：上海古籍出版社，2010年，第194—204页；邓文宽《出土秦汉简牍"历日"正名》，初刊《文物》2003年第4期，此据氏著《狷庐文丛·天文与历法》，太原：山西人民出版社，2024年，第415—424页；邓文宽《敦煌历日与出土战国秦汉〈日书〉的文化关联》，初刊《姜亮夫 蒋礼鸿 郭在贻先生纪念文集》，上海：上海教育出版社，2003年，此据《狷庐文丛·天文与历法》，第147—163页；李零《与邓文宽先生讨论"历谱"概念书》，氏著《简帛古书与学术源流》（修订本），北京：生活·读书·新知三联书店，2008年，第303—310页。

[2] 邓文宽《敦煌具注历日选择神煞释证》，初刊《敦煌吐鲁番研究》第8卷，北京：中华书局，2005年，第167—206页，此据氏著《狷庐文丛·天文与历法》，第277—329页；Alain Arrault, "Les calendriers de Dunhuang", in Marc. Kalinowski ed., *Divination et société dans la chine médiévale. Étude des manuscrits de Dunhuang de la Bibliothèque nationale de France et de la British Library*, pp.85-123. 该文"概述"部分的中文修订版以《敦煌历日探研》（李国强译）为题，发表于《出土文献研究》第7辑，上海：上海古籍出版社，2005年，第196—253页。

[3] 华澜《9至10世纪敦煌历日中的选择术与医学活动》，李国强译，《敦煌吐鲁番研究》第9卷，北京：中华书局，2006年，第425—448页；Alain Arrault, "Les activités, le corps et ses soins dans les calendriers de la Chine médiévale", *Etudes chinoises* vol.XXXIII-1, 2014, pp.7-55。

[4] 费尔南·布罗代尔《菲利普二世时代的地中海和地中海世界》，北京：商务印书馆，1996年。

态被认为是在历史演进中'改变最少'的。"①占卜活动在人类进入文明时代即已出现，虽历经几千年，无论在占卜形式还是技术上都趋于繁复，但在表达民众日常生活最基本的心理诉求上并没有太大的差异。学者们在校释睡虎地秦简《日书》时，大量参考了唐代的《开元占经》，甚至还有清代的《协纪辨方书》②，之所以能用后世的文献作为参校，除了文本的层累因素外，知识、信仰、心态等的变化缓慢也是重要原因。因此，消除不同断代术数文献间的隔阂，用长时段的眼光重新找寻被我们忽视的"不变"的日常生活逻辑，这应该成为敦煌吐鲁番占卜文献研究的一个基本立场。

第二，与吐鲁番所出占卜文献的综合考察。敦煌地处河西走廊，是中国中古时期中西交通的咽喉之地，不同文化在此汇聚交流，使得莫高窟藏经洞的占卜文献呈现出复杂的来源，包括中原地区、中亚、印度乃至于埃及。近年来，与藏文、粟特文占卜文献的对照研究也已展开，郑炳林、陈于柱的《敦煌占卜文献叙录》对此有简单介绍，是该书的特色之一。然而，研究敦煌占卜文献者却很少把目光投向吐鲁番盆地，对吐鲁番所出占卜文献关注不够。据黄正建的统计，敦煌占卜文书约有280件③。我寓目所及，已经公布的吐鲁番占卜文献有50多件，虽然从总数上和敦煌占卜文献相差巨大，但内容上涉及易占、卜法、占候、解梦书、禄命书、发病书、葬书、婚嫁书、历日、风占、事项占等多种类别，与敦煌占卜文献多有雷同，足资互相参照。例如敦煌所出P.3028长卷文书，无原题，因无传世书目和其他文献参照，黄正建据内容判断是一件专门占死丧的文书④。王晶波则明确指出本件"因其与死丧紧密相连，与其他占卜文献应用于日常生活中的求吉避害不同，故流传不广，只在吐蕃占领时期的敦煌有所流行，而未见其他传本和相关记载"⑤。其实，吐鲁番占卜文献中存此类占法四件，均来自德国国家图书馆，分别是Ch.217、Ch.842v、Ch.2910、Ch/U8128⑥。其中Ch.2910存8行，内容均见于P.3028；Ch.217存12行，有6行内容和P.3028相似；Ch.842v很可能与P.3028一样，都是《占死丧法》汇编中的一部分。又如，关于沐浴、洗头的择日法散见于历日中，俄藏Дx.1064、1699、1700、

---

① 雅克·勒高夫《历史学家与日常的人》，氏著《试谈另一个中世纪：西方的时间、劳动和文化》，周莽译，北京：商务印书馆，2014年，第416页。
② 如刘乐贤《睡虎地秦简日书研究》，台北：文津出版社，1994年。
③ 黄正建《敦煌占卜文书与唐五代占卜研究》（增订版），第2—3页。
④ 黄正建《敦煌占卜文书与唐五代占卜研究》（增订版），第134—135页。
⑤ 王晶波《敦煌占卜文献与社会生活》，第474页。
⑥ 荣新江、史睿主编《吐鲁番出土文献散录》，北京：中华书局，2021年，第191—194页；荣新江主编《吐鲁番文书总目（欧美收藏卷）》，武汉：武汉大学出版社，2007年，第471页。

1701、1702、1703、1704号文书为册页装，首题"推皇太子洗头择吉日法"，这是敦煌所出唯一一件专门以"洗头"为对象的择吉文书。黄正建推测文书的时代较晚，郑炳林、陈于柱定在归义军时期，并推测 P.2661v 中的"洗浴去垢法"似乎是简编自本件的第二种占法①。本件前面是《故圆鉴大师二十四孝押座文》，圆鉴即云辩，卒于后周广顺元年（951），所以这份占法的抄录时间最早也是五代了。德藏吐鲁番文书 Ch.3821 也是一件与头发有关的占卜文书。正面是《佛说灌顶七万二千神王护比丘咒经》，荣新江推测年代在 7 世纪中期到 8 世纪末，背面系剪断佛典而写，所以抄写时间晚于正面。背面记载了两种占法。第一种首题"剃头良宿吉日法"，在所有敦煌吐鲁番占卜文献中仅此一件。第二种首题虽仅存最后的"法"字，但内容明确都是关于"洗头"的，所以第二种占法我推补为"洗头吉日法"，抄写时间至少在 7 世纪中叶以后②。华澜曾指出历日中各种的行事活动所涉及的一些词语的语义内容可以有多种解释，其内涵是很宽泛的。因为实际生活中，人们不会为了一些小事而去查看日子吉凶。所以他认为 900 年以后历日中出现了"洗头"一词，并最终替代了"剃头"③。他并未注意到上述两件关于头发的择吉文书，尤其是 Ch.3821v，当剃头和洗头的吉日选择法同时出现在一份文书上，二者显然是不能替换的。这两个例子很清晰地展现了吐鲁番占卜文献的独特价值。敦煌与吐鲁番相隔 800 公里，又都远离中原，但占卜内容却具有高度的相似性，再次说明了古人日常生活世界所具有的稳定性。也正因为此，本文采用了"敦煌吐鲁番占卜文献"的提法，而非"敦煌占卜文献"。

第三，关注"人"的历史。黄正建曾简要回顾了唐代日常生活史研究的现状，并指出日常生活史研究的三个特点：一是生活的"日常性"，即重视重复进行的"日常"的活动；二是以"人"为中心，不能以"物"为中心；三是"综合性"，因为日常生活本来就是一种综合性的④。所以，关注"人"的历史应该是日常生活史研究的核心。敦煌吐鲁番占卜文献是民众日常生活实践的反映，通过对占卜文献中出现频率较高的词汇的分析，我们或许可以触摸到古人日常生活轨迹的脉搏。比如，占测结果频

---

① 黄正建《敦煌占卜文书与唐五代占卜研究》（增订版），第 91 页；郑炳林、陈于柱的《敦煌占卜文献叙录》，第 294 页。
② 参本书第六章《敦煌吐鲁番汉文文献中的剃头、洗头择吉日法》。
③ Alain Arrault, "Les activités, le corps et ses soins dans les calendriers de la Chine médiévale", pp.26-28.
④ 黄正建《关于唐代日常生活史研究现状的思考》，《中国社会科学院院报》2004 年 9 月 14 日第 3 版，后以《唐代日常生活史研究现状断想》为题，收于氏著《走进日常：唐代社会生活考论》，上海：中西书局，2016 年，第 290—291 页。

繁指向了几种事项：口舌、诤讼/斗诤、官事、音声、光怪、釜鸣、门户、井灶、女妇、家长、六畜死、失火、损财、疾病等，几乎全是围绕家庭生活展开的。古人的生活空间不外乎区分为家内家外，作为人饮食起居生活的主要场所，家内的吉凶至关重要。但这个空间不仅仅是人类独有的，各种精怪神灵亦存居其间，如宅神、伏龙、妖怪、人鬼之类，稍有不慎就会触犯它们，招致严重的后果。故占测精怪神灵之所在，或祀之或厌劾之[1]，以求生活的安宁，这是民众日常的逻辑。这些出现频率极高的词汇，正是民众日常生活最关心的问题，目前虽有学者对其中的某些事项进行过追根溯源的考察[2]，但还缺乏系统性，远未达到从整体上阐述其内在关联的目标。即便完成了这个过程，也只是迈出了讲述"人"的历史的第一步。日常生活史不是大众生活史，我们所面对的占卜文献仍然是经过处理之后的文本，因此，我们可能更需要探讨的是：人们为什么要创作、抄写此类占卜文献？是哪些人在进行？有哪些历史和现实的因素推动着占卜文献的创作和传承？这类知识是如何传授和应用的？等等诸如此类的问题。这样的研究在目前的敦煌学界并不多见，余欣从时令入手，讨论敦煌民众的时间生活[3]，十分别致，可以看作是一种新的尝试。

以上，我从三个方面提出在敦煌吐鲁番占卜文献研究中引入"日常生活史"视角的设想，说到底，是希望凸显"人"在历史活动中的主导地位。敦煌吐鲁番占卜文献所具有的日常实用性及由此所展现出的民众日常生活逻辑，为实现这一目标提供了契机。

（原载《中国高校社会科学》2015年第2期，第88—91页。收入本书时略有改订。）

---

[1] 参余欣《神道人心：唐宋之际敦煌民生宗教社会史研究》，北京：中华书局，2006年，第196—239页。
[2] 如刘永明《敦煌占卜文书中的鬼神信仰研究》，《敦煌写本研究年报》第5号，2011年，第15—63页；拙作《〈白泽精怪图〉所见的物怪——〈白泽精怪图〉研究之三》，黄正建主编《中国社会科学院敦煌学回顾与前瞻学术研讨会论文集》，上海：上海古籍出版社，2012年，第200—220页，修订后收入本书第一章《敦煌写本〈白泽精怪图〉研究》中；王祥伟《日本杏雨书屋藏敦煌文书羽044之〈釜鸣占〉研究》，《文献》2014年第4期，第80—90页。
[3] 余欣《敦煌的博物学世界》，兰州：甘肃教育出版社，2013年，第179—278页。

中编 现世与冥界

第八章 吐鲁番新出《冥讼文书》与中古前期的冥界观念

2006年10月，吐鲁番地区文物局对洋海一号台地被盗扰的墓葬进行抢救性清理时，在编号为2006SYIM4的墓地里出土了一件独特的文书，其内容在此前发现的吐鲁番文书中尚未见到，因而显得弥足珍贵。经初步判断，这是一份写给地府的诉讼文书。这件文书的出土，为我们了解中古前期民众对于死后世界的认识提供了生动的个案。

一、文书内容与定名

M4号墓为夫妻合葬墓，墓道南北两侧各有一偏室，北偏室内有一男性干尸，南偏室内为女性尸体骨架。由于墓室已被盗掘，随葬品因而移位，本件文书即出土于北偏室近封门处，同处尚有属于男性死者的纸帽，据此推断，本件文书原本放置于男性死者身旁或身下。文书编号为2006SYIM4:1，高24.5厘米，宽38.6厘米，汉文墨书，存9行，末尾留有大片余白，约占整件文书三分之一强（图8-1）。为讨论方便，现将"新获吐鲁番出土文献整理小组"的录文迻录如下：

（前缺）

1 □□□□□□□□
2 缘禾二年十月廿七日，高昌郡高宁县
3 都乡安邑里民赵货辞：行年卅，以

4　立身不越王法，今横为叔琳见状

5　枉死，即就后世，衔恨入土①。皇天后土，当明照

6　察；盐罗大王，平等之主，愿加威

7　神，召琳夫妻及男女子孙检校②。冀蒙列理，辞具。

8　货母子白大公、己父，明为了理，

9　莫爱（缓）岁月。③

（余白）

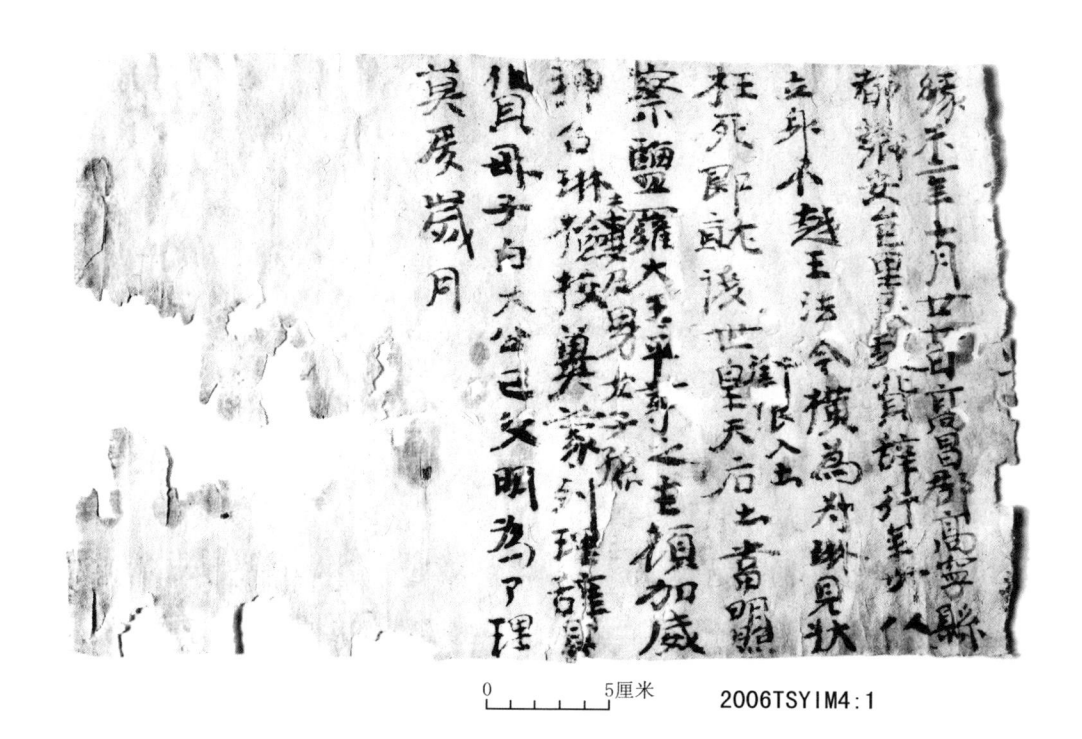

图 8-1　北凉缘禾二年（433）高昌郡高宁县赵货母子冥讼文书

---

① "衔恨入土"原写在 4、5 行间。
② "夫妻及男女子孙"原写在 6、7 行间。
③ 图版和释文见荣新江、李肖、孟宪实主编《新获吐鲁番出土文献》，北京：中华书局，2008 年，第 170—171 页。

整件文书共9行，首行只能见到几笔残画，当属另件文书的末尾，其他8行可分为两个部分。2至7行是一份完整的"辞"，其明确纪年为"缘禾二年"。此前吐鲁番出土明确标有北凉缘禾年号的文书共有8件[①]，石刻资料中有缘禾三年、四年纪年各一例[②]。本件文书明确记载时间是"二年"，无疑是目前发现的标有"缘禾"年号的最早记录了。辞中的"安邑里"不见于此前公布的吐鲁番文书。同墓另出土《前秦建元二十年（384）三月高昌郡高宁县都乡安邑里籍》，所列三户均是"高昌郡高宁县都乡安邑里民"[③]，可知最晚从前秦建元二十年起，高宁县即有安邑里的设置，并且延续到了北凉时期。从内容看，这是一份诉辞。原告赵货本是高宁县都乡安邑里的百姓，时年三十岁，其自言突然被叔叔赵琳告到官府，最终枉死。他满怀怨恨来到冥界，吁请天地体察他的冤屈，并且向盐（阎）罗王提起诉讼，请求拘勾赵琳全家来冥界对质。显然，这不是一份阳间的诉状，而是冥诉。8、9两行是份告白。赵货母子在向阎罗王提起诉讼的同时，也希望他们死去的先人能尽早清楚明了地作出决断和处理。

由此可见，本件文书包含了"辞"和告白两个部分，可定名为《北凉缘禾二年（433）高昌郡高宁县赵货母子冥讼文书》，简称《冥讼文书》。所谓冥讼，就是在死后世界发生的诉讼。下面，我就文书中出现的相关名词作一解说。

[①] 这8件文书分别是：缘禾三年岁次甲戌九月五日《大方等无想大云经》题记（池田温《中国古代写本识语集录》，东京大学东洋文化研究所，1990年，第84页）；阿斯塔那62号墓《北凉缘禾五年（436）随葬衣物疏》（唐长孺主编《吐鲁番出土文书》壹，北京：文物出版社，1992年，第47页）；哈拉和卓91号墓《北凉缘禾五年翟阿富券草》（《吐鲁番出土文书》壹，第66页）；阿斯塔那2号墓《北凉缘禾六年（437）翟万随葬衣物疏》（《吐鲁番出土文书》壹，第85页）；阿斯塔那382号墓《北凉缘禾五年（436）民杜犊辞》（柳洪亮《新出吐鲁番文书及其研究》，乌鲁木齐：新疆人民出版社，1997年，第8页）；同墓《北凉缘禾六年（437）阚连兴辞》（《新出吐鲁番文书及其研究》，第9页）；同墓《北凉缘禾十年（441）高昌郡功曹白请改动行水官牒》（《新出吐鲁番文书及其研究》，第10页）；同墓《北凉缘禾十年（441）残辞》（《新出吐鲁番文书及其研究》，第11页）。

[②] 甘肃酒泉文殊山造经塔石刻有"凉故大沮渠缘禾三年岁次甲戌"文字，参见史岩《酒泉文殊山的石窟寺院遗迹》，《文物参考资料》1956年第7期，第56页；美国克利夫兰艺术博物馆所藏石塔上刻有"凉皇太祖沮渠缘禾四年岁在乙亥"铭文，参见殷光明《北凉缘禾、太缘年号及相关问题之辨析》，《敦煌研究》1995年第4期，第180页。

[③] 荣新江、李肖、孟宪实主编《新获吐鲁番出土文献》，第177—179页。

二、相关名词解说

（一）见状

文书第 4、5 行提及"横为叔琳见状柱死"，这里的"见状"显然不能用我们现在的词意来理解。其实，这是中古汉语的一类特殊句式。吕叔湘曾专门讨论过"见"字在汉语中的指代作用，他把这种句式称为"A 见 V"句式，A 表示施事，V 表示动词，"见字表示第一身代词作宾语之省略"①。以后，江蓝生、董志翘又分别对此加以阐发和补充论证②。汉语史家还发现，"为……所见"句式是汉魏六朝口语中习用的句法，而"为……见"在唐代之前极其罕见，一般都只能举出《庄子·至乐》中"烈士为天下见善矣"一个例子，到唐宋时期，"为 A 见 V"的特殊被动句式的使用才比较频繁③。《冥讼文书》的这句"横为叔琳见状柱死"正符合"为 A 见 V"的句式，参照汉语史的研究成果，文书是赵货以第一人称所写之辞，因此见状的意思是"状我"，见指代的是"我（赵货）"，状应该是动词。

"状"作动词，我们可以找到这方面的例子。汉代有劾状，是处理有关犯罪官员时形成的司法文书，它以"劾状辞曰"或"状辞曰"开头，然后详细罗列劾状责任者的身份信息，再记述被劾奏者的姓名、罪状，然后作案语、定罪名，末尾云"劾者状具此"④。劾状、状辞的"状"都是名词，但"劾者状具此"的"状"则是动词。阿斯塔那 59 号墓出土《北凉玄始十二年（423）翟定辞为雇人耕床事》是一件诉辞，云：

```
1    玄始十二年□月廿二日，翟定辞：昨廿一日
2    顾（雇）王里、安儿、坚强耕床到申时，得
3    大绢□疋□□□今为□与□安、坚二□□□
4           □□□等□可□□□
5           □□□状如前。⑤
```

---

① 吕叔湘《汉语语法论文集》（增订本），北京：商务印书馆，1984 年，第 117—121 页。"见"字的这种用法是吕先生于 20 世纪 40 年代首发。
② 江蓝生《魏晋南北朝小说词语汇释》，北京：语文出版社，1988 年，第 93—94 页；董志翘《中世汉语中的三类特殊句式》，初刊《中国语文》1986 年第 6 期，此据氏著《中古文献语言论集》，成都：巴蜀书社，2000 年，第 313—320 页。
③ 董志翘《中世汉语中的三类特殊句式》，第 320—321 页。
④ 汪桂海《汉代官文书制度》，南宁：广西教育出版社，1999 年，第 84—86 页。
⑤ 《吐鲁番出土文书》壹，第 16 页。

这是一份翟定的状辞，年代距缘禾不远。翟定雇用王里等人耕种，或许是出现了经济纠纷，他向官府提起诉讼。最后一句"状如前"的状也是动词，它与"劾者状具此"的状都是"列状（控诉）"之意，换言之，即"状告"。

综上所述，"横为叔琳见状枉死"的意思是：我（赵货）突然被叔叔赵琳状告而冤枉致死。

（二）即就后世

后世是对今世而言，"就后世"是死亡之意。这种表达不见于传世的世俗文献[1]，然多见于魏晋十六国时期的佛教典籍。如吴康僧会译《六度集经》云：

> 一时佛在舍卫国优梨聚中。时诸比丘中饭之后坐于讲堂，私共讲议："人命致短，身安无几，当就后世……"佛以天耳，遥闻诸比丘讲议非常无上之谈，世尊即起至比丘所，就座而坐，曰："属者何议？"长跪对曰："属饭之后，共议人命恍惚，不久当就后世。"对如上说。[2]

吴支谦译《佛说太子瑞应本起经》里记载，佛祖托身降世后，国中有异人见后"增叹流泪，悲不能言"，王妃以为不祥，异人却说出这样一番话来：

> 我相法曰："王者生子，而有三十二大人相者，处国当为转轮圣王，主四天下，七宝自至，行即能飞，兵仗不用，自然太平。若不乐天下而弃家为道者，当为自然佛，度脱万姓。"伤我年已晚暮，当就后世，不睹佛兴，不闻其经，故自悲耳。[3]

姚秦鸠摩罗什译《大庄严论经》言：

> 病比丘言："我今病困，诸贤见舍必死无疑。"涕泣流泪而白兄曰："愿少近我，

---

[1] 鲍延毅利用传世的世俗文献，费二十年编撰成《死雅》一书（北京：中国大百科全书出版社，2007年），收集了与"死亡"有关的词条达11000多，总数约100万字，未见有"即就后世"或"就后世"的说法。
[2] 《六度集经》卷八《明度无极章第六·阿离念弥经》，CBETA, T03, no. 152, p. 49b25-c5。
[3] 《太子瑞应本起经》卷上，CBETA, T03, no. 185, p. 474a19-25。

由我愚惑，不奉兄教，今者病笃必就后世。愿兄垂愍，当见拔济，令离大苦。"①

姚秦佛陀耶舍等译《长阿含经》曰：

王命未几，当就后世。夫生有死，合会有离，何有生此而永寿者？②

由以上例子可以看出，"就后世"是佛教对于死亡的委婉表达。

（三）皇天后土

迄今为止发现的墓葬文献基本是遣册、告地策、物疏、地券、镇墓文、解除文等墓券类材料③，《冥讼文书》与此全然不同。此前，甘肃高台曾出土了一批前凉建兴（317—361）和前秦建元（365—385）年间的木牍，其中有高侨墓券和高荣墓券的起首均写着"敢告皇天后土、天赫地赫、丘丞墓伯"的字样④。丘丞墓伯是冥界的官僚⑤，它们与皇天后土并列，并不意味着后者也是冥界的神灵。汉代观念里，皇天与后土相对，实指人格化的天地。许慎《五经异义·天号》引今文《尚书》欧阳说："钦若昊天，春曰昊天，夏曰苍天，秋曰旻天，冬曰上天，总为皇天。"古文《尚书》说则是另一种说法："天有五号，各用所宜称之。尊而君之，则曰皇天；元气广大，

---

① 《大庄严论经》卷三，CBETA, T04, no. 201, p. 271b15-19。
② 《长阿含经》卷四《游行经第二后》，CBETA, T01, no. 1, p. 24b5-7。
③ 对于墓葬文献的分类，目前还没有统一的意见，池田温最早将这些材料统称为"墓券"（池田温《中国历代墓券略考》，《东洋文化研究所纪要》第 86 号，1981 年，第 193—279 页），对这些墓券的整理与探讨，参见刘屹《敬天与崇道——中古经教道教形成的思想史背景》，北京：中华书局，2005 年，第 3—298 页；鲁西奇《中国古代买地券研究》，厦门：厦门大学出版社，2014 年；贾小军、武鑫《魏晋十六国河西镇墓文、墓券整理研究》，北京：中国社会科学出版社，2017 年；黄景春《中国宗教性随葬文书研究：以买地券、镇墓文、衣物疏为主》，上海：上海人民出版社，2018 年；吴浩军《河西墓葬文献研究》，上海：上海古籍出版社，2019 年。
④ 迄今为止发现的墓券材料中只此两件提到了"皇天后土"，见寇克红《高台骆驼城前秦墓出土墓券考释》，《敦煌研究》2009 年第 4 期，第 91—92 页。另有一件《东汉建安三年（198）崔坊买地铅券》也提到了"皇天后土"，但被怀疑是伪作，见张传玺主编《中国历代契约会编考释》，北京：北京大学出版社，1995 年，第 65—66 页。
⑤ 余欣《唐宋敦煌墓葬神煞研究》，《敦煌学辑刊》2003 年第 1 期，第 59—60 页，收入氏著《神道人心：唐宋之际敦煌民生宗教社会史研究》，北京：中华书局，2006 年，第 115—116 页。

则称昊天；仁覆愍下，则称旻天；自上监下，则称上天；据远视之苍苍然，则称苍天。"[1]虽有两说，但皇天是出于对自然属性的"天"的崇拜而形成的人格化的"天"则无疑。早期史料所见的后土大都指五行神及社神，汉武帝以后，后土才代表整个大地，并进而与皇天并列，成为大地之神[2]。与此涵义相近的还有作为冥界主宰的后土神，与天帝相对[3]，但它一般不会与皇天连用。

赵货死后吁请皇天后土明察，此举并不突兀，而是有着很深远的传统。皇天后土连用，在《尚书·武成》里已有实例："厎商之罪，告于皇天后土、所过名山大川。"[4]《左传》记载僖公十五年九月，晋大夫对秦伯说："君履后土而戴皇天，皇天后土实闻君之言，群臣敢在下风。"[5]这显示，最迟到春秋时期，皇天后土已经人格化，以人间行为监督者、裁决者的身份出现。东汉末年出现的《太平经》里有很多关于皇天后土的记载[6]，其中有一处云：

> 天地之间，常悉使非其能，强作其所不及，而难其所不能，时睹于其不能为，不能言，不怜而教之，反就责之，使其冤结，多怨争讼，民愁苦困穷，即仰而呼皇天，诚冤诚冤，气感动六方。[7]

这表明，当人们有了冤屈，仰呼皇天是很自然的一件事情。因为人们相信，苍天在上俯视众生，作为人世的终极主宰力量，天地当然能够感受到人世间的苦难和冤屈，人间的任何事情都在皇天后土的视线范围内。所以它们常常成为人们自我表白、起誓和诅咒的见证者。如西晋初年李密（令伯）上《陈情事表》云："臣之辛苦，非独蜀之人士及二州牧伯所见明知，皇天后土，实所共鉴。"[8]三国吴谢承《会稽先

---

[1] 《周礼注疏》卷一八《春官·大宗伯》"贾公彦疏"，《十三经注疏》本，北京：中华书局影印，1980年，第757页下，"春曰昊天"据《校勘记》补（第764页下）。
[2] 萧登福《后土与地母——试论土地诸神及地母信仰》，《世界宗教学刊》第4期，2004年12月，第1—26页。
[3] 吕宗力、栾保群编《中国民间诸神》，台北：学生书局，1991年，第218—225页；刘屹《敬天与崇道——中古经教道教形成的思想史背景》，第72页。
[4] 《尚书正义》卷一一《武成》，《十三经注疏》本，第184页下。
[5] 《春秋左传正义》卷一四，僖公十五年九月，《十三经注疏》本，1806页中。
[6] 参尹灿远《试论〈太平经〉的"皇天"观念》，陈鼓应主编《道家文化研究》第16辑，北京：生活·读书·新知三联书店，1999年，第162—180页。
[7] 王明《太平经合校》卷五四《使能无争讼法》，北京：中华书局，1960年，第202页。
[8] 《文选》卷三七《表上》，上海：上海古籍出版社，1986年，第1695页。

贤传》里记载，陈业兄长度海丧命，同时死亡的还有五六十人，骨肉腐烂无法辨别，陈业于是"仰皇天，誓后土曰：'闻亲戚者必有异焉。'因割臂流血，以洒骨上。应时敛血，余皆流去"①。

与赵货遭遇最相近的要属张瓘的例子。颜之推《冤魂志》②记载了一则故事。前凉张祚自立为凉王，后张瓘杀张祚，立张玄靓为凉王，自为凉州牧。他又图谋废张玄靓自立，事未遂而被杀：

> 刺史旧事，正旦放鸟，〔张〕瓘所放出手辄死。有鹳来巢广夏门，弹逐不去，自往看之，守敦煌宋混遣弟澄即于巢所害瓘，瓘临命语澄曰："汝荷婚姻而为反逆，皇天后土，必当照之。我自可死，当令汝剧我矣。"混自为尚书令辅政。有疾，昼日见瓘从屋而下，奄入柱中，其柱状若火烧，掘土则无所见，混因病死。澄又然灯，油变为血，厩中马一夕无尾。二岁小儿作老公声呼曰："宋混、澄，斫汝头。"又城东水中出火。后三年，澄为张邕所杀。③

颜之推是北齐时人，距赵货生活的年代有一百多年，故事中张瓘杀张祚事，宋混宋澄杀张瓘事分见于《晋书·张祚传》和《晋书·张玄靓传》，叙述的权力争夺大致符合前凉的历史事实，只不过添加了鬼神复仇的情节。这应该是颜之推在长期流传的传说基础上加工而成，不能纯粹视为无稽之谈，从中可见当时的一些观念。张瓘死于非命，怨气不能散去，临死前警告宋澄："皇天后土，必当照之。"此语究竟是传说之言还是颜之推润色之笔，现在已难以推究，不过它与赵货所云"皇天后土，当明照察"何其相似。惊人的巧合不正表明了十六国直至北朝，向皇天后土诉冤，相信天地能洞察一切并最终替自己申冤的观念一直存在于高昌社会，未曾中断。

所以，赵货枉死之后，向皇天后土疾呼，请天地明察他的冤屈，这里的"皇天后土"仍旧延续了春秋以来的传统认识，意指"天地"。

---

① 《初学记》卷一七《人部上·友悌》，北京：中华书局，1962年，地426页。
② 此书又有《还冤志》《还冤记》《冤报记》等多种名称，盖为后人讹误，参王国良《颜之推冤魂志研究》，台北：文史哲出版社，1995年，第6—9、32页；李剑国《唐前志怪小说史》（修订本），天津：天津教育出版社，2005年，第491—493页。
③ 颜之推著，罗国威校注《冤魂志校注》，成都：巴蜀书社，2001年，第41—42页；释道世著，周叔迦、苏晋仁校注《法苑珠林校注》卷六七《怨苦篇·地狱部·感应缘》，北京：中华书局，2003年，第2006页。

（四）盐罗大王、平等之主

本件文书引人注目的地方是出现了"盐罗大王""平等之主"的称谓。"盐罗"即"阎罗"，"盐罗大王"应该是由阎罗王衍变而来，是民间口语化的结果[①]。阎罗最早源于古印度的神话传说，是冥界之王。佛教兴起后，阎罗被纳入佛教神灵体系中，掌管地狱[②]。伴随着佛教传入中土，地狱说亦成为最早在中国传播的佛教思想之一，阎罗信仰也逐步流传开去。一般认为，除佛经外，中国传世文献中最早记载阎罗地狱审判的是《洛阳伽蓝记》。据该书记载，崇真寺比丘惠凝圆寂，"经阎罗王检阅，以错名放免"，死后七日复活。复活后，惠凝详细述说了在地狱见到的阎罗王审判情形[③]。《洛阳伽蓝记》成书年代约在6世纪40年代[④]，其实，年代更早的北魏太昌元年（532）都督樊奴子造像碑阴上已经出现了阎罗王治狱的图像，是现知最早的阎罗图像[⑤]。一个是传说，一个是造像碑上的刻图，二者的存在表明至少在6世纪上半叶，阎罗信仰在北方的传播已经具有了一定规模。《冥讼文书》的出土则显示，公元5世纪早期，吐鲁番地区就已经存在阎罗信仰了。

《冥讼文书》中盐罗大王与平等之主并列，很容易给人造成一种直观感受，以为这是两位不同的冥界神灵，而且"平等之主"很容易与十殿阎罗中的"平等王"联系起来，但现有研究表明，佛教的地狱十王之说是唐代才发展起来的，5世纪的文献中根本没有此类观念[⑥]。经笔者检索，佛经中本有"平等主"的称谓，指刹帝利种的

[①] 严耀中以为敦煌文书中的"平等大王"是由"平等王"衍变过来，这种衍变有两种可能：一是与当时敦煌统治者曹议金等的"大王"称呼相关；二是俗文学里口语化的趋势。见氏撰《敦煌文书中的"平等大王"和唐宋间的均平思潮》，荣新江主编《唐研究》第6卷，北京：北京大学出版社，2000年，第20、23页。从本件冥讼文书来看，"大王"称呼加诸神灵名称前面，更可能是民间口语化的结果。

[②] 关于阎罗的源流，参李南《试论阎摩的源与流》，《南亚研究》1991年第2期，第66—75页；星云大师监修，慈怡主编《佛光大辞典》，高雄：佛光出版社，1989年第3版，第6340—6343页。

[③] 杨衒之撰，周祖谟校释《洛阳伽蓝记校释》卷二"崇真寺"条，上海：上海书店出版社，2000年，第74—77页。

[④] 《洛阳伽蓝记校释·序》，第2页。

[⑤] 参张总《初唐阎罗图像及刻经——以〈齐士员献陵造像碑〉拓本为中心》，《唐研究》第6卷，第8页；同作者《〈阎罗王授记经〉缀补研考》，《敦煌吐鲁番研究》第5卷，2001年，第103页、115页图三；同作者《〈十王经〉信仰：经本成变、图画像雕与东亚葬俗》，上海：上海书店出版社，2023年，第69—72页。

[⑥] 关于佛教地狱十王信仰的研究很多，一般认为起于唐末五代，迄今最全面的研究是 Stephen F. Teiser, *The Scripture on the Ten Kings and the Making of Purgatory in Medieval Chinese Buddhism*, Honolulu: University of Hawaii Press, 1994 及前引张总《〈十王经〉信仰：经本成变、图画像雕与东亚葬俗》。

始祖摩诃三摩多（mahāsammata）。《长阿含经》卷六云，世间罪恶丛生，世人争讼不已：

> 今者宁可立一人为主以治理之，可护者护，可责者责，众共减米以供给之，使理诤讼。时彼众中自选一人，形体长大、颜貌端正、有威德者，而语之言："汝今为我等作平等主，应护者护，应责者责，应遣者遣。当共集米以相供给。"时彼一人闻众人言，即与为主，断理诤讼，众人即共集米供给。时彼一人复以善言慰劳众人，众人闻已，皆大欢喜，皆共称言："善哉大王！善哉大王！"于是世间便有王名，以正法治民，故名刹利。于是世间始有刹利名生。①

同书卷十二所言大致相同，只是将平等主的职能说得更加清楚："我等今者宁可立一平等主，善护人民，赏善罚恶。"②到了《佛祖统纪》，它的记载却是：

> 大劫之始，世界初成，光音诸天化生为人，云云。于是议立一人有威德者，赏善罚恶，号平等王，众共供给，遂有民主之名。③

平等主变成了平等王，这或许是受到晚唐五代十殿阎罗信仰的影响。可见佛经所谓"平等主"是指人间最早的王族，与冥界并无多大牵连。然而《冥讼文书》既然是写给冥界的，这里的平等之主就必定是冥界神灵，不可能是人间的帝王。

我认为，"平等之主"其实是"盐罗大王"的意译，是对阎罗某种本质的指称。以"平等"来翻译阎罗，流行观点认为首见于唐代慧琳《一切经音义》：

> 梵音爓魔，义翻为平等王。此司典生死罪福之业，主守地狱八热、八寒及以眷属诸小狱等，役使鬼卒于五趣之中追摄罪人，捶拷治罚，决断善恶，更无休息。④

---

① 《长阿含经》卷六《第二分初小缘经第一》，CBETA, T1, no.1, p.38b21-c2。
② 《长阿含经》卷二二《第四分世记经世本缘品第十二》，CBETA, T1, no.1, p.148c23-24。
③ 志磐撰，释道法校注《佛祖统纪校注》卷一《叙圣源》，上海：上海古籍出版社，2012年，第16页。
④ 慧琳《一切经音义》卷五"爓魔鬼界"条，徐时仪校注《一切经音义三种校本合刊》，上海：上海古籍出版社，2008年，第595页下。

因此，严耀中认为"将阎罗王称之为平等王已经是唐代的事情了"[①]。佛教所讲求的平等指"业镜平等，自彰其罪之意"，是就本质上的无差别而论，这对于缺乏平等思想的中国本土社会来说无疑是新见，但中古前期的人在接受这一思想时不一定遵照佛理原义[②]。中国本土观念里，阳间与冥界是相连的，人们希望现世的冤曲、不公可以在冥界得到公正的裁决，为此可以上天入地。尤其是当冥界的官僚体制逐渐完备时，人们就更盼望那里能给予他们第二次裁决的机会。由于赵货已死，诉辞是由他人代写，因此，文书中赵货向阎罗王诉冤，说阎罗是平等之主，其实更多表达的是书写者的意愿，隐含着乞求公正处理的意思，书写者所理解的"平等"，其实是公平、公正。这充分说明，阎罗信仰所包含的平等之义在流传过程中被赋予了新的含义，人们对冥界的公正裁决寄予希望，而这种情感与渴望寄托在了阎罗身上。

《冥讼文书》中的"盐罗""平等"字样，毫无疑问修正了此前的流行观点，现在可以认为：5世纪前期，阎罗治狱的信仰已经存在，同时也已经以"平等"来意译阎罗。这份文书的出土，也为学界长期推测的阎罗王与平等王之间的关系提供了一份有力证据。多数学者以为，后世佛教十殿阎王的来源中，平等王是从阎罗王的意译发展而来，最主要的证据就是慧琳《一切经音义》的注，但这已经是唐代的事情了，之前几百年的演变过程我们一无所知。《冥讼文书》却使我们欣喜地知道，在中古前期，已有使用"平等之主"的词汇来称呼阎罗了。从阎罗大王—平等之主—平等王这样的发展序列，我们能更清晰地发现"平等王"的渊源所在。

三、《冥讼文书》的书写

本件《冥讼文书》由诉辞和告白两部分组成。诉辞其实也是辞状。一般认为，汉代臣民向君主陈事的上行文书分章、奏、表、驳议四种，没有状[③]。管见所及，状主要应用于诉讼文书中，如劾状。"劾"的发生对象往往是官，是官僚系统内部的彼此起诉。普通百姓向官府举报、控告某人，则称为"告"，《睡虎地秦墓竹简·封诊式》里有多条与"告"有关的内容，《张家山汉墓竹简·二年律令》中也发现了

---

① 严耀中《敦煌文书中的"平等大王"和唐宋间的均平思潮》，第20页。
② 严耀中《敦煌文书中的"平等大王"和唐宋间的均平思潮》，第20—21页。
③ 汪桂海《汉代官文书制度》，第37—45页。

《告律》的标题①，但"告"的司法文书未见称作"状"。尽管告、劾有着清晰的界限②，原告在陈述情况时均使用了"辞"，根据祝总斌的研究，"辞"是秦汉诉讼文书中的辩护辞和口供，有时也指控诉之辞③，而汉晋十六国时期，"辞状"连用是诉讼过程中常见的词语，成为一个固定用语。

《三国志·吴书·顾雍传》载：吴国吕壹犯罪，顾雍前往审讯，"壹以囚见，雍和颜色，问其辞状"④。晋周斐《汝南先贤传》载：

> 汉袁安为楚相，会楚王坐事，平相牵引，拘系者千余人。毒楚横暴，囚皆自诬。历三年而狱不决，坐掠幽而死者百余人。天用炎旱，赤地千里。安授拜，即控辔而行。既到，决狱事，人人具录辞状：本非首谋，为王所引，应时理遣。⑤

上举两例中的辞状显系指口供或辩辞。范晔《后汉书·度尚传》又载：

> 复以（度）尚为荆州刺史。尚见胡兰余党南走苍梧，惧为己负，乃伪上言苍梧贼入荆州界，于是征交址刺史张磐下廷尉。辞状未正，会赦见原。磐不肯出狱，方更牢持械节，狱吏谓磐曰："天恩旷然而君不出，可（何）乎？"磐因自列曰："前长沙贼胡兰作难荆州，余党散入交址，磐身婴甲胄，涉危履险，讨击凶患，斩殄渠帅，余尽鸟窜冒遁，还奔荆州。刺史度尚惧磐先言，怖畏罪戾，伏奏见诬。磐备位方伯，为国爪牙，而为尚所枉，受罪牢狱。夫事有虚实，法有是非。磐实不辜，赦无所除。如忍以苟免，永受侵辱之耻，生为恶吏，死为敝鬼。乞传尚诣廷尉，面对曲直，足明真伪。尚不征者，磐埋骨牢槛，终不虚出，

---

① 彭浩《谈〈二年律令〉中几种律的分类与编连》，张家山二四七号汉墓竹简整理小组编著《张家山汉墓竹简（二四七号墓）》，北京：文物出版社，2006年，第195—198页。
② 参徐世虹《汉劾制管窥》，李学勤主编《简帛研究》第2辑，北京：法律出版社，1996年，第312—323页；高恒《汉简中所见举、劾、案验文书辑释》，《简帛研究（二〇〇二）》上，桂林：广西师范大学出版社，2001年，第292—303页；彭浩《谈〈二年律令〉中几种律的分类与编连》，第195—198页。
③ 祝总斌《高昌官府文书杂考》，北京大学中国中古史研究中心编《敦煌吐鲁番文献研究论集》第2辑，北京大学出版社，1983年，第478—482页。
④ 《三国志》卷五二《吴书·顾雍传》，北京：中华书局，1959年，第1226页。
⑤ 《太平广记》卷一七一《精察·袁安》，北京：中华书局，1961年，第1251页。

望尘受枉。"廷尉以其状上,诏书征尚到廷尉,辞穷受罪,以先有功得原。①

张磐受诬陷下狱,审讯过程中录有"辞状",亦系口供。辞状还没有得到证实,恰逢遇到大赦,张磐得以释放。然张磐不服,非要还他清白之后才肯出狱。于是他写了一个"自列",而廷尉"以其状上",则"自列"即"状"。中古时期,"列"有报告、汇报之意,也指供述、控告,且出现了与"辞"连用的情况②,因此,"自列"其实也是"辞",是辞状。由此可见,诉讼程序中,原告和被告双方的陈述均可以称作辞,辞被记录下来后即成为状,就其性质而言应是辞状。

吐鲁番所出汉魏十六国时期的辞状除了前引《北凉玄始十二年(423)翟定辞为雇人耕床事》外还有两件。阿斯塔那59号墓出土《残辞一》:

1　□要鞍之□□□□活(法?)
2　枉为苕所暴□□揽。遭遇
3　□明察物垂揽,愿垂采省,
4　□□苕所见暴枉,不胜冤痛,□
5　□□谨辞。③

59号墓出土纪年文书甚多,起北凉神玺三年(399),止玄始十二年(423),残辞的年代很可能也在此期间。残辞的内容是某人因为受到"苕"的侵害,向官府申诉,要求替他申冤。

阿斯塔那382号墓《北凉为妇被夺事呈辞》云:

(前缺)
1　□□三月十八日,左僧□□父早丧身亡(?),□

---

① 范晔《后汉书》卷三八《度尚传》,北京:中华书局,1965年,第1286—1287页。此事又见于谢承《后汉书·度尚传》(《太平御览》卷六五二《刑法部·赦》,北京:中华书局影印,1960年,第2913页上),文字小异,但张磐自列状的内容不及范晔所记详细。
② 吴世昌《罗音室读书笔记·释列》,《学林漫录》第5集,北京:中华书局,1982年,第92—95页;祝总斌《高昌官府文书杂考》,第479页;王云路、方一新《中古汉语词例释》,长春:吉林教育出版社,1992年,第256—258页;方一新《东汉魏晋南北朝史书词语笺释》,合肥:黄山书社,1997年,第100—102、121—122页。
③ 《吐鲁番出土文书》壹,第22页。

2　　▢▢▢▢求张受明女为妇，当时与（娉）▢

3　　　　　　　▢言语▢▢

4　　　　　　　▢不肯还▢

5　　　　▢逆打▢▢▢▢今往唤，复见

6　　　　▢体破尽。遭清平之世，物无枉

7　　　　▢冀不见枉，以妇见还。谨辞。

8　　　　　▢▢①

这件文书的年代经"新获吐鲁番出土文献整理小组"判定，大约在北凉缘禾十年（441）前不远。文书是关于一桩悔婚的案子：左僧娶张受明女为妻，已下聘礼，后张家悔婚，左僧前去交涉，却被毒打，他因而向官府控告张家，要求承认这桩婚姻，把女儿嫁给他。

张盘自列状及吐鲁番出土的三份辞状均是阳间中由原告提出，主要包括几个方面的内容：（1）陈述纠纷或受害情况，这部分有详有略，一般都会明确提到被告的姓名；（2）原告强调自己无辜受枉，提出解决之法，请求公正处理；（3）末尾一般都使用"请裁""谨辞"等官文书格式，张磐的自列状因是节录，这种文书格式在史官编修史书时被删去了。两相对照，《冥讼文书》也包含了以上三方面的内容，但对受害情况的陈述十分模糊，重点放在了诉冤和请求公正裁决上。

一般认为，墓券类文书的书写格式是对阳间官文书的模仿。《冥讼文书》亦是如此，明显借用了官文书的一些用语。第一个用语是"检校"。前人对于高昌郡时期（327—442）的官文书制度已有一些重要研究成果②，但都没有谈到"检校"。《冥讼文书》第 7 行的"检校"一词，魏晋十六国时期的文献中并不少见。《中古汉语语词例释》列出了《抱朴子·内篇》、王羲之《遗谢安文》、《世说新语》等 6 个例子，作"察看；检查"解③。我们还可以举出几个例子。东晋虞预《会稽典录》载，神童伍贱之父为仓监，丢失了官谷薄，被定死罪，伍贱于是伪造了一本，"检校相当"④。东晋王彪

---

① 原录文见柳洪亮《新出吐鲁番文书及其研究》，第 15 页；此是"新获吐鲁番出土文献整理小组"据原卷核校后的录文。
② 唐长孺《吐鲁番文书中所见高昌郡县行政制度》，原载《文物》1978 年第 6 期，此据氏著《山居存稿》，北京：中华书局，1989 年，第 344—361 页；祝总斌《高昌官府文书杂考》，第 465—501 页；柳洪亮《高昌郡官府文书中所见十六国时期郡府官僚机构的运行机制》，《文史》第 43 辑，1997 年，第 73—104 页。
③ 王云路、方一新《中古汉语语词例释》，第 217—218 页。
④ 《太平御览》卷三八五《人事部·幼智下》，第 1781 页上。

之《整市教》云:"近检校山阴市,多不如法。"① 王隐《晋书》载元康三年武库失火,"检校,是工匠盗库中,恐罪,乃投烛著麻膏中火燃"②。阿斯塔那62号墓出土北凉文书《翟强辞为征行遁亡事》云:

6 ☐☐乞赐教,付曹召款并枉☐☐检校③

同墓《翟强辞为受赇事》:

3 ☐逋,强即上辞:蒙教付曹检校,款曁☐☐☐④

与《冥讼文书》同墓出土的《北凉某年九月十六日某县廷掾案为检校绢事》:

4 ☐☐今检校,一无到者。今遣☐☐☐⑤

这些例子里,检校还有"审查"之义。在总共12个例子中,有11例的"检校"行用于官方政务运行的过程,尤其是后三例,直接出现在了北凉的官文书中。众所周知,冥界的官僚体制与阳间有着惊人的相似性,冥界审判的场景其实就是阳间的翻版。因此,仿照阳间官文书的用语,请求阎罗"检校"就不难理解了。

第二个用语是"辞具"。文书用语中,"辞"的末尾一般使用"谨辞"或"谨辞以闻",本件文书则使用"辞具"一词。祝总斌发现,阿斯塔那233号墓《相辞为共公乘艾与杜庆毯事》的第4行"从官分处。辞具"与62号墓《翟强残辞》结尾的"分处。谨辞"类似,他据此认为"辞具"等于"谨辞"⑥。祝先生的结论十分正确,今先迻录《相辞为共公乘艾与杜庆毯事》全文,再作补充:

1 正月内被敕,催公乘艾枣直(值)毯,到艾

---

① 《初学记》卷二四《居处部·市》,第593页。
② 《太平御览》卷八六四《饮食部·脂膏》,第3837页下栏。
③ 《吐鲁番出土文书》壹,第48页。
④ 《吐鲁番出土文书》壹,第49页。
⑤ 《新获吐鲁番出土文献》,第215页。
⑥ 祝总斌《高昌官府文书杂考》,第480页。

2　舍。芰即赍毯六张，共来到南门前，见
3　杜庆。芰共相即以毯与庆。今被召审
4　正，事实如此，从官分处。辞具。
5　　　　　谀①

这件文书的年代，整理者认为在建平年间。经学者们考订，建平年号起于437年，止于443年②，与《冥讼文书》的年代接近。"辞具"一词还见于2006年吐鲁番文物局征集所获《北凉承平（？）七年八月五日高昌廉和辞为诊病事》：

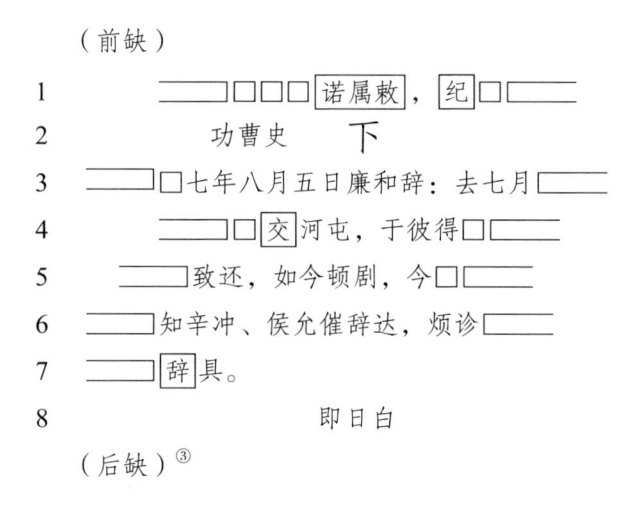

（前缺）

1　　□□□□诺属敕，纪□□□
2　　　　功曹史　　下
3　　□□七年八月五日廉和辞：去七月□□□
4　　　□□交河屯，于彼得□□
5　　　□□致还，如今顿剧，今□□□
6　　　□□知辛冲、侯允催辞达，烦诊□□□
7　　　□□辞具。
8　　　　　　即日白

（后缺）③

这件文书的年代，有前凉升平七年（363）、西凉建初七年（411）、北凉真兴七年（425）、承平七年（449）和阚氏高昌永康七年（472）多种选择，孟宪实推测是承平七年④，即使推测有误，大致也不出425—472年间，与《冥讼文书》的年代相距不远。前者"辞具"下是"谀"的签署，后者则是"即日白"，都清楚地表明"辞

---

① 《吐鲁番出土文书》壹，第105页。
② 吴震《吐鲁番文书中的若干年号及相关问题》，《文物》1983年第1期，第30—32页；朱雷《出土石刻及文书中北凉沮渠氏不见于史籍的年号》，原载《出土文献研究》，北京：文物出版社，1985年，此据氏著《敦煌吐鲁番文书论丛》，兰州：甘肃人民出版社，2000年，第37—41页。另参王素《高昌史稿（统治篇）》，北京：文物出版社，1998年，第226—235页。
③ 《新获吐鲁番出土文献》，第273页。
④ 孟宪实《吐鲁番新出一组北凉文书的初步研究》，沈卫荣主编《西域历史语言研究集刊》第1辑，北京：科学出版社，2007年，第4—8页。

具"在文书格式上的作用和"谨辞"相同,表示了"辞"的结束。

此前公布的十六国时期的吐鲁番文书中,以"辞具"结尾的特殊用法仅《相辞为共公乘芰与杜庆毯事》一件,加上新发现的《冥讼文书》和《高昌某年八月五日廉和辞为诊病事》也不过三件,而这三件均属北凉文书。《冥讼文书》模仿官文书的书写是显而易见的。

第三个用语是"明为了理"。明是副词,作"明白地、明确地"解,了、理是动词,了是决断、决定之义,理是处理之义,整句的意思是明白地给予决断和处理。唯一可资比对的文献是阿斯塔那62号墓《翟强残启》:

4　□□赐教付曹,明为□□□□①

"明为"以后文字残缺,但用在官文书"赐教付曹"的后面,也应是请求决断处理的意思,因此后面残缺的文字很可能就是"了理"两字。

以上所举《冥讼文书》的三个用语都可以在北凉的官文书中找到佐证,就目前掌握的材料来看,"辞具"和"明为了理"只出现在北凉的官文书中。这都清楚地表明,官文书特别是北凉官文书成为了《冥讼文书》的书写模板。

大致了解了《冥讼文书》的内部结构后,我们不禁要问:《冥讼文书》的书写者是谁?《冥讼文书》当然不会是死者赵货自己所写,文中提到"货母子",则书写者可能是赵货母亲,也可能是赵母请人所书,后者的可能性居大。同墓另出土纸帽一顶,是用一百多片官文书粘贴而成,经拆揭后发现,这是一批高宁县贼曹文书,有"义和三年(433)二月"纪年。有能力得到几个月前的官文书,至少表明赵家与高宁县的衙门平时就有往来,或许《冥讼文书》也是出自衙门小吏之手。我们知道,官文书的书写比较严格,一篇文书里每行的字数差不多是固定的。观察《冥讼文书》可以发现,除去行间添补的文字外,第2行共15个字,第3—5行各13字,第6行12字,第7行11字,第8行12字,第9行4字,除第2、9行外,其余大致每行12、13字。第2行由于有年月日的数字,相对来说字距可以紧凑些,按照正常字距推算原本也应在12、13字。我注意到,第7行的"具"字显然是为了不另起一行而被压缩在本行的,同样的情况也出现在第4行末尾的"照"字上,但压缩"照"字是为了凑足每行13字,而第7行全部只有11字,唯一的解释是:《冥讼文书》原

---

① 《吐鲁番出土文书》壹,第49页。

本到此结束。如果这种推测成立，那么最后两行"货母子白"就是后来添加上去的。这并非是不可能的事情，文书在行间另外书写也可证明此种推测。"即就后世皇天后土"几字的墨色差不多，而"衔恨入土"的墨色偏重；"召琳检校"与"夫妻及男女子孙"的墨色也不同，后者明显偏浅。据此可以认定，"衔恨入土"与"夫妻及男女子孙"是在整篇文书书写完毕后添上的。

值得注意的是，《冥讼文书》的书写带有浓重的佛教色彩。前人在判断墓券材料的思想史背景时都承认，这批材料与道教有密切的关系，但对这种密切关系的程度则有不同看法，或者强调汉末之前中国早期传统的延续，或者直接看作是早期道教活动的产物[①]。尽管争论激烈，但对于墓券材料的书写者却有一个比较相同的判定，即认为 5 世纪中叶以前，这类与鬼神沟通的事情只能是由方士和巫者进行[②]，5 世纪中叶以后佛教徒开始参与进来[③]。由于《冥讼文书》与墓券类材料之间存在较大差别，目前也没有足够的同类文书以支持类型性研究，我们无法得知这类文书的书写是否最终也趋于程序化，但就本件文书而言，其中所蕴含的佛教背景则比较明显。历来的研究者均众口一词，认为五凉时期高昌的佛教总体水平不高，直到北凉王族入据高昌之后，佛教水平才得到大步提高，深入民间则要等到 6 世纪以后，以马雍先生的结论最具代表性：

> 在这批出土文书中也有零星反映佛教的数据，但并不显著，而随葬衣物疏这种迷信文字中竟完全没有佛教术语，可以想见，当时当地佛教可能仅流行于上层贵族间，并未深入到民间去，民间的风俗习惯仍保持汉魏时代汉族的传统，

[①] 这方面的文章很多，详细的讨论参看刘屹《敬天与崇道——中古经教道教形成的思想史背景》，第 3—14、61—130 页。

[②] 参见刘屹《敬天与崇道——中古经教道教形成的思想史背景》，第 259—266 页；鲁西奇《汉代买地券的实质、渊源与意义》，《中国史研究》2006 年第 2 期，第 67 页；陈昊《汉唐间墓葬文书中的注（疰）病书写》，荣新江主编《唐研究》第 12 卷，北京：北京大学出版社，2006 年，第 270—273、287—293 页，修订版收入氏著《疾之成殇：秦宋之间的疾病名义与历史叙事中的存在》，上海：上海古籍出版社，2020 年，第 186—190、203—210 页。

[③] 近期的成果参见：荒川正晴《トゥルファン汉人の冥界观と佛教信仰》，森安孝夫责任编集《中央アジア出土文物论丛》，京都：朋友书店，2004 年，第 111—125 页；同氏《北朝隋唐初の在俗佛教信徒と五道大神》，《中国学の十字路——加地伸行博士古稀记念论集》，东京：研文出版社，2006 年，第 309—323 页；孟宪实《汉唐文化与高昌历史》，济南：齐鲁书社，2004 年，第 235—253 页。更为详细的研究目录参见陈昊《疾之成殇：秦宋之间的疾病名义与历史叙事中的存在》，第 211 页注①。

而未受到佛教的影响。[1]

　　《冥讼文书》的出土却让我们不得不对以往的认识提出质疑。同墓出土有女性绣花鞋一双,从鞋底拆出了《论语》白文残本和《毛诗》的带栏白文残本,至少说明《毛诗》原本是作为书籍存在的,可以推测赵家的文化程度不低。如前所论,《冥讼文书》中的"就后世"只在佛经中出现,世俗文献难觅其踪迹;"盐罗大王"是目前所知世俗文献中有关阎罗的最早记载;"平等之主"更只能是从佛典意译而来。《冥讼文书》的书写者能随意地使用这些词语,并将之应用于文书书写中,虽然很可能不是赵母的手笔,至少为赵母所接受,这暗示着赵母及书写者均具有一定的佛教信仰,以阎罗王地狱审判为主要内容的佛教冥界观念已得到高昌普通百姓的认可。以上种种迹象足以说明,五凉时期的高昌佛教信仰不是只在上层贵族中流行,佛教的影响已经深入到民间,渗透入他们的日常生活中。

　　至此,我们可以对《冥讼文书》的书写过程作出描述。赵货死后,赵母一方面从高宁县衙门得到了一批废弃的官文书用来制作明器,另一方面又请人(可能是衙门小吏)撰写了辞状。从"即就后世""盐罗大王、平等之主"这些佛教色彩浓厚的词语来看,书写者很可能是一个佛教徒,因此辞状的原稿仿照阳间的官文书书写,语调平实,只是陈述事实、阐明立场并提出解决办法。但赵母不满于这种平淡的表达方式,丧子之痛令她的内心充满了怨恨,她不但要替冤死的儿子在冥界提交诉状,也要将赵琳夫妻及男女子孙都送入地狱。在她的要求下,撰者又加入其子"衔恨入土"等内容,秉承了赵母的意愿。

---

[1] 马雍《吐鲁番出土高昌郡时期文书概述》,《文物》1986年第4期,第33页。另参小田义久《沮渠氏と佛教について》,《龙谷史坛》第60号,1968年,第1—55页;陆庆夫《五凉佛教及其东传》,《敦煌学辑刊》1994年第1期,第8—15页;张学荣、何静珍《论凉州佛教及且渠蒙逊的崇佛尊儒》,《敦煌研究》1994年第2期,第98—110页;姚崇新《北凉王族与高昌佛教》,《新疆师范大学学报》1996年第1期,第68—69页;贾应逸《鸠摩罗什译经和北凉时期的高昌佛教》,《敦煌研究》1999年第1期,第146—158页;姚崇新《试论高昌国的佛教与佛教教团》,初刊《敦煌吐鲁番研究》第4卷,北京:北京大学出版社,1999年,第49—54、61页,收入氏著《中古艺术宗教与西域历史论稿》,北京:商务印书馆,2011年,第198—206、215—217页;荒川正晴《トウルフアン汉人の冥界观と佛教信仰》,第112—115页;冯培红《五凉的儒学与佛教》,《兰州学刊》2006年第1期,第52—54页。

四、《冥讼文书》所见的血亲关系

文书最后两行是撰者根据赵母的意思后加上去的，与辞状已经没有多大关系。赵货母子将自己的亲人告到冥府，此举在阳间实属大胆。中国古代最重长幼尊卑，历来对于告发、殴打、辱骂长辈的举动都有严厉的惩罚措施，如秦律规定：

"子告父母，臣妾告主，非公室告，勿听。"可（何）谓"非公室告？"主擅杀、刑、髡其子、臣妾，是谓"非公室告"，勿听。而行告，告者罪。[①]

汉初循秦制，《二年律令·告律》也规定：

子告父母，妇告威公，奴婢告主、主父母妻子，勿听。而弃告者市。[②]

比起秦律更加严厉，直接处以弃市。此条规定也被唐律采用。这些都是针对直系亲属，而有关中古前期起诉旁系亲属的规定，我没有找到具体条文，只有一些旁证。《二年律令·贼律》记载："殴兄、姊及亲父母之同产，耐为隶臣妾。"[③]殴打父母的兄弟姊妹，所受惩罚虽然要轻些，但仍然要入狱成为刑徒。《唐律疏议·斗讼律》云：

诸告期亲尊长、外祖父母、夫、夫之祖父母，虽得实徒二年，其所告事重者减所告罪一等。[④]

兄弟为期服，所以本条恰好适用于控告叔伯的事例。通过对一些事例的分析，我猜测，中古前期也应该存在类似的规定。《搜神记》记载了一个故事：

嘉兴徐泰，幼丧父母，叔父隗养之，甚于所生。隗病，泰营侍甚谨。是夜三更中，梦二人乘舡，持箱上泰床头，发箱出簿书，示曰："汝叔应合死也。"

[①] 睡虎地秦墓竹简整理小组编《睡虎地秦墓竹简·法律答问》，北京：文物出版社，1978年，第196页。
[②] 《张家山汉墓竹简（二四七号墓）》，第27页。
[③] 《张家山汉墓竹简（二四七号墓）》，第14页。
[④] 刘俊文《唐律疏议笺解》卷二四《告期亲尊长》，北京：中华书局，1996年，第1629页。

泰即于梦中下地，叩头祈请哀愍。良久，二人曰："汝县有同姓名人不？"泰思得，语鬼云："有张隗，不姓徐。"此二人云："亦可强逼。念汝能事叔父，当为汝活之。"遂不复见。泰觉，叔乃瘥。①

徐泰与其叔亲如父子，由此感动冥界，救了其叔一命。其实，中古前期，一旦父亲较早过世，叔伯某种程度上要承担起照顾兄弟遗孀、遗孤的责任。《会稽典录》记载：东汉乌程男子孙常与弟弟孙烈分居，各得田半顷。孙烈去世后留下孤儿寡母，孙常时常送些粮食周济，谁料后来孙常居然讨要粮食钱，寡母只得以田地抵债。孙烈儿长大后控告伯父：

> 掾史议，皆曰："烈孙儿遭饿，赖常升合，长大成人，而更争讼，非顺孙也。"（钟离）意独曰："常身为遗父，当抚孤弱，是人道正义；稍以升合，券取其田，怀挟奸路，贪利忘义。烈妻子虽以田与常，困迫之至，非私义也。请常田俾烈妻子。"于是众议，无以夺意之理。②

掾史与钟离意的出发点是不同的：后者站在义利之辨的高度，强调孙常负有抚育、照顾遗孤的责任，不应见利忘义；前者代表的是一般大众的观点，认为孙常对兄弟的妻儿有活命之恩，并且一直抚育孙烈之子长大成人，不应该受到侄子的控告。二者看法虽然有所差异，但都认为孙常与其侄子之间本该义如父子。尽管我们现在无法看到确切条文规定，但是，从礼的角度考虑，为了维持宗法制下尊卑的等级观念，控告自己叔伯的行为在阳间必定是要受到惩罚，这一点应是不争的事实。因此，这个案子最后虽然按照钟离意的意思进行了裁决，但孙烈之子估计也难逃控告尊长带来的惩处。

赵货母子除了向冥界的阎王递交辞状外，还把此事通告给"大公己父"。"己父"是对赵货而言，指其父；大公是对赵货母亲而言，指公爹、公公。王绍峰以为"大公"这种称呼新出现于唐代，大概是南北朝时期"大人公"一词双音化的产物③，但现在我们知道，十六国时期即有这种固定称谓了。赵货母子请求死去的先人作出决断和

---

① 干宝撰，李剑国辑校《新辑搜神记》卷八《徐泰》，北京：中华书局，2007年，第144页。
② 《太平御览》卷六三九《刑法部·听讼》，第2863页上；杜佑撰，王文锦等点校《通典》卷一六八《刑法·决断》，北京：中华书局，1988年，第4347页。
③ 王绍峰《初唐佛典词汇研究》，合肥：安徽教育出版社，2004年，第167—168页。

173

处理，这反映出时人关于冥界祖灵的观念。

借助于大量出土的墓券材料，学者们已经能够深入到中古前期人们的思想世界，体悟时人对于冥界的恐惧：他们害怕冥界先人及其它厉鬼对于生人的侵扰，一再强调生死永绝，"无令死者注于主人"，因此赋予了墓券镇墓（安抚死者、护卫生者）、解除（排除灾祸）的功能，千方百计隔绝阳间与冥界的联系[1]。但墓券材料显现出来的只是时人对祖灵的一种观念，我们不能忽视传世文献所传递的另一种信息——祖先崇拜。时人相信阳间与冥界始终处于一种往复循环的状态中，生死两界无法彻底隔绝[2]，所以，人们对于先人实际上是抱着两种态度：一方面希望各安其土、各守其分，不要互相干扰；另一方面又要时常祭祀，祈祷先人的保佑，这一点在墓券材料中其实也有反映，如灵宝张湾汉墓出土的陶罐文里就提到"令后世子子孙孙土（仕）宦，位至公侯，富贵，将相不绝"[3]的话。我们熟悉的胡母班见太山府君的故事里，胡母班第二次见太山府君时，看见自己死去的父亲身着械器劳作，他心中不忍。在父亲的授意下，他求太山府君免除父亲的劳役，让父亲回乡当一个冥界的社公。太山府君警告说："死生异路，不可相近，身无所惜。"但胡母班依旧苦请，府君最终答应。回到阳间的家后，胡母班的孩子相继死亡，他十分惊恐，再次向太山府君求救，府君笑曰："昔语君：'生死异路，不可相近'故也。"于是召胡母班的父亲来询问缘由，父亲回答说："久别乡里，自忻得还，又遇酒食充足，实念诸孙，召而食之耳。"[4]故事里，胡母班出于对父亲的孝顺，不但将他从冥界的苦海里解救出来，还通过关系把父亲安置在自己居住的乡里当了一个冥界小官；父亲也因为思念子孙的缘故，把孙儿召来共享天伦之乐。都是出于亲情，产生的结局却迥异，而这个结果太山府君早就预料到了。故事实际上透露了一个重要信息：生人对于阳间和冥界的界限有着清晰的认识，他与祖灵之间的沟通不是能够随意进行的，需要通过一定的途径和方法；祖灵则不同，他们可以随意与生人交通，甚至可以勾取亲人的魂魄到冥界来。

---

[1] 关于死后世界的论述很多，余英时、Michael Loewe、饶宗颐、萧登福、巫鸿、蒲慕州、杜正胜、刘增贵、具圣姬、刘屹、余欣等人都作过深入的研究，在很多问题上都取得共识，具体的研究情况请参余欣《神道人心——唐宋之际敦煌民生宗教社会史研究》，第104页注②。另参小南一郎《汉代的祖灵观念》，《东方学报》第66册，1994年，第18—38页；韩森《为什么将契约埋在坟墓里》，朱雷主编《唐代的历史与社会》，武汉：武汉大学出版社，1997年，第545页。

[2] 小南一郎《汉代的祖灵观念》，第1—18页。

[3] 河南省博物馆《灵宝张湾汉墓》，《文物》1975年第11期，第80页；刘昭瑞《汉魏石刻文字系年》，台北：新文丰出版公司，2001年，第216页。

[4] 《新辑搜神记》卷六《胡母班》，第99页。

第八章　吐鲁番新出《冥讼文书》与中古前期的冥界观念

祖灵的力量是如此巨大，这对于阳间的子孙来说是件忧喜参半的事情：忧的是生人与死人的交往常常会带来一些无法控制的后果；喜的是可以乞求祖灵的庇护，祖灵甚至可以运用自己的力量替子孙讨回公道。晋荀绰《晋后略》记载：

> 贾后既杀杨庶人于金墉城，又信妖巫谓"人既死，必诉怨于先帝"，乃覆而殡之，施诸厌劾、符书、药物以含瘗之。①

贾南风采取一切方术来厌镇杨皇后的冢墓，按照先前的理解应是为了防止亡灵回来寻仇，但巫师的话显然另有玄机，她所担心的是杨皇后到了冥界会向晋武帝诉怨，这才是厌镇的重点。因此，贾南风的举动其实最重要的是为了封住杨皇后的口，她内心恐惧的不是被她害死的杨皇后，而是她早已死去的公公——晋武帝。祖灵能够为后世子孙主持公道，这种观念由来已久。春秋时期，晋景公就有过这样的遭遇：

> 晋侯梦大厉，被发及地，搏膺而踊曰："杀余孙不义。余得请于帝矣。"坏大门及寝门而入。公惧，入于室。又坏户。公觉，召桑田巫。巫言如梦。……六月，丙午，晋侯欲麦，使甸人献麦，馈人为之。召桑田巫，示而杀之。将食，张，如厕，陷而卒。小臣有晨梦负公以登天，及日中，负晋侯出诸厕，遂以为殉。②

史家笔下的晋景公之死显得十分诡异，晋侯之死的原因被归结到了厉鬼寻仇上，而这个厉鬼恰好是被晋侯杀死的冤魂的祖灵。不管晋侯之死被如何演绎，祖灵复仇的观念古已有之则是毫无疑问的了。

中古前期，这类事例在文献中并不少见，主要集中在《冤魂志》里，兹举两例。其一，东海徐甲长子名铁臼，生母早亡，常受继母陈氏虐待。后陈氏也生下一男，取名铁杵，其意欲杀铁臼。于是虐待更甚，铁臼最终被杖死，时年十六。死后十来天，铁臼亡灵还家，登陈氏床曰："我铁臼也，实无片罪，横见残害，我母诉怨于天，今得天曹符，来取铁杵，并及汝身，当令铁杵疾病，与我遭苦时同。将去自有期日，我今停此待之。"后铁杵被亡灵捶打，至六岁而亡③。其二，东晋庾亮诛杀陶称后，咸康五年冬节会上，

---

① 《太平御览》卷一三八《皇亲部·武悼杨皇后》，第672页下。
② 《春秋左传正义》卷二六，成公十年四月，第1906页下。
③ 《冤魂志校注》，第75—77页；《法苑珠林校注》卷七五《十恶篇·邪淫部·感应缘》，第2222—2223页；《太平广记》卷一二〇《报应·徐铁臼》，第842页。

175

文武数十人忽然都起身向阶拜揖。庾亮很惊讶，忙问其故，大家都说是陶称的父亲陶侃来了。庾亮也起身迎接，只见陶侃在两人的搀扶下走来，对庾亮说："老仆举君自代，不图此恩，反戮其孤，故来相问，陶称何罪？身已得讼于帝矣！"庾亮无言以对，之后便病死①。这两个例子的共同之处就在于，受害者的冤屈都是借助于祖灵的力量才得以昭雪，前者是由铁臼生母的亡灵向天申冤，后者则是陶侃的亡灵亲自到阳间向生人庾亮问罪。由此可见，冥讼不仅仅是死者自己的事情，背后还牵动着祖灵的心，祖灵也以各种不同方式参与了冥讼的过程。

正是因为存在这样的观念背景，赵货母亲才会在辞状的末尾加上了"白大公已父"的话，她深信祖灵会帮助自己的儿子洗刷冤屈。但这只是赵母一个方面的考虑，她还有另外的设想。赵货与赵琳之间的矛盾说到底是家族内部事务，在阳间，这类矛盾本可以由家族长辈进行调解和裁决，而今一个在阳间一个已归冥界，所以由祖灵出面解决也是顺理成章的事情，于情于礼都不会有滞碍。《冤魂志》还有一个故事：

> 宋下邳张稗者，家世冠族，末叶衰微。有孙女姝好美色，邻人求娉为妾，稗以旧门之后，耻而不许。邻人怨之，乃焚其屋，稗遂烧死。其息邦先行不在，后还，亦知情状，而畏邻人之势，又贪其财，嘿而不言，嫁女与之。后经一年，邦梦见稗曰："汝为儿子，逆天不孝，弃亲就怨，僭同凶党。"便捉邦头，以手中桃杖刺之。邦因病两宿，呕血而死。邦死之日，邻人又见稗排门直入，张目攘袂，曰："君恃贵纵恶，酷暴之甚，枉见杀害，我已上诉，事获申雪，却后数日，令君知之。"邻人得病，寻亦殂殁。②

张稗枉死，已归祖灵的行列，他对待阳间亲人和仇人的方式明显不同。对自己的亲生儿子，怒其不孝，不但不为父报仇，还与仇人结成亲家，实质上等同于帮凶，由于是自己的儿子，张稗可以直接将其致于死地。对真正的仇人就不能这样，他必须向冥界上诉，得到批准后才能采取复仇的行动。这个例子正好可以说明赵母的设想：向"盐罗大王、平等之主"上诉是要借助冥界官府的力量申冤；告知"大公已父"则是要通过祖灵这一家族力量来谋求公道，万一冥界官府不能完成使命，也可以由祖灵出面在家族内部把事情解决。

---

① 《冤魂志校注》，第 32 页；《法苑珠林校注》卷九一《赏罚篇·感应缘》，第 2651 页。
② 《冤魂志校注》，第 70—71 页；《法苑珠林校注》卷七〇《受报篇·住处部·感应缘》，第 2091—2092 页；《太平广记》卷一二〇《报应·张稗》，第 840—841 页。

五、结 论

吐鲁番新出《北凉缘禾二年（433）高昌郡高宁县赵货母子冥讼文书》是一份珍贵的史料，对于我们深入认识中古前期民众冥界观念的发展提供了鲜活而生动的个案。首先，它第一次为我们呈现了中古前期地狱审判观念主导下《冥讼文书》的书写情况[1]。随着冥界官僚体制的建构逐步完善，墓葬文书模仿阳间官文书的格式进行书写已是十分普遍的事情，《冥讼文书》也不例外，其所使用的词汇明显是源于官文书。其次，它使我们对于五凉时期高昌佛教的发展水平有了新的估计。这时期佛教的传播不是只局限于社会上层，普通民众对于佛经的理解程度绝对不能小觑。资料显示，《冥讼文书》中的"盐罗大王"是目前我国世俗文献中有关阎罗王的最早记录，公元5世纪30年代，阎罗信仰在高昌已经传播，同期内地却未见相关的记载。最后，它促使我们必须反省墓券类材料所呈现出来的单一面相的冥界观。那是一批人们出于特殊目的而遗留下来的史料，强调生死两界的永隔，这只能反映中古前期冥界观念的一个方面。我们无法回避传统史籍里大量有关生死交流、祖先崇拜的记载，尤其是冥界祖灵与阳间子孙自由沟通时所展现的复杂情境，这远不是一句"生死永隔"就能简单概括得了的[2]。

（原载《中华文史论丛》2007年第4辑，第31—63页。）

---

[1] 姜守诚认为本件文书中出现的神祇可以分为三个类别：皇天后土是道教及民间俗神，阎罗大王平等之主是佛教神，大公己父是家族先逝者，因此《冥讼文书》不应仅单纯地认为其深受佛教之影响，他从六朝道教文化入手分析此件文书所见北凉高昌民众的丧葬礼俗及宗教氛围，强调其反映的是道教初传河西地区的一种情形。见《北凉"缘禾二年"冥讼文书与六朝道教"冢讼"观念》，收入氏著《出土文献与早期道教》，北京：中国社会科学出版社，2016年，第373—417页。

[2] 龚韵蘅注意到了这点，她将幽明两界的关系分为"相应合"与"相对逆"二种。所谓"相对逆"是指幽冥两界的对立竞争关系，她利用墓券材料和《太平经》所得出的结论也是强调生死两界的隔绝。"相应合"是指冥界对阳间的模拟，表现在冥报观念与承负思想、冥界的经济活动以及差序格局（氏著《两汉灵冥世界观探究》，台北：文津出版社，2006年，第69—133页）。与本文旨趣最接近的是冥报、承负观念，但她只是关注鬼类自己复仇的情况，没有注意到祖灵的作用。

第九章 先秦至南北朝时期的冥讼——从吐鲁番新出《冥讼文书》谈起

一、引 言

众所周知，在中国古代的思想观念里，宇宙被分割成天上、人间与幽冥世界三个空间，一般而言，天上、幽冥两界的设置往往是人间生活方式及权力格局的投射。因此，生人的活动在其死亡之后也会在另外的世界得到延续，如司法程序中的诉讼制度，民间传说中宋代清官包拯就具有日判阳事、夜判冥事的本领。就法制史学界的研究视角而论，现世的司法制度无疑是首要关注的，冥间的司法由于是现世的投射，所以关注的相对较少，且主要集中在《十王经》等敦煌吐鲁番文献上。近年来，陈登武集中探讨中古时期的"地狱审判"，试图审视道教、本土民间信仰以及佛教对于"地狱审判"书写的策略与发展，进而揭示其意义与价值，以此来凸显地狱、宗教与国家统治的连结[1]，给人颇多启发。陈先生所探讨的是较为宽泛的"地狱审判"现象，在他看来，不管是本土的"冥判""神判"，还是佛教传入后的"地狱审判"，本质含义都是一致的，"都指向一种'死后的审判'或'超越俗世的仲裁'的意义"[2]，

---

[1] 陈登武《从人间世到幽冥界——唐代的法制、社会与国家》，台北：五南图书出版公司，2005年，第292—334页；同作者《地狱·法律·人间秩序——中古中国宗教、社会与国家》，台北：五南图书出版公司，2009年，第51—169页。另外，朴永哲撰有《中世中国における地狱と狱讼——唐代地狱说话に见える法と正义》(《史林》第80卷第4号，1997年，第94—121页)一文，利用《太平广记》所载唐代入冥故事来分析当时中国人的法律意识，他所说的"狱讼"其实就是冥讼，但他对"狱讼"并无界定，所用的入冥故事很多都与冥讼无关。

[2] 陈登武《地狱·法律·人间秩序——中古中国宗教、社会与国家》，第54页注7。

第九章　先秦至南北朝时期的冥讼——从吐鲁番新出《冥讼文书》谈起

并进而"施以福荫或惩罚"[①]。而我认为，本土的冥判、神判与佛教传入后的地狱审判不能简单地混为一谈。促使我作此思考的是吐鲁番新出的一份冥讼文书。2006年10月，吐鲁番洋海墓地出土了一件独特的文书（编号为2006SYIM4:1），根据内容，"新获吐鲁番出土文献整理小组"将其定名为《北凉缘禾二年（433）高昌郡高宁县赵货母子冥讼文书》，简称《冥讼文书》"。有关这件文书的内容考释及初步解说，请见本书第八章《吐鲁番新出〈冥讼文书〉与中古前期的冥界观念》，该文对"冥讼"本身着墨不多。本文即要弥补前文的遗漏，集中探讨先秦至南北朝时期冥讼的诸面相。为讨论方便，先将新出《冥讼文书》的录文迻录如下：

（前缺）

1　□□□□□□□□
2　缘禾二年十月廿七日，高昌郡高宁县
3　都乡安邑里 民 赵 货辞：行年卅，以
4　立身不越王法，今横为叔琳见状
5　枉死，即就后世，衔 恨 入土。皇天后土，当明照
6　察；盐罗大王，平等之主，愿加威
7　神，召琳夫妻及男女子孙检校。冀蒙列理，辞具。
8　货母子白大公、己父，明为了理，
9　莫爰（缓）岁月。[②]

（余白）

二、先秦时期的冥讼

所谓冥讼，就是在人死后世界发生的诉讼。所以，相信人死后会进入另外一个世界继续存在，同时能够与现实世界保持联系，这是冥讼存在的前提。对于中国古

---

① 陈登武《地狱·法律·人间秩序——中古中国宗教、社会与国家》，第94页注40。
② 图版和释文见荣新江、李肖、孟宪实主编《新获吐鲁番出土文献》，北京：中华书局，2008年，第170—171页。

179

代大多数的民众来说，这显然不成问题，他们普遍相信来世，相信死后世界的存在。

冥讼存在的另一个必要条件就是需要有受理诉讼的机构。现实世界中，人们可以向官府提起诉讼；而死后世界里，又该由谁来受理诉讼？

先秦时期有关冥讼的资料主要集中在《左传》。有一则故事说晋惠公即位后，改葬冤死的太子申生。某日，狐突在去曲沃的路上遇到申生，申生告诉他说："夷吾无礼，余得请于帝矣，将以晋畀秦，秦将祀余。"在狐突的劝说下，申生答应"吾将复请"。七日后，申生告诉狐突："帝许我罚有罪矣，敝于韩。"[①]申生与晋惠公身处两个不同的世界，为了寻仇，他把晋惠公告到"帝"面前，"帝"不但接受他的诉讼，而且许可申生实施复仇计划。这里的"帝"应即"上帝"或"天帝"。可见，天廷是受理冥讼的地方，上帝、天帝是最后的裁决者，他的威权在现实与死后两个世界发挥着效力。

第二则故事发生在晋景公身上：

> 晋侯梦大厉，被发及地，搏膺而踊曰："杀余孙，不义。余得请于帝矣。"坏大门及寝门而入。公惧，入于室。又坏户。公觉，召桑田巫。巫言如梦……六月，丙午，晋侯欲麦，使甸人献麦，馈人为之。召桑田巫，示而杀之。将食，张，如厕，陷而卒。小臣有晨梦负公以登天，及日中，负晋侯出诸厕，遂以为殉。[②]

这则故事有两点值得注意。其一，晋景公与厉鬼之间并无直接的关联，厉鬼是替自己的后辈子孙寻仇，而且他事先征得了天帝的同意。简言之，厉鬼是为别人而向天帝发起冥讼。其二，由于牵连进冥讼，晋景公很快就去世，有意思的是他死亡的过程被描绘成"登天"，或许可以理解成到天廷去解决冥讼。

以上两个故事，关注的焦点在"请于帝"一句，我的理解即"讼于天"。如果说用这两则故事来印证我的结论还不够有力，可以再来看以下一则故事：

> 范氏之徒在台后，栾氏乘公门。（范）宣子谓（范）鞅曰："矢及君屋，死之！"鞅用剑以帅卒，栾氏退，摄车从之。遇栾乐，曰："乐免之，死，将讼女于天！"

---

① 《春秋左传正义》卷一三，僖公十年四月，《十三经注疏》本，北京：中华书局影印，1980年，第1801页下—1802页上。
② 《春秋左传正义》卷二六，成公十年四月，第1906页下。

乐射之，不中；又注，则乘槐本而覆。或以戟钩之，断肘而死。①

这是春秋中晚期晋国大族纷争时的一幕。栾氏叛，范鞅追击时遇上栾乐，他说：我即便战死也不会放弃追究你的罪行，方式即"将讼女（汝）于天"。这句咬牙切齿之语显然起到了恫吓的作用，慌乱之中，栾乐放箭失去水平，驾车又倾覆，最终被范氏杀死。可见，现实世界的仇怨并不是那么容易化解，那股怨恨之气甚至可以伴随亡灵进入死后世界，向天廷提起冥讼。范鞅与栾乐的表现都证实当时的观念是认可冥讼的，而且冥讼的场所在"天"。

《左传》记载的这三则故事的真实性当然值得怀疑，但这并不妨碍我们体察当时民众对于冥讼现象的认知。殷周之世的甲骨、金文材料表明，在魂魄二元论产生之前，时人就已经认为人身体内有某种存在，当人死后，这种存在脱离人体升到天上，用比较晚出的金文"鬼神"一词或许可以指称"这种存在"②。春秋战国时期，魂魄二元论发展起来，人们普遍相信人在世时魂魄一体，当人死后，魂升上天，魄则沉入地；随着时间的流逝，亡灵渐渐地缩小、分散直至消亡③。当时的观念里，人的生命来源于天，各种司命神祇代理天帝执行主宰人间生命的权力；虽然黄泉、九京（九原）、下土逐渐成为地下世界的代名词，但总体上对地下世界的认识仍然比较模糊④。于是，死后世界的主宰者便只有一个，即天帝⑤。因此，如果要进行冥讼，只能向天廷或天帝提起，这就是《左传》故事中的"请于帝""讼于天"。

三、中古前期的冥讼

逮及秦汉，死后世界的格局出现了巨大变化。天上不再是亡灵的主要去处，地下世界（幽冥世界）的地位逐渐凸显。参照现实世界的官僚机构设置，地下世界的

---

① 《春秋左传正义》卷三五，襄公二十三年四月，第1976页下。
② 杜正胜《从眉寿到长生——医疗文化与中国古代生命观》，台北：三民书局，2005年，第122—124页。关于中国古代"鬼"的论述，参蒲慕州《中国古代鬼论述的形成》，收入同氏编《鬼魅神魔——中国通俗文化侧写》，台北：麦田出版社，2005年，第19—40页。
③ 余英时撰，李彤译《"魂兮归来！"——论佛教传入以前中国灵魂与来世观念的转变》，收入氏著，侯旭东等译《东汉生死观》，上海：上海古籍出版社，2005年，第134—142页。
④ 杜正胜《从眉寿到长生》，第181—202、311—315页。
⑤ 萧登福《先秦两汉冥界及神仙思想探原》，台北：文津出版社，2001年，第23—27页。

境象越来越清晰，变得规整有序。东汉时，蒿里、泰山成为人们心目中的地下世界，是普通人死后的归宿，太山府君是地下世界的主宰者。魏晋之世，这种观念依旧十分流行，但随着佛教传入中国，阎罗信仰亦占有一席之地，与太山府君争夺地下世界的主导权。在这样的观念背景下，中古前期的冥讼亦呈现复杂境况。以下，我先将文献所见能明确判定是冥讼的事例列表标出（表9-1），再作讨论。

表 9-1　中古前期冥讼事例表

编号	冥讼原因	诉主	冥讼受理情况	冥讼结果	材料出处
1	汉王济侍从受婢诬告，云欲奸婢，侍从争辩，王济不信，杀之。	侍从	枉不可受，要当讼府君于天。	王济经年疾困，卒。	颜之推著，罗国威校注《冤魂志校注》，成都：巴蜀书社，2001年，第21页
2	汉灵帝诛杀渤海王刘悝，又废皇后宋氏，宋氏忧死。	刘悝、宋皇后	宋氏及悝自诉于天，上帝震怒，罪在难救。	灵帝崩。	《后汉书·灵帝宋皇后纪》，北京：中华书局，1965年，第448页
3	三国王复雇工匠造坟，克扣工钱。	工匠	仓（苍）天！乃葬当亩左。		安徽省亳县博物馆《亳县曹操宗族墓葬》，《文物》1978年第8期
4	三国魏郭恩兄弟三人将叔母推入井，继推大石下井杀之。	郭恩叔母	孤魂冤痛，自诉于天。	郭恩三兄弟得躄疾。	《三国志·管辂传》北京：中华书局，1959年，第812—813页
5	晋富阳县令王范妾桃英与丁丰、史华期通奸，为孙元弼所知。丁、史惧事情败露，乃诬孙元弼与桃英有私。王范不察，陈超亦在旁劝成其罪，遂杀元弼。	孙元弼	诉怨皇天，早见申理。	孙元弼鬼见作怪，王范、桃英、陈超等人相继死。	《冤魂志校注》，第55—58页
6	晋蒋潜偶得尸上一通天犀蠢，此物几经辗转落入齐豫章王之手，王薨后，内人江夫人将通天犀蠢断以为钗。	通天犀蠢之精	何为见屠割？必诉天，当相报！	江夫人死。	《太平广记》卷四〇三《犀导》引《续齐谐记》，北京：中华书局，1961年，第3249页
7	东晋谢尚年少时与家中婢通，誓约不再婚。后谢尚违誓。	婢	此婢死，在天诉之。	谢尚无嗣。	《太平广记》卷三二二《谢尚》引《志怪录》，第2551页

续 表

编号	冥讼原因	诉主	冥讼受理情况	冥讼结果	材料出处
8	司马氏杀曹爽、夏侯玄。	曹爽、夏侯玄	吾诉于上帝矣，子元（司马师）无嗣也；家国倾覆，是曹爽、夏侯玄诉冤得伸故也。	司马师无嗣；西晋亡。	《冤魂志校注》，第 26—27 页
9	东晋刘毅为荆州刺史，到州便杀牛牧寺僧主并四僧人。	牛牧寺僧主	贫道已白于天帝；云天帝当收抚军（刘毅）于寺杀之。	宋高祖攻刘毅，刘毅败走牧牛寺，自缢而死。	《冤魂志校注》，第 48—49 页
10	东晋庾亮诛杀陶称。	陶侃	陶称何罪？身已得诉于帝矣。	陶侃亡魂来问罪，其后庾亮病死。	《冤魂志校注》，第 32 页
11	郗回父无辜戮人数百口，取其财宝，殃考深重。	怨主	怨主恒讼诉。天曹早已申对，回法应灭门。	郗回修德，保其天年，然无法成仙道之事。	陶弘景撰，赵益点校《真诰·甄命授第四》（修订本），北京：中华书局，2023 年，第 135 页
12	宋陶继之围捕强盗，中有一太乐伎被诬为强盗同伙，陶继之不察，遂枉杀之。	太乐伎	昔枉见杀，诉天得理，今故取君。	陶继之死。	《冤魂志校注》，第 64—66 页
13	宋徐甲长子铁臼，生母早亡，常受继母陈氏虐待。后陈氏也生下一男，取名铁杵，其意欲杀铁臼。于是虐待更甚，铁臼最终被杖死。	铁臼生母	我母诉怨于天，今得天曹符，来取铁杵，当令铁杵疾病，与我遭苦时同。	铁臼亡灵返家作怪，铁杵长至六岁，得鬼病，遭铁臼亡灵捶打，月余并母而亡。	《冤魂志校注》，第 75—77 页
14	汉苍梧郡广信县寡妇苏娥往高要县卖缯，夜宿鹄奔亭。亭长龚寿贪图苏娥美色及财物，将其杀害。	苏娥	妾既冤死，痛感皇天，无所告诉，故来自归于明使君（交州刺史何敞）。	何敞捕龚寿及其父母兄弟，奏皆斩之。	李剑国《新辑搜神记》，北京：中华书局，2007 年，第 376—377 页
15	东汉鲜于冀为清河太守，作公廨未就而亡。继任者赵高计功用二百万，五官黄秉、功曹刘适则言四百万钱。	鲜于冀	鲜于冀书表自理，付赵高上于光武帝。	高以状闻，诏下，还冀西河田宅妻子焉。兼为差代，以弭幽中之讼。	陈桥驿《水经注校证》，北京：中华书局，2007 年，第 239—240 页
16	汉涪令之官，全家大小十余口，路过郿县藜亭，夜宿，为亭长所杀，埋在楼下。游魂为怪不止。	涪令之妻	诉于郿县令王忳。	王忳收斩亭长及同谋，掘尸归家殡葬，亭遂清安。	《后汉书·独行传》第 2680—2681 页；《水经注校证》，第 440 页

183

续　表

编号	冥讼原因	诉主	冥讼受理情况	冥讼结果	材料出处
17	晋贾南风杀杨皇后。	杨皇后	后既死，必诉怨于先帝（晋武帝）。		《太平御览》卷一三八引《晋后略》，北京：中华书局，1960年，第672页下
18	齐萧嶷病，文惠太子于膏、汤中加药，致使萧嶷病死。	萧嶷	吾已诉先帝，帝许还东邸①，当判此事。	文惠太子薨	《南史·萧嶷传》；王国良《颜之推冤魂志研究》，台北：文史哲出版社，1995年，第54页
19	会稽郡吏鄮县薛重还家，闻妻子床上有丈夫齁声，疑有奸夫，遍寻不得，仅见一醉蛇，乃斩蛇掷于后沟。	蛇（地府官员）	地府官员向府君讼薛重。	薛重死，亡后被带至一官府问审，府君始知是自己属下淫人妇，又妄讼人，乃将下属付狱，让薛重还阳。	刘义庆《幽明录》，鲁迅辑《古小说钩沉》，《鲁迅辑录古籍丛编》第1卷，北京：人民文学出版社，1999年，第237—238页
20	赵货为其叔赵琳诬告致死。	赵货母子	皇天后土，当明照察；盐（阎）罗大王，平等之主，愿加威神，召琳夫妻及男女子孙检校；白大公、己父，明为了理，莫爱（缓）岁月。		《北凉缘禾二年（433）高昌郡高宁县赵货母子冥讼文书》
21	秦人辟死生前被误判为城旦，死后得到昭雪，阳世官员宣布其无罪，但还需要向死后世界说明情况。	辟死	自尚。		刘信芳、梁柱编著《云梦龙岗秦简》，北京：科学出版社，1997年，第45—47页
22	宋张超与翟愿不和，翟忽为人所杀，咸疑是超。翟愿兄子铜乌于山中射杀张超。	张超	我不杀汝叔，枉见残害。今已上诉，故来相报。	引刀刺之，铜乌吐血而死。	《冤魂志校注》，第62—63页

---

① 《法苑珠林校注》卷六七《地狱部》作"吾已诉，先许还东邸"（北京：中华书局，2003年，第2008页）；《南史》卷四二《萧嶷》作"吾已诉先帝，先帝许还东邸"（北京：中华书局，2023年，第1171页）；敦煌P.3126文书作"吾已诉天帝，帝许还东郊"（图版见《法藏敦煌西域文献》第21册，上海：上海古籍出版社，2002年，第346页）。王国良《颜之推冤魂志研究》、罗国威《冤魂志校注》均以《法苑珠林》为底本，前者认为《法苑珠林》"吾已诉先"后有脱文，据《南史》和敦煌本校补为"已诉先帝，帝许还东邸"（第54页）；后者不认为此处有脱文，据敦煌本改为"已诉天帝，帝许还东邸"（第78页）。案：《南史》所载应本自《冤魂志》，较敦煌本（中和二年钞本）为早；细辨涂改痕迹可以发现，敦煌本"已诉"下原写作"先"，后涂去，旁写"天"字。可见王国良的校补为确。

184

续 表

编号	冥讼原因	诉主	冥讼受理情况	冥讼结果	材料出处
23	宋张稗孙女有姿色,邻人求亲,张稗不答应。邻人因愤而烧张家屋,张稗烧死。	张稗	枉见杀害,我已上诉,事获申雪。	邻人得病,寻亦殂殁。	《冤魂志校注》,第70—71页
24	许朝暴杀张焕之,又枉煞求龙马。	张焕之、求龙马	告诉于水官,水官逼许谧亡妻陶科斗返家,取家中当衰之子孙以塞责。	小茅君教以消解之法,平息冥讼。	《真诰·甄命授第三》,第118页
25	郗鉴今在三官为刘季姜所讼,争三德事。	刘季姜	诉在三官。		《真诰·甄命授第四》,第138页
26	周马头在水官讼其墙,引理甚苦。	周马头	诉在水官。		《真诰·甄命授第四》,第138页
27	薛世杀戴石子之女许贱,又杀许贱所抱小儿阿宁。	许贱	许贱今在水官,与儿相随,骸骨流漂,亦讼在三官,求对考今生人也。		《真诰·甄命授第三》,第121页

按照冥讼受理者的情况,这27个事例可以分成五组。事例1—13、20中,诉主的申诉对象分别是"天"、"仓天"①、"皇天"、"皇天后土"、"帝"、"上帝"和"天帝"。其中,"天"根据具体语境可代指天廷(事例1、2、4、6、7、12、13),或者人格化的天(事例3、5、20)。归结起来,第一组13个事例的申诉对象延续了先秦时期的传统,依旧是天廷和天帝。

事例14—16是第二组,申诉对象是阳世的官员甚至皇帝,此点颇不同以往。秦汉时期,现实世界的官吏与死后世界沟通的例子,多见于出土木牍②,再有就是放马滩秦简中记载的死而复生的故事③。但这些事例都是两个世界的官吏直接沟通,或将死者移交给地下世界,或让枉死者复生,至于死者向阳世的官吏提起冥讼则未见。刘屹指出,"从一开始,生死两界、人神两界在人们的信仰世界中就是连为一体的。

---

① 此例"仓天"的含义,参刘昭瑞《考古发现与早期道教研究》,北京:文物出版社,2007年,第154页。
② 这类木牍主要有:云梦龙岗秦墓所出辟死木牍、江陵高台一八号墓所出安都丞木牍、马王堆三号墓所出木牍、江陵凤凰山十号墓及一六八号墓所出木牍等。
③ 李学勤《放马滩简中的志怪故事》,初刊《文物》1990年第4期,此据氏著《简帛佚籍与学术史》,南昌:江西教育出版社,2001年,第167—175页;Donald Harper撰,陈松长、熊建国译《战国民间宗教中的复活问题》,中国社会科学院简帛研究中心编《简帛研究译丛》第1辑,长沙:湖南人民出版社,1996年,第27—43页;姜守诚《放马滩秦简〈志怪故事〉考释》,氏著《出土文献与早期道教》,北京:中国社会科学出版社,2016年,第3—102页。

有生必有死，主民生者亦必主民死事"，两个世界虽然各有主宰，但"两套管理体制在本质上是相通的，在形式上也是相近的"[1]。因此，现实世界的官吏受理冥讼，惩罚生人，在观念上亦不存在滞碍之处。

事例17—20是第三组，申诉对象均属地下世界。一种情况是诉主从死去的先人那里寻求帮助（事例17、18、20），这很大程度上是根植于对祖灵力量的崇拜[2]。另一种情况是诉主直接向地下世界的主宰者提起诉讼。事例19，地府的官员化作蛇在人间为祸，受到薛重的惩处后在地下世界提起冥讼，薛重因而死去，被拘到地下世界受审。整个事件过程，受理冥讼的是"府君"，联系东汉以后盛行的泰山府君治鬼信仰，此处的"府君"应该指泰山府君。事例20是赵货直接把诉状埋进坟墓，呈递给阎罗王。

第四组事例21—23没有明确记载申诉对象。事例21是一份虚拟的刑狱文书，刘昭瑞将"自尚"解释为"自上"，也就是辟死在死后世界上书自讼[3]，此说甚是。不过，刘先生很肯定地认为自讼的对象是"地下的有关方面"，则尚需斟酌。虽然楚地巫风浓厚，屈原的笔下亦有对地下世界——"幽都"的描绘，但埋入坟墓并不等于一定是在向地下世界传递信息。放马滩秦简中，为使死者丹复生，卜者屋圭主要向公孙强祷告，后者恰恰是天帝手下主管人间生命的大神司命的僚属[4]；扬州邗江胡场五号汉墓曾出土一件木牍，置于棺室中，上书三十几位神灵的名字，有山川之神、土地城邑之神、祖先神和天神[5]，显然这件带入坟墓的木牍的观者不仅仅是地下世界，还包括天上的神灵。因此，地下世界只是辟死申诉对象的可能性之一。

第五组事例24—27均出自早期道教典籍《真诰》。道教典籍里常见有"冢讼"一词，用以指称在死后世界发生的纠纷，其义与我所称"冥讼"颇同。道教冢讼产生的两大原因分别是亡灵讼冤和墓葬不良。翻检《真诰》全书，明确提到亡灵讼冤的不过表中所列寥寥四例，其余的多含糊其辞，且多数是因为墓葬不良因素导致[6]。这种记载比例的失衡或许与秦汉魏晋之世人们对墓葬的关注程度有关。

大量墓葬文书的出现，是中古前期社会引人注目的现象之一。买地券、衣物疏、

---

[1] 刘屹《敬天与崇道——中古经教道教形成的思想史背景》，北京：中华书局，2005年，第70—71页。
[2] 参本书第八章《吐鲁番新出〈冥讼文书〉与中古前期的冥界观念》第四部分。
[3] 刘昭瑞《考古发现与早期道教研究》，第383页。
[4] 杜正胜《从眉寿到长生》，第197—198页。
[5] 扬州博物馆等《江苏邗江胡场五号汉墓》，《文物》1981年第11期；刘昭瑞《考古发现与早期道教研究》，第153页。
[6] 姜守诚对冥讼与冢讼的细微差别有过探讨，见氏著《出土文献与早期道教》，第408—410页。

镇墓文、解注文等都表达了一种共同的信念：生人在安排好死者的后事以后，无一例外都希望生死永隔，死者不要回到现实世界来侵扰生人的生活。如东汉延熹四年（161）河南孟津钟仲游妻墓券文曰：

> 自今以后，不得干扰生人。有天帝教如律令。①

延熹九年（166）临猗韩郴兴镇墓文云：

> 生人自有宅舍，死人自有棺椁，生死异处，无与生人相索。②

光和二年（179）洛阳王当铅券云：

> 死人归蒿里，地下不得讦止，他姓不得名。③

敦煌佛爷庙东区1001号墓出土西晋翟宗盈镇墓文曰：

> 翟宗盈，汝自薄命蚤终，寿穷算尽，死见八鬼九坎。太山长阅（？），汝自往应之，苦莫相念，乐莫相思，从别以后，无令死者注于主人，祠腊社伏，徼于郊外，千年万岁，乃复得会，如律令！④

吐鲁番出土北凉真兴七年（425）宋泮妻隗仪容随葬衣物疏云：

> 10　谨条随身衣物数，人不得訒（认）名□□⑤

---

① 池田温《中国历代墓券略考》，《东洋文化研究所纪要》86号，1981年。此据其修订稿，收入《アジアの社会と文化》I，东京大学出版会，1982年，第215页。
② 刘昭瑞《汉魏石刻文字系年》，台北：新文丰出版公司，2001年，第193页。
③ 洛阳博物馆《洛阳东汉光和二年王当墓发掘简报》，《文物》1980年第6期，第55页；池田温《中国历代墓券略考》，《アジアの社会と文化》I，第221页；黄景春《王当买地券的文字考释及道教内涵解读》，《南阳师范学院学报》2003年第1期，第16—17页。
④ 夏鼐《敦煌考古记》（一），《考古通讯》1955年创刊号，6页，图版1—5；收入氏著，王世民、林秀贞编《敦煌考古漫记》，天津：百花文艺出版社，2002年，第53页。
⑤ 唐长孺主编《吐鲁番出土文书》壹，北京：文物出版社，1992年，第28页。

中古前期墓券文书的主要功能是买地、镇墓和解除。仿照现实世界的契约形式书写买地券，其目的在于向地下世界强调死者对墓地和随葬品的合法所有权，防止来自神灵和其他死者的侵扰，也即墓葬文书中所谓"他姓不得名""人不得仞（认）名"之类，否则就很可能招致上述两方的冢讼。这类冢讼使得死者在死后世界不得安宁，直接的后果就是死者会回来干扰生人，带来无穷的危害。为此，墓葬文书中才一再强调生死永绝，"无令死者注于主人"，同时也附上了镇墓（安抚死者、护卫生者）、解除（排除灾祸）的功能[①]。这类文书主要围绕墓地和随葬品展开，虽然罗列了地下主、地下丞、丘丞墓伯、地下二千石、主墓狱史、墓门亭长等地下诸神，有的还列上已故的先人，但他们的角色与"冢讼受理者"并无联系。换言之，这些地下世界的官吏、祖先是被周知死者到来及死者对墓地、随葬品合法所有权的对象，而非冢讼的对象。

汉末道教的观念中，冢讼的受理者是天、地、水三官。按照正一道的上章仪式，请祷时"书病人姓名，说服罪之意，作三通，其一上之天，著山上，其一埋之地，其一沉之水，谓之三官手书"[②]，三官各司其职，一般解释为天官赐福、地官赦罪、水官解厄，但在实际运作中并无如此清楚的区分。表中所列四个事例，或诉在水官，或统言诉在三官，可见魏晋时期已经不太执著于三官的区分了。《真诰》另有一处记载，云：

> 又许朝斩李玘之头，以代蔡扶之级，又走斩射潘綦等，支解铃下曹表等，水沉汤云之尸，火烧徐昂之骸，绞杀桓整，刳割振唅，酷害虐暴刑揽（谓应作"滥"字）四十有三。张皇讼冤，事在天帝，祸庆山积，善功无一。[③]

《真诰》记载许朝在世时杀了很多人，"张皇讼冤，事在天帝；祸庆山积，善功无一"这句是感慨之词，不能理解成那些被杀的人真的发起了冢讼。尽管如此，"张皇讼冤，事在天帝"还是让我们获悉了当时人们观念上的某种异动：受理冢讼是天帝的职责，而非三官皆可受理。成书于南北朝时期的《赤松子章历》收录有中古前期的各种道教章奏，其中就有专门针对冢讼的《大冢讼章》，在提供的章奏模板里，上章的对象已不再是三官，只剩下了天官，并且特别指出"天官分解亡人冢墓考讼殃祟，安

[①] 以上对墓葬文书功能的分析，主要参考了刘屹的成果，见氏著《敬天与崇道》，第 53—54 页。
[②] 《三国志·魏书》卷八《张鲁传》注引《典略》，第 264 页。关于三官手书，参张泽洪《早期正一道的上章济度思想》，《宗教学研究》2000 年第 2 期，第 22—24 页。
[③] 《真诰》卷四《运题象第四》，第 75—76 页。

死利生，制灭祸害"①的功能。现有的研究已经揭示了从三官手书到千二百天官章本的发展历程②，联系5世纪末之前墓葬文书中反复出现的"如天帝律令"之类的语句，可以推知这时期道教观念中，死后世界的最高神格依然是天帝③。我们可以前表中事例5来加以说明。孙元弼被丁丰、史华期诬告与县令王范之妾桃英通奸，王范不辨察，遂杀元弼。当时还有陈超在座，劝成元弼罪。后陈超出城，突被一人曳将去入荒泽中：

> 电光照见一鬼，面甚青黑，眼无瞳子，曰："吾孙元弼也，诉怨皇天，早见申理，连时候汝，乃今相遇。"超叩头流血。鬼曰："王范既为事主，当先杀之。贾景伯、孙文度在太山玄堂下共定死生名录，桃英魂魄亦收在女青亭者，是第三地狱名，在黄泉下，专治女鬼。"投至天明，失鬼所在。④

这段描写中出现了"皇天""太山""女青亭""地狱""黄泉"等各种名称，中国本土的早期信仰、佛道两教对于死后世界的观念均汇集在一起，显见还未来得及充分整合。不过，孙元弼是先向天诉怨，天受理了他的冤屈之后再具体安排地下世界的各机构执行惩处。可见魏晋之世，天帝这位最高神灵仍然掌管着死生事务，即使是道教的冥讼，其申诉对象也依旧是天帝。

综合以上五组冥讼的受理情况，可以发现，与先秦时期单一的"讼于天"不同，中古前期冥讼的受理渠道已经多样化：既可以是传统观念中的天廷、天帝，也可以是日渐体系化的地下世界，甚至可以是阳世的官僚。尽管如此，向天诉冤的传统还是占据了主导地位，我们在后世最耳熟能详的"地狱审判"场景并不多见。

四、冥讼的消弭及其特质

冥讼既然存在，自然需要设法消弭，而消弭的方式归结起来不外乎两类。其一，

---

① 《赤松子章历》卷五，《道藏》第11册，北京：文物出版社，上海：上海书店，天津：天津古籍出版社，1988年，第222页中。
② 福井康顺《道教の基础的研究》，东京：理想社，1952年，第37—52页。
③ 坂出祥伸《冥界の道教的神格——"急急如律令"をめぐって》，《东洋史研究》第62卷第1号，2003年6月，第86页。
④ 罗国威《冤魂志校注》，第56—57页。

亡灵的冥讼得到受理，成功报仇；其二，仇家使用方法阻止冥讼的继续，使得冥讼无法进行，最终消解。上表所列 27 个事例，明确记载了冥讼结果的有 20 例，其中属于第二种类型的仅 2 例，分别是事例 11 和事例 24，均出自《真诰》。这种情况的出现与文献记载的侧重点有很大关系。在中古前期道教观念里，亡灵讼冤和墓葬不良是引起冢讼的两个主要原因。这些返回阳世累及生人的鬼魂往往是家族中的先亡者，他们因为各种各样的原因引发冢讼，既有罪过，也包括所遭受的灾厄以及非正常的死亡。虽然冢讼的名目多达 81 种，但这只是事先的预设，他们是否发起了诉讼？是否得到某种答复之后才回来作祟？道教文献很少提供给我们一个比较明确的"诉讼过程"，更多的关注点被放在了如何消弭冢讼上，而主要的方法就是通过上章仪式以及专门的法术来阻止冢讼的进行[①]。世俗文献中记录有不少厌劾妖祥的方法，但很难判定就是针对冥讼而采取的。六朝笔记小说中有一类内容是游历冥府，侯旭东和刘惠卿先生都曾对佛经以及六朝小说中的魂游地狱故事作过收集和研究，这类故事一般由几个主题链环组成：某人因故暂时魂入冥府——地狱冥判——魂游地狱——遣返复活，其中魂游地狱是故事的重点所在，目的主要是宣扬佛教的天堂地狱、因果报应等观念[②]，翻检他们收集的事例，也未见有冥讼的环节。

本文所列冥讼事例，多数采用了第一类型的消弭方式，即鬼神复仇，具体的做法又不相同。最常见的是死者作祟。如事例 12 中的太乐伎被陶继之枉杀时发誓报仇，死后月余，陶继之做梦见太乐伎前来：

〔太乐伎〕至案前云："昔枉见杀，实所不分。诉天得理，今故取君。"便入陶口，仍落腹中，陶即惊瘖，俄而倒绝，状若风颠，良久方醒。有时而发，

[①] 丸山宏《正一道教の上章仪礼について——"冥讼章"を中心として》，《东方宗教》68 号，1986 年 11 月，第 44—64 页；张泽洪中译文载《宗教学研究》1992 年第 1—2 期，第 53—61 页；Peter Nickerson, "The Great Petition for Sepulchral Plaints", in Stephen R. Bokenkamp and Peter Nickerson eds., *Early Daoist Scriptures*, Berkeley: University of Callifornia Press, 1997, pp.230-260; Franciscus Verellen 著，吕鹏志译《天师道上章科仪——〈赤松子章历〉和〈元辰章醮立成历〉研究》，黎志添主编《道教研究与中国宗教文化》，香港：中华书局，2003 年，第 37—71 页；陈昊《仪式、身体、罪谪——汉唐间天师道的上章仪式与疾病》，初刊程恭让主编《天问》（丁亥卷），南京：江苏人民出版社，2008 年，第 241—268 页，修订版收入氏著《疾之成殇：秦宋之间的疾病名义与历史叙事中的存在》，第 221—248 页。

[②] 侯旭东《东晋南北朝佛教天堂地狱观念的传播与影响——以游冥间传闻为中心》，初刊《佛学研究》第 8 期，1999 年，第 247—255 页，收入氏著《五六世纪北方民众佛教信仰：以造像记为中心的考察》（增订本），北京：社会科学文献出版社，2015 年，第 70—89 页。

发辄夭矫，头反著背，四日而亡。亡后家便贫顇，二儿早死，余有一孙，穷寒路次。①

鬼通过作怪来恐吓仇人，扰乱他们的正常生活，使他们得病而亡，有的怨恨甚至要祸及子孙。这种怨恨有时特别巨大，任凭生人如何禳谢都无济于事。如事例13中徐铁臼的鬼魂返家作怪，他的仇人——那位将其虐待致死的后母陈氏陈设供祭、跪谢求饶，但铁臼不为所动，将生前受到的虐待全部施加在了陈氏所生之子铁杵的身上，上演了一幕骨肉相残的悲剧。前举孙元弼事例中，仇人王范也是被梦魇纠缠，连呼不醒，家人赶紧牵青牛来镇邪，又放上了桃人、苇索之类的辟邪灵物，种种努力也只不过让王范的生命多拖延了十余日而已。类似这种作祟报仇的方法还见于事例1、4、10、23。

第二种方法，死者通过第三者之手达成目的，这第三者指的是天帝、泰山府君、阎罗以及阳世的官僚系统。如事例2，宋皇后和刘悝上诉于天后，引起上帝震怒，汉灵帝又无悔改之意，很快就死了。事例9，刘毅滥杀牛牧寺僧人，亡灵诉冤至天帝，天帝最终给了刘毅一个自缢于牛牧寺后岗的报应。这两个事例里，诉主先上诉至天帝，天帝判决后由相关机构执法，一切都是按照正常的诉讼审理程序进行。事例15，鲜于冀为澄清自己并未贪污，不得不"鬼见白日"，上书于光武帝，最后得还清白。这则故事与《搜神后记》所载朱弼的故事颇似，朱弼死后受诬贪污，他现身阳世警告仇人曰："卿以枯骨腐肉专可得诬？"②鲜于冀显然也是抱着此种态度。阳世的官僚系统对于这种冥讼不敢怠慢。汉代交州刺史何敞亦处理过此类案件，当时死者的仇家龚寿全家都被捕系狱，按律罪不至于族灭，但何敞却上表云："然寿为恶，隐密经年，王法所不得治。今鬼神自诉者，千载无一。请皆斩之，以明鬼神，以助阴教。"并获得了皇帝的许可③。所谓"以明鬼神，以助阴教"，正符合墨子以"鬼神"治天下的主张，希望鬼神的存在能够使人们的心里多一份敬畏，以此来维护国家社会秩序。借助于阳世官僚系统"弭幽中之讼"的心理，亡灵最终报仇雪恨，回归冥界，不复为害人间。事例19，地府官员隐瞒了自己在阳世作恶的情况，反咬一口，在泰山府君面前告了薛重，结果薛重的魂被勾到冥界受审。事例20，虽然没有记录最后的冥

---

① 罗国威《冤魂志校注》，第65—66页。
② 陶潜撰，李剑国辑校《新辑搜神后记》卷九《朱弼》，北京：中华书局，2007年，第583页。
③ 《新辑搜神记》卷二二《鹄奔亭》，第376—377页。

讼结果，但赵货请求阎罗大王召赵琳全家来冥府"检校"，他自然也是相信如果阎罗受理自己的冥讼，必定会拘勾仇人的魂来地府的。既然进入了这种正常的诉讼程序，最后的结果都是由冥界的主宰者决定，诉主实难以有其他的作为。

还有一种方法是比较极端的，那就是诉主的鬼魂亲自动手，直接结束了仇人的性命。孙元弼事例中，他对王范采取的是作祟的报复行为，对陈超则是这种直接的方式。陈超在得知王范死后，隐姓埋名躲藏了五年，三月三日，他在水边饮酒，自云："今当不复畏此鬼也。"低头便见鬼影已在水中。鬼"以手将超，鼻血大出，可一升许，数日而殂"。陈超最终却还是逃脱不了孙元弼的复仇。事例22，翟愿射杀张超，张超在上诉之后，当夜鬼魂即来报仇："引刀刺之，吐血而死。"这类极端的鬼魂报仇行径，其渊源可上溯至《墨子》所记杜伯杀周宣王复仇事[1]，同类的事例在隋唐之前的文献记载中也很常见，但中古前期明确说明是在上诉后采取行动的仅此两例。

现存7世纪之前的世俗文献典籍里，鬼魂不通过法律途径而直接作用于生人的记载比比皆是，究其原因有两方面。一方面，由于死后世界的法律体系构建跟不上阳世官僚体系的发展，尽管也有了一些地下主、地下丞、主墓狱史、墓门亭长等官吏名称，但他们在死后世界所处的地位及具体职掌尚不明确，如前所论，他们只是被周知的对象，而非申诉对象，因此不存在鬼魂要发起冥讼的问题。另一方面，魏晋以后死后世界的建构虽已逐渐完备，但它毕竟是一种虚构出来的世界，并非如阳世活生生可以感知，人们既然相信鬼魂的力量强大，可以直接作用于生人，报复生前所受到的痛苦，他们自然不希望这种复仇受到什么限制[2]。在这种观念背景下，阳世的恩怨可以继续在死后世界得到解决，现世的不公可以在死后世界获得纠正和弥补，遂成为民众心中挥之不去的信念。然而，鬼魂复仇也是一把双刃剑，你可以向他人复仇，他人亦可报复你，于是民间祈禳厌胜之术大行其道，种种针对鬼魂的禁忌也是层出不穷。如此，鬼魂要想成功复仇，还需颇费一番周折；甚至会被法术高强的巫师、道人降服，永远不能报仇了。

冥讼则不同，它的关键在于"讼"上，走的还是申诉—受理—判决—执行的法律途径。虽然在不同事例中有些环节会被省略，但第一步申诉却是必不可少的，而这一步正意味着鬼魂在某种程度上具有了"法"的意识，它也因此在官方层面上获

---

[1] 孙诒让撰，孙启治点校《墨子间诂》卷八《明鬼下》，北京：中华书局，2001年，第224—226页。
[2] 邹文海曾从政治思想的角度讨论过"冥律"所彰显的"复仇公道观"，参见《从冥律看我国的公道观念》，《东海学报》第5卷第1期，1963年6月。

得了报仇的合法性。不管诉主之后采取何种方式复仇，它所具有的"合法性权力"已经可以保护其行为不受阻碍。例如我们在事例5中看到，由于皇天"早见申理"，所以孙元弼的复仇并未受到青牛、桃木、苇索之类辟邪之物的干扰；事例12中，死者徐铁臼是带着"天曹符"返回人间的，这为他的种种作祟行为提供了护身符；事例18中，萧嶷说自己是"帝许还东邸，当判此事"，他随身还携带有一份"青纸文书"，推测应是诉状及判词；事例20本身就来源于赵货给阎罗大王的诉状。这就表明，原先允许鬼魂自主复仇的基本原则出现了分化，"公法"的因素开始渗透进来，部分民众转而相信应该使用公权力来替自己申冤，这或许就是中古时期幽冥世界的法律体系逐渐庞大而完善的动力所在。

五、余　论

佛教传入之前，中国本土对于死后世界已经有了一定的认识；中古前期，本土宗教信仰对地下世界的建构逐步明晰，而这种建构是建立在对现实世界的模仿以及二者的互动基础之上的。古代的民众相信，死后世界只是现实世界的延续，人在现实世界总会与周围的社会环境发生联系，与他人产生纠纷、仇怨、诉讼不可避免，这种纠纷、仇怨、诉讼同样也会在死后世界上演。同时还有一种可能，即现实世界的矛盾并未解决，人就已经来到了死后世界，如此一来，诉讼就跨越了生死两个世界。因此，冥讼并不局限在死后世界。现实世界的人对冥讼有着矛盾的心态：一方面，希望能隔绝生死，避免冥讼侵扰到生人的世界，带给生人无尽的烦恼乃至危害；另一方面，当受到冤屈、不公等情况而导致非正常死亡时，生人又渴望通过冥讼在死后世界获得第二次裁决的机会。为了解决这个矛盾，现实世界的人采取了不同的办法。针对前者，人们尽量把死者在死后世界的生活安排周到，准备好墓地、随葬品，同时附上镇墓、解除的文字；万一考虑不周导致冥讼，人们也会借助术家的力量加以厌劾。针对后者，本土观念建构了死后世界受理冥讼的机构：先秦时期是天廷——天帝，中古前期天廷——天帝依然是重要的机构，同时也增加了地下世界的冥神、阳世的官僚。

佛教传入中国后，带来了地狱、阎罗等新鲜观念，对中国本土的死后世界观产生了巨大冲击，其中之一就是所谓的"地狱审判"。佛教的地狱审判原本是对死者一生善恶的裁决，为善者受福报升入天堂，为恶者遭罚坠入地狱受苦痛，这是一种

"最后的审判",而中国本土的冥讼则是"一时的审判",是针对具体事情的裁决,二者其实相去甚远。因此,作为地狱主宰者的阎罗,最早并不肩负有受理冥讼的职责,我们之前在中古前期的佛经、世俗文献以及碑刻图像中看到的阎罗断案场面,其实多数属于最后审判,而非具体的冥讼。不过,外来文化在传播过程中不可避免地会与当地原有的文化发生碰撞,阎罗信仰也是如此。吐鲁番新出土的赵货冥讼文书(事例20)中,阎罗已经担负起受理冥讼的职责了。阎罗是地下世界的主宰者,同时它又是"平等之主",尽管佛教所讲求的"平等"是就本质上的无差别而论,但就赵货等普通百姓的理解而言,平等就是公平、公正,阎罗是能为他们申冤的神灵,就这点来说,他与天帝、阳世的官僚并无本质的区别。正是由于人们对地下世界的公正裁决寄予希望,而这种情感与渴望寄托在了阎罗身上,于是,受理冥讼与进行地狱审判集于一身,阎罗这个外来的神灵亦带上了中国本土的气息。这种趋势发展到唐代,遂衍生出了情节更为复杂、生动的入冥故事,同时,一个以"十王"为统治核心的地狱体系逐步完善[①]。从中,我们再次领略了佛教中国化进程中民众的智慧。

(原载徐世虹主编《中国古代法律文献研究》第4辑,北京:法律出版社,2010年,第99—115页。)

[①] 有关唐代的冥司体系及审判,参陈登武《从人间世到幽冥界》,第295—367页。

第十章　唐西州"张无价文书"新考

吐鲁番阿斯塔那506号墓为张无价墓，出土了大量文书，整理者将之分为四组。第一组是与墓主人直接相关的三件文书，分别是《唐天宝十载（751）制授张无价游击将军官告》（以下简称《官告》）、《唐大历四年（769）张无价买阴宅地契》（以下简称《买地契》）和《唐大历七年（772）马寺尼法慈为父张无价身死请给墓夫赗赠事牒》（以下简称《请给墓夫赗赠牒》）[1]，为讨论方便，我总称这三件为"张无价文书"。孙继民最早对这组文书进行了非常详尽的考释[2]，之后，中村裕一专门对《官告》进行了仔细考索[3]，V. Hansen、白须净真、荣新江、鲁西奇、刘可维等学者利用后两件文书来讨论冥世契约、西州豪族、西州道教和唐代申请赗赠的程序等问题[4]。前贤在《官告》和《买地券》两件文书上并无太大分歧，但对《请给墓夫赗赠牒》的性质判定则存在巨大差异，这显示"张无价文书"仍存在继续讨论的空间。

---

[1] 唐长孺主编《吐鲁番出土文书》肆，北京：文物出版社，1996年，第392—396页。
[2] 孙继民《唐西州张无价及其相关文书》，初刊《魏晋南北朝隋唐史资料》第9、10期合刊，1988年，此据氏著《敦煌吐鲁番所出唐代军事文书初探》，北京：中国社会科学出版社，2000年，第276—295页。
[3] 中村裕一《唐代官文书研究》，京都：中文出版社，1991年，第181—209页。
[4] V. Hansen, *Negotiating Daily Life in Traditional China: How Ordinary People Used Contracts 600-1400*, New Haven and London: Yale University Press, 1995, p.159. 鲁西奇中译本《传统中国日常生活中的协商：中古契约研究》，南京：江苏人民出版社，2008年，第150页；白须净真《吐鲁番社会——新兴庶民层の成长と名族の没落》，谷川道雄主编《魏晋南北朝隋唐时代史の基本问题》，东京：汲古书院，1997年，第143—171页，此据柳洪亮中译文《吐鲁番的古代社会——新兴平民阶层的崛起与望族的没落》，收入《魏晋南北朝隋唐史学的基本问题》，北京：中华书局，2010年，第108—131页；荣新江《唐代西州的道教》，初刊《敦煌吐鲁番研究》第4卷，北京：北京大学出版社，1999年，此据氏著《吐鲁番的典籍与文书》，上海：上海古籍出版社，2023年，第120页；鲁西奇《隋唐五代买地券丛考》，初刊《文史》2007年第2辑，此据氏著《中国古代买地券研究》，厦门：厦门大学出版社，2014年，第190—193页；刘可维《唐代の赗赠制度について——唐丧葬令を中心として》，《史学杂志》122卷11号，2013年11月，第48—49页；荣新江《从"补史"到"重构"——敦煌吐鲁番文书与中古史研究》，《中国高校社会科学》2015年第2期，第77页。

幽赞化行：敦煌吐鲁番文献所见中古中国的占验与信仰

本文首先梳理各方观点得失，然后对《请给墓夫赙赠牒》的内容重新进行辨析考订，认为整理者对此件的定名有误。

一、既有观点的检讨

为讨论方便，兹将《买地券》和《请给墓夫赙赠牒》的文字迻录如下，俗字径改作正字。

《买地契》（73TAM506:05/2<a>）：

1　维大历四年岁次己酉，十二月乙未朔，廿日
2　甲寅，西州天山县南阳张府君张无
3　价俱城安宅兆[1]，以今年岁月隐便，今龟
4　筮协从，相地袭吉，宜于州城前庭县界西北
5　角之原，安厝宅兆。谨用五彩杂信，买地一
6　亩：东至青龙，西至白虎，南至朱雀，北至玄武，
7　内方勾陈，分掌四城。丘承（丞）墓伯，封步累
8　畔[2]。道路将军，整齐阡陌。千秋万岁，永无咎
9　殃。若辄忓犯诃禁者，将军庭帐收付河伯。
10　今已牲牢酒饭，百味香新，共为信契。安厝已
11　后，永保休吉。知见人：岁月主者；保人：今日直符。
12　故气邪精，不得忓扰；先来居[3]，永避万里。若
13　违此约，地府主吏（吏）自当祸[4]，主人内外安吉。
14　急急如律令。

---

[1] "俱城"，张传玺主编《中国历代契约会编考释》（北京：北京大学出版社，1995年）释作"异域"（第251页），鲁西奇《隋唐五代买地券丛考》（第191页）从之，细审图版，"俱城"不误。
[2] "累"，张传玺释"界"，鲁西奇从之，细审图版，"累"不误。
[3] 此句疑夺一字。
[4] "主"，《吐鲁番出土文书》释作"玄"，误；"里"，当作"吏"，据文义改，张传玺主编《中国历代契约会编考释》径释作"吏"。

第十章　唐西州"张无价文书"新考

《请给墓夫赙赠牒》（73TAM506:07）①：

1 ▭▭▭▭▭▭▭▭▭▭▭▭ 袋 上柱国张无价
A 　　　　　　　　　　为家贫子然
2 ▭ 廿七日不幸身亡。其父先
B 　　比日收将在寺安养　　伏乞
3 ▭ 准式身死合有墓夫赙赠。请处
C ▭ 多少，田第人夫
4 ▭ 分〇八夹葬送。贫尼女人即得济办。

5 　　　大历七年六月　日百姓马寺尼法慈牒

　　孙继民考证认为，墓主张无价在天宝十载升为游击将军，至迟在宝应年间（762—765）后成为"乡官折冲"，他亡于大历七年（772）五月二十七日或六月二十七日，"张死后，因家贫无以营葬，由其女法慈'收将在寺安养'"，所以"法慈为营父葬要求官府按照规定给予墓夫和赙赠"②。町田隆吉、韩森、白须净真也持相同看法③。荣新江则指出张无价"是当地有势力的乡官父老一类人物，而且他出身南阳张氏，是高昌国王后张太妃和大臣张雄的后裔"，这样一位"道门领袖"的女儿却出家为尼，是马寺上座尼法慈，大历四年张无价卒后，法慈"在主持其父葬仪时，大概遵照其父的嘱咐，按道教的方式写了《买阴宅地契》，其内容完全是道教的"④，"将其父安葬于高昌城北的祖茔"⑤。

　　上述几位学者的研究大体勾勒出了张无价生前卒后的命运，但仍有一些晦暗不明之处。首先，张无价的卒年存在分歧。孙继民、白须净真据《请墓夫赙赠牒》定

---

① 此处释文据《吐鲁番出土文书》肆，第396页。
② 孙继民《唐西州张无价及其相关文书》，第289—290页。
③ 町田隆吉《唐西州马寺小考——八世纪后半の一尼寺の寺院经济をめぐって》，《驹泽史学》第45号，1993年4月，第168页；韩森《传统中国日常生活中的协商：中古契约研究》，第150页；白须净真《吐鲁番的古代社会——新兴平民阶层的崛起与望族的没落》，第109—111页。
④ 荣新江《唐代西州的道教》，第118—120页。
⑤ 荣新江《从"补史"到"重构"——敦煌吐鲁番文书与中古史研究》，第77页。

197

在大历七年，荣新江、吕博据《买地契》定在大历四年①。鲁西奇认为若从七年之说，则《买地券》中所谓大历四年之事不得其解，"且似无大历七年故亡，而于三年前即营葬之理"，故当以大历四年为是②。中国古代为生者预修坟墓的现象并不少见，但似乎未有预做买阴宅地契的例子，买地券上所记时间一般就是安葬时间了。《买地券》开篇即云"大历四年岁次己酉，十二月乙未朔，廿日甲寅"，后又谓"以今年岁月隐便，今龟筮协从，相地袭吉"，据上下文义，开篇所载时间应该指的是安葬时间。而在中国，葬俗中安葬时间不一定与死亡时间在同一年。因此，"大历四年十二月"只能是张无价卒年的下限。

其次，既然张无价已于当年十二月下葬，其女法慈为什么要等到三年后才向官府申请墓夫和赗赠？即便赗赠可以葬后申请，但墓夫是专门为营建坟墓而设（详见下文），绝无葬事完毕之后再申请的道理。或许正是因为觉察到此处的矛盾，孙继民才将张无价的卒年定在了大历七年。鲁西奇认为之所以出现这样的情况，是因为《买地券》乃大历四年张无价初葬时所制，《请给墓夫赗赠牒》则是大历七年改葬时所附。概括他的论证，其理由有三：第一，1、2行间补写的文字A"为家贫孑然"，"非谓张无价殁亡前后家境贫寒，而是指张氏葬时未有较丰富之随葬物品，故在阴间'家贫'"，他还举墓葬中未见衣物疏为证；第二，2、3行间补写的文字B"比日收将在寺安养"，是指法慈将张无价的骨殖收置于马寺奉祀，他认为"比日"两字透露出在牒文书写前不久，张无价的骨殖才移入马寺，因此"506号墓很可能是迁葬墓，初葬之墓或非在此"；第三，3、4行间补写的文字C"多少田第人夫"，不是指向官府申请墓夫赗赠，而是"虚拟的随葬田地财产和人夫俑"。基于以上三点理由，鲁先生对《请给墓夫赗赠牒》得出了截然不同的认识："此件《赗赠牒》或可能并非张无价女法慈向唐朝官府为其亡父申请给予墓夫赗赠的牒文，而是据阳间所用之申请牒文改写的向阴世冥府申告葬父的牒文。""其性质和功用或与吐鲁番晋唐墓频出之衣物疏相类。"③这样的观点令人耳目一新，极具启发性，初葬、迁葬之说的确为"葬后三年才申请墓夫"的疑问提供了一种较为合理的解释。不过，鲁先生的主要论证都是围绕行间补字进行的，而补字上下文残缺，造成文义滞碍，带来了多种解释的可能性。比如他判断506号墓可能为迁葬墓的证据，一是"比日"二字，

---

① 吕博《践更之卒，俱授官名——"唐天宝十载制授张无价游击将军告身"出现的历史背景》，《中国史研究》2019年第3期，第108—109页。
② 鲁西奇《隋唐五代买地券丛考》，第191页注②。
③ 鲁西奇《隋唐五代买地券丛考》，第192—193页。

二是同墓所出的特殊葬具——纸棺，在我看来，"比日收将在寺安养"的未必是张无价的骨殖，纸棺与迁葬墓之间是否有关联亦需再论。又如对于"田第人夫"的理解，他将"人夫"视为"人夫俑"，而我以为更有可能是唐朝官方规定在百官葬日时所供给的丧葬人夫（均详见下文）。因此，鲁先生的观点也还可以商榷。

尽管有着巨大的分歧，但上述诸位学者有一点是相同的，都遵从了文书整理者对张无价和法慈父女关系的判定。我以为，这恰恰是引发分歧的根源，如果仔细剖析文书的书写过程，就会发现张无价与法慈其实并非父女。

二、法慈非张无价之女

《请给墓夫赙赠牒》是一件残文书，前部、上部已缺（图10-1），从书写格式和字迹来看，明显不同，系两次书写叠加的结果。残存文字中，第2、3、5行为楷书，字迹工整，间距较疏，当系第一次书写的文字。第3行末为"请处"两字，现存转行未见同样字迹文字，第5行落款非顶格书写，上面有几字空间，两相对照，可知第3行末转行之后亦只有几字，参照唐代上行牒文样式[①]，转行当有"分"字。一般情况下，补写的文字均写在原行右边，而第1行"袋上柱国张无价"的左侧并无第一次书写的文字。经过测量，1、2行间距与2、3行间距相仿，这就说明，"袋上柱国张无价"是补写在第一次书写的那行文字下方，所以字号偏小且挤压在

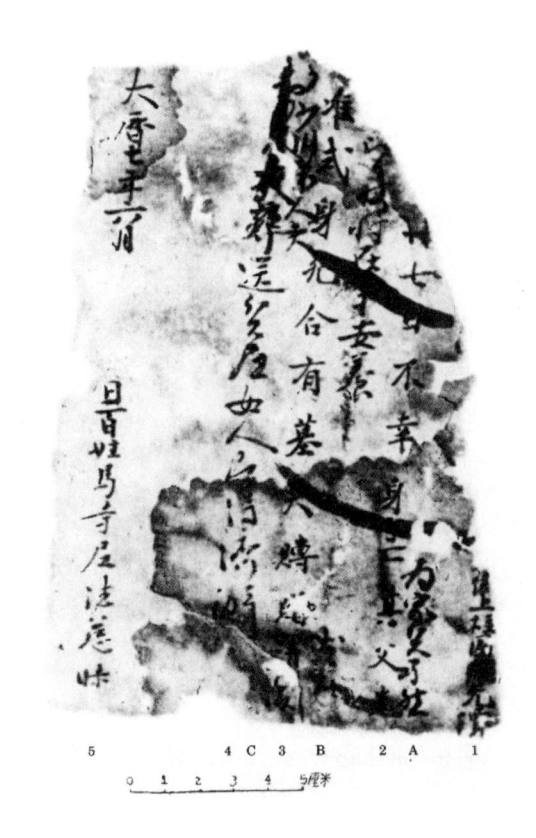

图10-1 请给墓夫赙赠牒（行号为作者所加）

---

① 中村裕一《唐代公文书研究》，东京：汲古书院，1996年，第186—190页。

了一起。产生这种结果的原因不外乎两个：或者是某段叙述的结束，需要提行，或者是牒文所呈机构的名称。如果是后者，第一次书写的牒文就极为简单，写完所上机构后，直接就是某人身亡云云，但据下文的分析，牒文所要陈述的事情没有这么简单，不是这两行文字就能够说清楚的。因此，我倾向于前者，文书前面缺失的部分应该是陈述事由的"状"。这样的话，"分"后可能是"牒件状如前。谨牒"等字。第一次书写的牒文如下：

（前缺）
1　右▭▭▭▭▭▭▭廿七日不幸身亡。其父先
2　　▭▭▭▭▭▭▭准式：身死合有墓夫赙赠。请处
3　分。牒件状如前，谨牒。
4　　　　　　　　　　大历七年六月　日百姓马寺尼法慈牒。

第1行先言某人身亡，紧接着又说"其父"云云，这二者构成了血亲关系。第2行申请供给墓夫赙赠，但不清楚是为血亲中的哪一方申请的。

在这之后，有人在原稿上进行了增补，从字迹判断，除了行间补字A、B、C外，整理者原来列为第1、4行的文字其实也是第二次补写的。第2、3行间地脚处的补字"伏乞"原写于"请处"右侧，应系补字，但唐代公文书中有见"伏乞处分"的用例，似未见有"伏乞请处分"的表述，疑此处是用"伏乞"代替了"请"。根据行间距推算，第4行文字是补写在了第一次书写时第3行的右边，但按照唐代官文书的文式，"伏乞处分。牒见状如前，谨牒"是套语，其间不能再添加文字了，我怀疑这些文字本是接续在"赙赠"之后的，但第2、3行间补写得文字太多，已经没有足够空间了，这才补写在第3行的左边了。根据刘可维对赙赠申请程序的复原，牒文所上机构是"前庭县"[①]。斯坦因第三次中亚考古所获吐鲁番文书中，一区四号墓《唐开元年间西州都督府诸曹符帖事目历》内载："户曹符为给张玄应墓夫十人事。"[②]可知相关的丧葬墓夫等事是由户曹负责的，则牒文所上机构应是"前庭县户曹"。综合两次书写的文字和我的推测，叠加后的牒文复原如下：

---

① 刘可维《唐代的赙赠制度について——唐丧葬令を中心として》，第48页。
② 沙知、吴芳思编《斯坦因第三次中亚考古所获汉文文献（非佛经部分）》，上海：上海辞书出版社，2005年，第55页。

1　⬜前庭县户曹⬜
　　（中间为陈述事由的状文）
2　⬜⬜⬜⬜⬜⬜袋⬜上柱国张无价⬜⬜⬜⬜
3　右⬜⬜⬜廿七日不幸身亡。为家贫孑然，其父先
4　⬜⬜⬜比日收将在寺安养。准式：身死合有墓夫赙赠。
5　⬜⬜⬜多少田第人夫葬送，贫尼女人即得济办。伏乞处
6　分。牒件状如前。谨牒。
7　　　　　　　　大历七年六月　日百姓马寺尼法慈牒。

需要说明的是，"袋上柱国张无价"虽然写于行末，但因系补字，在复原后面的文书中位置并不是很明确，故暂时置于行中。第二次补写出现的"张无价"，因与第2行"身亡"离得比较近，故整理者很自然地将二者联系在一起，加上下文请求墓夫赙赠之事，故整理者将上牒之人法慈认定为张无价之女，之后的学者均从此说。但细究之下，二者的父女关系实在令人生疑。

如果复原后的文书第3行指的是张无价身亡，按照牒文样式，此行上缺的文字中必定会出现"张无价"的名字，在前面状文开始的部分应交代张无价的情况。但实际上，张无价生前的完整职衔却出现在了状文部分将要结束之时，这意味着是首次出现，否则大可省略职衔。状文呈现的状况透露出重要信息：主角可能并非张无价，死者另有其人。如前所论，第一次书写时，某人"身亡""其父"这样的表述，说明这二者才构成了血亲关系，那么作为生者的法慈自然不会是张无价的女儿了。况且使用"其父"二字，若果真是父女关系，当用"亡父"或"先父"之类，"其"字乃是第三者的口吻。还有一个旁证，根据孙继民的考证，张无价卒时大概80岁[1]，按照常理，其女也应步入老年。同墓所出《唐大历三年（768）僧法英佃菜园契》末尾记立契各方的签名，内有"地主　尼上坐法慈年卅四"[2]，那么大历四年张无价卒时，法慈才35岁，似乎过于年轻了。综合以上各种迹象，我认为张无价和法慈不是父女关系，牒文中所说身亡之人应是张无价的后人。

第4行"比日收将在寺安养"一句，孙继民认为是指张无价死后暂厝于寺内，鲁西奇认为是迁葬前将张无价的骨殖暂放在寺内，虽有些许差异，但都指的是张无

---

[1] 孙继民《唐西州张无价及其相关文书》，第280页。
[2] 《吐鲁番出土文书》肆，第576页。

价。《买地券》中记葬地在"州城前庭县界西北角之原",唐西州治所在高昌县,代宗宝应元年(762)改称前庭县①,506号墓所在的阿斯塔那古墓群就在高昌故城西北,同区域发掘的65座墓葬均属于张氏家族成员②。因此,《买地券》中张无价的葬地就是张氏家族茔院内的506号墓,鲁先生猜测506号墓是迁葬墓恐怕不确,与此相联系,迁葬前将张无价的骨殖暂放于马寺的看法自然也就不能成立了。关于"安养"一词,《汉语大词典》的义项有三:1. 佛教用语,指极乐世界;2. 安息休养;3. 滋养③。牒文中"在寺安养"用作动词,所指还是"安息休养"之意比较契合,故两位先生用指张无价的尸身或骨殖均不太合适。我以为,此处最有可能的是张无价的后人,也就是那位身亡之人。前已提及,按照常理,张无价的后人此时至少也有50岁,家贫,又孑然一身,晚年被经济实力雄厚的前庭县马寺抚养④,只不过很快便亡故了。考虑到马寺为尼寺,被收养之人也应以女性为宜,则她是张无价女儿的可能性最大。

三、析"田第人夫"

复原后的文书第4行"准式:身死合有墓夫赗赠"一句,既然张无价已于大历四年安葬,又排除了迁葬的可能性,此句又该作何理解?这需要结合第5行"多少田第人夫"来加以解说。孙继民已经正确指出这里的"墓夫"即"营墓夫",他根据张无价生前的身份及唐朝对于营墓夫、赗赠的规定,推测张无价可能获得的营墓夫人数及赗赠数量⑤,但没有对"田第人夫"作出解释。鲁西奇认为张无价卒前身份不能确定,"准式"云云只是虚辞,进而将"田第人夫"解释为随葬的财产和人夫俑。鲁先生的思路具有启发性,既然张无价的丧事三年前就已经结束了,此时再申请墓夫和赗赠的意义何在?退一步来说,即便真的可以申请,据唐制:"诸赗物及粟,

---

① 《新唐书》卷四〇《地理四》,北京:中华书局,1975年,第1046页。
② 新疆维吾尔自治区博物馆、西北大学历史系考古专业《1973年吐鲁番阿斯塔那古墓群发掘简报》,《文物》1975年第7期,第10页。
③ 罗竹风主编《汉语大词典》第3册,上海:汉语大词典出版社,1989年,第1328页。
④ 关于马寺的寺院经济,参町田隆吉《唐西州马寺小考——八世纪后半の一尼寺の寺院经济をめぐって》,第167—194页。
⑤ 孙继民《唐西州张无价及其相关文书》,第289—290页。关于唐代营墓夫制度的基本情况,可参看李锦绣《唐代财政史稿》上卷,北京:北京大学出版社,1995年,第881—883页。关于赗赠制度,参吴丽娱《终极之典:中古丧葬制度研究》,北京:中华书局,2012年,第572—604页。

皆出所在仓库，服终则不给。"① 两税法实行之前，赗赠须"所司及本属上于尚书省"，大体都是应入度支总计的②，也就是说由官方来核发，但牒文第5行却说"贫尼女人即得济办"，二者似有抵牾。此处的关键是要区分墓夫和人夫。

墓夫是营墓夫，顾名思义，是营建坟墓之人。《唐六典》载：

> 凡职事五品已上葬者，皆给营墓夫。一品百人，每品以二十人为差，五品二十人，皆役功十日。③

张泽咸指出营墓夫是色役的一种④，李锦绣以五品官为例，计算出需庸绢15匹（60丈）⑤。吴丽娱进而认为营墓夫在中唐"逐渐演为雇役"⑥，她的证据是《唐会要》所载大历五年（770）五月十五日的敕文：

> 应准敕供百官丧葬人夫、幔幕等，三品以上，给夫一百人；四品、五品，五十人；六品以下，三十人。应给夫须和雇，价直委中书门下文计处置。其幔幕，鸿胪、卫尉等供者，须所载幔幕张设人，并合本司自备。如特有处分，定人夫数，不在此限。⑦

在讨论赗赠制度时，吴先生说："五品以上不仅按官品有赗赠，也给人夫。"其律令依据正是上引《唐六典》对营墓夫制度的记载。她接着举出《娄敬墓志》中的一段记载："恸深上宰，哀轸中坚，吊祭既加，赠禭遝及，帛四十段，粟四十石，夫二十人。"明确指出这里的"夫"是营墓夫⑧。结合上下文可知，吴先生是将营墓夫等同于人夫了。这可能受到了两个方面的影响。张泽咸将营墓夫和陵户归在一类讨论，但在营墓夫之后紧接着便是讨论大历五年的这条敕文，似乎是看作一种制度

---

① 《通典》卷八六《丧制四·赗赠》，王文锦等点校，北京：中华书局，1988年，第2333页。
② 吴丽娱《终极之典：中古丧葬制度研究》，第601页。
③ 《唐六典》卷一八《司仪署》，陈仲夫点校，北京：中华书局，1992年，第508页。
④ 张泽咸《唐五代赋役史草》，北京：中华书局，1986年，第351页。
⑤ 李锦绣《唐代财政史稿》上卷，第882页。
⑥ 吴丽娱《终极之典：中古丧葬制度研究》，第500页。
⑦ 《唐会要》卷三八《葬》，上海：上海古籍出版社，2006年，第811—812页。
⑧ 吴丽娱《终极之典：中古丧葬制度研究》，第577页。

的变化①。另一方面的影响来自《唐令拾遗补》，仁井田陞《唐令拾遗》复原《丧葬令》第 19 条有关营墓夫的内容时，并未列出大历五年的这条敕文，《唐令拾遗补》将其增补进了参考资料中②。那么，供百官丧葬的人夫与营墓夫是一回事吗？我们先看几条史料。

《裴晧墓志》：

> 恩敕恩令，赐布绢一百廿段，米粟六十石，并借人力、幔幕等。③

《王婉墓志》：

> 厥明将敛，特降中使临吊，仍赠绢布七十段。又有敕，赠绢布卅段，米粟五十石。还日，所司为造灵轝；葬日，量偕手力幔幕。家口并给传乘，以致哀荣之礼。④

《黑齿常之墓志》：

> 赠物一百段。其葬事幔幕手力一事，以上官供。⑤

《程伯献墓志》：

> 赗物一百五十段，米粟一百五十石。葬日官借手力幔幕，又发内使高品吊祭。⑥

《孙志廉墓志》：

---

① 张泽咸《唐五代赋役史草》，第 351 页。
② 仁井田陞著，池田温编辑代表《唐令拾遗补》，东京：东京大学出版会，1997 年，第 842 页。
③ 《大唐故宫府大夫兼检校司驭少卿裴君墓志铭并序》，吴钢主编《全唐文补遗》第七辑，西安：三秦出版社，2000 年，第 267 页。
④ 《大周故纳言博昌县开国男韦府君夫人琅邪郡太君王氏墓志铭》，《全唐文补遗》第二辑，西安：三秦出版社，1995 年，第 9 页。
⑤ 《大周故左武威卫大将军检校左羽林军赠左玉钤卫大将军燕国公黑齿府君墓志文并序》，《全唐文补遗》第二辑，第 359 页。
⑥ 《唐故镇军大将军行右卫大将军赠户部尚书广平公墓志铭并序》，《全唐文补遗》第三辑，西安：三秦出版社，1996 年，第 66 页。

既赠之以粟帛，复爰申于吊祭，丧事之日，人力借供。①

《刘源墓志》：

至于仪卫笳箫，人夫幔幕，并以官给。②

以上六条史料，涉及唐代高宗到宪宗各个时段，与"幔幕"连用者有人力、手力、人夫，联系到大历五年敕书中所谓"供百官丧葬人夫、幔幕等"，可知所指是同一种色役，且多在葬日差发。

唐《丧葬令》"复原第14条"云：

诸使人所在身丧，皆给殡敛调度，造舆、差夫递送至家。

"复原第15条"云：

诸文武职事五品以上官致仕薨卒者，其吊祭赗物并依见任官例。其于任所致仕未还而薨卒者，仍量给手力，送还本贯。③

这两条都提到了官员在外死亡时，官方会差夫、量给手力，将尸体送至家中，此处的"夫"即人夫，与手力在功用上是相同的，都是为了送葬。

人夫与墓夫并举的例子也有。贞观五年（631）三月，李百药所撰《房彦谦碑》的碑侧部分记：

公之将葬，恩旨重叠，赗赠优渥，特异恒御。公及夫人，并今所司营造马䡵，各给四马，从京师洛阳殡所送至本乡。其车辂仪仗出怀洛二州，给船载运，迎道人力至于墓所。发给钱币，有阙乏者又发敕，令以官物修补。又文官式令

---

① 《唐故内侍省内常侍孙府君墓志铭并序》，周绍良主编《唐代墓志汇编》天宝247，上海：上海古籍出版社，1992年，第1703页。
② 《唐故工部尚书刘府君墓志铭》，赵力光主编《西安碑林博物馆新藏墓志续编》146，西安：陕西师范大学出版社，2014年，第456页。
③ 《天一阁藏明钞本天圣令校证》（附唐令复原研究），北京：中华书局，2006年，第710页。

例无鼓角，亦特给送至于葬所。又于常令给墓夫之外，别加三千功。及临葬日，复降敕，使驰驿祭以少牢。前后为送葬事，发敕旨行下十有二条，近代以来，恩荣褒赠，未有若此者也。中外姻戚，海内名士，并故吏门生，千里赴会，爰及州里道俗二千余人。①

这条材料中同时出现了人力和墓夫。材料显示，从洛阳到本乡墓所沿途的送葬事宜都是由人力负责的；修坟之事则交给了墓夫。房彦谦卒于大业十一年（615），贞观三年（629）赠徐州刺史，为三品。按照"常令"，三品可得六十名墓夫，每人役功十日，总计六百功，"别加三千功"，墓夫人数不变的话，就意味着得多干五十天。墓夫显然是没有余力再顾及送葬的事情了。吴丽娱上举乾封二年《娄敬墓志》，在"帛四十段，粟四十石，夫二十人"之后还有一句："招左毂之魂，锡东园之礼，人夫祖送，以归乡邑。"②"夫二十人"指的是营墓夫，"人夫祖送"则是负责送丧，二者区别是很明显的。所以，虽然从广义上说，人夫和墓夫都属于力役，但分工不同，唐朝官方供给百官丧葬所用的人夫与墓夫在功用上有区别：墓夫专门营建坟墓，人夫用于送葬，所需现役或庸赁均由官方承担。

至于"田第"一词，我认为可能是随葬明器。唐代品官的随葬明器中有"下帐""园宅"。开元二年（714）玄宗的《诫厚葬敕》中说：

且墓为真宅，自有便房，今乃别造田园，名为下帐。……宜令所司，据品令高下，明为节制。明器等物，仍定色数、长短、大小；园宅下帐，并宜禁绝；坟墓营（茔）域，务遵简俭；凡诸送终之具，并不得以金银为饰。③

《大唐开元礼》规定六品以下"园宅方三尺"，无下帐④。开元二十九年（741）正月十五日的敕书中对明器使用的新规是：

---

① 李百药《唐故都督徐州五州诸军事徐州刺史临淄房定公碑铭》，冯云鹓《济南金石志》卷三《章邱》，《石刻史料新编》第2辑第13册，台北：新文丰出版公司，1979年，第9844页下—9845页上。
② 《大唐故右骁卫游击将军安义府右果毅都尉上柱国娄君墓志铭并序》，《全唐文补遗》第五辑，西安：三秦出版社，1998年，第142页。
③ 宋敏求编《唐大诏令集》卷八〇，北京：商务印书馆，1959年，第463页。
④ 《大唐开元礼》卷三《杂制》，北京：民族出版社影印，2000年，第34页下。

皆以素瓦为之，不得用木及金、银、铜、锡。其衣不得用罗锦绣画。其下帐不得有珍禽奇兽、鱼龙化生。其园宅不得广作院宇，多列侍从。其辂车不得用金银花、结彩为龙凤及垂流苏、画云气。①

下帐、园宅赫然在目。"田第"从字面上理解是田地与宅第，对于葬事而言，明器中的下帐、园宅比较契合，但下帐乃是于墓外"别造田园"，张氏家贫，估计是无福消受了，故此处的"田第"或即园宅。

明确了"田第人夫"的含义，我们再回过头来看第4、5行的文字。这两行文字显示，上牒者既要求官府"准式"供给修建坟墓的营墓夫，也要求一定数量的赙赠及送葬所需的人夫，几乎相当于"丧葬官给"的待遇了，这些都只能是为当下的亡者准备的，而非三年前就已经入土为安的张无价。所以，这是一件法慈为张氏女申请丧葬资助的牒文。就牒文残存的内容来看，张氏女只是一个致仕多年的五品官的女儿，并无享受葬供官给的资格。不过，残牒只剩下后面的部分，前面陈述事由的状文无存，按照唐代上行牒文的样式，状文中会交代张氏女与所申请葬供官给相匹配的身份。最大的可能性是她获得了郡君之类的命妇称号。唐制规定：

凡五品已上薨、卒及葬合吊祭祀者，应须布深衣、帻、素三梁六柱䗍皆官借之；其内外命妇应得卤簿者亦如之。②

虽然没有直接提及墓夫、赙赠、人夫一类葬供，但不能排除这种可能性。

四、结　论

迄今我们对于唐代西州历史的认识里，张无价是为数不多的本地出身又当上五品以上高官的几个人之一。他出身于当地显赫的张氏家族，又参加过高仙芝远征石国的军事行动，致仕回乡后成为道门领袖，一生经历丰富多彩。与张怀寂不同，张无价生活在一个转折的时代，学者们以其墓葬中的一件残牒推测其晚年无依，去世

---

① 《唐会要》卷三八《葬》，第811页。
② 《唐六典》卷一八《司仪署》，第508页。

之后，孤女马寺尼法慈向官府申请墓夫赙赠。本文从牒文书写的角度，考证认为法慈并非张无价之女，张氏女晚年孤身一人寄居马寺，不久去世。由于张氏女生前具有某种头衔（可能是郡君之类的命妇），为料理其后事，马寺上座尼法慈向前庭县户曹递交了牒文，要求官府按照令式规定供给营墓夫和赙赠，同时确认与张氏女身份对应的明器及送葬人夫数量，再由法慈准备明器及和雇人夫，完成葬事，和雇的费用则由官府承担。故"张无价文书"中，整理者原定名为"唐大历七年（772）马寺尼法慈为父张无价身死请给墓夫赙赠事牒"的这件牒文，应重新拟名作"唐大历七年（722）马寺尼法慈为张无价亡女请官给葬供事牒"。

（原载荣新江主编《唐研究》第22卷，北京：北京大学出版社，2016年，第269—282页。收入本书时略有改订。）

第十一章　"沙州龙神力亡兄墓田争讼案卷"再探
——兼论敦煌文献中的"墓田"

墓地对于生人世界的意义绝不仅仅只是埋葬亡人之所而已，丧葬礼仪、墓葬空间等所彰显的"敬宗收族"之意是基本要义，加上古代观念中认为即便是亡人，与活着的亲人间仍有无法割却的联系，二者的祸福是相互依存的，因此，守护先亡亲人的坟墓被视为极其重要的一件事情。宋代以降，墓田、坟山是宗族维系及发展的重要因素，坟山争讼屡见不鲜[①]，但此类材料在中古时代却难得一见。幸运的是，敦煌文献中保存了一份墓田争讼案的残卷，为我们了解10世纪前后"墓田"在民众日常生活中的意义提供了绝佳资料。

---

① 这方面的成果很多，如：郑振满《茔山、墓田与徽商宗族组织——〈歙西溪南吴氏先茔志〉管窥》，《安徽史学》1988年第1期，第10—18页；宋三平《宋代封建家族的物质基础是墓祭田》，《江西大学学报（社会科学版）》1991年第1期，第79—83页；邢铁《宋代的奁田与墓田》，《中国社会经济史研究》1993年第4期，第36—41、53页；中岛乐章《元朝统治と宗族形成——东南中国の坟墓问题をめぐって》，井上彻、远藤隆俊主编《宋—明宗族の研究》，东京：汲古书院，2005年；张小也《清代的坟山争讼——以徐士林〈守皖谳词〉为中心》，初刊《清华大学学报（哲学社会科学版）》2006年第4期，第88—94页，此据氏著《官、民与法：明清国家与基层社会》，北京：中华书局，2007年，第214—229页；远藤隆俊《宋元宗族的坟墓和祠堂》，《中国社会历史评论》第九卷，2008年，第63—77页；邢铁《宋代的墓田》，《河北师范大学学报（哲学社会科学版）》2009年第5期，第120—126页；高楠、宋燕鹏《墓田上诉：一项南宋民间诉讼类型的考察》，《安徽师范大学学报（人文社会科学版）》2009年第1期，第35—41页；张佩国《祖先与神明之间——清代绩溪司马墓"盗砍案"的历史民族志》，初刊《中国社会科学》2011年第2期，第171—188页，此据氏著《林权、坟山与庙产》，北京：中国社会科学出版社，2014年，第91—133页。简要的综述可参看张亮《20世纪20年代以来宋代族田研究综述》，《高校社科动态》2011年第4期，第13—17页。

一、"沙州龙神力亡兄墓田争讼案卷"录校

此案卷包括三片，分别是法藏 P.4974、俄藏 Дx.2264 和 Дx.8786。P.4974，楷书、抄写精致，有判词。王重民著录："神力状为其兄与回鹘战死坟地为人所侵占事，末署天复（下残）。"[1] 冷鹏飞最早作出释文并进行了研究，拟题《唐天复年间沙州神力墓地诉讼状》[2]。之后，唐耕耦、陆宏基修正了冷鹏飞释文中的错误，拟名《唐天复年代神力为兄坟田被侵陈状并判》[3]。荣新江则将冷鹏飞的定名微调作《天复年间沙州龙神力墓地诉讼状》[4]。P.4974 中并未出现"神力"的姓氏"龙"，经向荣先生求证，得知当年他是据池田温抄录回来的未刊俄藏敦煌文献定名的，可知他当时已经意识到俄藏 Дx.2264、Дx.8786 与 P.4974 是同一写卷。2000 年，陆离在新刊布的《俄藏敦煌文献》中找到了 Дx.2264 和 Дx.8786 的图版，也判定与 P.4974 属同一案卷，P.4974 在前，Дx.8786 可能可以和 P.4974 拼接，但因图版质量不高，无法验证。他把 P.4974 定名作《天复某年押衙龙神力牒为兄墓被朗神达搅扰事》，Дx.2264 定名作《唐天复某年都虞候阴英达牒为勘寻朗神达缘何搅扰龙神力墓田事》，并参照 P.3257《后晋开运二年（945）寡妇阿龙诉讼案卷》的格式，对上述三件残片残缺的部分进行了文字推补，让我们对这个墓田争讼案件的来龙去脉有了一个基本认识[5]。可惜陆离的研究并未引起学界注意，刘进宝在讨论归义军请地需"于官纳价"时曾引用 P.4974，依然遵从的是《真迹释录》的释文[6]。

以下对照图版（图 11-1）及诸家录文，并据陆离对案卷复原的研究，先录校文书内容如下，再作讨论。其中，"▬▬▬"表示上缺，"▭▭▭"表示中缺；据残笔划可补之字置于"□"内；原卷残缺，但据文义及惯用格式可补之字置于"〔 〕"内；大字为判文。

---

[1] 商务印书馆编《敦煌遗书总目索引·伯希和劫经录》，北京：中华书局，1983 年，第 311 页；初版 1962 年。
[2] 冷鹏飞《唐末沙州归义军张氏时期有关百姓受田和赋税的几个问题》，《敦煌学辑刊》1984 年第 1 期，第 30—33 页（简称"冷文"，除释文外，以下凡引自该文的观点均不再另行出注）。
[3] 唐耕耦、陆宏基《敦煌社会经济文献真迹释录》第 2 辑，北京：全国图书馆文献缩微复制中心，1990 年，第 292 页（以下简称《真迹释录》）。
[4] 荣新江《归义军史研究：唐宋时代敦煌历史考索》，上海：上海古籍出版社，初版 1996 年，此据 2015 年新版，第 94 页。
[5] 陆离《俄、法所藏敦煌文献中一件归义军时期土地纠纷案卷残卷浅识——对 Дx.02264、Дx.08786 与 P.4974 号文书的缀合研究》，《敦煌学辑刊》2000 年第 2 期，第 54—65 页（简称"陆文"，除释文外，以下凡引自该文的观点均不再另行出注）。
[6] 刘进宝《归义军政权请田中的"于官纳价"》，初刊 2003 年，此据氏著《敦煌文书与中古社会经济》，杭州：浙江大学出版社，2016 年，第 297—298 页。

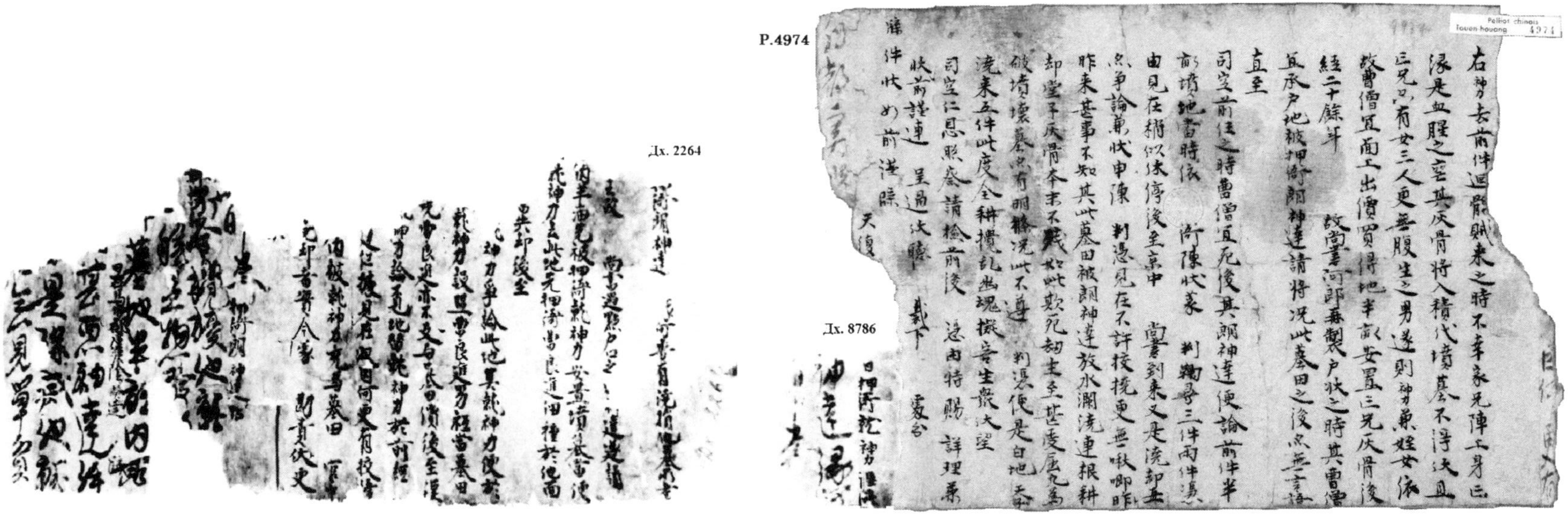

图 11-1 "沙州龙神力亡兄墓田争讼案卷"缀合图

P.4974+Дх.8786

（前缺）

1　　　　　　　　　　　　▢▢因何更有①
2　▢▢▢▢▢▢
3　〔押衙龙神力〕②
4　　右神力去前件回鹘贼来之时，不幸家兄阵上身亡。
5　　缘是血腥之丧，其灰骨将入积代坟墓不得。伏且
6　　亡兄只有女三人，更无腹生之男，遂则神力兼侄女依
7　　故曹僧宜面上，出价买得地半亩，安置亡兄灰骨。后
8　　经二十余年，　故尚书阿郎再制户状之时，其曹僧
9　　宜承户地被押衙朗神达请将。况此墓田之后，亦无言语。
10　　直至
11　　司空前任之时，曹僧宜死后，其朗神达便论前件半
12　　亩坟地。当时依　衙陈状，蒙　判鞫寻三件，两件凭
13　　由见在，稍似休停。后至京中　尚书到来，又是浇却，再
14　　亦争论。兼状申陈，　判凭见在，不许抆挠，更无啾唧。
15　　昨来甚事不知，其此墓田被朗神达放水澜浇，连根耕
16　　却。堂子灰骨，本末不残。如此欺死劫生，至甚受屈。凡为
17　　破坟坏墓，亦有明条。况此不遵　判凭，便是白地　天子
18　　浇来五件。此度全耕，搅乱幽魂，拟害生众。伏望
19　　司空仁恩照察，请检前后　凭由，特赐　详理，兼
20　　前状谨连　呈过。伏听　裁下　处分。
21　　牒件状如前，谨牒。
22　　　　　　　　天复〔▢年月〕日押衙龙神力谨牒。
23　付都虞|候|〔阴英达勘寻朗〕③神达缘何

---

① "因何更有"，冷文、《真迹释录》、陆文均未能释读。
② 此句，陆文据牒式推补。
③ "阴英达勘寻朗"，陆文据 P.3257 "鞫问" 部分推补作 "阴英达勘寻押衙朗"。案：底本残缺部分容纳不下这么多文字。

212

第十一章 "沙州龙神力亡兄墓田争讼案卷"再探——兼论敦煌文献中的"墓田"

24　〔专有浇损他墓所者。〕①　□日 **奉**
　　（后缺）

Дx.2264

（前缺）

1　〔都虞候阴英达〕②
2　　　〔右奉 判，付英达勘寻〕③ 押衙朗神达缘何专有浇损他墓所者。
3　　　〔押衙朗神达〕④
4　　　　　　⬚云⑤：故　　尚书过点户口之 时，神达遂请
5　　　　　　⬚内，半亩先被押衙龙神力安置坟墓，当便
6　　　　　　⬚龙神力云，此地先押衙曹良进佃种于他面
7　　　　　　　⬚□失却。后至
8　　　　　　　龙 神力争论此地。其龙神力便于
9　　　　　　⬚龙神力设盟曹良进男祗当墓田，
10　　　　　　⬚咒，曹良进亦不支与墓田价。后至汉
11　　　　　　⬚龙 神力论觅地替，龙神力于前经
12　　　　　　⬚神 达但据见在收，因何更有抜⑥扰
13　　　　　　　⬚内，被龙神力充为墓田。 官中
14　　　　　　⬚浇 却者实。今蒙 勘责，更⑦
15　　　⬚处分。
16　　　〔天复□年月〕日⑧押衙朗神达帖。

---

① "专有浇损他墓所者"，陆文据 Дx.2264 第 2 句推补，陆文认为后面当还有"细与询问申上者"几字，案底本残缺部分容纳不下这么多文字。
② 此句陆文据牒式推补。
③ "右奉判，付英达勘寻"，陆文据 P.3257 "鞫问"部分推补。
④ 此句陆文据 P.3257 "鞫问"部分推补作"据状词理，细与寻问申上者"，案底本残缺部分容纳不下这么多文字，此件第 16 行明确显示这是帖文，故当推补抬头。
⑤ 残缺文字，陆文据 P.3257 "鞫问"部分推补作"问得押衙朗神达"，案此处是帖文起首，而非"鞫问"；"云"，陆文释作"已"，误。
⑥ "抜"，陆文漏录。
⑦ 原卷"更"前有一"伏"字，旁有删除符号，陆文不察，照录。
⑧ "押衙"前底本文字上迭压有张承奉的签名"奉"字，陆文释作"前凭"，误。

17　　　　〔右录朗神达帖上。〕①
18　　　〔牒件状如前，谨牒。〕②
19　　　　　　〔天复□年月〕日右马步都虞候阴英达 牒。
20　　　　　　　　　奉③
21　　　　　　　　　廿日④
22　　　　　　　　不合搅扰他龙□□
23　　　　　　　　稽函⑤总发□□
24　　　　　　　　墓地半亩内趣
25　　　　　　　　□甚恶⑥。神达解⑦
26　　　　　　　　□是深灭他龙
27　　　　　　　　□无⑧见单贫
　　（后缺）

二、"沙州龙神力亡兄墓田争讼案卷"内容再探

此案卷残存的部分主体包含两个内容。（一）P.4974+Дх.8786，这是诉主龙神力的诉状及长官判词。诉状第3行云"神力去前件回鹘贼来之时，不幸家兄阵上身亡"，第20行云"前状谨连呈过"，则诉状前当粘连有另一文牒，内容是记述龙神力亡兄身死之事，第1、2两行就是对"前状"的判词。（二）Дх.2264，这是主审官阴英达的牒及长官判词，内含朗神达答复鞫问的"帖"。案卷中出现的人物，除曹良进外，其余诸位均已考出。龙神力，陆离考订其为龙家部落之人；阴英达，陆离考订就是P.2162《残契》末行署名"都虞候兼御史大夫阴达"，均可从。朗神达又见于台湾傅

---

① 据P.3257"鞫问"部分推补。
② 据牒式补。
③ "奉"，陆文漏录。
④ "廿日"，陆文漏录。
⑤ "稽函"，陆文释作"稳急"。
⑥ "恶"，陆文释作"惠"，误。
⑦ "解"，陆文释作"拜"，误。
⑧ "无"，陆文释作"公云"，误。

214

第十一章 "沙州龙神力亡兄墓田争讼案卷"再探——兼论敦煌文献中的"墓田"

斯年图书馆藏敦煌文书 15v4《辛酉年（901）二月刘善通牒稿》[1]，当时已经是押衙，是作为"差令遣递天使"的五人之一，还是颇有地位的。判词部分的署名"奉"，因案卷中出现了"天复"年号，公认就是张承奉。

本案的争讼延续了将近十年，P.4974+Дx.8786 提到了几个重要的时间点，这是首先需要辨析清楚的。

1. 第 8 行"故尚书阿郎再制户状之时"。这个时间节点往前推二十多年，龙神力兄长在与回鹘的战争中死亡。冷鹏飞认为这场战争发生在大中年间（847—860）之后的张议潮时期，他举出了好几件成于大顺二年（891）正月一日的户状，推测"再制户状"当在这之前，可能就是大顺元年前后，因此这里的"故尚书阿郎"是张淮深。陆离则认为"尚书"也可能指张淮鼎，由此逆推二十多年，正好是张淮深两次打败回鹘散众的时间，约是咸通十年（869）或十一年。上述两位学者对于"再制户状"的时间判定虽然只有一二年之差，但结果却迥异。我赞同张淮深之说。如冷鹏飞所举出的，大顺二年正月一日是户状新成之期，"再制户状之时"只能在这之前，也就是说，只要找到在 891 年正月一日之前称"尚书"者即可确定。张氏归义军时期，死后以"尚书"作为最高称号者有张淮深、张淮鼎、索勋三人。张淮深虽然死后有"司徒"这样的称号，但"尚书"的使用仍很广泛；张淮鼎在大顺二年十月自称工部尚书，到 892 年去世时才正式获得追赠户部尚书；索勋大概在景福二年（893）九月以后称"尚书"，刑部尚书是他的最高和最终称号[2]。很明显，符合条件者只有张淮深。案卷中提及"再制户状之时"，曹僧宜的土地被押衙朗神达请将，而朗神达在 901 年归义军迎接"天使"的时候就是押衙。所以，这两个时间相距不应太远，冷鹏飞将"再制户状"定在大顺元年是比较可取的。那么，龙神力兄长阵亡的时间应该就是在咸通十年前后。

2. 第 10—11 行"直至司空前任之时"，第 18—19 行"伏望司空仁恩照察"。如前所述，此件判词签名中的"奉"，学者们一致认为就是张承奉。而张承奉在天复四年以后称"司空"，所以此处的"司空"指的是张承奉，此件文书的年代在天

---

[1] 图版见方广锠主编《"中央研究院"历史语言研究所傅斯年图书馆藏敦煌遗书》，台北："中研院"史语所，2013 年，第 137 页。
[2] 荣新江《归义军史研究：唐宋时代敦煌历史考索》，第 78—91 页；冯培红《敦煌归义军职官制度——唐五代藩镇官制个案研究》，兰州大学博士学位论文，2004 年，第 60 页；李军《晚唐归义军节度使张淮鼎事迹考》，《敦煌学辑刊》2009 年第 2 期，第 12—13 页。

复四年以后①。所谓"司空前任之时",冷鹏飞认为索勋是通过政变上台的,张氏不承认其合法性,所以用这样的称谓来指代索勋时期。其说可从。

3. 第 13 行"后至京中尚书到来"。冷鹏飞认为这指的是张承奉取代索勋掌权的日子。乾宁元年(894)张议潮第十四女、李明振妻张氏率诸子灭索勋,扶张承奉为节度使,唐遣内常侍王裕等到沙州宣旨,但张承奉只是李氏的傀儡。光化三年(900),唐朝正式授予张承奉节度使名号,光化四年(901)三月唐朝使臣来到沙州,颁布诏命。张承奉于天复二年(902)前后自称尚书②,案卷此处的"尚书"对应的是 902—904 期间的张承奉。那么"京中"二字又该作何解释呢?张承奉的父亲张淮鼎系张议潮之子,咸通八年(867)张议潮入质长安,二子张淮诠、张淮鼎尚未成年,随侍左右。中和四年(884)张议潮卒于长安,唐朝为了牵制张淮深,放张淮诠、张淮鼎西归③。张淮诠不久去世,张淮鼎的势力逐渐膨胀,在张淮深死于非命之际出任归义军节度使。张淮鼎在长安生活了近 20 年,张承奉可能就出生在长安,称其为"京中尚书"是十分贴切的。

其次需要探究的是,本案中争讼的焦点——"墓田"属于什么性质的土地。这就需要理清本案的来龙去脉。冷鹏飞、刘进宝都专注于案卷中提到的"户状",对本案的全貌所述不多。刘进宝认为,朗神达请得曹僧宜的承户地,可能"于官纳价",即向官府请射田地时要缴纳一定数量的钱。关于墓田争讼,他解释说:

> 由于是整块地请得,再加上曹僧宜要退地,归义军政权收地,朗神达请地,三者各有心思,或者说都没有认真过细地对待,因此当时并未明确此地中的半亩坟地该如何界定。但当曹僧宜死后,已没有证人,朗神达便因其"请地"是"于官纳价"并经官府同意的,在户籍上整块地请得,即占有曹僧宜完整的一块"承户地",故来论说此地中的半亩坟地。在这里,不排除朗神达凭借其"押衙"即地方官员的身份欺人的可能,但请地时"于官纳价"、在户籍上整块地都属

---

① 冷鹏飞《唐末沙州归义军张氏时期有关百姓受田和赋税的几个问题》,第 31 页;荣新江《归义军史研究:唐宋时代敦煌历史考索》,第 94 页。
② 荣新江《归义军史研究:唐宋时代敦煌历史考索》,第 93、95 页。
③ 杨秀清《张议潮出走与张淮深之死——张氏归义军内部矛盾新探》,《敦煌研究》1996 年第 4 期,第 74—79 页;杨宝玉、吴丽娱《张议潮束缚身归阙后与沙州人士的往来及其对敦煌政局的影响——以 P.3730v、S.6405v 为中心,兼及 P.3281v、S2589》,刘进宝、高田时雄主编《转型期的敦煌学》,上海:上海古籍出版社,2007 年,第 331—342 页;李军《晚唐归义军节度使张淮鼎事迹考》,第 1—14 页。

第十一章 "沙州龙神力亡兄墓田争讼案卷"再探——兼论敦煌文献中的"墓田"

于自己可能是最主要的原因。①

因为没有和 Дx.2264 联系起来考察，以上的论述有不少偏差。陆离据这三件残片，对案件本身有一个相对完整的叙述，但在一些细节上仍值得商榷。由于朗神达的"帖"是应对龙神力的诉状而产生，二者之间必然有对应关系，我们可以比较这两部分内容（表 11-1），拼合出更加完整的案件经过。

表 11-1　龙神力状与朗神达帖对应关系表

龙神力状	朗神达帖
故尚书阿郎再制户状之时，其曹僧宜承户地被押衙朗神达请将。况此墓田之后，亦无言语。	故尚书过点户口之时，神达遂请□内，半亩先被押龙神力安置坟墓，当便□龙神力云此地先押衙曹良进佃种于他面□失却。
直至司空前任之时，曹僧宜死后，其朗神达便论前件半亩坟地。当时依衙陈状，蒙判鞠寻三件，两件凭由见在，稍似休停。	后至□龙神力争论此地。其龙神力便于□龙神力设盟曹良进男祇当墓田，□咒，曹良进亦不支与墓田价。
后至京中尚书到来，又是浇却，再亦争论。兼状申陈，判凭见在，不许挍挠，更无啾唧。	后至汉□龙神力论觅地替，龙神力于前经神达但据见在收，因何更有挍扰。
昨来甚事不知，其此墓田被朗神达放水澜浇，连根耕却。	□内，被龙神力充为墓田。官中□浇却者实。

大概在唐懿宗咸通十年（869）前后，归义军与甘州回鹘进行过战争，龙神力兄长在此役中阵亡。因属兵死，不能入家族墓地，故只能另外向曹僧宜购买半亩地埋葬。二十多年后，大约在张淮深执政的大顺元年（900），归义军政权进行了户状的重新登记。出于某种原因，曹僧宜的承户地被押衙朗神达请得，围绕这半亩坟地的纠纷就此展开。龙神力的诉状中说朗神达请射成功原属曹僧宜的承户地之后，对这半亩墓田"亦无言语"，但朗神达的叙述正相反。确如刘进宝所言，朗神达请射土地时"于官纳价"，缴纳的是整块土地的钱，却无法耕种这半亩土地，而且龙神力声称这半亩土地是先押衙曹良进佃种给他的，也就是说，虽然土地的主人换了，但龙神力的佃种权不变，朗神达不能收回这半亩地的耕种权。此处是朗神达的叙述口吻，他既然称"先押衙曹良进"，说明此时曹良进已经去世，而正是曹良进将这半亩土地佃种给了龙神力，因此曹良进就是曹僧宜。龙神力在和曹良进（僧宜）的土地交易中，

---

① 刘进宝《敦煌文书与中古社会经济》，第 295—299 页，引文见第 298—299 页。

必然是签订了契约的，很可能是一份佃种契约，但事实上，龙神力把亡兄骨灰埋葬在这半亩地上，不进行耕作。无论如何，只要龙神力拿出的是一份佃种契约，朗神达不能否定其效力。到索勋统治时期，随着曹良进（僧宜）去世，契约的期限可能也满了，朗神达遂提出了对这半亩土地的物权，这是第一次争讼。据朗神达的说法，此时龙神力串通曹良进（僧宜）之子声称这是一块墓田，细节已经不可考，但龙神力亡兄葬于其中，这是一块墓田已是不争的事实，而且有曹良进之子作证，又无法以"盗葬墓田"的罪名来起诉龙神力。从龙神力胜诉来看，归义军政权显然认可了这半亩地的性质是墓田而非耕地。这自然令朗神达十分恼怒。他当初请射时是包括了这半亩地，如今土地没有拿回，曹良进也没有把当初卖出这半亩地的墓田价转给他，他却还要继续承担这半亩地的赋税。这样的不公令其无视判决，902 年左右，他放水浇灌墓田，引发了与龙神力的第二次争讼。为解决争执，朗神达提出以其他田地置换墓田的解决方案未果，第二次争讼的结果还是维持原判。到 909 或 910 年，忿忿不平的朗神达再次放水浇灌墓田，并进行了翻耕，彻底毁坏了龙神力亡兄的墓地，龙神力再次将其告到归义军政权。从张承奉的判辞来看，仍旧支持了龙神力的要求。

以上是我对本案前后几次争端的大致梳理，虽然案卷残存的内容有限，但本案的核心无疑是这半亩地的性质。龙神力一方认为是"墓田"，朗神达则竭力要辨明这是自己的"承户地"，双方都有理据。不管这半亩地是以何种性质出现在最初龙神力与曹良进（僧宜）的交易中，这已经不重要了，至迟在第一次争讼时，半亩地已经是龙神力亡兄事实上的墓田了。官司经历了近十年，三上公堂，虽然每次都是龙神力胜诉，但朗神达一直认定自己拥有半亩地的使用权，不应遭受"挍扰"的责难，其最大的理据应该是当初请地时的"都受田簿"上是登记了这半亩地。既然双方都有理据，为何归义军政权总是支持龙神力一方呢？

陆离认为原因有两个：一是龙神力兄长死于王事，二是唐律对毁坏坟墓有严厉的处罚规定[①]。我赞同这一认识。除此之外，还应看到，中国古代社会对墓田私有权的认定效力往往超越了普通田产。众所周知，中国古代的祖先崇拜极为盛行，能否守住庙（宗庙、家庙）、墓往往成为宗族延续、子孙品行的重要衡量标准，这点无须赘言。因此，相较普通田产而言，墓田具有永久的私有权，于情于法都无法撼动，

---

① 陆离《俄、法所藏敦煌文献中一件归义军时期土地纠纷案卷残卷浅识》，第 60—61 页。

第十一章 "沙州龙神力亡兄墓田争讼案卷"再探——兼论敦煌文献中的"墓田"

盗墓行为被历代严令禁止[①]。如西汉建平元年（前6）正月，"太皇太后诏外家王氏田非冢茔，皆以赋贫民"[②]，此施恩之举不及王氏冢茔，实因顾虑冢茔受到侵扰，这是家族的底线了。又如帝陵的修建，往往会迁移陵区内的百姓旧坟，唐代则规定："诸陵四至有封，禁民葬，唯故坟不毁。"[③] 再如五代纷乱之世，后唐明宗长兴二年（931）杨途奏言："古墓荒坟，不计有主无主，陛下诸道州府，严诫乡间，不得开发。"[④] 到后周世宗显德二年（955），针对荒废土地，规定：

> 如三周年内本户来归者，其桑田不计荒熟，并交还一半；五周年内来归者，三分交还一分；五周年外归业者，其庄田除本户坟茔外，不在交付之限。[⑤]

所以，一个人即便因战乱逃离家乡多年，其他田产早已尽归他人，他对坟茔的私有权依旧保持不变。龙神力亡兄的案件也是如此，当一块地出现了"墓田"和"承户地"的冲突时，官府优先支持的是墓田，这从残存判辞中对毁墓行为的严厉指责上可以很明显地感受到。

三、敦煌文献所见的"墓田"

上述争讼案中，对于亡人的归宿之地使用了多种称呼：坟地（1次）、坟墓（2次）、墓田（5次）、墓所（1次）、墓地（1次），墓田的使用频率最高。中古时期，除了以上的称呼外，还有墓茔、墓舍、寿藏、坟茔、茔地、茔域等，除了"寿藏"专指生前为自己所预修之坟外，其余称呼间差别不大，但在法典中，使用"墓

---

① 参王子今《中国盗墓史：一种社会现象的文化考察》，北京：中国广播电视出版社2000年，第291—313页。
② 《汉书》卷一一《哀帝纪》，北京：中华书局，1962年，第338页。
③ 《新唐书》卷四八《百官三》，北京：中华书局，1975年，第1251页。
④ 《宋本册府元龟》卷四七五《台省部·奏议第六》，北京：中华书局，1989年，第1187页上。
⑤ 陈尚君辑纂《旧五代史新辑会证》卷一一五《周书六·世宗纪二》，上海：复旦大学出版社，2005年，第3552页。

田"的情况更多[1]。唐代官方对于百官墓田都有坟高、面积的具体规定，开元二十九年（741）后首次规定了庶民的墓田面积是 0.2 亩，但从墓志记载的情况看，现实与制度规定间还是有较大出入，然而，逾制者很少受到处罚[2]。龙神力为亡兄购买的墓田是 0.5 亩，我们不知道他的兄长身前是否有正式官职，但他死于王事，获得勋官应属自然，0.5 亩不算逾制。考虑到河西地区经吐蕃统治几十年，很多情况与内地有了不少差异，龙神力亡兄的个案可能无法说明一般情况。相对而言，敦煌占卜文献是更接地气的资料，是对众多"可能性"的归纳与总结，它要顾及最大范围受众的使用情况，因而对"墓田"的相关记载更具有普适性。

敦煌所出堪舆文献中常见"墓田"一词，如五兆卜法就有专门的"卜墓田法"等等[3]。法藏敦煌文献 P.3647《葬经》载：

> 凡人家穴，墓田不问大小倾（顷）亩多少，皆有卅九穴，就此之中惟有四穴五姓相宜，始得安墓，亡人居之，永世安乐。四穴者，甲庚丙壬是。假令墓田南北长卅五步，七分分之，合得〔五〕步。从东北角南管（更）五步为艮穴，次南更五步是寅地，次南更五步甲穴，计当十五步。墓田东〔西长〕廿八步，七分分之，合得四步，即当东南角。余丙穴庚壬，更不文载，准此甲庚丙穴推之可知也。凡四分分位地，准上推之。[4]

《葬经》是实用性的文本，堪舆者或普通百姓可以直接按照它的记载进行操作。它选取的墓田面积是南北卅五步、东西廿八步，约合 4 亩，其中可以设置四个吉穴，即可以安葬 4 人，算下来每个死者约占 1 亩，这可视为普通人墓田面积的中间数了。而敦煌所出葬经类文献多数是从中原地区传播而来，这种对墓田面积的设定也应该

---

[1] 中岛乐章《墓地を売ってはいけないか？：唐—清时代における墓地壳却禁令》，《九州岛大学东洋史论集》第 32 号，2004 年 4 月，第 66—125 页；刘馨珺《争山盗葬——唐宋墓田法令演变之探析》，初刊高明士主编《东亚传统家礼、教育与国法（二）——家内秩序与国法》，台北：台湾大学出版中心，2005 年，修订版改题《〈户婚律·盗耕人墓田〉与诉讼纷争》，收入氏著《"唐律"与宋代法文化》，嘉义大学，2010 年，第 187—247 页；吴丽娱《唐丧葬令复原研究》，《天一阁藏明钞本天圣令校证：附唐令复原研究》，北京：中华书局，2006 年，第 692—693 页；尚民杰《关于唐代的墓田制度》，氏著《长安绎古——汉唐历史考古文集》，北京：文物出版社，2016 年，第 211—217 页。
[2] 拙文《墓志所见唐代的茔域及其意义》，荣新江主编《唐研究》第 23 卷，北京：北京大学出版社，2017 年，第 441—468 页。
[3] 王祥伟《敦煌五兆卜法文献校录研究》，北京：民族出版社，2011 年，第 247 页。
[4] 关长龙《敦煌本数术文献辑校》，北京：中华书局，2019 年，第 833 页。

是源自内地。上述开元二十九年首次规定了庶人的墓田面积标准,但是否得到执行是很值得怀疑的。从 P.3647《葬经》来看,开元二十九年针对庶人的新规成为了一纸空文。

英藏敦煌文献 S.2263《葬录》载:

> 五姓续葬,依本墓尊卑便利。即(既)葬,不得重斩草作新冢,大凶。何以故?前冢旧定,不宜更置,若墓田突隘、吉地尽,更逐便利造新冢者,得置铁豕、斩草。
>
> 置墓道山门起坟碑兽木法:凡墓田置山门,皆当午地开为上。(后略)
>
> 起坟高下法:帝王起坟高一百廿尺。亲王、三公高七十尺,法七星。公侯、卿相、刺史高五十尺,法五方……遮(庶)人高一丈三尺,合章光;九尺,合凤凰。
>
> 置人兽法:石碑去门十步,石羊去碑七步,石柱去石羊七步,石人去柱七步。自余诸兽依十二辰位消息置之,其墓田亩数大小步数安之。①

和官方的定制相比,S.2263《葬录》的标准无疑是大大逾制了,但它既然作为民间通行的堪舆书使用,显示民众在营造死后世界的过程中与官方的相关规定之间还是有相当的张力。

四、结 论

"墓田"是唐代对于以封土为中心的死者埋葬地的法律称呼,是先亡亲人的最后归宿地。在传统中国以亲属关系为核心缔构而成的社会网络中,生人与死者间的联系是割舍不断的,对先人的不敬就意味着对本身的不敬,加上风水理论深入人心,因此,保护坟茔具有至关重要的意义。本文以晚唐归义军时代沙州龙神力亡兄墓田争讼案卷为中心,想要展现的是 10 世纪前后普通民众为保护亲人墓田所进行的种种努力,而官府在面临"墓田"和"承户地"的性质抉择时,一以贯之地选择了"墓田",这种选择背后所隐含的观念性因素力量之强大,值得我们细细思索!

(原载荣新江、朱玉麒主编《丝绸之路新探索:考古、文献与学术史》,南京:凤凰出版社,2019 年,第 180—190 页。)

---

① 关长龙《敦煌本数术文献辑校》,第 861—862 页。

下编 知识与文本

第十二章　敦煌写本 S.2078v "史大奈碑" 习字之研究 *

敦煌写本 S.2078 号文书，正面为《佛说无量寿宗要经》，背面内容混杂，据笔迹判断为同一人所书，依次为：社人张员住身故转帖抄、《妙法莲华经观世音菩萨普门品第二十五》、《宝云经卷第七》、习字和《宝云经》。《英藏敦煌社会历史文献释录》第十卷，对背面的一、四、五部分作了文字释录[1]，笔者忝为整理者之一。据我们考证，其中"习字"的范本当是有关隋末唐初留居中原的突厥人史大奈的碑文[2]，本文称之为"史大奈碑"。《释录》付梓后，笔者对录文及复原文字续有修订，可惜已无法迻录于《释录》上，故撰此文以叙"史大奈碑"的复原过程。

一、S.2078v "史大奈碑" 习字的录文及复原

"习字"部分共54行，并非完整抄录"史大奈碑"全文，原未抄完，后接抄《宝云经》"斯善男子菩萨摩诃萨复有十法名为摄法何等为十以施摄众生以摄乐众生"一句，《释录》将此句归入"习字"，未确。以下为"习字"录文：

1　道可宗固已韶韶穆重徽猷继武威畅卢山之泽流

---

*　本文系与赵洋合撰。
[1]　郝春文等编著《英藏敦煌社会历史文献释录》第10卷（以下简称《释录》），北京：社会科学文献出版社，2013年，第348—353页。
[2]　《释录》，第352页。

2　昌海海之城父失咄弓弥设忠能赞国孝实安亲任
3　重栋梁赖深舟舟檝公夙彰奇表幼① 有大志深沈
4　靡测卓卓不群勇过苻攸赞地宝咸格祖莫贺可
5　汗钟纯粹之莫崇高之统业无竟惟烈有有道可宗固
6　已韶穆重徽猷大继武威畅卢此山之泽流昌海之城父
7　父失咄弥设忠能赞国孝实安亲任重栋梁赖深舟檝
8　公夙彰奇表幼② 有大大大志志志志深沈靡
9　测测氵卓卓不不群群勇勇过过弓弥弥弥踰
10　庆忌射穿射悬蝇剑动飞蝬有随之季
11　声驰中国炀帝闻而嘉之固就招聘
12　炀炀帝帝帝闻而之固嘉之就招招聘辎轩结
13　彻彻璧帛帛帛相仍仍仍仍大大业七七七年
14　年奉珍入侍禮同咸属宠宠宠冠冠冠列
15　列列蕃亟会五月之期时时时参八神之祀仍属本
16　本邦邦危危乱乱归路莫莫从留滞京京华常
17　陪陪銮跸辽东东之役役固请请先先先驱驱陷
18　阵阵阵阵功多特特超诸校赏物千段授金紫光
19　大夫既既而漠北北余众自自西徂东靡靡所底居思
20　我我遗遗遗爱十二年诏率所部屯次次次晋阳
21　阳纠合旧怀怀族类旋以黄星耀耀采采采采采
22　徂运告终青青青社发发明圣人人人人有有有作义
23　乂乂乂旗建建景业业惟新新新物色色熊黑网
24　怀族类秀逸逸公公公献献艹③ 筹筹莫莫草昧昧昧
25　竭节节节经经纶参参同同德克嗣方方命北清傲
26　寒塞塞南扫城城邑邑邑尤尤尤隆得得丧丧无
27　屑襟抱始自自自自遐方早早飞飞誉于角晚逢
28　嘉会终勒美美于珊戈戈结媛通德之门纳善幽幽闲

---

① "幼",《释录》作"身",误。
② "幼",《释录》作"身",误。
③ "艹",《释录》作"竹",从文义判断,此处应该是"筹"字的部首。

29　之操礼礼容外外备备规范内凝琴瑟克克谐松松
30　萝叶叶之操礼容外备规范内凝琴瑟克谐
31　契道长长运短一谢不追人之云亡朋僚殄粤以其年
32　岁岁次戊戌十一月乙巳朔四四日戊申葬于醴泉县神
33　迹乡爱爱发明诏陪卫卫隆隆得丧无屑襟抱始
34　自逞逞方早早飞誉于麟角晚逢嘉会人会终勒美于
35　琱戈戈结媛媛通德之门纳善幽闲之操礼容外外备备
36　规范内凝琴瑟克谐松萝叶契道长运短一谢谢不追人
37　之云亡朋僚殄殄殄殄悴粤以以其年岁次戊戌十一月月
38　乙巳朔四日戊申葬于醴泉县神迹乡爱发明诏陪卫通
39　德之门纳善幽闲之操礼容外备规范内凝琴
40　光禄禄大夫仍锡器玩凡所房获即以畀之
41　及夫元戎戎河拯溺畿甸乘乘乘辕移指克
42　宁宁京室常常在颜行每当驰道道畴庸
43　有典俾从大赍策勋三最赐帛万匹匹又增杂
44　彩加以金钱于于①时九服服未清四郊多垒垒戈
45　月日用烽燧不息公每光禄大夫仍锡器玩凡所
46　房获即以畀之及夫元戎济河拯溺畿甸
47　乘辕移指克宁京室常在颜行每当驰道道畴庸
48　有典俾从大赍策勋三最赐帛万匹又增杂彩加以金
49　钱于时九服未清四郊多垒戈日用烽燧燧②不息息公每箮神
50　麾骤参皇驾东西鬼定匪遑晏处故能转战仞縠涉
51　血搴旗长驱汧陇禽敌制胜德元年拜上柱国封康国
52　公食邑三千户赐缯一千段生口卅人锦衣一袭以示荣宠三年
53　授右翊卫将军军六郡良家九乡任子统兹禁旅朝寄
54　寄

　　以上习字，既有单字重复，也有段落重复，我们可用段落重复区隔如下表（表12-1）：

---

① "于"后，《释录》衍一"于"字。
② "燧"后，《释录》衍一"燧"字。

表 12-1　S.2078v"史大奈碑"习字结构表

编号	行数	内容	内容	行数
（一）	1—4	道可宗固已韶韶穆重徽猷继武威畅卢山之泽流昌海海之城父失咄弓弥设忠能赞国孝实安亲任重栋梁赖深舟檝公凤彰奇表幼有大志深沈靡测卓卓不群勇过苻	攸赞地宝咸格莫贺可汗钟纯粹之莫崇高之统业无竞惟烈有道可宗固已韶穆重徽猷大继武威畅卢此山之泽流昌海之城父失咄弥设忠能赞国孝实安亲任重栋梁赖深舟檝公凤彰表幼有大大大志志志深沈靡测氵卓卓不不群群勇勇过过弓弥弥弥踊庆忌射穿射悬蝇剑动飞媛	4—10
（二）	10—11	有随之季声驰中国炀帝闻而嘉之固就招聘	炀炀帝帝帝闻而之固嘉之就招招聘	12
（三）	12—21	辖轩结彻彻壁帛帛帛相仍仍仍仍大大业七七七年年奉珍八侍禩同戚属宠宠宠冠冠冠列列列蕃咂会五月之期时时参八神之祀仍属本本邦邦危危乱乱归路莫从留滞京京华常陪陪銮跸辽东东之役役固请请先先先先驱驱陷阵阵阵阵功多特特超校赏物千段授金紫光大大夫既既而漠北北众自自西徂东摩靡所底居思我我遗遗爱十二年诏率所部屯次次次次晋阳阳纠合旧怀怀族类	旋以黄星耀耀采采采采徂告终青青社发发明圣人人人人有有作义义义旗建建景业业惟新新物色色熊罴网怀族类秀逸逸公公公献献^^筹筹莫莫草昧昧昧竭节节节经经纶参参同同德克翦方方命北清傲寒塞塞南扫城城邑邑邑	21—26
（四）	26—33	尤尤尤隆得得丧丧无屑襟抱始自自自遐遐方早早飞飞誉于角晚逢嘉会终勒美美于珝戈戈结媛通德之门纳善幽闲之操礼容外外备备规范内凝琴瑟克克谐松松萝叶叶之操礼容外备规范内凝琴瑟克谐契道长长运短一谢不追人之云亡朋僚珍粤以其年岁岁次戊戌十一月乙巳朔四四日戊申葬于醴泉县神迹乡爱爱发明诏陪卫卫	隆隆得丧无屑襟抱始自遐遐方早早飞誉于麟角晚逢嘉会人会终勒美于珝戈结媛媛通德之门纳善幽闲之操礼容外外备备规范内凝琴瑟克谐松萝叶契道长运短一谢谢不追人之云亡朋僚珍珍珍悴粤以以其年岁次戊戌十一月乙巳朔四日戊申葬于醴泉县神迹乡爰发明诏陪卫	33—38
（五）	40—45	光禄禄大夫仍锡器玩凡所庼获即以畀之及夫元戎戎河拯溺畿甸乘乘乘辕移指克宁亍京室常常在颜行每当驰道道畴庸有典俾从大赍策勋三最赐帛万匹匹又增杂彩加以金钱于时九服服未清四郊多垒垒戈月日用烽燧不息公每	光禄大夫仍锡器玩凡所庼获即以畀之及夫元戎济河拯溺畿甸乘乘乘辕移指克宁京室常在颜行每当驰道道畴庸有典俾从大赍策勋三最赐帛万匹于增杂彩加以金钱于时九服未清四郊多垒戈日用烽燧燧不息息公每	45—49

据常理推测，习字虽多重复，一般还是会遵循范本的文字顺序，相隔较远的文字出现串行的可能性不大。因此，史大奈碑的文字复原也应尽量遵从习字的顺序。根据这一原则，我们对《释录》复原的两段文字作出较大修订，微小的修订参见注释。

228

第（一）部分"父失咄弥设"前的文字，《释录》复原为：

惟烈有道可宗，固已韶穆重徽。猷继武威，畅卢山之泽；□□□□，流昌海之城。祖赞地宝咸格莫贺可汗，钟纯粹之，莫崇高之，统业无竞。

从习字4—10行来看，这种复原已经改变了原有的顺序，尤其是"祖赞地宝咸格莫贺可汗"一句殊不可解。而且一些文字属于固定搭配，如"徽猷"指美善之道，《诗经》云："君子有徽猷，小人与属。""无竞""有道"属并列关系等等。故将复原文字修订为：

攸赞，地宝咸格。祖莫贺可汗，钟纯粹之□□，莫（奠）崇高之统业。无竞惟烈，有道可宗，固已韶穆，□重徽猷，大继武威，畅卢山之泽，流昌海之城。

第（四）部分的习字两次均抄至"陪卫"便戛然而止，很可能作为范本的碑文原来就是残缺的，据此碑文起首部分可能也已缺。按照唐人叙先世的惯例，"攸赞地宝咸格"几字或是用来描述碑主曾祖父的。

第（三）部分"授金紫光大夫"之后的文字，《释录》复原为：

授金紫光禄大夫，仍锡器玩，凡所虏获，即以畀之。既而漠北余众自西徂东，靡所庭（停）居，思我遗爱。十二年，诏率所部屯次晋阳。旋以黄星耀采，徂运告终；青社发明，圣人有作义旗、建景业。惟新物色熊黑，公〔乃〕纠合秀逸，网怀族类，〔贡〕献竹箸，莫昧竭节，经纶参同，德克蕲方。

习字"授金紫光大夫"中脱"禄"字，这没有问题，下文第（五）部分正好又有"光禄大夫"四字，故《释录》将二者联系起来，似乎顺理成章。但二者之间相隔20行，串行抄写的可能性微乎其微。据我们现在的考证，第（三）部分的"金紫光禄大夫"与第（五）部分的"光禄大夫"所指并非一事，前者是隋炀帝时期所授，后者则是唐高祖所授，详见下文。因此，此处的复原只需补上"禄"字即可。"诏所部屯次晋阳"后面原有"纠合旧"三字，《释录》复原时删去"旧"字，将"纠合"移到下文与"秀逸"搭配，并且再次改变文字顺序，将"公"字移前作主语。我们现在认为不能草率地改变原有的习字顺序，又将习字中的某些文字作衍字处理，因为习字是有范本依据的，不会凭空出现无关的文字。所以本段复原文字修订为：

> 授金紫光〔禄〕大夫。既而漠北余众，自西徂东，靡所底居，思我遗爱。十二年，诏率所部屯次晋阳，纠合旧□，网怀族类。旋以黄星耀采，徂运告终，青社发明，圣人有作，义旗建□，景业惟新，物色熊罴，□□秀逸。公献筹草，昧竭经纶，参同□德，克勷方命。

以下是我们修订后的"史大奈碑"碑文：

> ……攸赞，地宝咸格。祖莫贺可汗，钟纯粹之□□，莫（奠）崇高之统业，无竞惟烈，有道可宗，固已韶穆，□重徽猷，大继武威，畅卢山之泽，流昌海之城。父失咄弓弥设，忠能赞国，孝实安亲，任重栋梁，赖深舟檝。公凤彰奇表，幼有大志，深沈靡测，卓卓不群。勇过符□，剑动飞蝯；弓踰庆忌，射穿悬虱。有随之季，声驰中国，炀帝闻而嘉之，固就招聘，轺轩结辙，璧帛相仍。大业七年，奉珍入侍，禯（礼）同戚属，宠冠列蕃。亟会五月之期，时参八神之祀。仍属本邦危乱，归路莫从，留滞京华，常陪銮跸。辽东之役，固请先驱，陷阵功多，特超诸校，赏物千段，授金紫光〔禄〕大夫。既而漠北余众，自西徂东，靡所底居①，思我遗爱。十二年，诏率所部屯次晋阳，纠合旧□，网怀族类。旋以黄星耀采，徂运告终，青社发明，圣人有作，义旗建□，景业惟新，物色熊罴，□□秀逸。公献筹草，昧竭经纶，参同□德，克勷方命，北清徼塞，南扫城邑。□光禄大夫，仍锡器玩，凡所虏获，即以畀之。及夫元戎济河，拯溺畿甸，乘辕移指，克宁京室。常在颜行，每当驰道，畴庸有典，俾从大赉，策勋三最②，赐帛万匹，又增杂彩，加以金钱。于时九服未清，四郊多垒，□戈日用，烽燧不息。公每箎神麾，骤参皇驾，东西戡定，匪遑晏处，故能转战仞（屻）縠（谷），涉血搴旗，长驱汧陇，禽敌制胜。〔武〕德元年，拜上柱国，封康国公，食邑三千户，赐缯一千段、生口卅人、锦衣一袭，以示荣宠。三年，授右翊卫将军

---

① "底"，《释录》习字部分释作"底"，复原作"庭"，校改作"停"。按"底居"义为定居、寻址。《魏书·高聪传》载北魏孝文帝与高聪诏书云："将底居成周，永恢皇宇。"（北京：中华书局，2017 年，第 1653 页）李邕《郑州大云寺碑》曰："观其肇允枚卜，爰适底居，所感弥多。"（《文苑英华》卷八五九，北京：中华书局，1966 年，第 4534 页上）故"底居"可通。

② 《释录》复原作"策勋三最。俾从大赉"，改变了习字顺序。

六郡良家，九卿任子，统兹禁旅，朝寄尤隆。……得丧□□，无屑襟抱。始自遐方，早飞誉于麟角；晚逢嘉会，终勒美于琱戈。结媛通德之门，纳善幽闲之操。礼容外备①，规范内凝，琴瑟克谐，松萝叶契。道长运短，一谢不追。人之云亡，朋僚珍悴。粤以其年岁次戊戌十一月乙巳朔四日戊申，葬于醴泉县神迹乡。爰发明诏，陪卫〔昭陵〕。

二、史大奈相关史事考释

习字抄录的起始部分显然不是一篇完整碑文的开头，故关于碑主的名讳信息缺失。经我们检索史籍，发现碑文所记内容与两《唐书·史大奈传》有相合之处，列表对照如下（表12-2）：

表12-2 史大奈事迹比较表

碑文	《旧唐书·突厥下》②	《新唐书·史大奈传》③
大业七年，奉珍入侍。	特勤大奈，隋大业中与曷萨那可汗同归中国。	史大奈，本西突厥特勒也，与处罗可汗入隋，事炀帝。
辽东之役，固请先驱，陷阵功多，特超诸校，赏物千段，授金紫光〔禄〕大夫。	及从炀帝讨辽东，以功授金紫光禄大夫。	从伐辽，积劳为金紫光禄大夫。
圣人有作，义旗建□，景业惟新，物色熊罴，□□秀逸。公献筹草，昧竭经纶，参同□德，克勷方命。	会高祖举兵，大奈率其众以从。	高祖兴太原，大奈提其众隶麾下。
〔□〕光禄大夫，仍锡器玩，凡所房获，即以畀之。	拜光禄大夫。	授光禄大夫。
赐帛万匹，又增杂彩，加以金钱。	武德初，从太宗破薛举。又从平王世充，破窦建德、刘黑闼，并有殊功。赐宫女三人，杂彩万余段。	从秦王平薛举、王世充、窦建德、刘黑闼，功殊等，积前后赐侍女三、杂彩万段。
粤以其年岁次戊戌十一月乙巳朔四日戊申，葬于醴泉县神迹乡。	十二年卒，赠辅国大将军。	卒，赠辅国大将军。

---

① "备"，《释录》习字部分释作"备"，复原作"修"，按"备（俻）"字可通。
② 《旧唐书》卷一九四下《突厥传下》，北京：中华书局，1975年，第5180页。
③ 《新唐书》卷一一〇《史大奈传》，北京：中华书局，1975年，第4111—4112页。

上表中，"曷萨那可汗"即"处罗可汗"，于大业七年（611）入隋；碑主卒年在"岁次戊戌"，即贞观十二年（638）；加上碑主从征辽东，所获官职"金紫光禄大夫""光禄大夫"等，均与《旧唐书》所载吻合。碑文抄写止于"陪卫"，其葬地"醴泉县神迹乡"位于唐太宗昭陵陪葬区，而史大奈的确出现在了昭陵的陪葬名录中[①]。所以我们推断碑主应该就是史大奈。史大奈其人，史籍着墨不多，世人对其熟悉程度远不能与阿史那苏尼失、阿史那忠、阿史那社尔相提并论，但此人在隋唐之际亦算得上是一位叱咤风云的人物，屡立军功。以下结合相关史料，对碑文所涉及的史事试作解说，凡引文出自此碑者不再注明出处。

（一）史大奈的出身

近年来，利用碑刻资料重建突厥早期世系是一个方兴未艾的课题，学者们为此进行了大量细致考索工作，但仍存在不少晦暗不明之处，尤其是东突厥大可汗摄图与处罗侯两支后裔的情况依旧不能通释。如朱振宏列出了最新的世系表（表12-3），将传统认为属于处罗侯一系的染干启民可汗考证为摄图之子，又因《旧唐书·阿史那苏尼失传》称苏尼失是启民可汗母弟，由此推断苏尼失亦是摄图之子[②]，这完全改变了关于摄图与处罗侯世系的既有观点。朱振宏的观点能否成立，我们不治突厥史，不予置评，但世系表中将与达漫处罗可汗一同入隋的史大奈归于阿波可汗一系，则需辨正。

两《唐书》并未明确记载史大奈的出身，惟《元和姓纂》卷六"河南史氏"条云：

> 本姓阿史那，突厥科罗次汗子，生苏尼失。入隋，封康国公。怀德郡王。生大奈，子仁表，驸马。[③]

---

① 《唐会要》卷二一，上海：上海古籍出版社，2006年，第481页。
② 具体考证参朱振宏《东突厥启民可汗阿史那染干出身小考》，收入氏著《隋唐政治、制度与对外关系》，台北：文津出版社，2010年，第367—376页；《阿史那摸末墓志笺证考释》，杜文玉主编《唐史论丛》第15辑，西安：陕西师范大学出版社，2012年，第183—185页；《新见两方突厥史氏家族墓志研究》，朱玉麒主编《西域文史》第8辑，北京：科学出版社，2013年，第183—184页。
③ 林宝撰，岑仲勉校记，郁贤皓、陶敏整理，孙望审订《元和姓纂（附四校记）》，北京：中华书局，1994年，第815—825页。

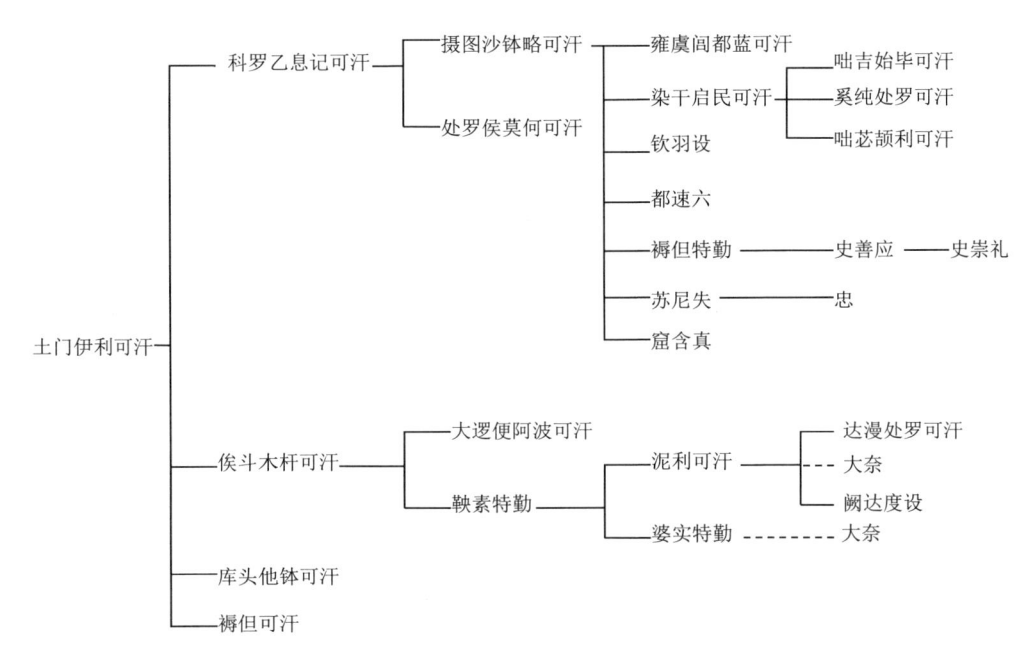

表 12-3 东突厥世系简表①

```
土门伊利可汗 ┬ 科罗乙息记可汗 ┬ 摄图沙钵略可汗 ┬ 雍虞闾都蓝可汗
            │                │                ├ 染干启民可汗 ┬ 咄吉始毕可汗
            │                │                │              ├ 奚纯处罗可汗
            │                │                │              └ 咄苾颉利可汗
            │                │                ├ 钦羽设
            │                │                ├ 都速六
            │                │                ├ 褥但特勤 ── 史善应 ── 史崇礼
            │                │                ├ 苏尼失 ── 忠
            │                │                └ 窟含真
            │                └ 处罗侯莫何可汗
            ├ 俟斗木杆可汗 ┬ 大逻便阿波可汗 ┬ 泥利可汗 ┬ 达漫处罗可汗
            │              │                │          ├ 大奈
            │              │                │          └ 阙达度设
            │              └ 鞅素特勤        └ 婆实特勤 ------ 大奈
            ├ 库头他钵可汗
            └ 褥但可汗
```

岑仲勉认为"科罗次汗子"乃"科罗汗次子"之误，他进而指出，据文义，似乎史大奈是阿史那苏尼失之子，但苏尼失属东突厥，而史大奈为西突厥之特勤；又史大奈早在大业七年已入隋，苏尼失则要到贞观四年才降唐，封怀德郡王，相距廿年，于理不符。他怀疑"入隋封康国公"乃史大奈之事迹。至于史大奈的出身，仍不明了②。王义康提出质疑，他认为开皇十一年（591），都蓝可汗母弟褥但特勤使于隋，被隋文帝拜为柱国、康国公，两相参照，《元和姓纂》所说苏尼失"入隋封康国公"并非空穴来风。据此他认为"苏尼失即褥但特勤，康国公非史大奈的封爵"。他还将《元和姓纂》此条复原为："突厥科罗汗子沙钵略汗，生雍虞闾（或都蓝），次子苏尼失，入隋封康国公，唐怀德郡王。"③ 对此，汤燕和朱振宏从不同角度给予了反驳，力证苏尼失与褥但特勤为二人④。朱振宏进而推测史大奈的出身有两种可能性：一是处

---

① 据朱振宏《新见两方突厥史氏家族墓志研究》附表"史善应家族世系表"改制。
② 《元和姓纂（附四校记）》，第 825—826 页。
③ 王义康《突厥世系新证——唐代墓志所见突厥世系》，《民族研究》2010 年第 5 期，第 87—94 页。
④ 汤燕《新出唐史善应、史崇礼父子墓志及突厥早期世系》，荣新江主编《唐研究》第 19 卷，北京：北京大学出版社，2013 年，第 575—576 页；朱振宏《新见两方突厥族史氏家族墓志研究》，第 182 页注释⑧。

罗可汗之大弟；二是婆实特勤之子，处罗可汗的堂兄弟[1]。可见，学界之前在有关史大奈出身的问题上基本都属于猜测。

从这篇习字复原出的"史大奈碑"明确记载其祖父是莫贺可汗。史籍中"莫贺可汗"亦作"莫何可汗"，共有三位：一是卒于开皇七年的摄图，全称是"伊利俱卢设莫何始波罗可汗"[2]；二是摄图之弟处罗侯，摄图死后他被册为莫何可汗，卒于开皇八年[3]；三是大业元年铁勒叛突厥，立契弊歌楞为"易勿真莫何可汗"[4]。史大奈为阿史那氏，故可先排除第三位。摄图的名号中虽有"莫何"两字，史书上多称他为沙钵略可汗，"始波罗"乃"沙钵略"的异译。处罗侯一般被称作莫何可汗、叶护可汗，均是隋朝册拜的尊号。因此史大奈的祖父最大可能便是处罗侯。碑文又谓其父是失咄弓弥设。"设"为突厥职官之一，《旧唐书·突厥传上》曰：

> 可汗者，犹古之单于，妻号可贺敦，犹古之阏氏也。其子弟谓之特勤，别部领兵者皆谓之设。[5]

可知宗室子弟为特勤、设，区别在于是否典兵。

前引"河南史氏"条有"入隋封康国公"一句，岑仲勉怀疑是史大奈的事迹，王义康认为是苏尼失，朱振宏结合《隋书·突厥传》和新出史善应墓志，认定是阿史那实（褥但特勤），否定了岑仲勉之说[6]。但史大奈碑明确记载他于武德元年（618）被封为康国公，因此，"入隋封康国公"也可能存在错简，此处"康国公"不一定就是阿史那实，反倒是史大奈的可能性更大，毕竟"河南史氏"条并未提到阿史那实。有意思的是，新近公布的史善应、史崇礼父子墓志均以"史"作为姓氏，而非"阿史那"[7]，但史善应归附李渊要晚于史大奈，故史大奈是目前所知最早被赐"史"姓的突厥人，"河南史氏"条要追根溯源，史大奈本当是最重要的一环。

---

[1] 朱振宏《新见两方突厥史氏家族墓志研究》，第209—210页。
[2] 《隋书》卷八四《突厥传》，北京：中华书局，2019年，第2099页。
[3] 《隋书》卷五一《长孙览附长孙晟传》，第1500—1501页。
[4] 《隋书》卷八四《铁勒传》，第2115页；两《唐书》均作"莫贺可汗"（《旧唐书》卷一九九《铁勒传》，第5343页；《新唐书》卷二一七下《回鹘传下》，第6134页）。
[5] 《旧唐书》卷一九四上《突厥传上》，第5153页。
[6] 朱振宏《新见两方突厥史氏家族墓志研究》，第209页。
[7] 参汤燕《新出唐史善应、史崇礼父子墓志及突厥早期世系》；朱振宏《新见两方突厥族史氏家族墓志研究》；王庆卫《新见唐代突厥王族史善应墓志》，《中国国家博物馆馆刊》2014年第4期，第49—58页。

至于苏尼失和史大奈分属东西突厥,其实是史书记载混乱造成的误解。两《唐书》之所以认为史大奈属西突厥,缘自《隋书》《通典》将率领史大奈入隋的处罗可汗归入西突厥。而处罗可汗究其本源,实出东突厥阿波可汗一系。阿波可汗在与沙钵略可汗的斗争中失败,不得不投奔西突厥。因此,《隋书·西突厥传》"既不是泛指隋代的西突厥,也不是指后世的西突厥汗国,而只是专指隋初突厥汗国内乱期间从东突厥分裂出来的阿波系突厥"①。所以,不管从世系还是追随的可汗来看,史大奈均属于东突厥。

(二)入隋后的经历

碑文记史大奈于大业七年"奉珍入侍"。此年,西突厥处罗可汗众叛亲离,被迫入隋。据两《唐书》的记载,跟随处罗可汗入隋的还有其弟阙达度设和特勤大奈(即史大奈),他们确切的入隋时间,《隋书·炀帝纪》说是大业七年十二月己未(八日)。同书还记载了隋炀帝和处罗可汗相见的场面:

> 以七年冬,处罗朝于临朔宫,帝享之。处罗稽首谢曰:"臣总西面诸蕃,不得早来朝拜,今参见迟晚,罪责极深,臣心里悚惧,不能道尽。"帝曰:"往者与突厥相侵扰,不得安居。今四海既清,与一家无异,朕皆欲存养,使遂性灵。譬如天上止有一个日照临,莫不宁帖;若有两个三个日,万物何以得安?比者亦知处罗总摄事繁,不得早来相见。今日见处罗,怀抱豁然欢喜,处罗亦当豁然,不烦在意。"明年元会,处罗上寿曰:"自天以下,地以上,日月所照,唯有圣人可汗。今是大日,愿圣人可汗千岁万岁常如今日也。"诏留其累弱万余口,令其弟达度阙设牧畜会宁郡。②

隋炀帝极力安抚处罗可汗,礼遇有嘉。那么相应的对待同时来朝的特勤大奈,按照碑文所载,也是"礼同戚属,宠冠列蕃"。

碑文云"亟会五月之期,时参八神之祀"。所谓"五月之期",《隋书·突厥传》

---

① 吴玉贵《突厥汗国与隋唐关系史研究》,北京:中国社会科学出版社,1998年,第38—42页,引文见第42页。
② 《隋书》卷八四《西突厥传》,第2113页。

记："五月中，多杀羊马以祭天。"①《隋书·西突厥传》云："每五月八日，相聚祭神，岁遣重臣向其先世所居之窟致祭焉。"②《北史·突厥传》亦载："每岁率诸贵人，祭其先窟。又以五月中旬，集他人水拜祭天神。"③突厥的习俗中，贵族阶层有祭祀先祖和天神之礼仪，拜祭天神的日期正是在五月中旬，"五月之期"所指应该就是这种风俗。"八神"为主宰宇宙八方之神④，属于中原王朝的祭祀系统。史大奈留居中原期间，仍旧保留了突厥的祭祀习俗，同时也参与到中原王朝的祭礼中来。这类碑志的书写，可能源自史大奈在长安生活的实录，也可能只是当时社会对于异族形象的一种设定而已。无论是哪种，接触并尽快融入中原的文化圈无疑是史大奈入隋之后需要面对的问题。

处罗可汗被逐之后，西突厥立射匮为可汗，他们归路无期，只能长久留居中原，所以碑文说"仍属本邦危乱，归路莫从，留滞京华，常陪銮跸"。之后，处罗可汗和史大奈都参与了隋对高丽的战争，史大奈因功"赏物千段，授金紫光〔禄〕大夫"。追随处罗可汗入隋的部众不在少数，史大奈应该就是凭藉突厥余部才取得赫赫战功。对于突厥部众，隋炀帝作了分割处置。《资治通鉴》系此事于大业八年（612）：

> 春，正月，帝分西突厥处罗可汗之众为三，使其弟阙度设将羸弱万余口，居于会宁，又使特勒大奈别将余众居于楼烦，命处罗将五百骑常从车驾巡幸，赐号曷娑那可汗，赏赐甚厚。⑤

《资治通鉴》很可能是将几件事情合于一处叙述。上引隋炀帝与处罗可汗见面的史料中，安置阙达度设于会宁郡确在大业八年正月。分史大奈部落于楼烦一事，两《唐书》均系在从征高丽之后，如果以第一次征高丽结束于八年七月算，居楼烦就不当系于正月。

碑文载："既而漠北余众，自西徂东，靡所底居，思我遗爱。十二年诏率所部

---

① 《隋书》卷八四《突厥传》，第 2098 页。
② 《隋书》卷八四《西突厥传》，第 2111 页。
③ 《北史》卷九九《突厥传》，北京：中华书局，1974 年，第 3288 页。
④ 《史记》卷二八《封禅书》记八神分别是：一曰天主，祠天齐；二曰地主，祠泰山梁父；三曰兵主，祠蚩尤；四曰阴主，祠三山；五曰阳主，祠之罘；六曰月主，祠莱山；七曰日主，祠成山；八曰四时主，祠琅邪。北京：中华书局，2013 年，第 1645 页。
⑤ 《资治通鉴》卷一八一，大业八年正月条，北京：中华书局，1956 年，第 5658 页。

屯次晋阳，纠合旧□，网怀族类。"这批突厥部众的出现可能与雁门之围有关。《隋书》记载：

> 〔大业十一年〕八月乙丑，巡北塞。戊辰，突厥始毕可汗率骑数十万，谋袭乘舆，义成公主遣使告变。壬申，车驾驰幸雁门。癸酉，突厥围城，官军频战不利。上大惧，欲率精骑溃围而出，民部尚书樊子盖固谏乃止。齐王暕以后军保于崞县。甲申，诏天下诸郡募兵，于是守令各来赴难。九月甲辰，突厥解围而去。丁未，曲赦太原、雁门郡死罪已下。①

大业十一年八月炀帝巡幸雁门郡之前，曾避暑楼烦郡静乐县的汾阳宫，当时史大奈及其部众正居于楼烦，按照惯例他应该会受到隋炀帝的接见。楼烦郡是大业四年（608）四月，析离石之汾源、临泉，雁门之秀容而成②，故与雁门郡毗邻。雁门之围发生，隋炀帝紧急召天下勤王，史大奈所部是离得最近的，从后续令其屯次晋阳的举动来看，刚刚被突厥人围困的隋炀帝非但不介意史大奈的异族身份，反而显示出无比的信任。由此可以推测，史大奈参与了解除雁门之围的勤王之役。此役过后，仍有一些突厥余部在游荡，所以隋炀帝才要借助史大奈的突厥身份去收拢，并让他从偏远的楼烦移镇更加重要的晋阳。如果考虑到此时李渊为太原安抚大使，史大奈屯守晋阳，不管是固守晋阳抵御突厥的侵犯或是监视防范李渊，都是很有战略意义的。

（三）入唐后的经历

李渊与史大奈在晋阳共事，二人之间产生怎样的交集与互动，我们现在不得而知。据两《唐书》和碑文的记载，史大奈追随了李渊起兵，被授予光禄大夫的官职，"仍锡器玩，凡所虏获，即以畀之"，保留了突厥部落战争的形态，可知史大奈所率领的这只突厥兵在李渊军队系统中的独特性。

史大奈在隋唐之际的功绩，碑文并无细致的叙说，据两《唐书》及《资治通鉴》所载，首先是击败桑显和之战。大业十三年九月，李渊西进长安，在潼关与隋将屈突通相遇。屈突通派遣桑显和袭击李渊刘文静部于饮马泉，双方苦战半日，死者数千人，"文

---

① 《隋书》卷四《炀帝下》，第99—100页。
② 《隋书》卷三《炀帝上》，第79页。

静度显和军稍怠，潜遣奇兵掩其后，显和大败，悉虏其众"①。这里的"奇兵"，《旧唐书·柴绍传》云："隋将桑显和来击，孙华率精锐渡河以援之，（柴）绍引军直掩其背，与史大奈合势击之。"②《旧唐书·突厥传》记作："隋将桑显和袭义军于饮马泉，诸军多已奔退，大奈将数百骑出显和后，掩其不备，击大破之，诸军复振。拜光禄大夫。"③史大奈此役的表现极为突出。

其次是平长安之功。攻克潼关之后，李渊继续挥师西进，史大奈随其进入长安，如碑文所说"及夫元戎济河，拯溺畿甸，乘辕移指，克宁京室"。在其后的论功行赏中，他因平长安之战功受到大量赏赐，并"赐姓史氏"，这正是"史大奈"一名的来源。

在随后的岁月里，史大奈"每簉神麾，骤参皇驾，东西戡定，匪遑晏处"，一直处于征战状态。武德元年，他随李世民破薛举，累积战功进封康国公，"食邑三千户，赐缯一千段，生口卅人，锦衣一袭，以示荣宠"。三年，"授右翊卫将军"。四年，从平王世充，破窦建德，六年从平刘黑闼，"并有殊功"。值得注意的是，史大奈长期跟随李世民征战，其为秦王府集团之一分子无疑。贞观三年（629），他擢升右武卫大将军④。四年，唐朝击败颉利可汗，突厥内附，五月，唐太宗置丰州都督府安置突厥旧部，以史大奈为都督⑤，正是看中了他原有的突厥特勤身份。史大奈后改封窦国公，食邑从武德时期的三千户锐减至三百户⑥，这主要与唐太宗整顿武德时期滥封爵位有关，并非专门针对史大奈一人。

史大奈的卒年，《通典》和《旧唐书》均系于贞观十二年⑦；《新唐书》没有记载具体时间；《元和郡县图志》"丰州"条记："十一年，大奈死，复废府，以地属灵州。"⑧碑文中记载："粤以其年岁次戊戌十一月乙巳朔四日戊申，葬于醴泉县神迹乡。"戊戌年即贞观十二年。按照墓志书写的惯例，卒年葬年为同一年者一般用"其年"字样，故史大奈也应是卒于贞观十二年。

---

① 《旧唐书》卷五七《刘文静传》，第 2292 页。
② 《旧唐书》卷五八《柴绍传》，第 2314 页；《资治通鉴》卷一八四，恭帝义宁元年九月条，第 5753 页。
③ 《旧唐书》卷一九四下《突厥传下》，第 5180 页。此事又见《新唐书》卷一一〇《史大奈传》，第 4111 页。
④ 《旧唐书》卷一九四下《突厥传下》，第 5180 页。
⑤ 《元和郡县图志》卷四"丰州"，北京：中华书局，1983 年，第 112 页；《资治通鉴》卷一九三，贞观四年五月条，第 6078 页。
⑥ 《旧唐书》卷一九四下《突厥传下》，第 5180 页；《新唐书》卷一一〇《史大奈传》，第 4112 页。
⑦ 杜佑撰，王文锦等点校《通典》卷一九九《边防典·突厥下》，北京：中华书局，1988 年，第 5455 页；《旧唐书》卷一九四下《突厥传下》，第 5180 页。
⑧ 《元和郡县图志》卷四"丰州"，第 112 页。

三、从习字看"史大奈碑"的传播

因碑文首题部分已缺,要想确切断定这篇碑文的性质已不可能,大体不出墓志铭与神道碑两种。从残存的七百余字碑文来看,多记事功,较少涉及史大奈治理地方的政绩,文中又提到陪卫昭陵之事,因此我们更倾向于神道碑,故称之为"史大奈碑"。那么,这篇神道碑文为何出现在了敦煌并且成为习字范本而存在?

敦煌地区自西汉武帝开发西域以来,汉地文化影响深远,当地士卒、百姓学习中原文化的印迹比比皆是。如居延汉简和敦煌简中就有大量的习字简,邢义田、宫宅洁利用这些习字简,探讨秦汉时期官吏、普通百姓是如何学习文字的[1]。郑阿财、朱凤玉利用敦煌蒙书的习字材料来分析当地的教育问题[2]。李肖、朱玉麒从习字残片中复原出隋代佚诗,探讨汉文文学在在吐鲁番地区的传播与接受[3]。以上研究成果都启发我们,以往不为人所关注的习字材料背后其实蕴含着丰富的历史信息。与上述几种习字材料相比,史大奈碑有其特殊性。

神道碑、德政碑之属作为一种"政治景观"[4],公开性是基本特征,其制作过程是一种官方行为,势必承载了官方的意识形态。另外,因碑文的撰写者、书丹者多数情况下为当时名流,甚至是皇帝,其产生的社会效应十分可观。如贞观十七年,魏征卒后,唐太宗亲制碑文,并御书石,碑石刻完后,"停于将作北门,公卿士庶竞以模写,车马填噎,日有数千。时人号其碑为二绝:文与书也"[5]。显庆元年(656)四月,唐高宗御书大慈恩寺碑镌刻完成,移送至大慈恩寺,另造碑屋安之,"大帝善楷、

---

[1] 邢义田《汉代边塞吏卒的军中教育——读〈居延新简〉札记之三》,初刊《大陆杂志》1993年第3期,第1—3页;《汉代〈苍颉〉、〈急就〉、八体和"史书"问题——再论秦汉官吏如何学习文字》,初刊《古文字与古代史》第2辑,"中研院"史语所,2009年,第429—468页;此均据修订稿,收入氏著《治国安邦:法制、行政与军事》,北京:中华书局,2011年,第595—651页。宫宅洁《秦汉时代の文字と识字——竹简・木简からみた》,富谷至编《汉字の中国文化》,京都:昭和堂,2009年,第191—223页。
[2] 郑阿财、朱凤玉《敦煌蒙书研究》,兰州:甘肃教育出版社,2002年。
[3] 李肖、朱玉麒《新出吐鲁番文献中的古诗习字残片》,《文物》2007年第2期,第62—65页;朱玉麒《中古时期吐鲁番地区汉文文学的传播与接受——以吐鲁番出土文书为中心》,《中国社会科学》2010年第6期,第182—194页;朱玉麒《吐鲁番文书中的玄宗诗》,《西域文史》第7辑,北京:科学出版社,2012年,第63—75页。
[4] 仇鹿鸣《权力与观众——德政碑所见唐代的中央与地方》,初刊荣新江主编《唐研究》第19卷,北京:北京大学出版社,2013年,第79—111页,收入氏著《长安与河北之间:中晚唐的政治与文化》,北京:北京师范大学出版社,2018年,第124—173页。
[5] 《册府元龟》卷四〇《帝王部》"文学",北京:中华书局,1960年,第451页上。

隶、草、行，尤精飞白。其碑作行书，又用飞白势作'显庆元年'四字，并穷神妙。观者日数千人，文武三品已上表乞模打，许之"①。模写即描摹，模打是一种早期的拓片方式。碑文通过模写、模打、传抄等方式可以流传至敦煌吐鲁番地区，这已被出土文献所证实。如敦煌藏经洞所出文献中就有王羲之《兰亭序》临本、唐太宗书《温泉铭》唐代拓本、欧阳询书《化度寺故僧邕禅师塔铭碑》唐拓本、柳公权书《金刚般若波罗蜜经》拓本等②。上述临本、拓本的用途可能主要与练习书法有关。除此外，还有一些碑文的流传主要是作为学习资料而使用。例如法藏 P.5043 号残卷，抄写规范、精美，其内容是后梁礼部侍郎薛廷珪奉敕为朔方节度使韩逊撰写的生祠碑文③，传世的薛廷珪遗文绝大多数为中书制诰和翰林制诰，可知薛廷珪擅长骈文，而骈体文是敦煌当地教育中的重要内容，故生祠堂碑的抄写者可能更看重的是碑文文体。我们以为，史大奈碑应该也是作为一种学习资料而在敦煌本地流传。

我们不能忽视一个细节，那就是史大奈碑习字抄写的位置处于佛经之间。S.2078 正面是《佛说无量寿宗要经》三种：第一种首缺尾全，有题记"张涓子"，第二种完整，第三种首全尾缺④。从笔迹上判断，属于不同人所抄。"张涓子"虽然在同种写经题记中至少出现了 17 次⑤，但并无年代记录。不过，滨田德海旧藏敦煌遗书《大般若经卷三百廿八》的题记中有"大蕃岁次戊戌年三月廿五日，学生张涓子操本写，故记之也"的记载，"大蕃国岁次戊戌"即吐蕃戊戌年（818）⑥。《佛说无量寿宗要经》是吐蕃统治敦煌时期最流行之佛经，敦煌现存有近千件⑦。从时段上可以确定《大般

---

① 《大唐大慈恩寺三藏法师传》卷九，CBETA, T50, no.2053, p.269b26-29。
② 郑汝中《唐代书法艺术与敦煌写卷》，《敦煌研究》1996 年第 2 期，第 124—125 页；杨森《浅谈敦煌文献中唐代墓志铭抄本》，《敦煌研究》2000 年第 3 期，第 135—140 页；荣新江《〈兰亭序〉在西域》，初刊《国学的传承与创新——冯其庸先生从事教学与科研六十周年庆贺学术文集》，上海：上海古籍出版社，2013 年，第 1099—1108 页，增订本收入氏著《丝绸之路与东西文化交流》，北京：北京大学出版社，2015 年，第 185—199 页。
③ 吴其昱《薛廷珪朔方节度使韩逊生祠堂碑敦煌残卷考》，柳存仁等《庆祝潘石禅先生九秩华诞敦煌学特刊》，台北：文津出版社，1996 年，第 63—73 页。
④ Lionel Giles, *Descriptive Catalogue of the Chinese Manuscripts from Tunhuang in the British Museum*, London: The Trustees of the British Museum, 1957, p.145.
⑤ 邰惠莉《敦煌本〈大乘无量寿经〉考》，郑炳林、樊锦诗、杨富学主编《敦煌佛教与禅宗学术讨论会文集》，西安：三秦出版社，2007 年，第 305 页。
⑥ 池田温编《中国古代写本识语集录》，东京大学东洋文化研究所，1990 年，第 337 页。
⑦ 参御牧克巳对《大乘无量寿宗要经》的解题，载牧田谛亮、福井文雅编集《讲座敦煌 7 敦煌与中国佛教》，东京：大东出版社，1984 年，第 167—172 页；上山大峻《敦煌佛教的研究》，京都：法藏馆，1990 年，第 437—456 页；黄明心、东主才让《敦煌藏文写卷〈大乘无量寿宗要经〉及其汉文本之研究》，《中国藏学》1994 年第 2 期，第 59—76 页；邰惠莉《敦煌本〈大乘无量寿经〉考》，第 299—311 页。

若经》题记中的"张涓子"和《佛说无量寿经》题记中的"张涓子"应该是同一人。据此,正面的抄写时间大致在9世纪上半叶。S.2078背面首缺,依次抄写社人张员住身故转帖抄、《妙法莲华经观世音菩萨普门品第二十五》、《宝云经卷第七》、史大奈碑习字和《宝云经》一句,后为空白。其中的《妙法莲华经观世音菩萨普门品第二十五》,据张秀清研究,敦煌写本中《妙法莲华经》称为《观世音经》的在张氏归义军时期,称为《妙法莲华经观世音菩萨普门品》的是在曹氏归义军时期[①]。综合正背佛经的年代及文本形态来看,正面的《佛说无量寿宗要经》乃为修功德所抄,并非寺院写经,且在敦煌当地数量庞大,故废弃之后背面被重新利用,但未抄完,背面的抄写年代当在曹氏归义军时期。世俗文书与佛经杂抄在一起,且为同一人所抄,这种情形提示我们,这很可能是来自寺学教育的产物。

  8世纪末,吐蕃占领敦煌,寺院佛学教育代替了州县学教育,许多当地僧俗子弟进入寺学跟随僧侣学习知识,如首任归义军节度使张议潮年轻时就曾在寺学学习[②]。到了归义军时期,寺学在敦煌地区依然十分盛行,其教授内容主要分为佛学和儒家基础教育,废除了吐蕃文的教学,大体遵循了中原官学的教育内容[③]。为了巩固汉制,"这些寺学的教师在教学生们认字读书时,经常选择一些有关民族英雄的事迹或文章以及中原文化的代表作作为教材"[④],以保持中原文化的传承。如10世纪20年代前后,沙州三界寺学郎张英俊、金光明寺学郎索福通以及学郎李幸思等人抄写的多份《李陵苏武往还书》,宣扬了敦煌百姓对中原王朝的忠心耿耿,它既是童蒙读物,同时也是曹议金为夺取归义军政权所作的通俗宣传品[⑤]。史大奈碑从内容上看正好契合了归义军时期寺学教育的需求。前已对史大奈的生平作出考释,我们看到,对于这么一位不得已而入华的突厥人,不管是其世系、入隋经历还是追随李唐,碑文的撰写者都极力塑造一个"入侍"的突厥人积极向华夏靠拢的形象,凸显其"归义"和"忠勇"的政治伦理,体现了官方对于官员死后形象的塑造以及自身意识形态的表达,这正与张议潮起兵反抗吐蕃统治而归义唐王朝的行为相呼应。因此,将这通碑文作为教材,即满足了识字习句的要求,又能潜移默化地向学郎灌输儒家的

[①] 张秀清《敦煌写〈妙法莲华经〉断代》,《科技信息》2010年第30期,第598页。
[②] 关于吐蕃时期寺学的研究,参张永萍《吐蕃统治时期的敦煌寺学》,《西藏研究》2013年第2期,第58—65页。
[③] 祁晓庆《敦煌归义军社会教育研究》,兰州大学博士学位论文,2011年,第57—70页。
[④] 郝春文主编《敦煌学概论》,北京:高等教育出版社,2010年,第77页。
[⑤] 邵文实《敦煌李陵、苏武故事流变发微》,《敦煌吐鲁番研究》第2卷,北京:北京大学出版社,1997年,第71—86页。

忠孝观念，可谓一举两得。这样的事例并非孤证。中和二年（882），河西都僧统悟真为张淮深撰写了《敕河西节度兵部尚书张公德政之碑》（张淮深碑），镌刻完成后立于沙州归义军节度使府衙。碑已不存，抄本残卷文字工整，有朱笔句读，正文部分是碑文原文，另有双行小注，是抄录者补入，以备在某种场合讲解[①]。显然，张淮深碑在树立不久后，碑文就已经在敦煌本地流传，甚至还有了注本。不但如此，BD06091号（北图芥91）《大方等大集经》卷八背面有一行文字"敕河西节度兵部尚书张公德政知碑"，字迹拙劣，荣新江判断当是学童所抄，"知"为"之"字之讹[②]。可见，张淮深碑也成为了寺学的学习资料。

综合敦煌所出张淮深碑、史大奈碑及韩逊生祠堂碑的文本存在情况来看，我们有理由认为，这类由文章家撰写的碑文之所以能在敦煌传播，甚至作为学童习字之范本，与敦煌本地的寺学教育有着莫大的关系，归义军政权借助这类碑文向当地百姓传递着传统的中原文化。

四、结　论

敦煌写本 S.2078v 的习字，经整理复原后是一篇隋末唐初突厥人史大奈的神道碑文。大业七年史大奈随西突厥处罗可汗入隋，留居中原，参与了隋炀帝时期的高丽之战。隋唐易代之际他追随李渊、李世民东征西战，为李唐王朝的建立与巩固作出了不少贡献，被赐姓史氏，封康国公，后改封窦国公，死后陪葬昭陵，一生可谓波澜壮阔、丰富多彩。史大奈作为一位蕃将在隋唐两朝扮演了许多重要的角色，官方为其撰写的神道碑着力凸显其归义与忠勇的角色。碑文传到敦煌以后，在归义军政权时期，史大奈对大唐帝国忠义的形象受到欢迎，神道碑文遂成为寺学教育的素材。

众所周知，敦煌虽是多民族汇聚之地，但中原汉地文化始终占有极其重要的地位。学校教育是文化强势介入民众生活的重要方式，而教材的选择在其中所起到的作用不言而喻。余欣从考证敦煌吐鲁番出土的《汉书》和《汉纪》写本入手，利用敦煌蒙书、类书、俗文学等通俗读物，来展现经典知识如何在普罗大众间被传承和

[①] 参荣新江《敦煌写本〈敕河西节度兵部尚书张公德政之碑〉校考》，初刊《周一良先生八十生日纪念论文集》，北京：中国社会科学出版社，1993年，第206—216页；此据氏著《归义军史研究——唐宋时代敦煌历史考索》，上海：上海古籍出版社，1996年，第399—410页。

[②] 荣新江《归义军史研究》，第405—406页。

消化。①本文的研究则表明，从神道碑文到习字范本，"史大奈碑"文本形态的转换并未削弱造作者原初赋予碑铭的精神内涵，相反，在归义军统治下的敦煌，这种精神内涵得到了强化。因此，经典知识、文学作品作为学郎习字的范本被反复抄录，这也是知识传播过程中的重要一环，敦煌文献中大量存在的习字材料理应引起研究者的重视。

（原载《魏晋南北朝隋唐史资料》第30辑，上海：上海古籍出版社，2014年，第165—181页。后据朱振宏意见有所修订。）

---

① 余欣《写本时代知识社会史研究——以出土文献所见〈汉书〉之传播与影响为例》，荣新江主编《唐研究》第13卷，北京：北京大学出版社，2007年，第463—504页；此据氏著《中古异相：写本时代的学术、信仰与社会》，上海：上海古籍出版社，2011年，第29—73页。

第十三章　敦煌写本 S.2506v 等唐代《失名史书》再探*

敦煌写本 S.2506v、P.2810v、P.4073、P2380v 属同一组文书，其中 P.2810 断裂成 A、B 两片，这五件写本，正面皆抄录《文子》，背面存唐开元九年（721）至贞元四年（788）间共六十八年史事（图 13-1）。1912 年，狩野直喜赴欧洲抄录了不少伦敦、巴黎、圣彼得堡所藏敦煌、黑城和中国西北其他地区的出土文献。1919 年，王国维据狩野直喜在伦敦所抄敦煌文献做跋文若干，其中就有 S.2506《唐写本失名残书》[①]。20 世纪 30 年代，王重民在伦敦、巴黎抄录敦煌文献，对上述五件写本都作了录文，指出 S.2506v 下接 P.2810 和 P.2380[②]，但后来编《敦煌古籍叙录》时却是据《沙州文录补遗》缀合了 S.2506、P.2810 和 P.4073[③]。几年后，《敦煌遗书总目索引》出版，在 P.2380 下记"参 2810、4073 两卷"[④]，至此，才将这五件写本的关系梳理清楚。最早对这五件写本进行系统研究的是郭锋，在对勘史料的基础上，他重点讨论了这组写本的性质及史料价值[⑤]。之后，盛朝晖就这组文书所记史事亦有简单比勘[⑥]。李

---

* 本文系与研究生邓雯玥合撰。
[①] 王国维《观堂集林》卷二一，北京：中华书局，1959 年，第 1011—1012 页。关于狩野直喜与王国维的交往，参荣新江《狩野直喜与王国维——早期敦煌学史上的一段佳话》，《敦煌学辑刊》2003 年第 2 期，第 123—128 页。
[②] 李永宁、程亮《整理王重民敦煌遗书手稿所得（一）》，《敦煌研究》2004 年第 6 期，第 71—73 页。
[③] 王重民《敦煌古籍叙录》，北京：商务印书馆，1958 年，第 86—87 页。以下凡引自该书之观点，不另出注。
[④] 商务印书馆编《敦煌遗书总目索引》，北京：中华书局，1962 年，第 263 页。
[⑤] 郭锋《简谈敦煌写本斯二五〇六号等唐修史书残卷的性质和价值》，《敦煌学辑刊》1992 年第 1、2 期，第 88—95、59 页。以下凡引自该文之观点，不另出注。
[⑥] 盛朝晖《敦煌写本 P.2506、2810（a）、2810（b）、4073、2380 之研究》，《敦煌研究》2001 年第 4 期，第 123—128 页。以下凡引自该文之观点，不另出注。

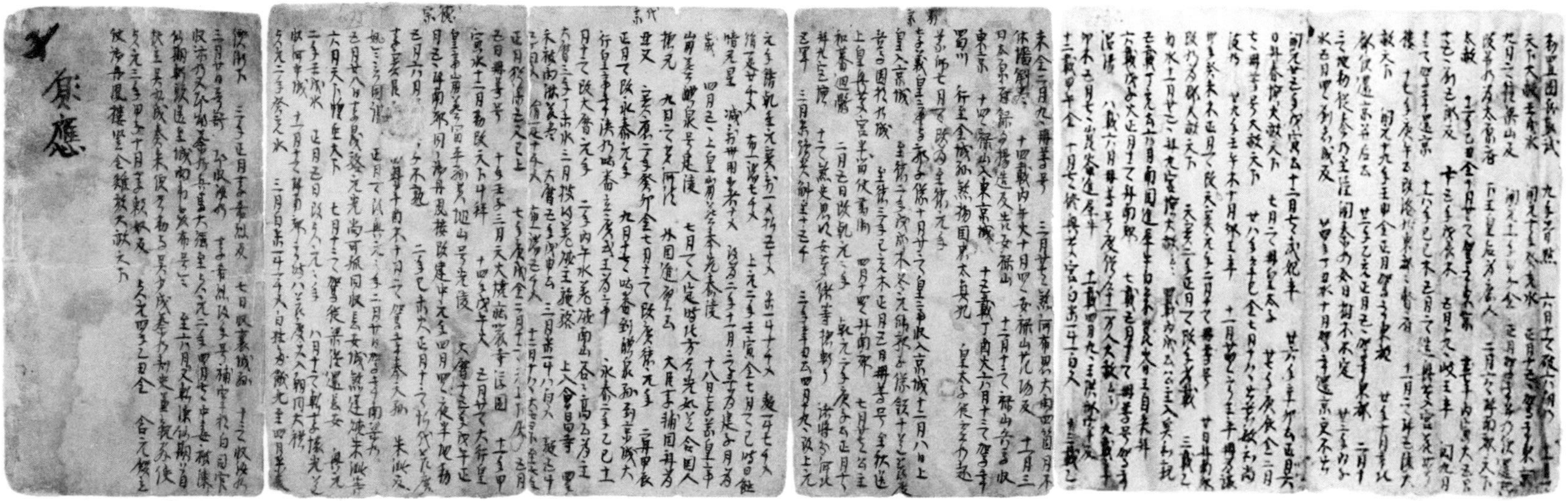

图 13-1　S.2506v+P.2810Av+P.2810Bv+P.4073+P.2380v《失名史书（开元九年至贞元四年大事纪）》

锦绣在郭锋的基础上对这组写本做了进一步研究，重点是讨论性质及成书背景等问题，观点与郭锋有较大差异①。郝师春文等对这组文书重新进行了释录，并定名为《失名史书（开元九年至贞元四年大事纪）》（以下简称"《失名史书》"）②。本文以最新录文为基础，先考订这组写本所载的一些史事，再对写本的成书背景、成书年代进行新的探讨。

一、《失名史书》所见史事补考

如李锦绣所指出的，《失名史书》由两部分构成，一是每年的甲子纳音，二是具体史事。第一部分以干支系年，几无正确者。具体史事部分，前贤在录文时已尽可能与传世典籍进行比勘，我逐一核查比对之后发现：在总数约115条史事中，明确出现错讹的有38条，与传世史籍相合者55条，另有22条未见他书记载；错讹之处基本都是关于时间的，史事本身的错讹很少。因此，不能简单地以编纂"粗率"来否定其价值，在这一点上，前贤均能客观待之。下面，我就写本中一些前人未能考订或考订不周的史事再作讨论。

（一）开元十六年（728）五月二日造兴庆宫花萼楼

《失名史书》记：

〔开元〕十六年己巳木，五月二日造兴庆宫花萼楼。

兴庆宫是玄宗朝的政治中心之一，其中西南角的花萼楼是节日庆典、发布诏敕、大赦天下、宴飨群臣、考试举选等政治活动的重要场所，是玄宗时代具有象征性的建筑。关于花萼楼与勤政楼的关系，学界一直都有争议，最近杨为刚撰文，从文献、

---

① 李锦绣《关于斯 2506、伯 2810、4073、2380 文书的再探讨》，《烟台师范学院学报》2004 年第 3 期，第 41—45 页。以下凡引自该文之观点，不另出注。
② 郝春文等编著《英藏敦煌社会历史文献释录》第 12 卷，北京：社会科学文献出版社，2015 年，第 247—311 页。

考古、历史书写等角度系统论证了二者是一楼两名①。花萼楼的建造年代，《玉海》卷一六四引韦述《东京记》云："开元八年造二楼。"②《东京记》即韦述《两京新记》的洛阳部分，"二楼"乃花萼楼和勤政楼。学界对这个时间并无异议。《失名史书》此处的记载该作何解？

开元二年（714），玄宗开始在隆庆坊建兴庆宫，开元八年在兴庆宫西墙建花萼楼。花萼楼依墙而建，西面和南面均临街。开元十四年兴庆宫外拓，但未对花萼楼楼体造成影响，而是在花萼楼前形成了东西长约150米的广场。十六年正月，玄宗发布《兴庆宫成御朝德音》③，正式把政治中心移到兴庆宫。十七年八月，玄宗在花萼楼举行诞日宴庆，群臣上表请以玄宗诞辰日为千秋节。杨为刚指出，在花萼楼举行帝王的诞日庆典，并将之礼典化，就使得花萼楼在开元时期成为了重要的礼仪空间，而礼仪的举行对空间有严格的要求，开元十四年兴庆宫外扩后形成的巨大广场满足了这样的需求④。但这毕竟只是扩建了广场，至于楼体本身并无变动。《失名史书》所记在十六与十七年间，正好是玄宗刚开始在兴庆宫听政的时期，为了更好地适应礼仪空间的要求，可能需要对花萼楼进行修缮或扩改建。

《失名史书》又记：天宝十二载（753）"十月七日修兴庆宫"。此事见于传世史籍。《旧唐书·玄宗本纪》作：十月，"和雇京城丁户一万三千人筑兴庆宫墙，起楼观"⑤。《册府元龟》作："十二载十月，城兴庆宫，役京师及三辅人凡一万三千人，并以时估酬钱。"⑥可证《失名史书》所载不误。由此，亦可推知十六年五月四日造花萼楼的记载绝非无稽之谈。

（二）开元廿三年五月四日刘志成（诚）反

《失名史书》记：

〔开元〕廿三年丙子水，五月四日刘志成（诚）反。

---

① 杨为刚《建筑·空间·书写：唐兴庆宫花萼相辉勤政务本楼研究》，《中华文史论丛》2015年第3期，第257—311页。
② 王应麟纂《玉海》卷一六四《宫室》"唐勤政楼 花萼楼"条，南京：江苏古籍出版社，1987年，第3019页上。
③ 宋敏求编《唐大诏令集》卷一〇八，北京：商务印书馆，1959年，第561页。
④ 杨为刚《建筑·空间·书写：唐兴庆宫花萼相辉勤政务本楼研究》，第281—283页。
⑤ 《旧唐书》卷九《玄宗本纪下》，北京：中华书局，1975年，第227页。
⑥ 《册府元龟》卷一四《帝王部·都邑二》，北京：中华书局影印，1960年，第159页上。

传世典籍均记此事发生于开元二十四年。《旧唐书·玄宗本纪》作:"夏六月丙午,京兆醴泉妖人刘志诚率众为乱,将趋京城,咸阳官吏烧便桥以断其路,俄而散走,京兆府尽擒斩之。"①《新唐书·玄宗本纪》系于五月丙午②。《资治通鉴》作:"五月,醴泉妖人刘志诚作乱,驱掠路人,将趣咸阳。村民走告县官,焚桥断路以拒之,其众遂溃,数日,悉擒斩之。"③本年六月己酉朔,无丙午日,《旧纪》"六月"误。又张九龄《贺昭陵征应状》云:

> 御史中丞徐恽从京便还,向臣等说妖贼刘志诚,四日从咸阳北原向南,见昭陵山上有黑云忽起,志诚谓其凶徒云:"此云将有暴风,若冲头,立恐有破败。"志诚久从军伍,颇解杂占,其言未毕,飘风果至,直冲行首,莫不昏迷,众心惊惶,不知所出。及至便桥之际,并即走散。④

状中明言刘志诚是"四日"从咸阳北原向南,这一信息张九龄是从勘问此次叛乱的御史中丞徐恽处得知,应该是最为可信的了⑤,遗憾的是状中未书月份。五月丙午是二十七日,熊飞认为与"四日"不符,他猜测当是七月,七月五日为壬午,"丙午"似为"壬午"之误⑥。但《资治通鉴》《新纪》均系于五月,且七月五日同样不能与"四日"相符,猜测成分太大。《失名史书》虽然在年份上错了,但"五月四日"的记载正好与徐恽的报告吻合,让我们的困惑豁然开朗。五月四日,刘志诚率众从咸阳北原向南,直奔咸阳城而去,咸阳官吏焚烧便桥阻断其路,这班乌合之众很快溃散,经过几日搜捕,逃亡之徒悉数被擒。《新纪》所载五月二十七日,应该是此事完结之后的奏报日期。此事在当时颇具影响,敦煌文献《唐开元廿四年岐州郿县县尉判集》中第三十个案例的判词就提到:"若此朋凶,何成州县。且见去年孙象,今日刘诚,皆是庸愚,起此大患。"⑦刘诚即刘志诚,岐州郿县东邻京畿道,可见此次事件很快就被周边的下级官员所知,并引以为戒。

---

① 《旧唐书》卷八《玄宗本纪上》,第203页。
② 《新唐书》卷五《玄宗本纪》,北京:中华书局,1975年,第139页。
③ 《资治通鉴》卷二一四,玄宗开元二十四年五月条,北京:中华书局,1956年,第6818页。
④ 张九龄撰,熊飞校注《张九龄集校注》卷一五《贺昭陵征应状》,北京:中华书局,2008年,第797页。
⑤ 薄小莹、马小红注意到了上述各种史料在时间记载上的差异,但未及深究,径直认为当以两《唐书》为是,见《唐开元廿四年岐州郿县县尉判集(敦煌文书伯二九七九号)研究——兼论唐代勾征制》,北京大学中国中古史研究中心编《敦煌吐鲁番文献研究论集》,北京:中华书局,1982年,第625—626页。
⑥ 《张九龄集校注》卷一五《贺昭陵征应状》,第799页注①。
⑦ 薄小莹、马小红《唐开元廿四年岐州郿县县尉判集(敦煌文书伯二九七九号)研究》,第619页。

（三）开元廿八年七月十八日出慈敏和尚随州

《失名史书》记：

> 〔开元〕廿八年辛巳金，七月十八日出慈敏和尚随州。

慈敏和尚（680—748），又作慈愍、慈愍，即慧日法师，生平见于《宋高僧传》卷二九：

> 释慧日，俗姓辛氏，东莱人也。中宗朝得度，及登具足，后遇义净三藏，造一乘之极，躬诣竺乾，心恒羡慕。日遂誓游西域。始者泛舶渡海，自经三载，东南海中诸国，昆仑、佛誓、师子洲等，经过略遍，乃达天竺，礼谒圣迹。寻求梵本，访善知识，一十三年。咨禀法训，思欲利人，振锡还乡，独影孤征。雪岭胡乡，又涉四载。既经多苦，深厌阎浮，何国何方，有乐无苦？何法何行，能速见佛？遍问天竺三藏学者，所说皆赞净土，复合金口；其于速疾，是一生路；尽此报身，必得往生极乐世界，亲得奉事阿弥陀佛。闻已顶受，渐至北印度健驮罗国。王城东北有一大山，山有观音像，有志诚祈请，多得现身。日遂七日叩头，又断食，毕命为期，至七日夜且未央，观音空中现紫金色相，长一丈余，坐宝莲华，垂右手，摩日顶曰："汝欲传法，自利利他，西方净土极乐世界弥陀佛国，劝令念佛诵经，回愿往生，到彼国已，见佛及我，得大利益。汝自当知净土法门，胜过诸行。"说已忽灭。日断食既困，闻此强壮。及登岭东归，计行七十余国，总一十八年，开元七年方达长安。进帝佛真容、梵夹等，开悟帝心，赐号曰慈愍三藏。生常勤修净土之业，著《往生净土集》，行于世。其道与善导、少康异时同化也。[①]

据记载，慧日俗姓辛，东莱人，唐中宗时受戒，后拜义净为师。因仰慕义净渡海求法，慧日也渡海泛游南海诸国，后至天竺游历求学。总计周游七十余国，前后十八年，于开元七年返回长安，向玄宗进献佛像和经典。玄宗大悦，赐号"慈愍三藏"。

[①] 赞宁撰，范祥雍点校《宋高僧传》卷二九《唐洛阳罔极寺慧日传》，北京：中华书局，1987年，第722—723页。

慈敏一生弘扬净土教义，其净土学说与慧远、善导并立。著有《往生净土集》，《大正藏·古逸部》收录。法藏敦煌文献 P.2066 法照撰《净土五会念佛诵经观行仪》卷中收有慈愍所作《般舟赞》一首①。天宝七载卒于洛阳罔极寺，享年六十九岁。《宋高僧传》对于开元七年以后慈敏和尚的事迹并没有留下多少记载，《失名史书》所记"出随州"事，具体细节已不可考，其不容于当权者显而易见，这离他逝世只有八年时间了。从其最后卒于洛阳罔极寺来看，被贬之后不久他应该就又回到了帝国的中心，其影响力不容小觑。

（四）大历二年（767）羌贼南山谷高玉为主

《失名史书》记：

> 〔大历〕二年丙午水，羌贼南山谷谷高玉为主。

高玉之乱，两《唐书·李抱玉传》、《资治通鉴》、《册府元龟》均有记载②，综合各家所记，大致情况如下。代宗广德元年（763）十月，吐蕃在攻陷河西陇右之后，兵锋直指长安，代宗不得已出奔陕州，唐兵溃散者及百姓纷纷避乱于山谷，久之，相聚为盗，长安南面子午谷等五谷群盗充斥，以高玉为首，劫掠生民。朝廷以太子宾客薛景仙为五谷招讨使前往镇压，连月不克，又令凤翔节度使李抱玉讨之。李抱玉先令人探查清楚高玉的行踪，分兵把守诸谷，形成围拢之势，然后遣兵马使李崇客率精骑四百从洋州攻入，在桃林、虢川大败高玉。高玉逃至城固，十一月，被张献诚擒住，献于朝廷。余党旬日内悉平。诸家所记高玉之乱爆发的时间，或言广德元年十月，或言广德元年冬。高玉被擒的时间，《资治通鉴》系于广德二年（764）十一月庚申（二十七日），《新唐书·代宗本纪》则将"高玉伏诛"的时间系于广德二年十二月乙丑（二日）③，距离他被擒不过五日，这恐怕是高玉之乱被平定的奏报时间。因为对于高玉的处置，朝廷内部还有一段小插曲。《新唐书·刑法志》载：

> 代宗性仁恕，常以至德以来用刑为戒。及河、洛平，下诏河北、河南吏民

---

① 《法藏敦煌西域文献》第 4 册，上海：上海古籍出版社，1995 年，第 121—122 页。
② 《册府元龟》卷三五八《将帅部·立功》，第 4253 页上；《旧唐书》卷一三二《李抱玉传》，第 3646 页；《新唐书》卷一三八《李抱玉传》，第 4620 页；《资治通鉴》卷二二三，代宗广德二年十一月条，第 7171 页。
③ 《新唐书》卷六《代宗本纪》，第 171 页。

任伪官者，一切不问。得史朝义将士妻子四百余人，皆赦之。仆固怀恩反，免其家，不缘坐。剧贼高玉聚徒南山，啖人数千，后擒获，会赦，代宗将贷其死，公卿议请为菹醢，帝不从，卒杖杀之。[①]

高玉被擒后，正好遇到大赦，代宗本想赦免其死罪，遭到群臣反对，最终高玉被杖杀。查阅史籍，广德二年二月戊子有过一次大赦，之后的大赦就是广德三年正月一日改元永泰了[②]。因此，高玉被杀的时间只能在永泰元年（765）正月大赦之后。如上所述，高玉之乱的起止时间在广德元年十月至二年十一月，《失名史书》系于大历二年是错误的。关于高玉的族属，上引诸种史料均未谈及，《旧唐书·李晟传》谓李晟"击破党项羌高玉等"[③]，《失名史书》也说是"羌贼"，二者正可互证。

（五）大历十一年（776）十二月敕改天下斗秤

《失名史书》记：

> 十一年甲寅水，十二月敕改天下斗秤。

此事，《唐会要·太府寺》载：

> 大历十年三月二十二日敕："自今以后，应付行用斗秤尺度，准式取太府寺较印，然后行用。"至十一年十月十八日，太府少卿韦光辅奏称："今以上党羊头山黍，依《汉书·律历志》，较两市时用斗，每斗小较八合三勺七撮；今所用秤，每斤小较一两八铢一分六黍。今请改造铜斗斛尺秤等行用。"制曰"可"。至十二年二月二十九日敕："公私所用旧斗秤，行用已久，宜依旧。其新较斗秤宜停。"[④]

这是大历年间的一次度量衡改革，十一年十月十八日韦光辅的上奏得到了皇帝的批准，《失名史书》所记应是正式敕书下发的时间，可惜这次改革仅维持了两个月。

[①] 《新唐书》卷五六《刑法志》，第1416页。
[②] 《册府元龟》卷八八《帝王部·赦宥》，第1049—1051页。
[③] 《旧唐书》卷一三三《李晟传》，第3661页。
[④] 《唐会要》卷六六《太府寺》，上海：上海古籍出版社，2006年，第1365页。

（六）贞元二年（786）四月七日李希烈中毒，被陈仙期斩头，送至城南吊，发布号令

《失名史书》记：

> 〔贞元〕三年正月李希烈反。七日收襄城县。十三日收汝州。三月廿日哥舒邛（曜）收汝州。李希烈改年号，补宰相百司官，收汴州，又邛、邠、蔡州，兵马大强。至贞元二年四月七日中毒，被陈仙期（奇）斩头，送至城南吊，发布号令。至六月，又斩陈仙期（奇）首，扶立吴少成（诚），奏来，便发敕与吴少成（诚）蔡州刺史兼观察使。

唐德宗建中三年（782）十二月至贞元二年四月，淮西节度使李希烈叛乱，这是在唐王朝腹心之地发生的一场叛乱，影响极大。关于李希烈被杀一事，两《唐书》、《资治通鉴》均言贞元二年三月，李希烈得疾，四月丙寅（七日）大将陈仙奇令医人陈山（一说仙）甫毒杀之[①]，《失名史书》所记均合。下文又记李希烈被斩头一事，传世典籍最早记载此事的是杜牧的《窦列女传》[②]。窦列女小字桂娘，才色俱佳，其父窦良为汴州户曹掾。李希烈攻下汴州时，将窦桂娘掠走。桂娘虽委身于李希烈，但心系大唐，她利用自己的聪明才智取得了李希烈的信任，获知众多机密要事，又帮助陈仙奇提升了在李希烈心中的地位。在李希烈暴毙，其子秘不发丧的情况下，把消息通报给了陈仙奇，后者遂联合其他将领发动兵变。杜牧自言，大和元年（827）他途经荆州松滋县时，县令王淇向他说起窦桂娘的故事，王淇熟知德宗建中时期的历史，窦桂娘的父亲窦良是他的堂姑子。按照杜牧所述此故事的来源，似乎并非完全杜撰出来的，《新唐书·李希烈传》就完全采用了《窦列女传》，但《资治通鉴考异》则不用，恐怕还是与故事中一些情节和史实不符有关。《失名史书》的记载颇能与《窦列女传》相印证。李希烈被陈仙奇斩头，《窦列女传》云"斩希烈及妻子，函七首以献"，陆贽《诛李希烈后原宥淮西将士并授陈仙奇节度诏》里也说陈仙奇"廓清氛祲，歼戮渠魁。驿书上闻，函首入献"[③]，斩头之事应为不虚。李希烈被杀后，尸体被送至

---

① 《旧唐书》卷一二《德宗本纪上》，第 353 页；《旧唐书》卷一四五《李希烈传》，第 3945 页；《新唐书》卷二二五中《李希烈传》，第 6440 页；《资治通鉴》卷二三二，德宗贞元二年四月条，第 7468 页。
② 杜牧撰，陈允吉校点《樊川文集》卷六《窦列女传》，上海：上海古籍出版社，1978 年，第 103—104 页。
③ 陆贽撰，王素点校《陆贽集》卷三《制诰·赦宥下》，北京：中华书局，2006 年，第 102 页。

城南吊，发布号令，《窦列女传》云"暴其尸于市"，看来都是陈仙奇借李希烈的尸体来立威的举动。《失名史书》撰写于德宗贞元初（详见下文），杜牧是在文宗大和八年（834）才听到窦列女的故事，二者的相合绝不是偶然，《窦列女传》的一些情节必定是有史实依据的。

（七）贞元三年（787）十月李软奴反

《失名史书》记：

> 贞元三年甲子，十月，李软奴反。

李软奴名李广弘（一说宏），小字软奴。《旧唐书》传云：

> 李广弘者，或云宗室亲王之胤。落发为僧，自云见五岳、四渎神，已当为人主。贞元三年，自邠州至京师，有市人董昌者，通导广弘，舍于资敬寺尼智因之室。智因本宫人。董昌以酒食结殿前射生将韩钦绪、李政谏、南珍霞，神策将魏修、李偨，前越州参军刘昉、陆缓、陆绛、陆充、徐纲等，同谋为逆。广弘言岳渎神言，可以十月十日举事，必捷。自钦绪已下，皆有署置为宰相，以智因尼为后。谋于举事日夜令钦绪击鼓于凌霄门，焚飞龙厩舍草积；又令珍霞盗击街鼓，集城中人；又令政谏、修、偨等领射生、神策兵内应；事克，纵剽五日，朝官悉杀之。事未发，魏修、李偨上变，令内官王希迁等捕其党与斩之。德宗因禁止诸色人不得辄入寺观。①

《册府元龟》《新唐书》所载大致相同②。关于上变之人，《旧传》作"魏修"，《册府元龟》《旧唐书·德宗本纪》《新传》皆作"魏循"③。手写时代，修、循易混，现在已难定孰是孰非。此次叛乱与以往不同的是，参与者多为射生军人。射生军是安史之乱以后，神策军兴起前最重要的禁军。在肃、代时期的两次宫廷政变中，

---

① 《旧唐书》卷一四四《韩游瓌传附李广弘传》，第3920页。
② 《册府元龟》卷九二二《总录部·妖妄》，第10890页下；《新唐书》卷一五六《韩游瓌传附李广弘传》，第4907页。
③ 《旧唐书》卷一二《德宗本纪上》，第358页。

射生军作为侍卫禁军,是宫廷斗争成败的决定性力量。即便到德宗贞元初年,射生军的地位仍然在神策军之上。射生军将多为勋旧子弟,如此次叛乱中的韩钦绪就是大将韩游瓌的儿子。由于他们长期扈从皇帝,直接护卫皇帝安危,在受到重视的同时,疑忌也不可避免地产生了[①]。此次李软奴之乱,虽因内部之人告密而消弭于未发之时,但对于刚刚经历过泾师之变,猜忌之心浓重的德宗来说,无疑是给了一次整肃射生军的机会。《资治通鉴》记载:

> 丙戌,其党告之,上命捕送内侍省推之。李晟闻之,遽仆于地曰:"晟族灭矣!"李泌问其故。晟曰:"晟新罹谤毁,中外家人千余,若有一人在其党中,则兄亦不能救矣。"泌乃密奏:"大狱一起,所连引必多,外间人情恟惧,请出付台推。"上从之。钦绪,游瓌之子也,亡抵邠州;游瓌出屯长武城,留后械送京师。壬辰,腰斩软奴等八人,北军之士坐死者八百余人,而朝廷之臣无连及者。[②]

此案的调查居然引起了对唐有再造之功的名将李晟的恐慌,其影响力可想而知。尽管在李泌的建议下,此案牵连面尽可能缩小,射生军坐死者还是达到了八百多人,这对于总人数不过数千人的建置而言,可算是一次大规模的清洗了。随后,"李泌以李软奴之党犹有在北军未发者,请大赦以安之"[③],并开始逐渐削弱射生军将的兵权,到贞元十二年(796)设中护军,最终由宦官来典掌射生军。

二、《失名史书》的编撰年代及作者

《失名史书》的记事截止于贞元四年正月一日,叙事完整,写本后有留白,不似未抄完的迹象。郭锋认为其撰写时间在贞元以后至昭宗期间。盛朝晖认为是"晚唐五代宋初之际的作品。其年代之早,当在《资治通鉴》《新唐书》成书之前,可与《旧唐书》一较先后"。李锦绣注意到《失名史书》在天头处写有"肃宗""代宗"和"德宗"字样,因"德宗"庙号最早出现在宪宗以后,考虑到敦煌与中原长期不通音讯

---

① 关于射生军的始末,参黄楼《唐代射生军考》,《史林》2014年第1期,第61—67页。
② 《资治通鉴》卷二三三,德宗贞元三年十月条,第7507页。
③ 《资治通鉴》卷二三三,德宗贞元三年十二月条,第7509页。

的情势，她据此推测该书"最早应完成于大中五年（850）八月张议潮献瓜沙等十一州户口之后"。

我认为上述学者对于该书编撰年代的推定偏晚，它应该完成于德宗贞元四年后不久。《失名史书》中有助于判定编撰年代的除了庙号外，更重要的是对代宗"大行皇帝"的称呼。这个称呼出现过两次：第一次在代宗广德二年，"大行皇帝幸陕州"；第二次在代宗大历十四年，"五月廿一日，大行皇帝崩，葬富平县黄堆山，号光（元）陵"。而且，这个称呼只用在代宗身上，其他皇帝则未见。众所周知，"大行皇帝"是对刚去世的皇帝的称呼，汉代以后具有特指性。《后汉书》李贤注引《风俗通》曰："天子新崩，未有谥，故且称大行皇帝。"又注引韦昭云："大行者，不反之辞也。天子崩，未有谥，故称大行也。"[①]《失名史书》的作者既称代宗为"大行皇帝"，则编撰时间必在德宗统治前期。如果按照盛朝晖、李锦绣的看法，定在宣宗乃至五代，那我们就会面临一个很难回答的问题：为什么作者要跳过德宗，单单把代宗称作"大行皇帝"？"编纂粗疏""错误"之类的回答恐怕难以服人吧。那么，"德宗"庙号的出现是否是一个反证？有一个现象需要注意：肃宗、代宗、德宗的庙号都被写在了天头处，而且都对应于皇帝继位之时。庙号似乎不是史书正文的内容，更像是为了阅读方便而作的标识，由于庙号的字迹与正文一致，应该就是史书的抄写者所为了。如果这样的猜测能够成立，我们现在看到的这组写本其实是《失名史书》后来的一个抄本。《失名史书》编撰于德宗贞元四年后不久，大中五年吐蕃势力退出河西走廊以后，敦煌当地人在抄写时于天头处加上了帝王庙号，所以，李锦绣所推测的年代其实是抄写时间，而非编撰时间。

明确了《失名史书》的编撰年代和抄写时间，我们才能据此来蠡测本书的作者情况。由于《失名史书》抄写于《文子》背面，是二次利用的结果，故抄写者为敦煌本地人当无疑义。至于作者，郭锋认为本书"行文粗率，又多年代干支讹误，似又不类大家手笔，倒有些像地方学者所为"。李锦绣认为作者是沙州人，理由主要是两个。第一，贞元三年沙州被吐蕃攻陷，本书将贞元四年作为截止年，是有意为之，"体现的是敦煌本地人撰写的历史"。第二，本书在纪年上，将敦煌地区盛行的六十甲子纳音融汇进来，体现了敦煌文化的地域特殊性。因而，本书是"唐主流文化与敦煌地域文化相结合的产物"。郭锋的看法比较笼统。李锦绣的观点其实是建立在对该书年代的判定上，大中八年（854）河西十一州重归唐朝后，敦煌本地人

---

① 《后汉书》卷五《安帝本纪》，北京：中华书局，1965年，第205页。

编撰了这部"唐朝年代纪",因贞元四年"沙州的历史脱离了唐朝的发展轨道",所以之后的历史不书。但依照我对本书编撰年代的判定,李锦绣的观点自然就不能成立了。另一方面,六十甲子纳音并非只在敦煌地区盛行,是本地特色,如郝师春文所指出的:

> 《六十甲子纳音》不仅是占卜专业的人员的基础知识,还是与人们生活息息相关的历日的基础知识,同时也是古代盛行的阴阳五行学说的基础知识,因而成为当时人们的一般知识和生活常识。[1]

因此,甲子纳音与纪年的结合,并不能体现出敦煌的地域特殊性。

实际上,《失名史书》所载内容与敦煌并无直接关系。郭锋和盛朝晖也都指出,该书内容集中在皇帝行止、郊祭、尊号、改元、天文五行、叛乱、藩国朝贡、钱粮等,取材旨趣近于《旧唐书》本纪,而与《新唐书》不同。我们还可以从具体的记载来看。如该书所记天文五行灾异多不言地点,与传世史书对照可知,开元二十二年(734)地震在秦州,天宝十三载(754)大雨在京城,宝应元年(762)的西北方赤光,大历四年(769)京师雨灾,大历十年洛阳庄严寺火灾,建中元年(780)地震在京师,以及兴元元年(784)关辅蝗灾,这些灾异主要集中在关中,丝毫不涉及敦煌乃至河西地区。因此,如果我们暂时无视纪年系日上的错误,但就具体史事而言,《失名史书》完全是以唐王朝为正统、以帝王活动为中心的一份有意编纂的文本。我们更倾向于认为,这是一本由中原人编撰的史书,作者的史学思想极为正统,一切以帝王为中心。该书在流传的过程中出现了不少纪年系日上的错讹,传入敦煌后,被当地人抄写得以存世。尽管有不少错讹,但其史料价值不容忽视。我们在第一部分对部分史事进行的考证可以显示,《失名史书》中不少溢出正史记载的内容信而有征,本书的作者应该是能接触到一些比较原始的资料。遗憾的是,关于《失名史书》的一切资料在传世文献中均阙如,我们要想确定其作者是不可能的,但至少可以认定这是来自中原人的作品,而非敦煌本地。

---

[1] 郝春文《敦煌写本〈六十甲子纳音〉相关问题补说》,《文史》2012年第4辑,第185页。

三、结 论

敦煌写本 S.2506v+P.2810Av+P.2810Bv+P.4073+P.2380v 是一部唐代失名史书,存开元九年至贞元四年大事纪,其中采用甲子纳音和年号并用的纪年方法,是一大特色,但又存在诸多讹误。大事纪中有不少记载可补正史之阙,具有一定的史料价值。学界一般认为其系编年史书,但关于其体裁、史料来源、成书年代等问题仍存争议。本文在对勘史料的基础上,认为这篇大事纪成书于德宗贞元初期,抄写的年代上限是宪宗初年。该书作者未必是吐蕃统治下的沙州人,该书也并非体现敦煌本地人撰写的历史,更可能是转抄中原传入的史书。

(原载《敦煌吐鲁番研究》第 17 卷,上海:上海古籍出版社,2017 年,第 87—101 页。)

第十四章　吐鲁番所出《老子道德经》及其相关写本

《老子》是先秦道家的经典之作，古往今来，有关《老子》的研究成果汗牛充栋。随着马王堆帛书、郭店竹简、北大简的发现与公布，对于《老子》早期形态的研究成为热点，但学界尚未形成共识。相较于 20 世纪 70 年代帛书本、简本《老子》的发现，敦煌藏经洞所出《老子道德经》及其相关写本已经拥有了一百多年的研究史，成果极为丰富[①]。于此形成巨大落差的是，吐鲁番出土的与《老子道德经》有关的写本，因其数量较少，长期以来是作为敦煌写本的附属品而存在，乏人问津，还处于初步的文献比定阶段。2015 年以来，我们在整理旅顺博物馆藏新疆出土汉文文献的时候，从中比定出了 22 片与《老子道德经》相关的写本，加上之前吐鲁番出土的写本，总共 41 片。以此为契机，本文将全面搜罗吐鲁番所出《老子道德经》及其相关写本，并进行初步的文献比定和整理研究。

一、《老子道德经》

以往认为可能属于吐鲁番发现的《老子道德经》只有 1 片。日本书道博物馆藏品中有"六朝经残纸册三"，系王树枏旧藏，内有一残片，首尾均缺，下半部亦缺，楷书精写，乌丝栏，存 9 行，起《老子道德经》第五五章"含德之厚"，迄五六章末"故

[①] 目前最系统的研究当推朱大星《敦煌本〈老子〉研究》，北京：中华书局，2007 年。关于敦煌本《老子》的研究史，参见该书"绪论"部分，第 1—30 页。

为天下贵”（图 14-1）[①]。中村不折记录系吐鲁番出土[②]，其子中村丙午郎整理的目录中明确为鄯善吐峪沟所出[③]。大渊忍尔《敦煌道经·目录编》收入此件，从其收录原则来看，应该是认为出自敦煌[④]，王卡、朱大星都从大渊忍尔之说[⑤]。包晓悦在为书道博物藏吐鲁番文献编目时，确定了该件出自吐鲁番[⑥]。此件不标章次，但每章均另段提行书写，章末不标明每章字数。文字与通行本《老子》有一些差异，但与敦煌无注记字数本《老子道德经》（散 0668D+P.2347<1>）全同。此件抄写年代，中村不折认为其书风为后魏之作[⑦]，不确，当为唐代抄本。

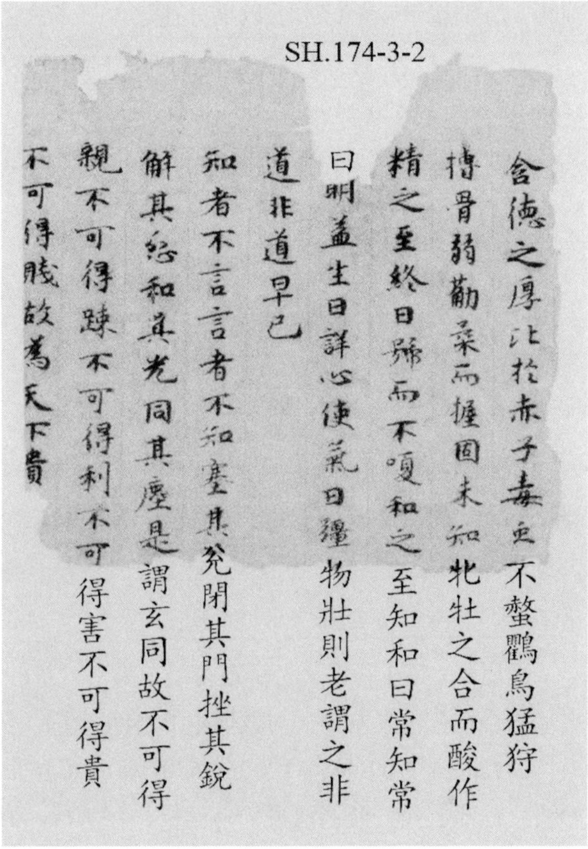
SH.174-3-2

含德之厚比於赤子毒虫不螫鸜鳥猛狩
搏骨弱筋柔而握固未知牝牡之合而酸作
精之至終日號而不嗄和之至知和曰常知常
曰明益生曰詳心使氣曰彊物壯則老謂之非
道非道早已
知者不言言者不知塞其兌閉其門挫其銳
解其紛和其光同其塵是謂玄同故不可得
親不可得踈不可得利不可得害不可得貴
不可得賤故為天下貴

图 14-1　《老子道德经》第五五、五六章复原

此次我们从旅顺博物馆藏新疆出土汉文文书中新比定出 13 片《老子道德经》，从字迹

① 矶部彰编《台东区立书道博物馆中村不折旧藏禹域墨书集成》（以下简称《中村集成》）下卷，2005 年，非卖品，第 102 页。

② 中村不折《禹域出土墨宝书法源流》下卷，东京：西东书房，1927 年，此据李德范汉译本，北京：中华书局，2003 年，第 143 页。

③ 《书道博物馆所藏经卷文书目录（附解说）》，西域文化研究会复制，第 38 页。

④ 大渊忍尔《敦煌道经·目录编》，冈山：福武书店，1978 年，此据隽雪艳、赵蓉汉译本，济南：齐鲁书社，2016 年，第 501 页。

⑤ 王卡《敦煌道教文献研究：综述·目录·索引》，北京：中国社会科学出版社，2004 年，第 167 页；朱大星《敦煌本〈老子〉研究》，第 73—74 页。

⑥ 包晓悦《日本书道博物馆藏敦煌吐鲁番“写经残片册”的文献价值》，《文献》2015 年第 5 期，第 45 页；《日本书道博物馆藏吐鲁番文献目录（上篇）》，《吐鲁番学研究》2015 年第 2 期，第 140 页。

⑦ 中村不折著，李德范译《禹域出土墨宝书法源流考》，第 143 页。

判断，分别属于4个抄本。以下分述之。

第一个抄本有6残片，分别是 LM20-1453-09-06、LM20-1458-23-08、LM20-1454-08-06、LM20-1499-27-06、LM20-1520-24-13 和 LM20-1520-34-14。

LM20-1499-27-06 首尾、上下均缺，楷书精写，乌丝栏，存5行，唐抄本，录文如下：

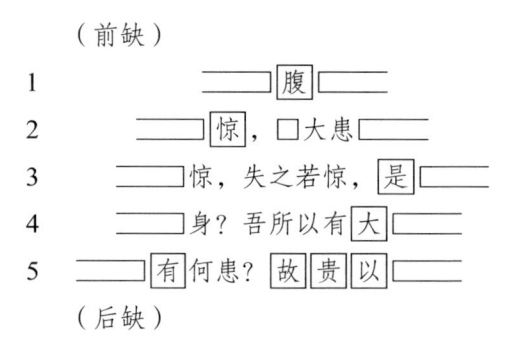

（前缺）
1　　　　☐腹☐
2　　☐惊，□大患☐
3　　☐惊，失之若惊，是☐
4　　☐身？吾所以有大☐
5　　☐有何患？故贵以☐
（后缺）

经比对，第1行系《老子道德经》第一二章的末尾，第2—5行是一三章的内容，文字与今本有较大差异，与敦煌本 P.2584 全同。

LM20-1453-09-06 与 LM20-1520-34-14 可左右缀合，缀合后仍首尾均缺，下半部亦缺，首部上残，楷书精写，乌丝栏，存7行，唐抄本：

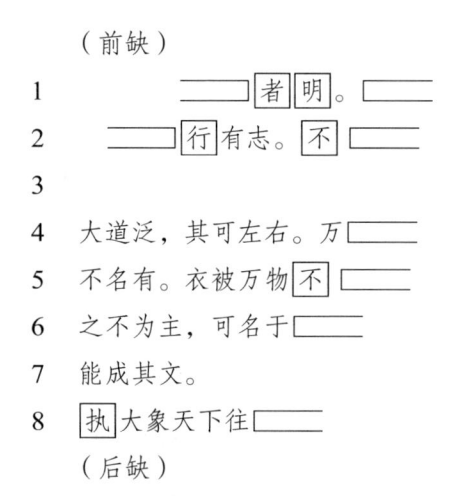

（前缺）
1　　　　☐者明。☐
2　　☐行有志。不☐
3
4　大道泛，其可左右。万☐
5　不名有。衣被万物不☐
6　之不为主，可名于☐
7　能成其文。
8　执大象天下往☐
（后缺）

260

第1—2行为《老子道德经》第三三章的内容；第4—7行是第三四章的内容，章末未标明字数；第8行是第三五章的内容。文字与敦煌本 P.2584 几乎全同，惟第7行"文"，P.2584 作"大"。

LM20-1458-23-08 首尾均缺，上部亦缺，下残，楷书精写，乌丝栏，存3行，唐抄本：

（前缺）
1　　　　　而不辞，成功
2　　　　　可名于小。万物归
3　　　　　人终不为大，故
（后缺）

此残片亦系《老子道德经》第三四章的内容，正好是 LM20-1453-09-06 的下半部分，但不能直接缀合，文字与 P.2584 全同。

LM20-1454-08-06 与 LM20-1520-24-13 可上下缀合。缀合后首尾、下部均缺，楷书精写，乌丝栏，存9行，唐抄本：

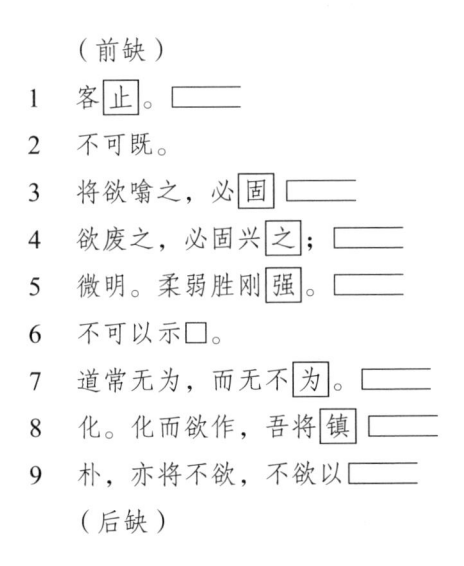

（前缺）
1　客止。
2　不可既。
3　将欲噏之，必固
4　欲废之，必固兴之；
5　微明。柔弱胜刚强。
6　不可以示□。
7　道常无为，而无不为。
8　化。化而欲作，吾将镇
9　朴，亦将不欲，不欲以
（后缺）

第1—2行为《老子道德经》第三五章的内容，第3—6行是第三六章，第7—9行是第三七章。第3行"噏"，P.2584 作"翕"；第4行"兴"，P.2584 作"与"；

261

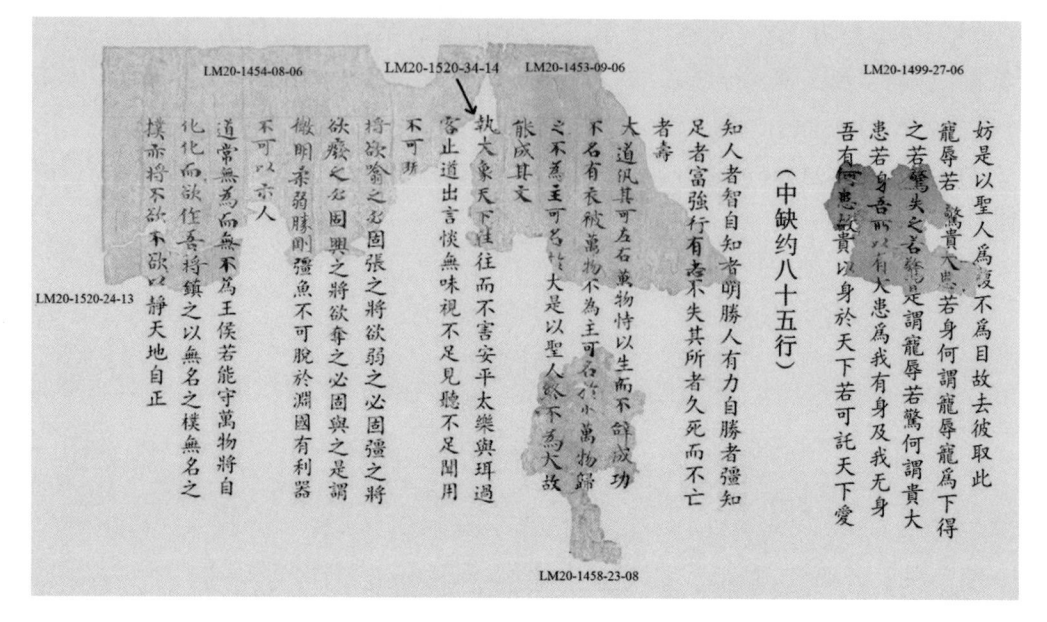

图 14-2 《老子道经》第一二、三三至三七章复原

第 5 行"刚", P.2584 作"剄"; 第 6 行"示", P.2584 作"视"; 第 9 行第二个"不", P.2584 作"无"。比照敦煌白文本《老子》的分篇情况，此件第 9 行系《老子道经》的最后一句，后面有一行空白，边缘可见栏线，故推测其后当有"老子道经上"的卷题。

上述六残片同为唐抄本，有乌丝栏，字迹也相同，书法精美，应系同一件之割裂，存《老子道经》第一二、三三至三七章部分，相对位置如图 14-2 所示。

第二个抄本有 3 残片，分别是 LM20-1508-1487b、LM20-1464-17-07 和 LM20-1452-18-07。LM20-1508-1487b 和 LM20-1464-17-07 可上下缀合，缀合后仍是首尾、上下均缺，存 4 行，楷书，乌丝栏：

（前缺）
1 ☐☐为之而有以 为 。☐
2 ☐☐为之而有以 为 。☐
3 ☐☐☐臂而仍之。故失道☐
4 ☐☐ 仁 ☐☐
（后缺）

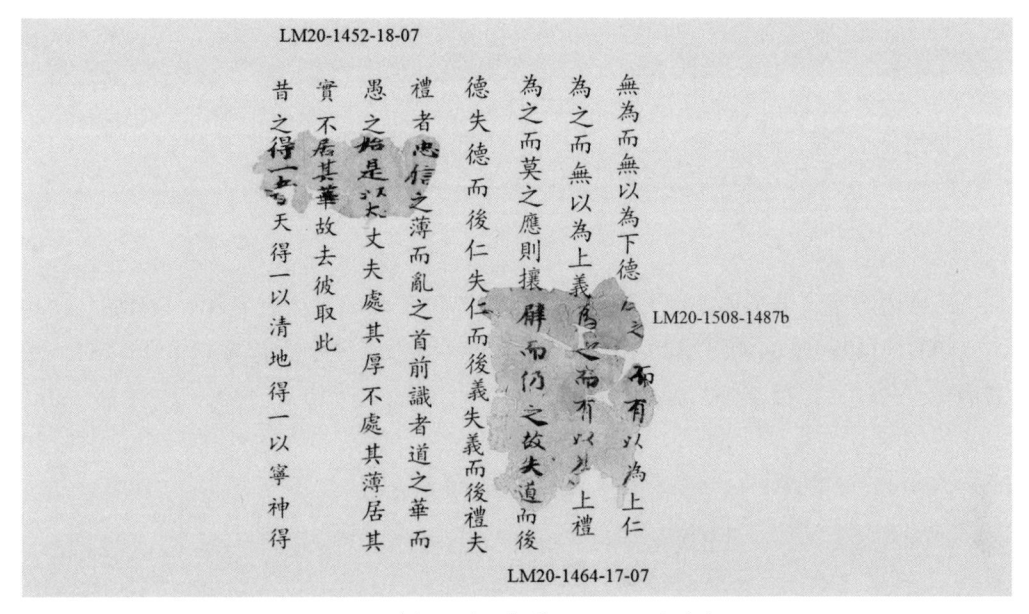

第十四章　吐鲁番所出《老子道德经》及其相关写本

图 14-3　《老子德经》第三八、三九章复原

该残片为《老子道德经》第三八章的内容，文字同于敦煌本 P.2375。LM20-1452-18-07 存 4 行，楷书，乌丝栏：

（前缺）

1 ☐☐☐忠信之☐☐☐
2 ☐☐☐始是以大☐☐☐
3 ☐☐☐居其华☐☐☐
4 ☐☐☐得一者☐☐☐

（后缺）

第 1—3 行为《老子道德经》第三八章的内容，第 4 行为三九章首句，文字也与 P.2375 全同。这两残片字迹一致，书法一般，有乌丝栏，皆为唐抄本，故亦属同一抄本，存《老子德经》第三八、三九两章的片段，相对位置如图 14-3 所示。

第三个抄本有 3 残片，分别是 LM20-1504-330、LM20-1498-41-04 和 LM20-1505-497。LM20-1504-330 存 3 行，楷书，乌丝栏，唐抄本：

263

（前缺）
1　　☐☐大于☐☐
2　　☐☐于小。夫轻诺☐☐
3　　☐☐之，故终☐☐
（后缺）

所抄内容系《老子道德经》第六三章，文字同于敦煌无注记字数本 S.189。

LM20-1498-41-04 和 LM20-1505-497 可前后缀合，缀合后首尾、上下均缺，楷书精写，乌丝栏，存 4 行，唐抄本：

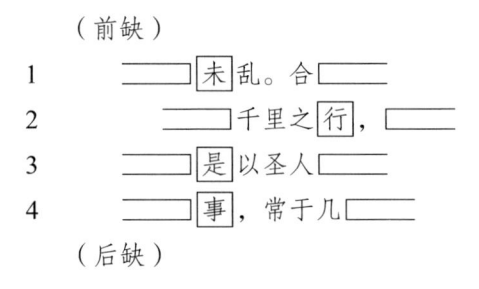

（前缺）
1　　☐☐未乱。合☐☐
2　　☐☐千里之行，☐☐
3　　☐☐是以圣人☐☐
4　　☐☐事，常于几☐☐
（后缺）

此系《老子道德经》第六四章的内容，文字同于 S.189。这三残片属同一抄本，存《老子德经》第六三、六四两章部分，相对位置如图 14-4 所示。

第四个抄本是 LM20-1453-11-07，首尾、上部均缺，存 5 行，楷书，乌丝栏，唐抄本：

（前缺）
1　　　　　　☐☐必多难。是
2　☐☐
3　　　　　☐☐易破，其微易散。
4　　　　　☐☐抱之木，生于豪
5　　　　　☐☐之行，始于足下。
6　　　　　☐☐人无为故无败，
（后缺）

第 1 行是《老子道德经》第六三章的内容，第 3—5 行是六四章的内容（图 14-5），文字与 S.189 全同。

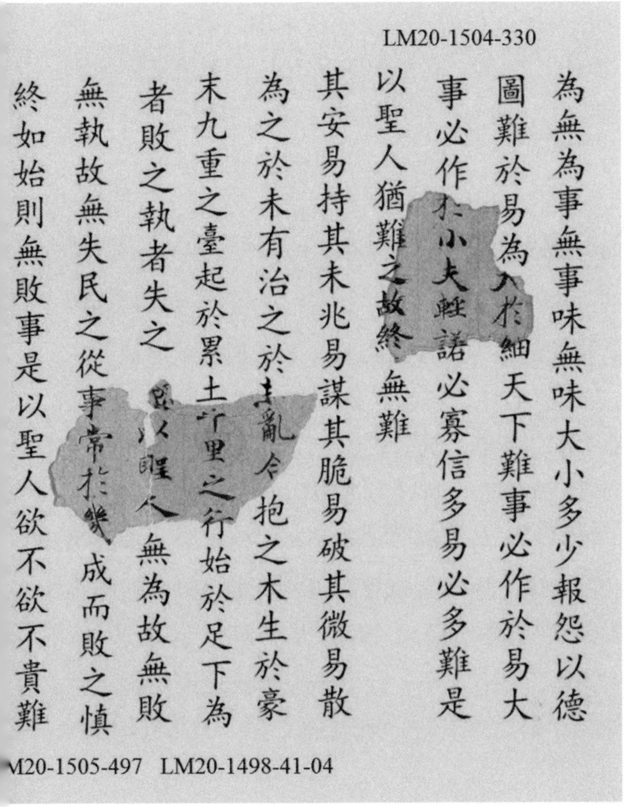

第十四章　吐魯番所出《老子道德經》及其相關寫本

图 14-4　《老子德经》第六三、六四章复原（1）

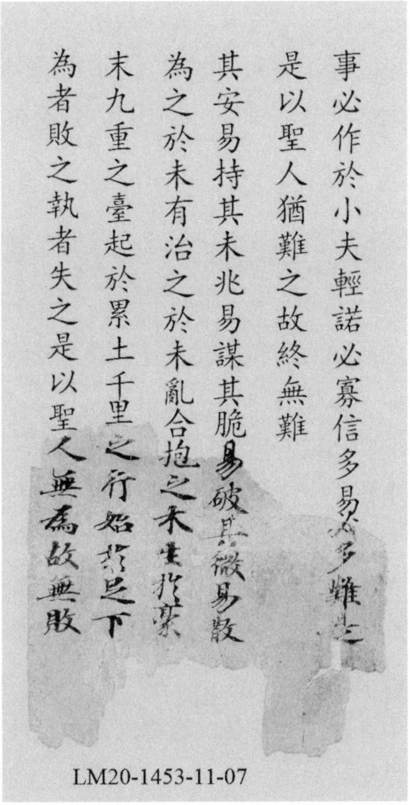

图 14-5　《老子德经》第六三、六四章复原（2）

综上，目前所见，吐鲁番出土的《老子道德经》写本有14片，分属5个不同的抄本。关于敦煌白文本《老子》的传本系统，一般来说，从形式上，若据每章末尾是否标有字数，可区分出有注记字数本和无注记字数本两种；从内容上，又可以分为"五千文本"和"非五千文本"[1]。我将吐鲁番所出这五个抄本与王卡所列敦煌白文"非五千文本"[2]逐一进行核校之后发现，除了旅博所藏第二个抄本无法判断外，其余均可确认是"五千文本"。形式上，书道博物馆藏片、旅博藏第一个抄本明显是无注记字数本，旅博藏第二个抄本无法判断。旅博藏第三个抄本中，第六四章"千里之行"一句，敦煌有注记字数本一律作"百刃之高，起于足下"，无注记字数本则两种文字都有，据此可以判断旅博藏第三、四两个抄本都是无注记字数本。

二、《老子道德经》相关写本

此前吐鲁番所出与《老子道德经》相关的写本是注疏类和《老子道德经序诀》。

注疏有两种。第一种是《老子道德经河上公章句》。日本龙谷大学所藏大谷文书 Ot.8120，吐峪沟出土，首尾、上部均缺，楷书，乌丝栏，存大字6行，下有双行小注，有朱笔句点及校补（图14-6），最早刊于《西域考古图谱》，定名"唐钞古书断片"[3]，《大谷文书集成》经过比对之后定名"唐钞《老子》（河上公本谦德第六十一章）断片"[4]。日本大阪四天王寺出口常顺藏品原系德国吐鲁番探险队的收集品[5]，中有一组十一残片，从字迹判断系同一抄本，最大一片存大字8行，双行小注，楷书，乌丝栏（图14-7），其余10片较小，各存1—2行不等。藤枝晃比定出了其中5片，分别是《道德经河上公注》第六、廿二、廿三、廿五的文字，为7世纪末8世纪初写本[6]。

第二种是《唐玄宗御制道德真经疏》，1片。龙谷大学所藏 Ot.8103 号，吐峪沟出土，首尾、下部均缺，楷书，乌丝栏，存7行（图14-8），《西域考古图谱》最

---

[1] 参朱大星《敦煌本〈老子〉研究》，第179—182页。
[2] 王卡《敦煌道教文献研究：综述·目录·索引》，第167—168页。
[3] 香川默识编《西域考古图谱》"经籍"类10，东京：国华社，1915年。
[4] 小田义久编集《大谷文书集成》叁，京都：法藏馆，2003年，第243页。
[5] 荣新江《海外敦煌吐鲁番文献知见录》，南昌：江西人民出版社，1996年，第94—95页。
[6] 藤枝晃编著《吐鲁番トルワァン出土佛典の研究——高昌残影释录》，京都：法藏馆，1978年，第139—140、160页。

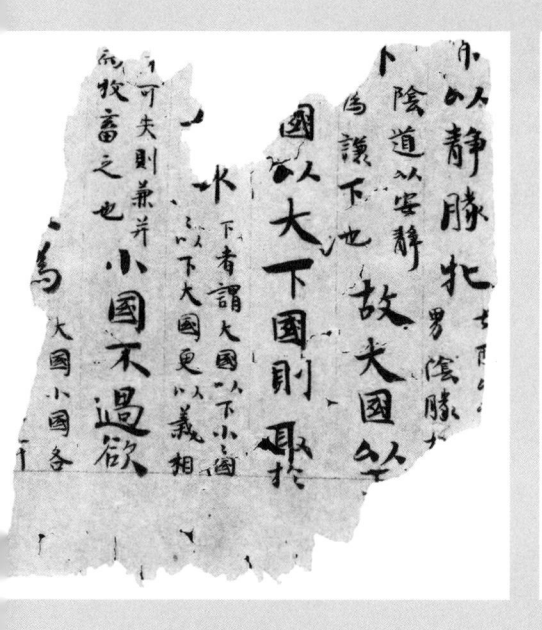

图 14-6 《老子道德经河上公章句》
　　　　谦德第六一

图 14-7 《老子道德经河上公章句》
　　　　象元第二五

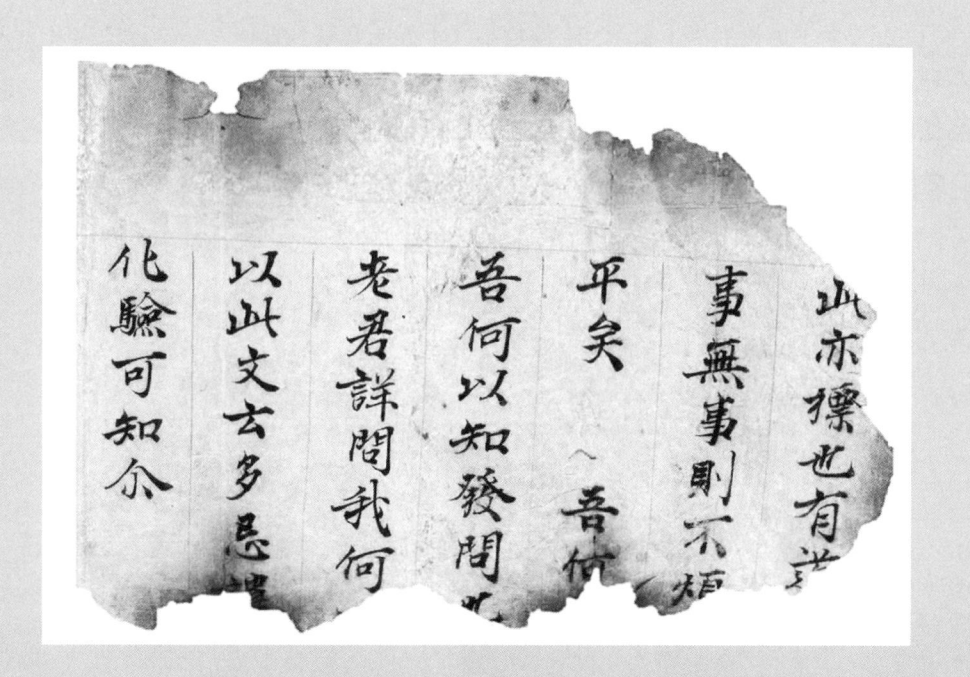

图 14-8 《唐玄宗御制道德真经疏》以政治国章第五七

早刊布，定名"唐钞道书断片"①，《大谷文书集成》继之②。王卡辨识出是《道德经》第五七章的注文，"经注文连书，中间空格以示区别"，但注者待考，定名"老子道德经五十七章注（佚名氏）"③，《吐鲁番文书总目（日本收藏卷）》、朱大星均从王卡之说④。2005 年，都筑晶子最终比定出是《唐玄宗御制道德真经疏》卷八以政治国章第五十七⑤。

旅顺博物馆藏中新见五片与《老子道德经》相关的写本。编号 LM20-1523-153，首尾、上下均缺，楷书，存 4 行，经文大字，注文双行小字：

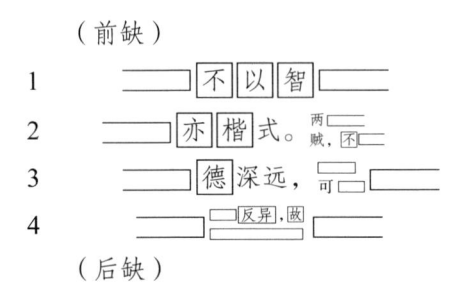

（前缺）
1　　　□□不以智□
2　　　□亦楷式。两贼，困
3　　　□德深远，可□
4　　　□□反异。因
（后缺）

这是《老子道德经河上公章句》淳德第六十五的文字（图 14-9），与敦煌本 P.2639 小异。第 2 行"亦"，P.2639 作"是谓"；第 3 行"深远"，现所见其他本子均作"深矣远矣"，则此件河上公注所据之《老子》底本与其余各本颇有不同⑥。

编号 LM20-1468-23-05，首尾、上下均缺，楷书，乌丝栏，存 3 行：

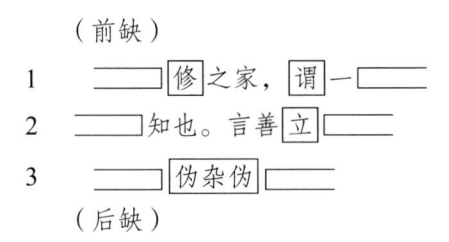

（前缺）
1　　　□修之家，谓一□
2　　　□知也。言善立□
3　　　□伪杂伪□
（后缺）

---

① 《西域考古图谱》"经籍"类 7a。
② 小田义久编集《大谷文书集成》叁，第 238 页。
③ 王卡《敦煌道教文献研究：综述·目录·索引》，第 170、283 页。
④ 陈国灿、刘安志主编《吐鲁番文书总目（日本收藏卷）》，武汉：武汉大学出版社，2005 年，第 444 页；朱大星《敦煌本〈老子〉研究》，第 120 页。
⑤ 都筑晶子等《大谷文书の整理と研究》，《龙谷大学佛教文化研究所纪要》第 44 卷，2005 年，第 100 页。
⑥ 王卡点校《老子道德经河上公章句》，北京：中华书局，1993 年，第 255 页。

第十四章　吐鲁番所出《老子道德经》及其相关写本

图 14-9　《老子道德经河上公章句》
　　　　　淳德第六五复原

图 14-10　《唐玄宗御制道德真经疏》
　　　　　善建章第五四复原

经比对，这是《唐玄宗御制道德真经疏》卷七善建章第五四"修之于身，其得乃真"句的疏。此件字迹与上件 Ot.8103 一致，属同一抄本。

编号 LM20-1521-06-12，首尾、上下均缺，楷书，乌丝栏，存 2 行：

（前缺）
1　　　□序，间□
2　　　□广，一乡□
（后缺）

这是《唐玄宗御制道德真经疏》卷七善建章第五四"修之于乡，其德乃长"句的疏，与 LM20-1468-23-05 字迹一致，相隔不远，属同一抄本，相对位置如图 14-10 所示。

编号 LM20-1452-37-17，首尾、上部缺，楷书，乌丝栏，存 7 行，经注相间，经

269

文朱书，注文墨书，大小一致，唐抄本。编号 LM20-1455-17-04，首尾、上下均缺，楷书，乌丝栏，存 4 行，唐抄本，第 4 行首字有朱笔残划，应系经文，注文墨书，经注文间空一格以区分，字迹与 LM20-1452-37-17 相同，可直接缀合。缀合后的录文如下，朱笔以黑体加粗表示：

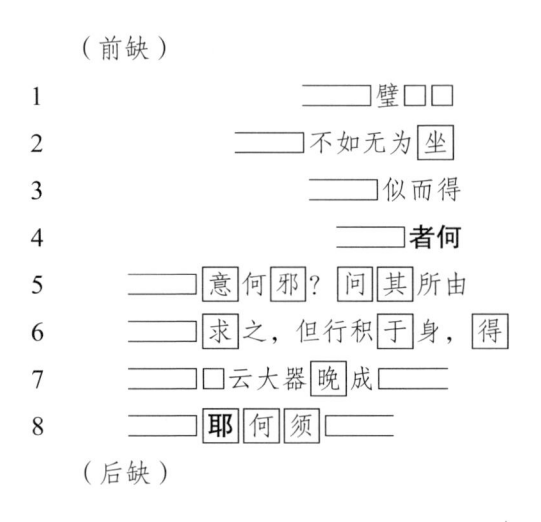

（前缺）

1 ☐☐璧☐☐
2 ☐☐不如无为 坐
3 ☐☐似而得
4 ☐☐**者何**
5 ☐☐ 意 何 邪？ 问 其所由
6 ☐☐ 求 之，但行积 于身，得
7 ☐☐□云大器 晚 成☐☐
8 ☐☐**耶** 何 须☐☐

（后缺）

我查阅蒙文通《道书辑校十种》所收成玄英《道德经义疏》、李荣《道德经注》、王介甫《老子注》、陈景元《老子注》以及晋唐《老子》其他古注，[①]并逐一核校敦煌道经相关写本之后发现，缀合后的文字是《老子道德经》第六二章"虽有拱璧以先驷马，不如坐进此道也。古之所以贵此道者何？不曰求以得，有罪以免耶"几句的注疏（图 14-11）。第 4 行朱笔经文补全后应为"古之所以贵此道者何"，由此逆推，第 1—3 行是"虽有拱璧以先驷马，不如坐进此道也"的注疏，而第 2 行的文字目前仅见于成玄英《老子道德经义疏》[②]。第 5 行见于金代李霖编撰《道德真经取善集》卷一〇"古之所以贵此道者何"引顾欢曰："古之所以贵宝此道者，其意何耶？问其所由也。"[③]"耶"，此件残笔划当作"邪"，"耶"为"邪"之俗字。第 6 行见于原题顾欢撰《道德真经注疏》卷六"不曰求以得"引顾欢曰："无假远索，日

[①] 蒙文通辑校《道书辑校十种》，《蒙文通文集》第 6 卷，成都，巴蜀书社，2001 年。
[②] 原题顾欢《道德真经注疏》卷六，《道藏》第 13 册，北京：文物出版社，上海：上海书店，天津：天津古籍出版社，1988 年影印本，第 338 页中。
[③] 李霖集《道德真经取善集》卷一〇，《道藏》第 13 册，第 920 页下。

第十四章　吐鲁番所出《老子道德经》及其相关写本

日求之，但行积于身，得之于心，玄悟在我也。"①第8行朱笔残存笔划是经文"有罪以免耶"中"耶"俗字"耴"的右半边。综上，LM20-1452-37-17+LM20-1455-17-04中有《老子道德经》顾欢注和成玄英疏，也有一些别家注，可能属于已佚的某部《老子道德经》的注疏本。

《老子道德经序诀》原题葛玄撰，王卡认为前面两部分确是葛玄所作，后面部分则是东晋南朝道士假托之作，敦煌本多抄写在《老子道德经五千文》之前②。吐鲁番出土的《老子道德经序诀》目前所见有9片。学者最早比定出的是Ot.8111号，首尾、下部均缺，存5行，楷书精写，乌丝栏，为唐代写本。此片《西域考古图谱》定名为"神仙传"③，20世纪70年代末，大渊忍尔比定出是《老子道德经序诀》④。旅博馆藏中新见有1片编号LM20-1506-734a，首尾、上下均缺，存4行，楷书，乌丝栏，正好可与Ot.8111号缀合（图14-12）。缀合后的录文如下：

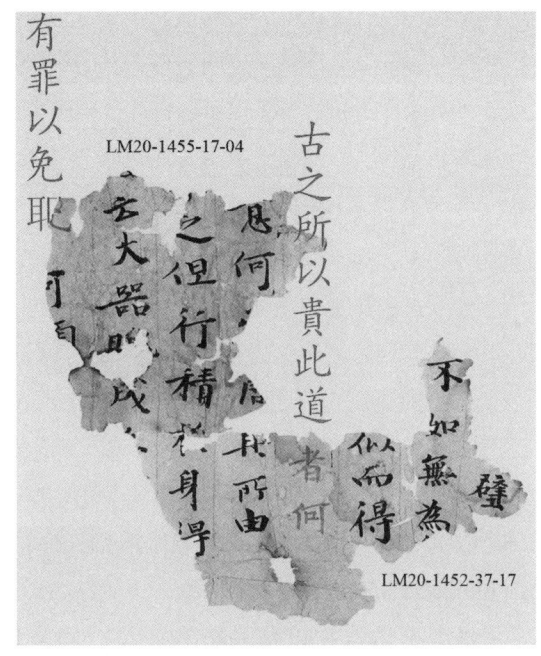

图14-11　佚名《老子道德经》注疏（第六二章）缀合

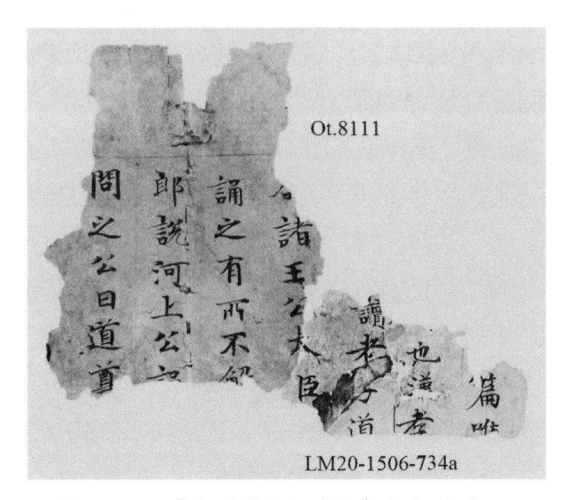

图14-12　《老子道德经序诀》缀合（1）

---

① 原题顾欢《道德真经注疏》卷六，《道藏》第13册，第338页下。
② 王卡《〈老子道德经序诀〉考》，《世界宗教研究》1983年第3期，第119—122页。
③ 《西域考古图谱》下册，经籍8—7。
④ 大渊忍尔《敦煌道经·目录编》，第248页，隽雪艳、赵蓉汉译本，第640页；小田义久编集《大谷文书集成》叁，第241页。

271

（前缺）

1　　　　□篇 唯□
2　　　　□也汉 孝□
3　　　　□读老子 道□
4　　命 诸王公大臣□
5　　诵之有所不 解□
6　　郎说河上公 诵□
7　　问之公曰道 尊□
8　　　　　　□曰□

（后缺）

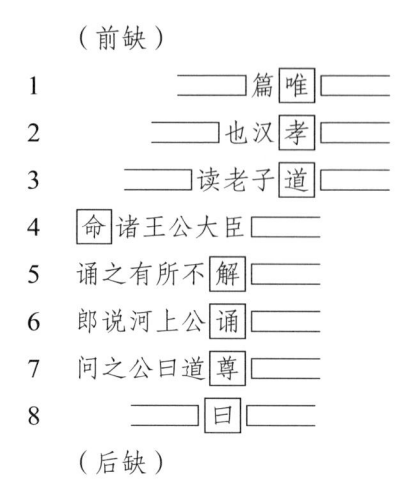

以上文字与敦煌本S.75《老子道德经序诀》全同，第1行是第一部分的末尾，第2—8行是第二部分的文字。

日本书道博物馆藏品中有3片，均来自王树枏旧藏。其中《六朝写经残字册二》中有两小片SH.174-2-50和SH.174-2-58，缀合后首尾、下部均缺，存7行，楷书精写，乌丝栏，唐抄本，包晓悦比定出系《老子道德经序诀》第一部分的内容（图14-13）[①]，文字与敦煌本S.75几乎全同，仅第5行"洿"，S.75作"恶"。《北凉写经残纸册五》中也有1片SH.174-5-78，首尾、上下均缺，存4行，楷书精写，乌丝栏，唐抄本（图14-14）：

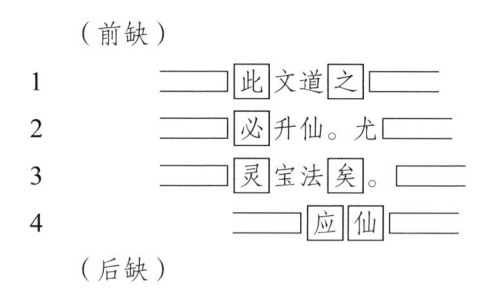

（前缺）

1　　　□此 文道 之□
2　　　□必 升仙。尤□
3　　　□灵宝法 矣。□
4　　　　□应 仙□

（后缺）

[①] 包晓悦《日本书道博物馆藏敦煌吐鲁番"写经残片册"的文献价值》，第44—45页；《日本书道博物馆藏吐鲁番文献目录（上篇）》，第135—136页。

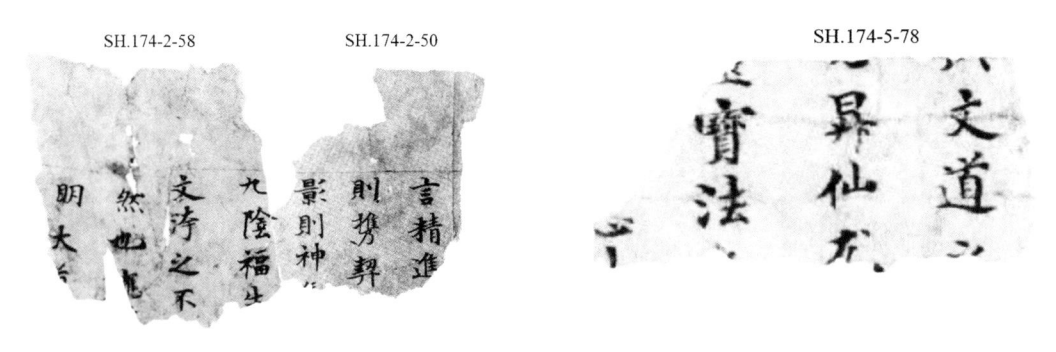

图 14-13 《老子道德经序诀》缀合（2） 图 14-14 SH.174-5-78《老子道德经序诀》

此片《中村集成》未定名，郜同麟定名为"失题道经"[1]。经比对，其实是《老子道德经序诀》第四部分的文字。

以上 5 片书风颇为一致，尤其前 4 片文字前后相续，疑本为同一抄本，相对位置如图 14-15 所示。值得注意的是，现在所见敦煌本《老子道德经序诀》中各部分之间是分段的，但此件抄本中第 8 行"篇唯"两字已是第一部分的末尾一句，从相对位置复原图来看，此抄本第一、二部分之间并未分段，这是目前仅见的。

第 6 片是芬兰探险家马达汉（Carl Gustav Emil Mannerheim）藏品，现藏芬兰国家图书馆，编号 Mannerheim MS.30-3。西胁常记比定出是《老子道德经序诀》，但其刊布的图版十分模糊[2]。第 7 片为旅博馆藏 LM20-1522-09-16，第 8 片为 LM20-1509-1582e，均为楷书精写，乌丝栏，唐抄本。虽然我并未见到 Mannerheim MS.30-3 原件，但从西胁常记的录文及模糊图版判断，这三片可以直接缀合，缀合后首尾均缺，上下部有残，存 12 行：

（前缺）
1　　□穷，常者 也， 故 □
2　　□由人，斯文尊 妙， 可 □
3　　□道者宝之焉。

---

① 《中村集成》下卷，111 第；郜同麟《敦煌吐鲁番道经残卷拾遗》，《敦煌学辑刊》2016 年第 1 期，第 47 页。
② 西胁常记《中国古典时代的文书的世界——トルファン文书の整理と研究》，东京：知泉书馆，2016 年，第 190—191 页。

273

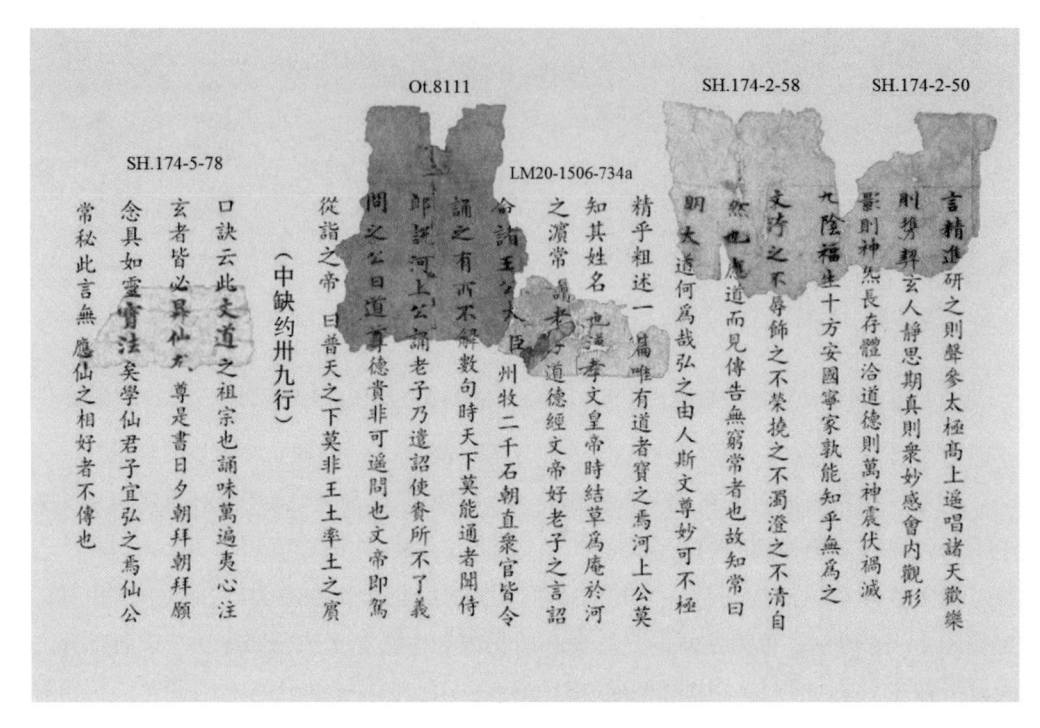

幽赞化行：敦煌吐鲁番文献所见中古中国的占验与信仰

图 14-15 《老子道德经序诀》缀合（3）

4　　☐☐莫知其姓名也。汉孝文皇帝时结☐☐
5　　☐☐河之滨，常读老子道德经，文帝好☐☐
6　　☐☐诏命诸王公大臣州牧二千石朝☐☐
7　　☐☐令诵之。有所不解数句，时天下莫能
8　通者，闻侍郎说河上公诵老子，乃遣诏使☐☐
9　所不了义问之。公曰：道尊德贵，非☐☐
10　文帝即驾从诣之。帝曰：普天之下☐☐
11　率☐☐，莫非王臣。域中有四大，☐☐
12　☐☐道，犹朕人也，不能自屈，何乃☐☐
（后缺）

274

第 1—3 行是《老子道德经序诀》第一部分的末尾，第 4—12 行是第二部分，文字与 S.75 几乎全同，惟第 12 行"人"本当作"民"，避讳改，故此片为唐高宗或其后的写本。

第 9 片是旅博馆藏 LM20-1520-27-14 号，首尾、上部均缺，存 3 行，楷书精写，乌丝栏，唐抄本，所抄文字系《老子道德经序诀》第一部分的内容，与 S.75 全同：

（前缺）
1　　　　　　　］则声参
2　　　　　　　］玄人静思
3　　　　　　　］气长□
（后缺）

从字迹判断，此片与第六、七、八也属同一写本，但不能直接缀合，二者相距约 3 行，相对位置如图 14-16 所示：

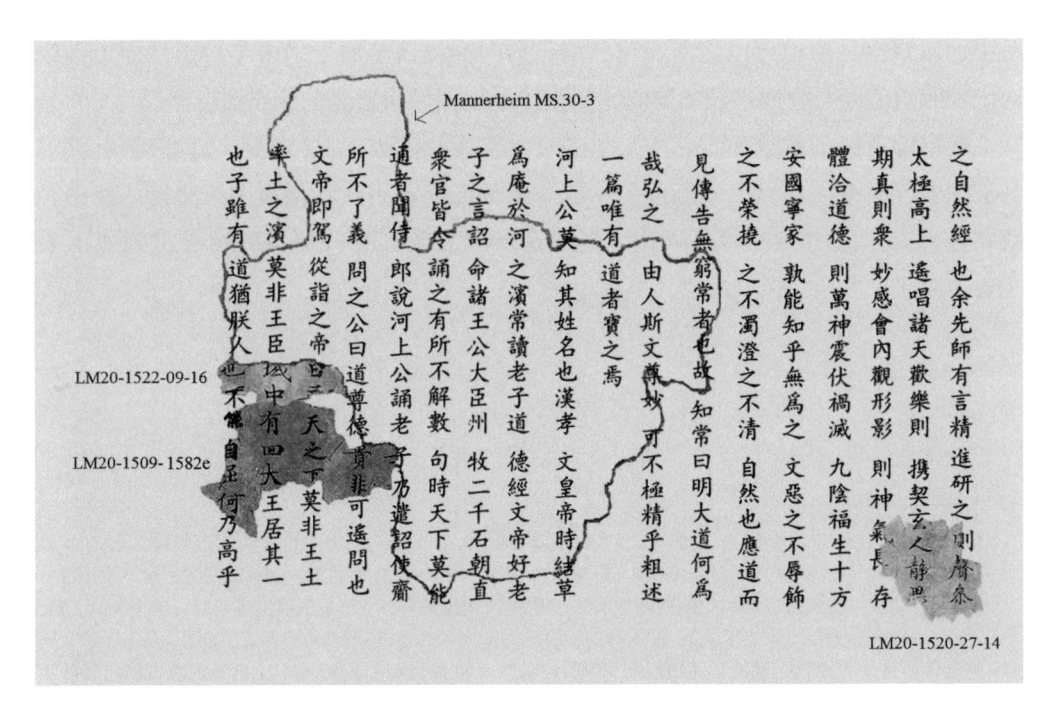

图 14-16　《老子道德经序诀》缀合（4）

以上是迄今所见吐鲁番发现的与《老子道德经》相关的写本，共计27片，包括《老子道德经河上公章句》抄本3个，《唐玄宗御制道德真经疏》抄本1个，佚名《老子道德经》注疏抄本1个，《老子道德经序诀》抄本2个。其中《唐玄宗御制道德真经疏》的内容是敦煌本所缺的，佚名《老子道德经》注疏也未见于敦煌本，显示出吐鲁番写本的独特价值。

三、《老子道德经》在西州的流传

关于道教在唐代西州的传播，学界已有较为深入的研究，尤其是荣新江、雷闻爬梳西州道观资料，从道观的存废、道观的活动、道经的传抄等方面展示了唐代西州道教的面貌[1]。由于不少资料当时并未公布，因此前贤只能就几种道经残片来推断其在西州的流传情况，殊为不易。此次，我们在整理旅顺博物馆藏新疆出土汉文文献时，从中新比定出了不少吐鲁番出土的道经[2]，将这些道经纳入"开元道藏"的体系中加以观察，不但可以将西州道经的传抄时间提前至唐太宗末年，而且能更细致地比较西州道经与敦煌道经的异同，从整体上把握西州道经的流布情况[3]。

就单部道经的数量而言，《太上洞玄灵宝无量度人上品妙经》《太上洞玄灵宝升玄内教经》《太玄真一本际经》《老子道德经》在唐代沙州属于最流行的经书，西州亦然。上文考订吐鲁番所出《老子道德经》及其相关写本的情况可列成下表（表14-1）：

---

[1] 荣新江《唐代西州的道教》，初刊《敦煌吐鲁番研究》第4卷，北京：北京大学出版社，1999年，第127—144页，此据氏著《吐鲁番的典籍与文书》，上海：上海古籍出版社，2023年，第105—125页；雷闻《国家宫观网络中的西州道教——唐代西州道教补说》，朱玉麒主编《西域文史》第2辑，北京：科学出版社，2007年，第117—127页。
[2] 赵洋《新见旅顺博物馆藏吐鲁番道经叙录》，《敦煌吐鲁番研究》第17卷，上海：上海古籍出版社，2017年，第189—213页。
[3] 赵洋《唐代西州道经的流布》，《中华文史论丛》2017年第3辑，第163—192页。

表 14-1　吐鲁番出土《老子道德经》及其相关写本表

序列	编号	经名及卷数	出土地
抄本 1	LM20-1499-27-06	《老子道经》第一三章	
	LM20-1453-09-06+ LM20-1520-34-14	《老子道经》第三三、三四、三五章	
	LM20-1458-23-08	《老子道经》第三四章	
	LM20-1454-08-06+LM20-1520-24-13	《老子道经》第三五、三六、三七章	
抄本 2	LM20-1508-1487b+LM20-1464-17-07	《老子德经》第三八章	
	LM20-1452-18-07	《老子德经》第三八、三九章	
抄本 3	SH.174-3-2	《老子德经》第五五、五六章	吐峪沟
抄本 4	LM20-1504-330	《老子德经》第六三章	
	LM20-1498-41-04+LM20-1505-497	《老子德经》第六四章	
抄本 5	LM20-1453-11-07	《老子德经》第六四章	
抄本 6	高昌残影 237 号（十一片）	《老子道德经河上公章句》卷一、二	
抄本 7	Ot.8120	《老子道德经河上公章句》卷四	吐峪沟
抄本 8	LM20-1523-153	《老子道德经河上公章句》卷四	
抄本 9	LM20-1468-23-05	《唐玄宗御制道德真经疏》卷七	
	LM20-1521-06-12		
	Ot.8103	《唐玄宗御制道德真经疏》卷八	吐峪沟
抄本 10	LM20-1452-37-17+LM20-1455-17-04	佚名《老子道德经》注疏	
抄本 11	SH.174-2-50+SH.174-2-58	《老子道德经序诀》	吐峪沟
	LM20-1506-734a+ Ot.8111		吐峪沟
	SH. 174-5-78		
抄本 12	LM20-1520-27-14	《老子道德经序诀》	
	Mannerheim MS.30-3+LM20-1522-09-16 +LM20-1509-1582e		

敦煌道教自魏晋以来即有传承，历史悠久[1]，吐鲁番较有规模的道教传承则始于唐太宗平高昌王国、设立西州，其兴灭不过一百多年。但在这一百多年的时间里，借助唐朝官方的力量，道教在西州获得了长足的发展。西州道经主要来源于官颁写经[2]，吐鲁番所出《老子》也可验证这点。白文本 5 个，除抄本 2 书法略差外，其余均是楷书精写，《老子道德经序诀》2 个抄本也都带有浓厚的官方写经风格。就数量而言，朱大星统计敦煌白文本《老子》缀合后有 35 件，注疏本缀合后有 15 件，吐鲁番本《老子》显然无法与之匹敌，但如果从出土地来看，还是颇值得分析。目前

---

[1] 王卡《敦煌道教文献研究：综述·目录·索引》，第 3—16 页。
[2] 荣新江《唐代西州的道教》，第 123 页。

所知，唐代西州道观名称有万寿观、龙兴观、总玄观、安昌观、紫极宫和唐昌观[①]，万寿观、龙兴观、紫极宫都在高昌县，是西州道教中心，安昌观在天山县，其余两个道观地处不明。由于旅博馆藏的出土地并无明确登录，我只能借助于大谷文书的出土地进行推测。如上表所示，书道博物馆藏品和大谷文书均出自吐峪沟，至少可以确定抄本 3、7、9、11 的出土地是吐峪沟，而大谷文书与旅博藏品其实是同一批，因此旅博藏品出自吐峪沟的可能性最大。出口常顺藏品无法推测出土地。那么，12 个抄本中有 4 个出自吐峪沟，7 个可能出自吐峪沟，而吐峪沟在唐代属柳中县，各种宗教汇聚，很可能有道观存在。当然，我们也不排除这些《老子》是作为其他宗教寺院的藏书或补经之用的可能性。无论哪种情况，千年之后，我们还能在同一个地方看到至少 11 个有关《老子道德经》的抄本残片，不仅让人遥想当年在西州传抄的《老子》抄本必定十分可观，进而可以想象作为西州道教中心的万寿观、龙兴观、紫极宫的藏经数目了。

（原载《中华文史论丛》2017 年第 3 辑，第 139—161 页。）

[①] 荣新江《唐代西州的道教》，第 108—120 页；雷闻《国家宫观网络中的西州道教——唐代西州道教补说》，第 118—120 页。

第十五章　唐写本《列子·杨朱》(张湛注)的文献价值——从旅顺博物馆藏残片谈起

列子在先秦实有其人，此点学界已无异议，但今本《列子》一书的真伪自唐代以降便有争议。清代以来，认为此书乃东晋张湛伪作的观点占据上风，也有部分学者认为作伪者当在张湛之前，系"好事者"杂糅先秦文献而成。20世纪80年代以来，替《列子》翻案的文章不少，真伪之辨再起，迄今仍未取得共识[1]。《列子》中疑点最大的是《杨朱》篇，自张湛为《列子》作注，此篇才现世，所论思想与魏晋名实之辨关系密切，故世人多疑其为伪作。就文本而言，张湛整理本是后世《列子》的祖本，但传世本最早的是北宋初年刻本，原系铁琴铜剑楼藏本，现藏中国国家图书馆[2]。敦煌藏经洞发现的《列子》有20多片，多数是《杨朱》篇。敦煌本之外，我们在旅顺博物馆藏新疆出土汉文文献中又比定出一件《列子·杨朱》篇张湛注的残片，对于了解北宋本之前《列子》的传抄有所裨益。

一、旅博馆藏《列子·杨朱》残片

旅顺博物馆所藏为一小残片（图15-1），编号LM20-1523-19-181，存大字一行，

---

[1] 参杨伯峻《列子集释》"前言"及"附录三　辨伪文字辑略"，北京：中华书局，1979年，第1—6、287—348页；管宗昌《〈列子〉伪书说述评》，《古籍整理研究学刊》2006年第5期，第11—16页；王光照、卞鲁晓《20世纪〈列子〉及张湛注研究述略》，《安徽大学学报》2008年第2期，第14—19页。
[2] 刘佩德《〈列子〉版本源流述略》，《齐齐哈尔大学学报》2014年第5期，第131—133页；同氏《宋刻〈列子〉述略》，《重庆科技学院学报（社会科学版）》2014年第8期，第107—109页。

双行小字注两行，楷书，有乌丝栏①，释文如下：

```
（前缺）
1  □□□文□□
2  ___遵法度□
        唯取□
（后缺）
```

第一行大字能够确定的是第 2 个字"文"。双行小字注"遵法度""唯取"等字，经检索发现，只有《列子·杨朱》篇张湛注能够与之匹配。北宋本《列子·杨朱》篇"衮文绣裳而纳诸石椁亦可，唯所遇焉"句，张湛注云：

图 15-1　LM20-1523-19-181《列子·杨朱》

> 晏婴，墨者也，自以俭省治身，动遵法度，非达生死之分。所以举此二贤以明治身者，唯取其奢俭之异子。②

加下划线的文字与残片注文完全相同。不过，传世诸本《列子》张湛注"遵法度"下一字都是"非"，而残片所存笔划显然不是"非"字，应是"洦"或"湯"中的某一字。《列子》此节所记是管夷吾和晏婴讨论"生死之道"，管夷吾说"养生"，主旨是要人"纵耳目之情，穷声色之欲"③，不受拘束地生活；晏婴论"送死"，原文作：

> 平仲曰："既死，岂在我哉？焚之亦可，沉之亦可，瘗之亦可，露之亦可，衣薪而弃诸沟壑亦可，衮文绣裳而纳诸石椁亦可，唯所遇焉。"④

主旨是死后之事，"岂在我哉"，要据情况而定。二人所言，共同点在于不管生死，只要随性就好。张湛注认为"养生"之说不当出自管夷吾，乃是寓言，所以管夷吾

---

① 图版见孟宪实、王振芳、荣新江主编《旅顺博物馆藏新疆出土汉文文献》第 31 册，北京：中华书局，2020 年，第 175 页。
② 《冲虚至德真经》卷七，《四部丛刊》影印铁琴铜剑楼藏北宋本，叶 2b。
③ 杨伯峻《列子集释》卷七，第 223 页。
④ 《冲虚至德真经》卷七，《四部丛刊》影印铁琴铜剑楼藏北宋本，叶 2b。

第十五章 唐写本《列子·杨朱》（张湛注）的文献价值——从旅顺博物馆藏残片谈起

是"奢"之代表，晏婴是墨家"俭"之代表，这样此节的主旨就变成了"奢俭"之论。唐代卢重玄循着张湛的思路进一步发挥，说"列子乃因侈者以肆情，因俭者以节礼"，"纵情之言，皆失道也"[1]。然而，晏婴原文说得很清楚，对遗体的处理据情况而定，可以有节俭的处理方式，也可以有"衮文绣裳而纳诸石椁"这样隆重的方式，这其实是一种看破生死之后的"随性"。但张湛注文中说他"非达生死之分"，看不破生死之道，岂不矛盾？旅博残片"遵法度"下一字如果是"復"的话，作"复达生死之分"，则此处文义之滞涩随之可通。

注文的出处既已确定，正文前两字必为"衮文"无疑，但第3个字的笔划不像是"绣"的繁体"繡"，与"裳"的上半合，疑此处脱漏"绣"字或是抄成了"裳绣"。北宋江遹《冲虚至德真经解》卷十五中作"衮裳绣文"[2]，说明这种倒置是非常有可能的。"衮文"在北宋末道士陈景元所得唐代殷敬顺的《列子释文》（以下简称"《释文》"）[3]、北宋本、金高守元纂集《冲虚至德真经四解》中均同[4]，在南宋林希逸《冲虚至德真经鬳斋口义》[5]、元刊元明递修《纂图互注六子》本、周星诒校明初刊本、嘉靖世德堂《六子书》本、万历陈楠刊《四子书》本、万历秋声阁刊《四子全书》本、明刊《二十子全书》本等重要和常见刊本中均写作"衮衣"[6]。《冲虚至德真经四解》是将张湛注、唐代卢重玄解、北宋徽宗训、北宋范致虚解合编为一书，其《列子》本文所据底本应为北宋时期刻本。可知唐至北宋所传《列子》此处都写作"衮文"，因"衮衣绣裳"为常见用例，故南宋以后改成了"衮衣"。旅博残片亦作"衮文"，书迹为唐风，其系唐代写本无疑。

旅博馆藏LM20-1523-19-181《列子·杨朱》张湛注是在吐鲁番地区首次发现的《列子》唐写本，虽然只有2行，但内容与敦煌本不重合，正文"衮文"和张湛注中"复"字的确定，较传世本更多保留了早期写本的状态。可惜的是，其所存不过寥寥几字而已，要想更多了解唐写本的面貌，还需要找到更多的资料才行。我们不妨把目光转到敦煌本《列子》上。

---

[1] 杨伯峻《列子集释》卷七，第224页。
[2] 《道藏》第14册，北京：文物出版社，上海：上海书店，天津：天津古籍出版社，1988年，第882页下。
[3] 《冲虚至德真经释文》卷下，《道藏》第15册，第172页中。
[4] 《冲虚至德真经四解》卷一七，《道藏》第15册，第135页上。
[5] 《道藏》第14册，第788页中。
[6] 以上六种分见方勇总编纂《子藏·道家部·列子卷》，北京：国家图书馆出版社，2013年，第5册，第27、237、561页；第2册，第111、320、526页。

二、敦煌本《列子·杨朱》校录

敦煌本《列子》有3个抄本。P.2495（1）和S.6134这两个抄本的文字不属于《杨朱篇》，且存在争议，故可不论[①]。其余的20片属于同一个《列子·杨朱》（张湛注）的抄本。其中S.777最早为人所知，王重民将之与北宋本对校，从其不避"民"字断定为六朝写本[②]，杨伯峻撰《列子集释》时吸收了王重民的成果[③]。荣新江比定出了S.9928、10799、11422、12087、12124、12285、12288A、12288B、12295、12710、12728、12951、12971、12991、13219、13441、13496、13624及BD12335（L.2464）等19片，并提示了与S.777、L.2464的缀合关系，但未言及写本年代[④]。《英藏敦煌社会历史文献释录》（以下简称"《释录》"）据荣新江的提示，缀合并校录了S.777、S.12710、S.12285v、S.12295、S.13219等5片，在写本年代上从王重民之说[⑤]。我拼合、校录了敦煌本《杨朱篇》全部残片，发现这其实是唐代写本，非六朝写本。

本节先校录文字，以北宋本作为校本。"▆▆▆"为上缺，"▆▆▆"为中缺，"▆▆▆"为下缺；底本脱文，据校本补字置于"〔〕"内；底本残缺，据残笔划和校本可以补足者，所补之字置于"□"内；底本有误，改正之字置于"（）"内。校记只校异文、错讹；《释录》以杨伯峻《列子集释》作为校本，而《列子集释》已参校了北宋本，故《释录》已校录之处，不再出校记。

---

① 杨思纯《敦煌本〈列子注〉考》，《文献》2002年第3期，第16—20页；王卡《敦煌道教文献研究：综述·目录·索引》，北京：中国社会科学出版社，2004年，第184—185页；刘佩德《敦煌〈列子〉残卷整理——兼与杨思范先生商榷》，《中南大学学报》2012年第6期，第216—219页。
② 王重民《敦煌古籍叙录》，北京：商务印书馆，1958年，第257—258页。
③ 杨伯峻《列子集释》，第234—236页。
④ 荣新江《英国国家图书馆藏敦煌汉文非佛教文献残卷目录》，台北：新文丰出版公司，1994年，第30、236页；《英藏敦煌文献》第12卷，成都：四川人民出版社，1995年，第284页；荣新江《〈英国图书馆藏敦煌汉文非佛教文献残卷目录〉补正》，宋家钰、刘忠编《英国收藏敦煌汉藏文献研究：纪念敦煌文献发现一百周年》，北京：中国社会科学出版社，2000年，第387页。
⑤ 郝春文、金滢坤编著《英藏敦煌社会历史文献释录》第4卷，北京：社会科学文献出版社，2006年，第62—66页。

第十五章　唐写本《列子·杨朱》（张湛注）的文献价值——从旅顺博物馆藏残片谈起

（一）S.10779（图15-2）

图 15-2　S.10779《列子·杨朱》

（前缺）

1　　　　　　古犹今也；变易
2　　　　　　闻之矣，既见之矣，既
3　　　　　　其多，况久生之苦乎[1]？"
4　　　　　　　　或好或恶，或安或危，
　　　　　　　　耶？则重来之物无所复
5　　　　　　　　患不可
　　　　　　　　者矣[2]。孟孙阳曰："若
6　　　　　　　　刃，入汤火，得
7　　　　　　　　　　　　任之，

（后缺）

校记：

〔1〕"苦"，北宋本作"苦也"。
〔2〕"者矣"，北宋本作"也"。

283

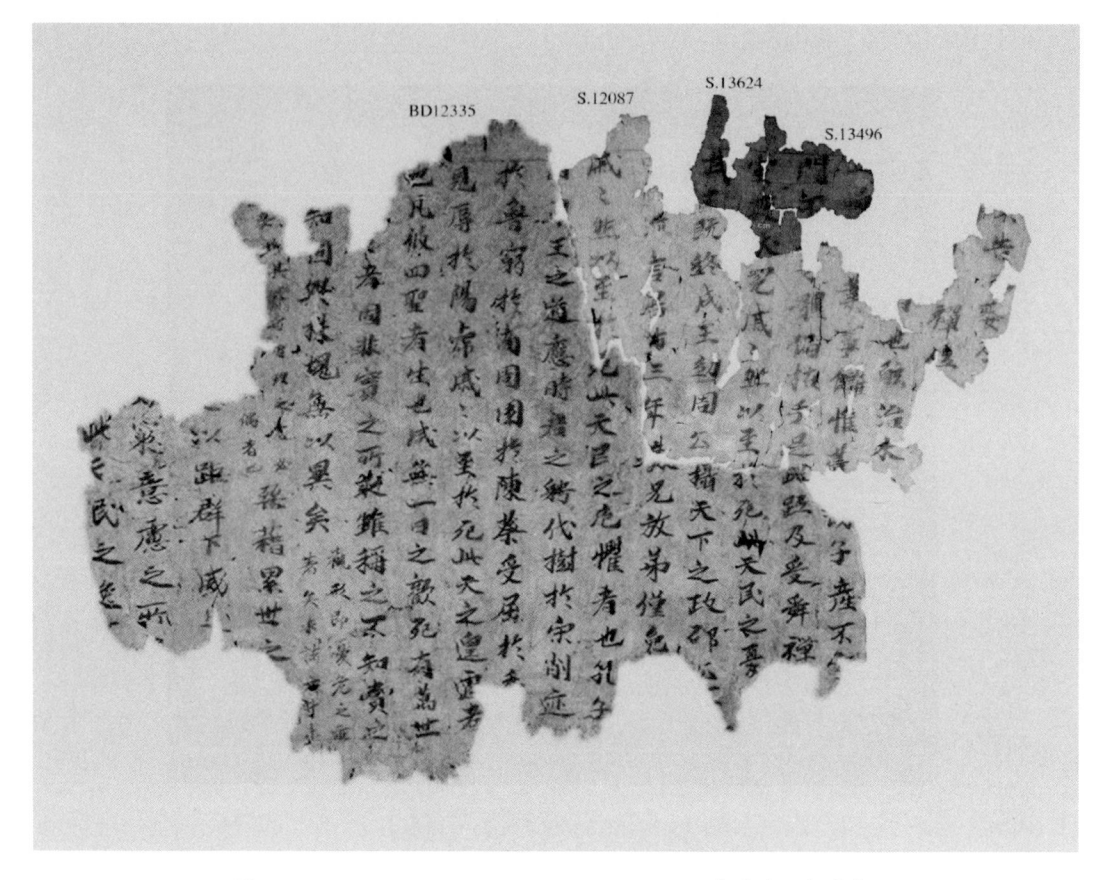

图 15-3　S.12087+S.13496+S.13624+BD12335《列子·杨朱》

（二）S.12087+S.13496+S.13624+BD12335（图 15-3）

（前缺）

1　☐☐不告而娶。及☐☐
2　☐☐不才，禅位☐☐
3　☐☐者也。鲧治水☐☐
4　山。禹纂业事雠，惟荒土功，子产不字，过
5　门不入，身体偏枯，手足胼胝[1]。及受舜禅，☐☐
6　室，蔽绂冕[2]，戚戚然以至于死：此天民之忧[3]☐☐
7　武王既终，成王幼〔弱〕，周公摄天子之政。邵公不悦，

第十五章 唐写本《列子·杨朱》（张湛注）的文献价值——从旅顺博物馆藏残片谈起

8　四国流言。居东三年，诛兄放弟，仅免☐☐
9　戚々然以至于死：此天民之危惧者也[4]。孔子
10　明帝王之道，应时君之聘，代（伐）树于宋[5]，削迹
11　于鲁[6]，穷于商周，围于陈蔡，受屈于季氏，
12　见辱于阳虎，戚戚以至于死：此天〔民〕之遑遽者
13　也。凡彼四圣者，生也咸无一日之欢[7]，死有万世
14　☐☐名者，固非实之所取[8]。虽称之不知[9]，赏之[10]
15　不知，固与株块无以异矣[11]。观形即〔事〕，忧危之迹著矣。求诸方寸，未
16　☐☐㥥拂其心者。〔将〕〔明〕至理之言，必偶者也。桀藉累世之[12]☐☐
17　☐☐☐足以距群下，威足☐☐
18　☐☐☐娱，穷意虑之所为，☐☐
19　☐☐☐此天民之逸荡☐☐

（后缺）

校记：

〔1〕"跰跊"，北宋本作"胼胝"。
〔2〕"蔽"，北宋本作"美"。
〔3〕"民"，北宋本作"人"。
〔4〕"民"，缺笔，北宋本作"人"。
〔5〕"代"，当作"伐"，据北宋本改。
〔6〕"鲁"，北宋本作"卫"。
〔7〕"也咸"，北宋本无。
〔8〕"取"，北宋本作"取也"。
〔9〕"不"，北宋本作"弗"。
〔10〕"赏"，北宋本作"虽赏"。
〔11〕"固"，北宋本无。
〔12〕"世"，缺笔。

285

（三）S.12728+S.12288B+S.12288A+S.12124……S.12951+S.12991……S.9928+S.13441+S.11422+S.12971……S.12710+S.12285+S.12295+S.13219+S.777（图15-4）

（前缺）

1　不集污池。何则？□□
2　从烦奏之舞。何则？其音疏也。将治大者不
3　不治小[1]，成大功者不成少[2]，此之谓也[3]。"
4　杨朱曰："大古之事灭矣，孰志之哉？三皇
5　之事若有若亡[4]，五帝之事若觉若梦，
6　三王之事惑隐惑显[5]，亿不识一。当身之
7　□□闻惑见，万不识一。目前之事惑□□
8　□□不识一。太古至于今日，年数固□□
9　胜纪。但伏羲已来卅余万岁[6]，贤愚、□□
10　成败、是非，无不消灭；但迟速之间[7]，以迟速而致惑。
11　奔竞而不已，岂不鄙哉？矜一时之毁□□焦苦其神形，要
12　死后数□名，岂足闻枯骨[8]？何生
13　之乐哉？"
14　杨子曰[9]："人俏天地之类[10]，怀五常之性，俏，似也。□□
15　阳,性禀五行也。有生之最灵者人也。人也者，爪牙
16　不足以供守卫，肌肤不足以自扞御，趋
17　〔走〕不足以从利逃害，无毛羽以御寒暑，
18　必将资物以为养，任智而不恃力。□□
19　之所贵，存我为贵；力之所贱，侵物为
20　贱。然则身非我有[11]，既生，不得不全之；
21　物非我有，既有，不得去之。身因（固）生之主，
22　物亦养之主。虽全生，不可有其身，虽不
23　去物，不可有其物。有其物，有其身，是
24　横私天下之身，横私天下之物。不横私
25　天下之身，不横私天下物者，其唯至人矣！
26　知身不可私物不可有，唯圣人邪。公天下之身，公天下之物，

286

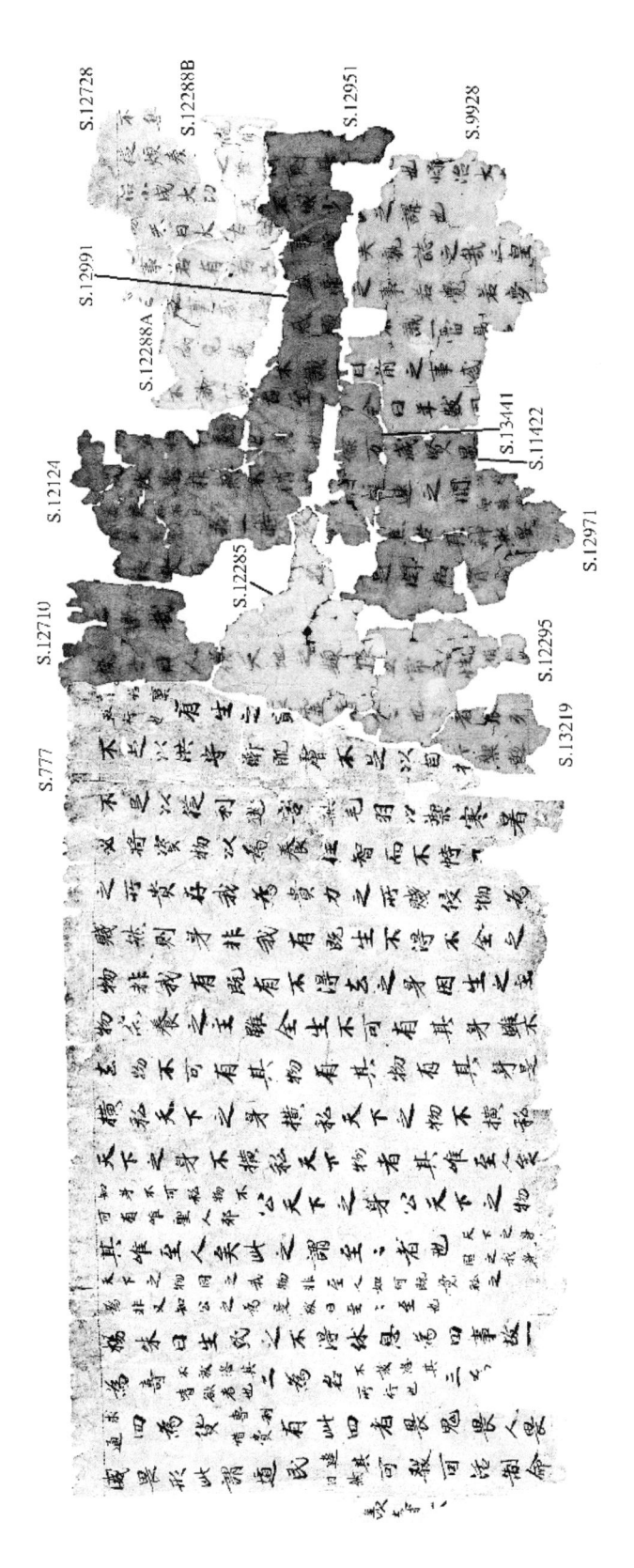

图15-4 《列子·杨朱》缀合图

27 其唯至人矣！此之谓至々者也。" 天下之身同之我身，
28 天下之物同之我物，非至人如何？既觉私之为非，又知公之为是，故曰至々至也。
29 杨朱曰："生民之不得休息，为四事故：一
30 为寿， 不放恣其嗜欲者也。 二为名， 不敢恣其所行也。 三为
31 求通。 四为货。 专利惜费。 有此四者，畏鬼，畏人，畏
32 威，畏形（刑）：此谓遁民。 违其自然。 可杀可活，制命
33 ▢▢羡寿？不

（后缺）

校记：

〔1〕"小"，北宋本作"细"。
〔2〕"少"，北宋本作"小"。
〔3〕"也"，北宋本作"矣"。
〔4〕"有"，北宋本作"存"。
〔5〕"惑"，北宋本作"或"，按"惑"通"或"。下同，不另出校。
〔6〕"卅"，北宋本作"三十"。
〔7〕"间"，北宋本作"间耳"。
〔8〕"闰"，北宋本作"润"，按"闰"通"润"。
〔9〕"子"，北宋本作"朱"。
〔10〕"俏"，北宋本作"肖"。
〔11〕"则"，北宋本无。

三、敦煌本《列子·杨朱》的文献价值

王重民是从避讳角度来判定敦煌本《列子》的写本年代的，他所据是第（三）第32行的"民"，北宋本改成"人"。限于条件，他无法看到所有的残片，不能苛求。上节的校录文字中，第（二）第3行"天民"之"民"不避，北宋本改成"人"；第9行"天民"之"民"缺笔，北宋本亦改成"人"；第12行脱文之"民"，北宋本则不避；第16行的"世"缺笔。统计下来敦煌本对唐太宗各有2处避讳与不避，

第十五章　唐写本《列子·杨朱》（张湛注）的文献价值——从旅顺博物馆藏残片谈起

且不避高宗"治"字。虽然避讳不能作为判定年代的绝对依据，但可以作为参考[①]，该写本既然避唐太宗之讳，至少说明是唐高宗时期或之后的抄本，绝不会是六朝写本。

我们还可以从文本来分析。第（二）中第5行"跀跊"二字，北宋本作"胼胝"，《释文》卷下记："跀步千切。跊丁泥切。"[②] 与敦煌本同。《释文》虽经北宋末年陈景元补遗，但学界一般还是认可大部分保留了唐代的面貌，也就是说，《释文》所据底本是唐代写本，由此可间接证明敦煌本也是唐写本。这样的例子并非唯一。第6行"蔽绂冕"，传世诸本前后文字作"及舜受禅，卑宫室，美绂冕"，《释文》记："禅音善。蔽音弊，音卑。绂冕音弗冕。"此处"蔽音弊，音卑"与《列子》本文无法对应，前人均以为"蔽"既然可以"音卑"，则《释文》所据底本是将"卑宫室"写成了"蔽宫室"[③]。现在从敦煌本来看，《释文》所据底本应是"蔽绂冕"才是，敦煌本与《释文》一致。第（三）中第14行"俏"字，北宋本作"肖"，《释文》记："人俏音笑，本或作肖。"第16行"扞"字，北宋本作"捍"，《释文》记："自扞音汗。"第32行"谓遁"，北宋本作"谓之遁"，《释文》记："谓遁音钝。"以上几例，敦煌本的文字也都和《释文》一致。

另外，《国家图书馆藏敦煌遗书》第111册《条记目录》从书法角度判断BD12335的年代在7—8世纪[④]。因此，从避讳、书法、文本三个角度都可以证明敦煌本《杨朱篇》是唐写本。

敦煌本《列子·杨朱》的文献价值，除了上举几例与《释文》相合所彰显的唐写本的独特之处外，还有两处是其独有的。第一处是第（三）第21行"不得去之"四字，《释文》、北宋本、世德堂本等均作"不得不去之"，《道藏》白文本、林希逸《冲虚至德真经鬳斋口义》等本作"不得而去之"，杨伯峻从俞樾之说，认为当是"不得而去之"[⑤]。此处《列子》的原文是：

> 杨子曰："人俏天地之类，怀五常之性，有生之最灵者人也。人也者，爪牙不足以供守卫，肌肤不足以自扞御，趋走不足以从利逃害，无毛羽以御寒暑，必将资物以为养，任智而不恃力。智之所贵，存我为贵；力之所贱，侵物为贱。

[①] 关于敦煌文献避讳与断代的关系，参窦怀永《敦煌文献避讳研究》，兰州：甘肃教育出版社，2010年，第251—284页。
[②] 《冲虚至德真经释文》卷下，《道藏》第15册，第172页下。以下凡引自此书者，不再另行出注。
[③] 参杨伯峻《列子集释》，第231—232页。
[④] 《国家图书馆藏敦煌遗书》第111册《条记目录》，北京：北京图书馆出版社，2009年，第17页。
[⑤] 杨伯峻《列子集释》，第235页。

> 然则身非我有，既生，不得不全之；物非我有，既有，不得去之。身因（固）生之主，物亦养之主。虽全生，不可有其身，虽不去物，不可有其物。"

杨朱之意，人虽为天地之最灵者，但有很大缺陷，故需"任智而不恃力"。而"智之所贵，存我为贵"，需保全人身；"力之所贱，侵物为贱"，亦需全物。下文既云"虽不去物"，则此处就应该是"不去物"之义。俞樾认为"不得不去之"与下文"虽不去物"不合，此论中的；但认为系涉上文"不得不全之"，误"而"为"不"，则未必。敦煌本作"不得去之"，意思和"不得而去之"是一样的，联系上下文，更大的可能性是后人涉上文加上了"不"字。

第二处是第（三）第24—25行"不横私天下之身，不横私天下物者，其唯至人矣！"一句。《列子》原文作：

> 虽全生，不可有其身，虽不去物，不可有其物。有其物，有其身，是横私天下之身，横私天下之物。<u>不横私天下之身，不横私天下物者，其唯至人矣！</u>
> <small>知身不可私物不可有，唯圣人邪。</small>公天下之身，公天下之物，其唯至人矣！此之谓至至者也。

下划线的前两句，传世诸本皆无，后一句传世诸本皆作"其唯圣人乎"，张湛注云："知身不可私物不可有者，唯圣人可也。"很明显，没有这两句的话，前后文义是连不上的，张湛的注显得无的放矢。《释文》"其唯圣人乎"句记："从此句下'其唯至人矣'连为一段。"说明《释文》也没有这两句，故将"其唯圣人乎"属下连读，以此来弥合文义的缺失，杨伯峻据敦煌本已辨其非[①]。

以上两例已可略窥敦煌本《列子·杨朱》的独特文献价值，即便是与《释文》所保留的唐代写本信息相比较，敦煌本的文字也更加完整和准确。

综上，《列子》作为道教的重要典籍，在唐玄宗以后地位渐隆，但传世本最早的只有北宋初年刊本，唐后期殷敬顺所撰《列子释文》属音注作品，信息又比较零碎。敦煌吐鲁番发现的《列子·杨朱》（张湛注）虽没全本，但所存文字较其余各本都要完整和准确，让我们得见唐代写本的面貌，具有重要的文献价值。

（原载《中国典籍与文化》2019年第1期，第11—17页。）

[①] 杨伯峻《列子集释》，第235页。

第十六章　新见敦煌吐鲁番写本《沙门法琳别传》

《沙门法琳别传》又名《护法释法琳别传》《护法菩萨沙门法琳别传》《沙门法琳传》《唐护法沙门法琳别传》等，全面、详细地记载了唐初护法名僧法琳的人生历程。法琳于贞观十三年（639）被唐太宗流放，十四年六月病逝，而《法琳别传》中直接引用了《破邪论》《辩正论》等文献近一万字，又考证李唐皇室乃拓跋后裔，多"大逆不道"之辞，故该书一度被"明敕禁断，不许流行"[①]。虽然《开元释教录》及宋元明清诸佛藏均阙载该书，但其并未亡佚。现在通行的《大正藏》和《中华大藏经》版《法琳别传》均源自高丽藏，是仅存的传世版本。

《法琳别传》涉及中古佛教史的不少重要议题，史料价值极高，一直受到诸多研究者的重视。学者们利用传世本对法琳的生平及其著述、《法琳别传》的作者、《法琳别传》所涉重要人物等都进行了深入考察[②]。20世纪初，随着敦煌藏经洞文献的发现，敦煌本《法琳别传》重现世间。截止2014年，学者们从中比定出了4号2件写本，都收藏于法国国家图书馆，分别是 P.2640v 和 P.3901+P.4867+P.3686，前者包含了卷下的完整内容和卷上的部分，后者是卷中的部分内容。经伯希和、王重民、饶宗颐、

---

① 智昇《开元释教录》，CBETA, T55, no.2154, p625b17。
② 庄野真澄《唐沙门法琳传について》，《史渊》第14辑，1936年，第39—60页；陈垣《中国佛教史籍概论》，初刊1942年，此据上海：上海书店出版社，2001年，第47页；三轮晴雄《唐护法沙门法琳について》，《印度学佛教学研究》第22卷第2号，1974年，第290—295页；中西久味《法琳杂记》，《比较宗教思想研究》2002年第4期，第1—17页；中西久味《法琳杂记（续）》，《比较宗教思想研究》2004年第4期，第1—29页；砺波护著，韩昇译《隋唐佛教文化》，上海：上海古籍出版社，2004年，第10—32页；钟书林《〈大藏经总目提要〉之〈唐护法沙门法琳别传〉作者辨正——兼论隋彦琮、唐朝彦琮、唐朝彦悰》，《文献》2012年第1期，第153—162页；吴智勇《六到七世纪僧人与政治：以个案研究为中心》，复旦大学博士学位论文，2013年，第42—61页。

张倩倩等人的著录和校勘[1]，最后由钟书林、张磊总其成[2]，对这 4 号写本进行了细致的校录。2018 年，邰惠莉主编的《俄藏敦煌文献叙录》又比定出了 Дх.5374《法琳别传》卷中，并给出了在《大正藏》中对应的位置[3]，殊为可惜的是，未注意到与 P.3901 的关系。

Дх.5374，首尾均缺，上下俱残，始于"若夫"，终于"故曰大士遍学通人博"，文字见《大正藏》第 50 册 205 页 a15-b3 行。P.3901 首缺，始于"博闻"，首行文字见《大正藏》第 50 册 205 页 b3 行。细审图版，两件笔迹相同，Дх.5374 最后一字存"博"的上半部，P.3901 起首一字存"博"的下半部，两件可直接缀合，Дх.5374 是 P.3901 右上角的残片。以下为缀合图（图 16-1）及 Дх.5374 的释文：

（前缺）

1　□若夫□□□□
2　□落。斯并先风之领袖，后生之景行者□□□□
3　□□名而已哉。盖闻赤盐招不识之讥，白鸽起不□□□□
4　窃以德该内外，群邪悼风而偃从；解穷□□□□
5　□通，则惠品不足；外学有阙，则戒篇犹犯。是□□
6　□声韵，实预五明之方。然则华严责于多□□□□
7　□异彼。不以媒衒争名矜伐当世，欲为真道之□□
8　□尚可济时；齐人小算之术，犹堪自致。而况□□□
9　□丝竹，俱为悦耳之音；橘柚檀梨。皆是□□□□
10　□世间，固亦风流不坠，文在兹乎。庶令僧□□□□
11　□不慢轻于戒定。故曰大士遍学通人博□□□□

（后缺）

---

[1] 伯希和编，陆翔译《巴黎图书馆敦煌写本书目》，《国立北平图书馆馆刊》第 7 卷第 6 号，1933 年 12 月，第 68 页；商务印书馆编《敦煌遗书总目索引·伯希和劫经录》，北京：中华书局，1983 年，第 292、297、309 页；饶宗颐《敦煌曲续论》，台北：新文丰出版公司，1996 年，第 57 页；张倩倩《〈唐护法沙门法琳别传〉研究》，安徽大学硕士学位论文，2013 年，第 12—33 页。
[2] 钟书林、张磊《敦煌文研究与校注》，武汉：武汉大学出版社，2014 年，第 154—161、512—547 页。
[3] 邰惠莉主编《俄藏敦煌文献叙录》，兰州：甘肃教育出版社，2018 年，第 397 页。

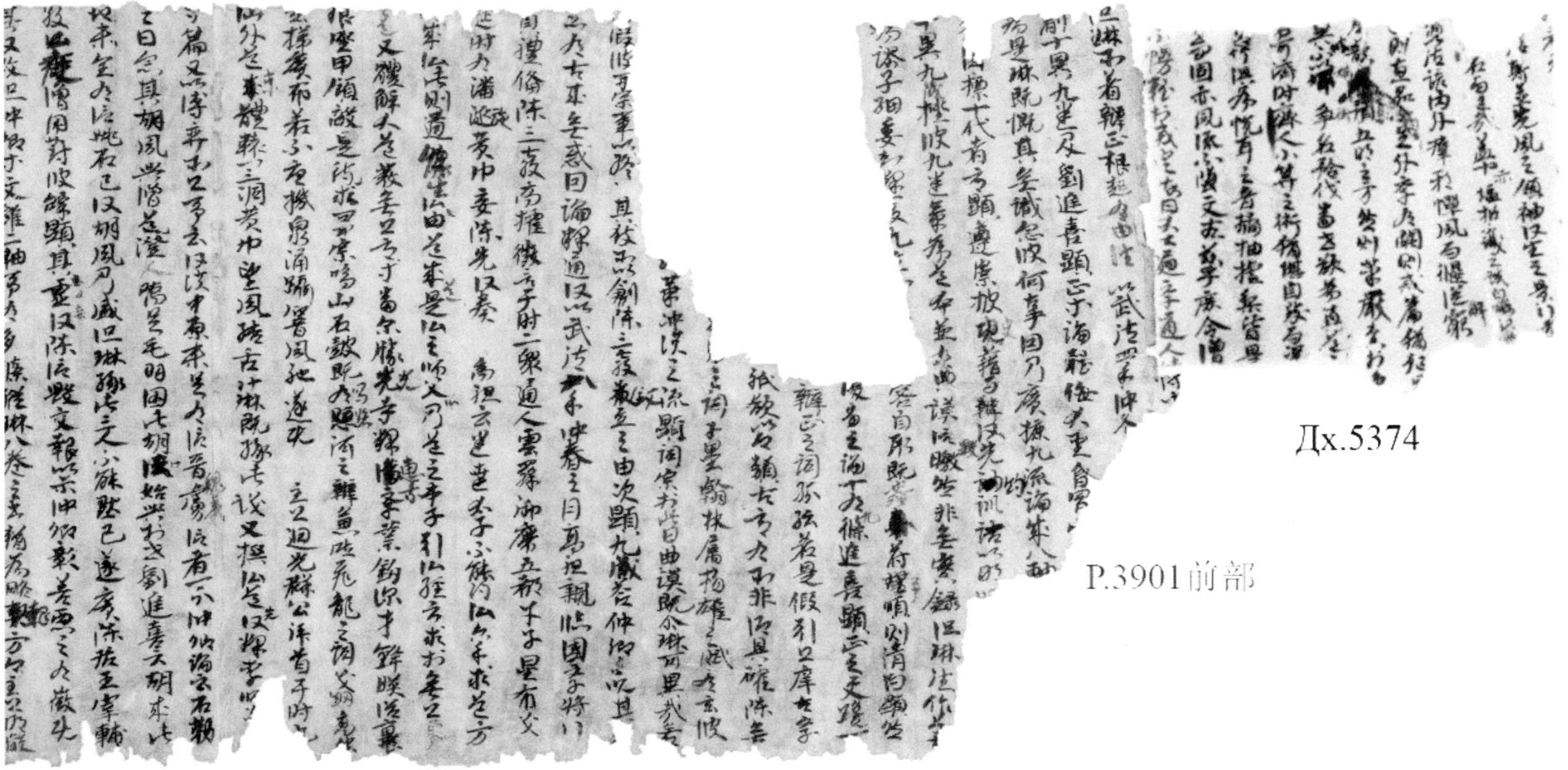

图 16-1 《法琳别传》卷中缀合

第2行"后生"，《大正藏》作"后进"。第4行"偃从"，《大正藏》作"偃踪"，"从"为"踪"之古字。第5行"惠"，《大正藏》作"慧"。第6行"华"，《大正藏》作"花"。第7行"彼"，《大正藏》作"彼乎"，多一"乎"字更胜。钟书林、张磊认为 P.3901+P.4867+P.3686 在抄写过程中，"多以承前省略的方式抄写"，与 P.2640v 不同①。张倩倩对《法琳别传》卷中的校雠结果则显示，除了承前省略，其余方式的省略亦不在少数，如"当尔之时，有胜光寺释慧乘者"省作"当尔胜光寺释慧乘"，"当今主上"省作"今上"等②。Дх.5374 则表明，不少虚词亦在省略之列。故 Дх.5374+P.3901+P.4867+P.3686 应是《法琳别传》在传抄过程中形成的一个略本。

吐鲁番地区很长时间内未发现《法琳别传》的写本，直到2006年，旅顺博物馆和龙谷大学合作整理馆藏新疆出土汉文佛经时，才公布了1件黑白图版，编号LM20-1463-17-03，尺寸 3.6cm×6.7cm，定名《琳法师别传》，为西州回鹘时期写本③。2020年，《旅顺博物馆藏新疆出土汉文文献》公布了彩色图版（图16-2）④，首尾及上部均缺，无界栏，确认其系《法琳别传》卷上的内容，是敦煌本卷上缺失部分，对应《大正藏》第50册201页c27行至202页a6行，并将年代修正为唐代。我们可以据《大正藏》复原其大致行款，加粗者为此件文字：

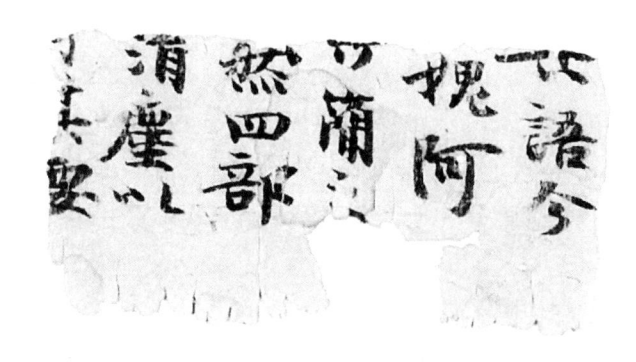

图 16-2　LM20-1463-17-03《法琳别传》卷上

---

① 钟书林、张磊《敦煌文研究与校注》，第515页。
② 张倩倩《〈唐护法沙门法琳别传〉研究》，第20、21页。
③ 旅顺博物馆、龙谷大学共编《旅顺博物馆藏新疆出土汉文佛经选粹》，京都：法藏馆，2006年，第181、234页。
④ 孟宪实、王振芬、荣新江主编《旅顺博物馆藏新疆出土汉文文献》第8册，北京：中华书局，2020年，第251页。

第十六章 新见敦煌吐鲁番写本《沙门法琳别传》

（前缺）

1　〔之讹言将修辩正。经云护法菩萨，正应如是。昔闻〕其语，今
2　〔见其人，但弟子承乏忝官，实惭筹策，滥蒙抽擢，深〕媿阿
3　〔衡。书云笔海词宗，顿成虚阘耳。况弟子家非汲郡，讵有〕竹简之
4　〔书；室异鲁邦，理无蝌蚪之字。人殊两戴，世别二冠，五体阒〕然，四部
5　〔多阙。法师既建觉德之志，嗣提婆之踪，弟子亦敢献〕涓尘以
6　〔裨嵩壑。谨当询诸硕德，追访鸿儒，博采所须，广〕寻其要。

（后缺）

复原后的文字行 21—25 字不等，其内容是右仆射蔡国公杜如晦给法琳的回信，与《大正藏》本仅一字之差。第二行"媿"，《大正藏》作"愧"，"媿"为"愧"之本字。此事的缘由是唐高祖武德四年（621）到九年（626）的佛道之争。武德九年，太史令傅奕进呈道士李仲卿所撰《十异九迷论》、刘进喜《显正论》，再次挑起佛道之争，法琳遂致书杜如晦求得支持，杜如晦于是回信表示愿意代为周旋。需要注意的是《大正藏》本《法琳别传》记此事的背景是："夏五月六日，高祖脱屣万机，文帝摄政，时大赦天下，还返神居，佛日再扬，斯为盛矣。"[①]这为我们推断《法琳别传》的成书时间提供了线索。关于成书时间，陈士强先生推断"本书撰于《续高僧传》之后，《法苑珠林》之前"，"时间约当唐高宗乾封（666—667）年间"[②]；钟书林、张磊推测在贞观十九年至二十三年间[③]；武海龙、张海龙则认为在贞观十四年至十九年间[④]。《法琳别传》此处所述背景显然是武德九年六月四日玄武门之变后的政局变化，虽然"夏五月六日"的时间有误，但"文帝摄政"一句已然点出了时间节点。《旧唐书》载："（贞观二十三年五月）己巳，上崩于含风殿，年五十二。……八月丙子，百僚上谥曰文皇帝，庙号太宗。"[⑤]作为唐太宗谥号的"文帝"只能出现在贞观二十三年八月以后，因此《法琳别传》的撰成年代当在贞观二十三年（649）八月至总章元年（668）之间。

---

① 彦琮《唐护法沙门法琳别传》，CBETA, T50, no. 2051, p. 201b2-5。
② 陈士强《大藏经总目提要·文史藏（一）》，上海：上海古籍出版社，2008 年，第 379—380 页。
③ 钟书林、张磊《敦煌文研究与校注》，第 513 页。
④ 武海龙、张海龙《唐代中原与西州佛教之交流——以吐峪沟新出〈唐护法沙门法琳别传〉残片为中心》，《西域研究》2022 年第 1 期，第 111 页。
⑤ 《旧唐书》卷三《太宗本纪下》，北京：中华书局，1975 年，第 62 页。

图 16-3　LM20-1456-27-04《法琳别传》卷中

2015—2020 年，我们在整理旅顺博物馆藏新疆出土汉文文献时，从中又发现了 2 件《法琳别传》残片。第一件编号 LM20-1456-27-04，楷书，首尾、上下均缺，无界栏，存 6 行，唐代写本（图 16-3）①，文字属《法琳别传》卷中的内容，对应《大正藏》第 50 册 204 页 b25-c4 行，复原后的大致行款及文字如下（加粗者为此件文字）：

（前缺）

1　〔际，优游青松之〕下。朝窥惠〔苑，暮宿禅林，送此残年，放情物〕
2　〔外。兹愿未允，耿〕介如何？但缧〔人思挠，辞殚理寡，粗因翰墨，〕
3　〔申述鄙怀，而尺素〕易烦，寸心〔难尽也。冬十月丙申，敕遣刑〕
4　〔部尚书刘德〕威、礼部侍〔郎令狐德棻、侍御史韦悰、司空毛〕
5　〔明素等，在州勘〕当。因问法〔师曰："落发灰心，事宜恬静。出家〕
6　〔舍俗，须契无为。理〕应屏迹四〔禅，栖神六度。总儒墨之糟粕，〕
（后缺）

复原后的文字行 21—22 字，第一行"惠"，《大正藏》本作"慧"，其余文字二者完全一致。前三行是贞观十三年（639）十月癸亥，因兴善寺馈珍馔于法琳，法琳所撰谢书的内容。后三行是十月丙申，唐太宗派刑部尚书刘德威、礼部侍郎令狐德棻等人审讯法琳的内容，揭开了就《辩正论》八问八答的序幕。需要注意的是，《大正藏》本中第 4 行毛明素的官职是"司空"，正一品，位序却在刑部尚书刘德威（正

---

① 彩色图版见《旅顺博物馆藏新疆出土汉文文献》第 4 册，第 174 页。

三品)、礼部侍郎令狐德棻(正四品下)、侍御史韦悰(从六品下)之后,大悖常理,显然有误。《法苑珠林》所引《法琳别传》此处作"雍州司功毛明素"[1],雍州即开元年间之京兆府,司功即司功参军事,"掌官吏考课、祭祀、祯祥、道佛、学校、表疏、医药、陈设之事"[2],雍州司功为正七品下[3]。所以不管是官品还是职掌,此处都应当以"司功"为是。

第二件编号LM20-1521-02-18,楷书,首尾、上部均缺,无界栏,存3行,唐代写本(图16-4)[4]。文字系《法琳别传》卷中的内容,对应《大正藏》第50册204页c25-27行,复原后的大致行款及文字如下(加粗者为此件文字):

图16-4 LM20-1521-02-18《法琳别传》卷中

(前缺)

1 〔知,在灵为长。心行匪一,嗜欲不同。故以禀薄禀厚,愚〕贤自

2 〔隔;罔念克念,狂圣是分。歧路交迁,泣拔毛之未肯;〕丝色代

3 〔变,悲摩顶之不恪。信乃利物多途,润身异术。九流〕既派,百

(后缺)

复原后的文字行22字,文字与《大正藏》本相同,内容是法琳对LM20-1456-27-04中官员审讯的回答。虽然两件位置相隔不远,内容有关联,但从字迹判断,不属于同一写本。

旅顺博物馆藏新疆出土汉文文献大多数来自大谷探险队在吐鲁番盆地所得,所以以上3片《法琳别传》残片大概率也是出自吐鲁番。除此外,2022年,武海龙、

---

[1] 释道世撰,周叔迦、苏晋仁校注《法苑珠林校注》卷一〇〇《传记篇·历算部》,北京:中华书局,2003年,第2899页。
[2] 《旧唐书》卷四四《职官三》,第1919页。
[3] 李林甫等撰,陈仲夫点校《唐六典》卷三〇《三府督护州县官吏》,北京:中华书局,1992年,第741页。
[4] 彩色图版见《旅顺博物馆藏新疆出土汉文文献》第30册,第161页。

张海龙又新公布1件，系2015年吐峪沟第33窟考古发掘清理所得，据介绍，残片尺寸为4.5cm×11cm，唐抄本（图16-5），为《法琳别传》卷下的内容①。经我的覆检，对应《大正藏》第50册210页b4-11行，复原后的大致行款及文字如下（加粗者为此件文字）：

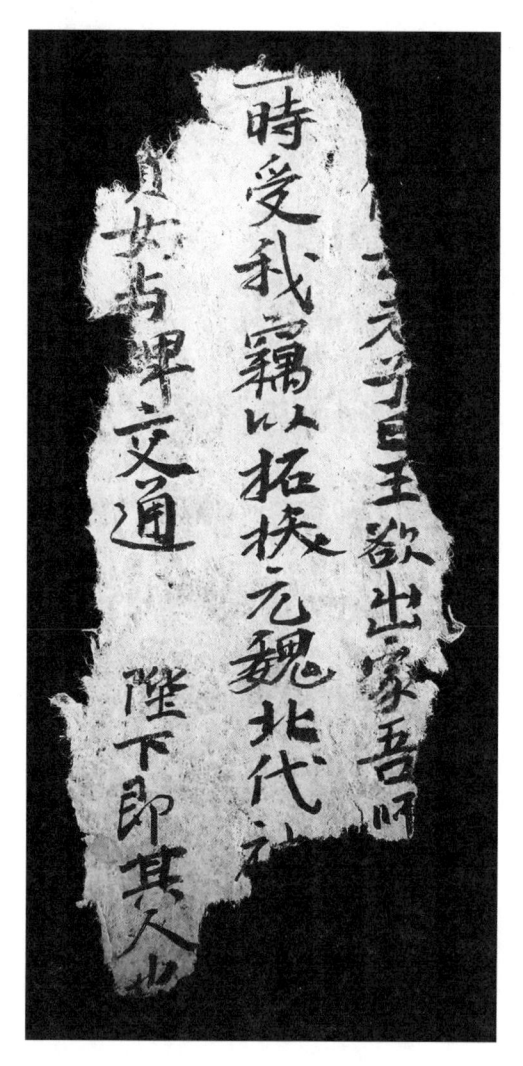

图16-5 吐峪沟出土《法琳别传》卷下

---

① 武海龙、张海龙《唐代中原与西州佛教之交流——以吐峪沟新出〈唐护法沙门法琳别传〉残片为中心》，第109—110页。

（前缺）

1　〔《尹喜内〕传》云：老子曰：王欲出家，吾师〔号佛，觉一切人也。今受天帝请食，还当为王及群臣〕

2　〔等〕，一时受我（戒）。窃以拓拔元魏，北代神〔君，达阇达系，阴山贵种。经云：以金易鍮石，以绢易缕〕

3　〔褐。如舍〕宝女与婢交通，陛下即其人也。〔弃北代而认陇西，陛下即其事也。又老生姬季〕

（后缺）

复原后的文字行 32—34 字不等，内容是法琳就李唐先世非出老子及陇西，乃出拓跋元魏所作的详细阐述。文字亦见于敦煌本 P.2640v，除第二行"戒"误作"我"外，其余文字与 P.2640v 和《大正藏》本均相同；第三行"交通"后之敬空，亦同。

比较敦煌本与吐鲁番本的《法琳别传》，可以发现两点较明显的差异。首先是行款。敦煌本字体小，行约 25—32 字，抄写十分紧密；旅博馆藏字体稍大，行约 22 字，抄写较为疏朗；吐峪沟所出行约 32—34 字，抄写形制与敦煌本颇相似。其次是与传世本的关系。敦煌本现知有 5 个残片，分属 2 个写本，都是较长的卷子，如前所述，与传世本存在较大差异，可能是略本。吐鲁番本有 4 个残片，尽管都很小，却分属 4 个写本，而且残存文字与传世本差异极小，二者应该是同源关系。

如前所论，《法琳别传》完成于贞观二十三年八月以后，大体在高宗初年。此书虽受到朝廷禁断，但未能阻止其在民间的流传，很快便传播至西域地区。后人在吐鲁番偶然发现的 4 纸残片即分属 4 个写本，已经可以说明其流传度之广了。而且这 4 个写本中有 3 个不见于敦煌本，更加凸显吐鲁番本的价值，为我们了解该书在西域的流传情况提供了重要依据。

附录一　《白泽图》辑校

辑校说明：清人马国翰、洪颐煊都曾辑佚过《白泽图》，分别收入在《玉函山房辑佚书》和《经典集林》中。二人所据均为唐宋类书，共辑得佚文40多条。20世纪，日本所藏中国佚失唐代典籍《天地瑞祥志》逐渐引起学界的注意，该书征引文献达到250种以上，其中就包括了《白泽图》。佐佐木聪按照物怪分类，重新辑校，补充了不少佚文，得76条[①]，所收较为宽泛。本次重新辑录，分条列出，条下注明据辑文献，异文出校记说明。为免繁琐，所据文献一概略称，全称及版本信息如下：

《珠林》：《法苑珠林校注》，释道世著，周叔迦、苏晋仁校注，北京：中华书局，2003年。

《瑞祥志》：《天地瑞祥志》，（唐）萨守真撰，日本尊经阁文库藏钞本。该书卷14、17、18多处引《白泽图》，其中卷14有两处征引，因原书无页码，故分别以《瑞祥志》14《物精》a、《瑞祥志》14《物精》b加以区分。

《御览》：《太平御览》，北京：中华书局影印本，1960年。

《广记》：《太平广记》，北京：中华书局，1961年。

《搜神记》：《新辑搜神记》，（晋）干宝撰，李剑国辑校，北京：中华书局，2007年。

《宝典》：《玉烛宝典》，（隋）杜台卿撰，石川三佐男译，东京：明德出版社，1988年。

《初学记》：北京：中华书局，1962年。

---

① 佐佐木聪《〈白泽图〉辑校（附解题）》，《东北大学中国语言文学论集》第14号，2009年，增订版收入氏著《复元白泽图——古代中国妖怪辟邪文化》，东京：白泽社，2017年，第46—104页。

《类聚》：《艺文类聚》，（唐）欧阳询撰，汪绍楹校，上海：上海古籍出版社，1985年。

《事类》：《事类赋注》，（宋）吴淑撰注，冀勤、王秀梅、马蓉校点，北京：中华书局，1989年。

1 故车之精名曰宁野①，状如辒②车，见之伤人目。以其名呼之，不能伤人目。

　　本条《珠林》45、《瑞祥志》14《物精》b并引，出《白泽图》。今据《珠林》辑。

① "宁野"，《瑞祥志》14《物精》b作"曼坚"。

② "辒"，《瑞祥志》14《物精》b作"辁"。

2 故池①之精名曰意，状如豚②，以其名呼之则③去。

　　本条《御览》886、《珠林》45并引，出《白泽图》。今据《御览》辑，校以《抱朴子》。

① "池"，《瑞祥志》14《物精》引《抱朴子》同，《珠林》45作"曰"。佐佐木聪据《珠林》辑（第107页），未校以《瑞祥志》所引《抱朴子》。

② "豚"，《珠林》45同，《瑞祥志》14《物精》引《抱朴子》作"豘"，乃"豖"之异体字。

③ "则"，本作"即"，据《珠林》45、《瑞祥志》14《物精》引《抱朴子》改。

3 故川石精名庆忌,状如人,长四寸,衣黄衣,冠黄盖,乘小马,如疾驰,以其名呼之,可使千里一日往反也。

　　本条《瑞祥志》14《物精》b引，出《白泽图》，据辑。

4 故水石者精名庆忌,状如人,乘车盖,一日驰千里。以其名呼之,则可使入水取鱼①。

　　本条《珠林》45、《御览》886并引，出《白泽图》。今据《珠林》辑。案：本条《瑞祥志》卷14《物精》引《抱朴子》云："水石精名庆忌,状如人,乘车盖,呼则入水取鱼。又石精状驾,九头,取麦置石臼舂三日三夜,焦则已也。"

① "以其名呼之，则可使入水取鱼"，佐佐木聪辑本无。

5 故军精名𢘓父，如狗，长尾，呼之则去。

　　本条《瑞祥志》14《物精》b引，出《白泽图》，据辑。

6 故道故市之所聚，精名兢，状如役夫，呼之则去，使不或。

　　本条《瑞祥志》14《物精》b引，出《白泽图》，据辑。

7　故道径之精名曰忌，状如野人行歌。以其名呼之，使人不迷。

　　　　本条《珠林》45、《瑞祥志》14《物精》b、《御览》886 并引，出《白泽图》。今据《珠林》辑。

8　故废丘墓之精名曰无①，状如老役夫，衣青衣，而操杵好舂。以其名呼之，使人宜禾穀。

　　　　本条《珠林》45、《瑞祥志》14《物精》b、《御览》886 并引，出《白泽图》。今据《珠林》辑。

　　　①"无"，《瑞祥志》14《物精》b 同，《御览》886 作"玄"。

9　故户精名其，状如人，见人则伏，操匕呼之，取鼠。

　　　　本条《瑞祥志》14《物精》b 引，出《白泽图》，据辑。

10　故溷之精名曰卑，状如美女而持①镜，呼之使人知愧也②。

　　　　本条《瑞祥志》14《物精》b、《御览》886、《珠林》45 并引，出《白泽图》。今据《瑞祥志》14《物精》b 辑，参校各书。

　　　①"持"，本作"时"，据《御览》886 改。

　　　②"使人知愧也"，《御览》886 无"也"字，《珠林》45 作"知愧则去也"。

11　故街精名狄，状如婴儿，见人展其一足而抱盱，呼之则去。

　　　　本条《瑞祥志》14《物精》b 引，出《白泽图》，据辑。案：本条《瑞祥志》14《物精》引《抱朴子》云："（疑前有脱文）精名疾，状如婴儿，一足，见呼无害。"或为一事。

12　故井故渊①之精名曰观，状如美女，好吹箫，以其名呼之则去。

　　　　本条《珠林》45、《御览》886、《御览》189 并引，出《白泽图》。今据《珠林》辑。案：本条《御览》189 略作"井神曰吹箫女子"。

　　　①"故渊"，《御览》886 无。

13　故门之精名曰野，状如侏儒，见人①则拜。以其名呼之，宜饮食。

　　　　本条《珠林》45、《瑞祥志》14《物精》b、《御览》886 并引，出《白泽图》。今据《珠林》辑，参校各书。

　　　①"人"，本作"之"，据《瑞祥志》14《物精》b、《御览》886 改。

14　故牧弊池之精名曰髡顿，状如牛，无头，见人则逐人，以其名呼之则去。

　　　　本条《珠林》45、《御览》886 并引，出《白泽图》。今据《珠林》辑。

15　故櫑三年，其精名哀，形状如人，黑头，有角，犬耳，无手，一足，呼名之，不伤人。

　　　　本条《瑞祥志》14《物精》b 引，出《白泽图》，据辑。

16 故市之精名曰屯门①，其状如囷②而无手足，以其名呼之则去。

　　本条《珠林》45、《瑞祥志》14《物精》b、《御览》886 并引，出《白泽图》。今据《珠林》辑，参校各书。案：本条《瑞祥志》14《物精》b 列于"故门之精"后，是门精的另一种。

① "屯门"，本作"问"，高丽藏本作"门"，《御览》886 作"毛门"，据《瑞祥志》14《物精》b 改。

② "囷"，《瑞祥志》14《物精》b 作"菌"，《御览》886 作"困"。

17 故室之精名曰孙龙①，状如小儿，长一尺四寸，衣黑衣，赤帻大冠，带剑持戟，以其名呼之则去。

　　本条《珠林》45、《瑞祥志》14《物精》b、《御览》886 并引，出《白泽图》。今据《珠林》辑。

① "孙龙"，《瑞祥志》14《物精》b 作"缓龙"，《御览》886 作"徯龙"。

18 故台屋之精名曰①两贵，状如赤狗，以其名呼之，使人目明。

　　本条《御览》886、《珠林》45、《瑞祥志》14《物精》b 并引，出《白泽图》。今据《御览》886 辑，参校各书。

① "曰"，据《瑞祥志》14《物精》b、《珠林》45 补。

19 故汧之精名跋，如大夫，青衣，大耳，呼之使人宜君将。

　　本条《瑞祥志》14《物精》b 引，出《白泽图》，据辑。

20 故墉之精名䫏，状如鼠。

　　本条《瑞祥志》14《物精》b 引，出《白泽图》，据辑。

21 故灶之精名傀，状如美女，好逃人食，呼之必有与人。日中天地之精气，其状如灶，赤色，差（若）以酒灌之则可得。得而食之，使人神也。

　　本条《瑞祥志》14《物精》b 引，出《白泽图》，据辑。案：本条佐佐木聪辑本分成"故灶之精"与"日中天地之精气"两条（第 104 页）。然"日中天地之精气"一句未有实指，疑有脱文，"日"或为"曰"之讹，姑且置于此处。

22 故泽之精名曰冕①，其状如蛇，一身两头，五彩文。以其名呼之，可使取金银。

　　本条《御览》886、《珠林》45 并引，出《白泽图》。今参酌辑之，校以《抱朴子》。

① "故泽之精名曰冕"，此据《珠林》45。《瑞祥志》14《物精》引《抱朴子》无"曰"字，《御览》886 作"故宅之精名曰挥文，又曰山冕"。

303

23　在旱故山精名挥转，状如鼓，呼之取禽兽。

　　　本条《瑞祥志》14《物精》b引，出《白泽图》，据辑。

24　山之精名夔，状如鼓，一足而[①]行。以其名呼之，可使取虎狼[②]豹。

　　　本条《御览》886、《珠林》45并引，出《白泽图》。今据《御览》886辑。

① "而"，《珠林》45作"如"。

② "狼"，据《珠林》45补。

25　金之精名曰仓啸[①]，状如豚[②]。居人家，使人不宜妻。以其名呼之则去。〔一〕〔云〕〔名〕白鼠，以昏时见于丘陵之间，视所出入，中有金[③]。

　　　本条《御览》811、《御览》886、《珠林》45、《事类》9并引，出《白泽图》。今据《御览》811，参酌各书，并校以《抱朴子》。

① 本作"黄金之精名石瑭"，据《珠林》45、《瑞祥志》14《物精》引《抱朴子》改。

② "豚"，《珠林》45同，《瑞祥志》14《物精》引《抱朴子》作"豕"。

③ "白鼠以昏时见于丘陵之间视所出入中有金"一句，从文意判断，与上文连接甚显突兀，疑有脱文。《艺文类聚》95《兽部下》引《地镜图》曰："黄金之见，为火及白鼠。"《瑞祥志》19《鼠》引《地镜》云："金之精为白鼠也。"据此，"白鼠"前或脱"一云名"三字。

26　绝水有金者精名侯伯，状如人，长五尺，五彩衣，以其名呼之则去[①]。

　　　本条《珠林》45、《御览》886并引，出《白泽图》。今据《珠林》辑，校以《抱朴子》。

① "呼之则去"，《瑞祥志》14《物精》引《抱朴子》作"呼则得"。

27　木之精名彭侯，状如黑狗，无尾，可烹而[①]食之。

　　　本条《珠林》45、《搜神记》16、《瑞祥志》14《物精》a、《御览》886并引，出《白泽图》。今据《珠林》辑。

① "而"，《瑞祥志》14《物精》a同，《御览》886作"之"，《搜神记》16无。

28　水之精[①]名曰罔象，其状如小儿，赤目，黑色，大耳，长爪。以索缚之则可得。烹之吉。

　　　本条《珠林》45、《御览》886并引，出《白泽图》。今据《珠林》45辑。案：本条《搜神记》16"贲羊"条引《夏鼎志》曰："罔象如三岁儿，赤目，黑色，大耳，长臂，赤爪，索缚则可得食。"

① "水之精"，《瑞祥志》14《物精》引《抱朴子》作"银精"。

29 火之精名①宋无忌,持拒(矩)大(火),家人无故失火者,以其名呼之,着绛緷,赤留在项后。

　　本条《瑞祥志》14《物精》a、《宝典》2、《类聚》80、《史记·封禅书·索隐》并引,出《白泽图》。今据《瑞祥志》14《物精》a辑。

　　①"名",《宝典》2作"为",《史记·封禅书·索隐》作"曰"。

30 火之精名曰必方,状如鸟,一足,以其名呼之则去。

　　本条《珠林》45、《瑞祥志》14《物精》a、《御览》886并引,出《白泽图》。据《珠林》辑。

31 土之精名曰戚羊,其名呼之则去。

　　本条《瑞祥志》14《物精》a引,出《白泽图》,据辑。

32 玉之精名曰岱委①,其状如美女,衣青衣。见之以桃戈②刺之,而呼其名,则得。夜行,见女〔子〕戴烛〔行〕〔者〕,〔潜〕〔从〕〔其〕〔所〕,〔亡〕〔则〕入石,石中有玉也③。

　　本条《珠林》45、《御览》886、《类聚》83并引,出《白泽图》。今参酌各书辑之,校以《御览》805所引《白玉图》。

　　①"岱委",《珠林》45、《瑞祥志》14《物精》引《抱朴子》同,《类聚》83作"委然",《御览》805《珍宝部》引《白玉图》作"柔"。

　　②"戈",《类聚》83、《瑞祥志》14《物精》引《抱朴子》、《御览》805《珍宝部》引《白玉图》同,《珠林》45作"匕",高丽藏本作"尖"。

　　③"夜行见女戴烛入石石中有玉也",仅见《类聚》83引出《白泽图》,文辞不畅,疑有脱文。《瑞祥志》14《鬼》云:"夜见女子戴烛行者,视其所入,中有玉。"无出处。《瑞祥志》14《物精》引《抱朴子》作:"夜行,见女子戴烛行,入石之中,则有玉也。"又本条《御览》805《珍宝部》引《白玉图》云:"玉之精名柔,状如美女,衣青衣。见之以桃戈刺之,而呼其名,则可得也。夜行,见女子戴烛行者,潜从其所,亡则入石,石中有玉。"文字大致相同,《白玉图》或是《白泽图》之讹? 据补。

33 不成涧之精名公,耳如菟,登人屋上,逢鼓视之,见则可得。

　　本条《瑞祥志》14《物精》b引,出《白泽图》,据辑。

34 厕之精名曰倚衣,青衣,持白杖。知其名呼之者除,不知其名则死①。

　　本条《珠林》45、《瑞祥志》14《物精》b、《御览》886、《宝典》1并引,出《白泽图》。今据《珠林》辑,参校各书。

①"知其名呼之者除，不知其名则死"，《瑞祥志》14《物精》b 作"其名呼无害，不呼则死也"。

35　百年厕精名旗得，状如人，恶闻人音，故至厕而咳也。

　　本条《瑞祥志》14《物精》b 引，出《白泽图》，据辑。

36　赤市之精名袪，状如狄，白耳，呼之使人宜贾市。

　　本条《瑞祥志》14《物精》b 引，出《白泽图》，据辑。

37　道之精①名曰作器②，状如丈夫，善③眩人，以其名呼之则去。

　　本条《珠林》45、《瑞祥志》14《物精》b、《御览》886 并引，出《白泽图》。今据《珠林》辑，参校各书。

　　①"道之精"，本作"在道之精"，据《瑞祥志》14《物精》b、《御览》886 改。

　　②"器"，《御览》886 同，《瑞祥志》14《物精》b 作"池"。

　　③"善"，《御览》886 同，《瑞祥志》14《物精》b 作"差"，当是讹误。

38　丘墓之精名曰狼鬼，善①与人斗不休。为桃弓棘矢，羽以鸱羽，以射之，狼②鬼化为飘风。脱履投③之，不能化也。

　　本条《瑞祥志》14《物精》b、《珠林》45、《御览》886 并引，出《白泽图》。今据《瑞祥志》14《物精》b 辑，参校各书。

　　①"善"，据《珠林》45、《御览》886 补。

　　②"狼"，据《珠林》45、《御览》886 补。

　　③"投"，《御览》886 同，《珠林》45 作"捉"。

39　衢之精名翅，状如孺子，呼之则去。

　　本条《瑞祥志》14《物精》b 引，出《白泽图》，据辑。

40　雷精名构提。

　　本条《宝典》11 引，出《白泽图》，据辑。

41　平街北里精名剽，状如人，一尺，发至地，呼之则去。

　　本条《瑞祥志》14《物精》b 引，出《白泽图》，据辑。

42　三军所战①精名曰宾满②，其状如人头，无身，赤目③，见人则转，以其名呼之则去。

　　本条《珠林》45、《御览》886、《瑞祥志》14《物精》b 并引，出《白泽图》。今据《珠林》辑，参校各书。案：沂南画像石墓前室北壁楣石上刻有一神灵图像，有头无身、笼冠、持斧，林巳奈夫认为这就是宾满，见《汉代の神神》，京都：临川书店，1989 年，第 137 页。

　　①"战"，《瑞祥志》14《物精》b 同，《御览》886 作"载"。

② "满",《御览》886同,《瑞祥志》14《物精》b作"两"。

③ "目",《御览》886同,《瑞祥志》14《物精》b作"耳"。

43 两山之间,其①精如小儿,见人则伸②手欲引人,名曰倿囊③。引去故地则死④。

本条《搜神记》16、《珠林》64、《御览》886、《广记》359并引,出《白泽图》。今据《搜神记》16辑。

① "其",《广记》359同,《御览》886作"有"。

② "伸",《珠林》64作"申",据《广记》359改。

③ "倿囊",《珠林》64、《广记》359作"倿",李剑国怀疑"倿"处有脱讹。

④ "引去故地则死",《珠林》64作"引去则死",《御览》886作"诸人未之见也"。

44 上有山林,下有川泉,地理之间生精,名曰必方,状如鸟,长尾。此阴阳变化之所生。

本条《珠林》45、《御览》886并引,出《白泽图》。今据《珠林》辑。

45 左右有山石,水生其间①,水出流千岁不绝。其精名曰喜②,状如小儿,黑色。以其名呼之,可③使取饮食。

本条《珠林》45、《御览》886并引,出《白泽图》。今据《珠林》辑,校以《御览》和《抱朴子》。

① "间",本作"涧",据《御览》886、《瑞祥志》14《物精》引《抱朴子》改。

② "喜",《御览》886同,《瑞祥志》14《物精》引《抱朴子》作"善",旁注"本作若"。

③ "可",据《御览》886补。

46 夜见堂下有小儿被发走,勿恶之,精①名曰沟,以其名呼之则无咎。

本条《御览》886、《珠林》45、《瑞祥志》14《物精》b并引,出《白泽图》。今据《御览》886辑,校以《珠林》。

① "精",据《珠林》45补。

47 筑室三年不居,其精名忽,长七尺,见者有福。

本条《珠林》45、《瑞祥志》14《物精》b并引,出《白泽图》。今据《珠林》辑。

48 筑室三年不居,其中有满财,长二尺,见人则掩面,见之有福。

本条《珠林》45引,出《白泽图》,据辑。

49 筑室三年不居,其中有小儿,长三尺而无发,见人则掩鼻,见之有福。

本条《珠林》45、《御览》886、《瑞祥志》14《物精》b并引,出《白泽图》。今据《珠林》辑。

50　千岁之道生趺①，状如野女而黑色，以呼之则去。

　　　　本条《瑞祥志》14《物精》b引，出《白泽图》，据辑。

　　①"趺"，佐佐木聪辑本作"跌"（第105页），误。

51　千载木其中有虫，名曰贾诎，状如豚①，有两头，烹而食之，如狗肉味②。

　　　　本条《珠林》45、《瑞祥志》14《物精》a、《御览》886并引，出《白泽图》。今据《珠林》辑。

　　①"豚"，《御览》886同，《瑞祥志》14《物精》a作"豕"。

　　②"如狗肉味"，《瑞祥志》14《物精》a作"物完味"。案："物"乃"狗"之讹，"完"乃"宍"之讹，"宍"为"肉"之俗字。

52　百岁狼化为女人，名曰知女，状如美女，坐道傍①告丈夫曰：我无父母兄弟。若丈夫取为妻，经②年而食人。以其名呼之，则逃走去。

　　　　本条《珠林》45、《御览》886并引，出《白泽图》。今据《珠林》辑。

　　①"傍"，《御览》886作"旁"。

　　②"经"，《御览》886作"三"。

53　赤蛾两头而白翼者，龙也，杀之兵死矣。

　　　　本条《御览》951引，出《白泽图》，据辑。

54　黑狗白头，长耳①卷尾，龙也。

　　　　本条《初学记》29、《御览》904并引，出《白泽图》，据《初学记》辑。案：本条《瑞祥志》19《犬》引《杂灾异》曰："黑犬，白头长耳，四足白，尾黄长者，龙也，煞之，直死也。"

　　①"长耳"，《御览》904作"耳长"。

55　羊有一角当顶上，龙也，杀之震死。

　　　　本条《初学记》29、《御览》902并引，出《白泽图》，据辑。

56　蠋有角，五采文，长尾者，龙也，杀之兵死。

　　　　本条《御览》950引《广志》，此为"白泽曰"，据辑。

57　鸡有四距重翼者，龙也，杀之震死。

　　　　本条《初学记》30、《御览》918并引，出《白泽图》，据辑。案：本条《瑞祥志》18《鸡》引《杂灾异》曰："鸡赤头青翅，四距重翼者，龙也，煞之，直死也。"

58　老鸡能呼家长，以其屎涂门，煞鸡。呼家母，以其屎涂门及灶，煞鸡。呼长子，犬屎涂门及灶则煞。呼中子，其屎涂门则煞之，无咎灾也。

本条《瑞祥志》18引，出《白泽图》，据辑。

59　老鸡能呼人姓名，杀之则止。

本条《御览》918引，出《白泽图》，据辑。

60　夜行见火光，下有数十小儿戴之，一物二名，上为游光，下为野僮，此二物见者，天下多疾死之民。一曰僮兄弟八人也。

本条《瑞祥志》17引，出《白泽图》，据辑。

61　鬼畏桃汤柏叶，故以桃为汤，柏为符，为酒也。

本条《宝典》1引，出《白泽图》，据辑。

附录二　敦煌写本《百怪图》释录

说明：敦煌写本《百怪图》共有10片，分属4个写本，分别是写本A：BD15432……BD10791+BD16359；写本B：P.3106……P.4793；写本C：羽44+BD15773+BD15774；写本D：Дх.6698+Дх.3876。写本B和写本C、写本C和写本D之间有重合，可以复原出第十七、十八、廿五至卅二的内容。

王爱和对P.3106、P.4793、Дх.6698和Дх.3876作过录文[1]；余欣对P.4793有部分录文[2]；岩本笃志对P.3106、羽44作过录文[3]；《国家图书馆藏敦煌遗书》对BD10791、BD15432、BD15773+BD15774、BD16359有录文[4]；王祥伟、山崎蓝对羽44有部分录文[5]；关长龙除了BD10791+BD16359外，对其余诸片均作过录文[6]。此次重新释录，P.3106、P.4793、BD15432、BD10791+BD16359、BD15773+BD15774据IDP（http://idp.bl.uk）公布的彩色照片释录；羽44据《敦煌秘笈》第一册的彩色

---

[1] 王爱和《敦煌占卜文书研究》，兰州大学博士学位论文，2003年，第460、466、467页。
[2] 余欣《神道人心：唐宋之际敦煌民生宗教社会史研究》，北京：中华书局，2006年，第216页。
[3] 岩本笃志撰，何为民译《敦煌占怪书〈百怪图〉考——以杏雨书屋藏敦煌秘笈本和法国国立图书馆藏的关系为中心》，余欣主编《中古时代的礼仪、宗教与制度》，上海：上海古籍出版社，2012年，第137—142页。
[4] 分见《国家图书馆藏敦煌遗书》第108册，北京：北京图书馆出版社，2009年，《条记目录》第41—42页；第143册，北京：北京图书馆出版社，2012年，《条记目录》第27页；第144册，北京图书馆出版社，2012年，《条记目录》第51—52页；第146册，北京：北京图书馆出版社，2012年，《条记目录》第53—54页。以下均简称"《国图遗书》"。
[5] 王祥伟《日本杏雨书屋藏敦煌文书羽044之〈釜鸣占〉研究》，《文献》2014年第4期，第80—90页；山崎蓝《京都大学人文科学研究所所藏〈天地瑞祥志〉第十九翻刻·校注（六）—"狐"》，《青山语文》52，2022年3月，第183—185页。
[6] 关长龙《敦煌本数术文献辑校》，北京：中华书局，2019年，第1061—1085页。

附录二　敦煌写本《百怪图》释录

图版释录①；Дх.6698、Дх.3876 据《俄藏敦煌文献》的黑白图版释录②。因关长龙已经吸收了之前诸家释文的意见，为节省篇幅，本释录只出校与《国图遗书》、关长龙辑校本、山崎蓝校注本的差异。

写本 A：BD15432……BD10791+BD16359
（前缺）

1　**占野獫悖入人宅为怪第十七**③　凡野狩者④，是老之精⑤□□□
2　或口中吐火而來，照人宅舍。即来，能人（入）其〔□〕⑥，而此野獫⑦□□□
3　宅，必有死亡之事，慎之，勿煞之⑧。放令自却，取三家□□□
4　中烧之，吉。甲乙日，忧死亡之事。丙丁日，忧家女子。戊□□□
5　男子。庚辛日，为悬官事。壬癸日，忧小儿，取雄□⑨□□□
6　道中，吉。　**占蛇怪第十八**　凡蛇者，是〔□〕之精，或为聚（？）阴（？）⑩
7　异色，或作虫鱼异物见于家著，是蛇蛰⑪□□□
8　之事。或见井灶田园树木□□□
9　忧疾病死亡，又无□□□
10　□□□□
（中缺）
11　□□□厌用三升酱，盛瓮中⑫，悬灶上⑬，大吉。未日

----
① 《敦煌秘笈 影篇册》一，非卖品，武田科学振兴财团，2009 年，第 292—295 页。
② 《俄藏敦煌文献》第 11 册，上海：上海古籍出版社，1999 年，第 79 页；第 13 册，2000 年，第 183 页。
③ "獫"，《国图遗书》、关长龙均释作"禽"，误；"悖"，关长龙释作"狩"。
④ "凡野狩"，底本墨迹有脱落，"凡野"尚能辨识，"狩"字右半边全脱落，无法释读，今从《国图遗书》释文。
⑤ "老"，关长龙释作"先"，误。
⑥ "人"，当作"入"，据文义改，关长龙迳释作"入"；"其"后，关长龙疑脱"中"字。
⑦ "獫"，据残笔划及文义补，关长龙校补作"禽"。
⑧ "煞"，《国图遗书》释作"杀"。
⑨ "雏"，《国图遗书》疑作"鸡"，关长龙释作"鸡"，均误。
⑩ "为"，关长龙释作"慈"，误。
⑪ "蛇"，《国图遗书》、关长龙均释作"地"；"蛰"，《国图遗书》、关长龙均未能释读。
⑫ "厌"，《国图遗书》释作"魇"，误。下同，不再出注。
⑬ "灶"，《国图遗书》释作"一□（绳？）"，误。

311

12 ☐厌用桃木长三寸以六枚①，雉血书天文符②，
13 ☐厌用梧桐木长六寸三枚，书天文符，瞎肉
14 ☐酉日忧死亡③，官事凶④，厌用桐木长六寸⑤
15 ☐上吉。戌日鸣，忧六畜死亡，失财。厌
16 ☐血书著户上，吉。亥日鸣，忧六畜
17 ☐寸三枚，丹书天文符著户上，吉。
（后缺）

写本 B：P.3106……P.4793

（前缺）

1 ☐井灶上有水火灾。犬嗥吠，主身忧
2 ☐忧远行。犬嗥于门中，忧死亡。犬
3 ☐有官事。犬嗥堂上，长子凶。犬嗥他（？）
4 屋，忧妇女。犬嗥而即鸣，必凶。犬嗥向天，必家破。犬嗥墙下，☐☐
5 吏召事。犬自食其子，凶。凡犬嗥者，不出三年，必家破；不尔，丧亡，凶。
6 **占狗缩鼻为怪第廿六** 子日缩鼻，大吉。一云忧长子。丑日，忧妇女丧。寅日，有喜☐，
7 或忧别离。卯日，有非灾，长子凶。辰日，大凶，丧。巳日，客会事。亦丧。午日，斗讼、田宅
8 事。未日，大吉利。一云相伤。申日，凶丧。酉日，大吉。一云鬼欲来。戌日，有☐☐
9 犬来尿人门户，三日内有庆贺事。若溺人门户不止者，有☐
10 尿人井灶上，有忧；任身者得男。尿人灶，子患☐☐☐
11 有乱。犬生子似羊，六畜死，恶鬼来入宅。犬将死尸来入宅☐
12 犬逐猪，内乱，六畜死。犬尿人衣物，有仇怨，亦夫妻离别。☐

---

① "以"，疑系衍文，当删。
② "雉"，《国图遗书》释作"狗"，又疑作"鸡"，误。
③ "亡"，《国图遗书》释作"三"，误。
④ "事凶"，《国图遗书》未能释录。
⑤ "长六寸"，《国图遗书》未能释录。

附录二　敦煌写本《百怪图》释录

13　中，凶，宜煞之，取头悬户上，即去。犬粪坐席上，君子高迁，利益□
14　忧官事。犬卧床上，口舌、聚众。犬恒噪不止，宜即煞之，以血□
15　吉。犬无故向人悲噪，忧丧亡。犬粪不得其地，台中官（？）[①]□
16　至门中，口舌、财[②]。粪仓库，有庆贺，吉。甲乙日忧家长，丙丁□
17　戊己日忧中子，庚辛日忧男子，壬癸日忧贱人、堂前疾病。□
18　至。粪床上，忧死亡，大凶。凡厌犬怪，用饼五十枚，脯□
19　庭四面各一，祭之，吉，即说咒曰：狗犬频怪，生死狗食，殃□
20　为善，自作妖怪，态起不良，今当煞汝，终不相速，置在七星□
21　难，取次煞之。若复更为，敕〔□〕〔□〕〔□〕，思念汝宁，可再拜祭之，若成财，自
22　然放汝，吾使大喜，〔□〕〔□〕〔□〕后，事事昌昌。急急如律令！
　　（符图）狗怪符图
23　**占音声怪第廿七**　　凡是音声之怪，兵死之鬼。子日音声，忧病患，官
24　事。宜书天文符户上，吉。丑日声怪，忧财物、少子凶。厌用桃木长六寸七
25　枚，书天文符著中，吉。寅日声怪，忧病患、官事、亡财。厌用桃木长六
26　寸七枚，书天文符著在处，吉。卯日声〔怪〕，忧官事、少子。厌用桐木长三寸九枚，
27　书天文符，星下祭之以酒脯，吉。辰日声怪，忧父母死亡。厌用桃木长六寸八枚，书[③]

（中缺）

28　（符图）甲乙日符如上（符图）□
29　己日符如上
30　（符图）庚辛日符如上（符图）□
31　**厌釜鸣法第卅二**　　厌口舌：以青□
32　又疾病，用斑文石九十斤，于鬼门□
33　又妨六畜，用黑石十斤，埋子地，五尺五□

---

① "台"，关长龙释作"堂"。
② "财"，关长龙释作"败"。
③ 按此件背面题记："此百怪图于法则不能违肉（害）。"

313

幽赞化行：敦煌吐鲁番文献所见中古中国的占验与信仰

34 百斤，埋大门中，方二尺三寸，吉。妨☐
35 停作人形。又妨子孙，以黄石百斤☐
36 又一：以厌埋之处，各杵一千下，令妇人勿☐
37 一斗①，随方色，鸡一只，绢七尺，席一领，丹☐
38 净洁，主人甲乙祭之家中，造作百事☐
39 时不便，妇人秽恶，犯触大神，今日☐
40 门。急急如律令。又十二辰符第☐

子（符图）　子日见怪，朝害父，昼害母☐
　　　　　　砂至，书天文符奏户上☐

丑（符图）　丑日见怪，朝害女，昼害男☐
　　　　　　至，书天文符奏灶上☐

寅（符图）　寅日见怪，朝害☐

（以下原缺文）

写本C：羽44+BD15773+BD15774
（前缺）

1 ☐☐枚，书天文☐
2 ☐☐长九寸七枚，书天文符，酒肉祭之，吉。午日为怪，☐
3 ☐木长九寸三枚，书天文符，酒肉祭之，吉。未日怪，忧☐
4 ☐☐福德。桃木二寸四枚，书天文符户上，吉。申日怪☐
5 以用桃木长三寸六枚，书天文符著户上，吉。戌日☐
6 用桃木长四寸一枚，丹书天文符户上，吉。亥☐
7 用桃木长四寸四枚，书天枚（文）符著户上，吉。凡人门户初（？）
　☐
8 甲乙日，父母索食。丙丁日，鬼来索食。戊己、庚辛日，☐
9 壬癸日，星死鬼来索食。并于五道中祭之，大吉。
10 **占鬼呼人第廿八**　凡是鬼呼人，是妖媚之鬼，浮游诸处，或☐

---

① "斗"，关长龙释作"升"。

314

11　中庭、门前，或舍上诸处，但问呼人鬼姓名。子日为怪①，忧司会遣
12　来害子、父母。用南行桃木长三寸五枚，丹书天文符著户上，吉。丑日呼
13　人，北狱使者来索食、捉人，凶。用桐木长二寸一枚，书天文符户上，
　　　大吉。
14　寅日呼人，忧害家里。用桑木长八寸三枚，雄鸡血书天文符户上，大吉。
15　卯日呼人，忧害家长。以用桃木长三寸一枚，雄鸡血书天文符户上，大吉。
16　辰日呼人，忧丧、六畜亡。用桃木长三寸四枚，丹书天文符户上，吉。
17　巳日呼人，兵鬼来欲煞。用桃木长七寸四枚，鸡血书天文符户上，吉。
18　午日呼人，忧欲害人、六畜。以桃木二尺②，书天文符户上，吉。未日呼人，
　　　鬼来
19　索食。用桃木长七寸二枚，鸡〔血〕书天文符户上，吉。
20　酉日呼人，呼来索食，欲害人。用桃木长七寸七枚，鸡血书天文符户上，吉。
21　戌日呼人，欲肉（害）于家，亡财。用桃木长七寸五枚，书天文符户上，吉。
22　亥日呼人，大凶。厌用准上③。
23　**占狐鸣怪第廿九**　　凡是狐鸣，妖魅之精④、亡鬼扛一切之物⑤，以为
24　声鸣，或死或生，其状如此。狐无故入人家宅及绕舍而去，作其
25　声向⑥，必忧丧亡、官事。一以酒和黄土泥灶上，方员五寸，又
26　泥壁上，方寸，吉。狐鸣守人门户，家有移及远行。狐无故从
27　东来鸣而去，有惊丘亡之忧。狐鸣舍上，泥四壁，方九寸。
28　子日鸣，不出三十日，东家、北家忧小口、女，患斗讼、官事、六畜死。
　　　用桃木长九寸
29　六枚，以狗血四升、努（弩）箭一枚于庭中，以木炭二斤悬一竿上，
　　　著户左
30　右，又以鸡孚、桃木柴烧之，埋于门中，吉。丑日鸣，不出一七日，东
31　家男子死，西家官事，南家死亡。用桐木六长八寸四枚、肉二斤、努（弩）
　　　箭二枚

---

① "为"，关长龙释作"当"。
② "二"，关长龙释作"一"。
③ 按此句末有一墨笔"〇"符。
④ "魅"，关长龙释作"鬼"，误。
⑤ "扛"，关长龙释作"打"。
⑥ "向"，关长龙校改作"响"。

32　于未地埋之，铜三斤悬一丈竿上，庭中向之，吉。寅日鸣，忧东北
33　家有亡失，北家官事、失财，南家吉。用肉二斤、努（弩）箭一枚埋著
34　庭中，以金铁向之，五尺竿向之，又用一（三）家奖（浆）向之，又用
　　甑带悬
35　向之，吉。卯日鸣，北家有死亡、官事、妇女口舌；南家有死亡，
36　不出七日；西家男子死，不出三十日。用桃木长七寸六枚、狗肉二斤、
　　努（弩）
37　箭一枚瓮中著，埋于酉地，吉。又作木兔刑（形）向之，吉。
38　辰日鸣，东家官事、失火、少子忧死、妇女忧死，不出七日。不解，凶；
　　解之，
39　桐木长七寸四枚，丹书天文符，以酒脯于星下祭之，吉。
40　巳日鸣，不出五十日，西家兵死，东家患伤六畜，西家女子死。用李
41　木长八寸三枚，丹鸡血书天文符四枚，埋厕中，又以炭三斤悬于一丈竿
42　上向之，吉。又穿地三尺，满□著水向之①，吉。午日鸣，不出六日，
43　西家男子死及失火，六畜亡。用桃木长五寸三枚、乌鸡血丹书天文
44　符、赤小豆等于庭中，土三升合悬一丈竿上向之，吉。
45　未日鸣，不出卅日，东北家失火、官事，南家斗讼。用桐木长九寸二
46　枚，鸡血书天文符，置四域中埋之，亦可取域中土和埋井，
47　以炭三斤悬于一丈竿上向之，吉。申日鸣，忧官事、死亡、
48　盗贼起，西家有死，南家忧女妇。用桃木长七寸三枚，
49　丹鸡血书天文符和赤小豆一升，埋于灶口中，又以生铁一斤
50　悬著户上，吉。又黄土三升悬于一丈九尺竿上，亦大吉。
51　酉日鸣，东家、南家忧长子、官事、失火，不出三日。用桃木
52　长八寸三枚，乌鸡血书天文符，用三家浆三升埋于厕
53　中，又以炭二斤悬于丈三竿上向之，吉。戌日鸣，西南
54　家忧官事②、六畜死亡、失火、女亡，不出三十日；北家男子〔□〕
55　用桃木长八寸三枚，以丹书天文符和鸡血作之，和合
56　埋于庭中。又以井华水二升盛瓶中，于八尺竿上向

---

①　"□"，关长龙、山崎蓝均释作"中"，按底本"中"只是该字的部分笔画。
②　"官事"，山崎蓝释作"长子"，误。

57 之。又以土二升悬于竿上〔▭〕。亥日鸣，不出卅日，西家女子亡、官事、

58 盗贼、见血，北家男子死。用桃木长三寸三枚，酱豉共三升和〔▭〕金铁

59 三斤悬于丈五竿上向之，吉也。

60 占人家釜鸣第卅

61 子日鸣，不出百日，家有丧亡，或可二年内。丑日鸣，失财，不出百日。

62 寅日鸣，损贼，或吉事来。卯日鸣，女妇事，不出廿日，田宅、口舌、盗贼起。

63 辰日鸣，失火，不出三年，家内有外人来贼。巳日鸣，宅不利于（？）灵祇①，散财。

64 午日鸣，〔向之，吉〕，不出三年，备备吉也②。未日鸣，口舌、集众。

65 申日鸣，小女离别。酉日鸣，亡恶相③，家亦病。

66 戌日鸣，六畜死亡。亥日鸣，官事、口舌不利。

67 凡釜鸣，厌用五姓麦作脂饭卅七枚，设北斗七星坐布

68 一丈，苏六升、灯三盏、刀一口布上著，三咒之，日后无

69 殃，家中大吉利。怪处祭之。

70 　右已后占十二时釜鸣吉凶法

71 又云：子时鸣，西家勿与交道（通）④，凶。丑时鸣，九十日内家病，勿与女

72 妇交通，凶。寅时鸣，北家忽有交通，口舌至。卯时，大凶。

73 辰时，家有死亡；西家莫往来，受寄亦可；东北家勿交通。

74 用四家酒脯、廿枚饼、五家杀坐布五尺，于舍东北祭之。

75 巳时，家中女妇厄⑤，用脂饭廿枚、酒脯祭之也。若正（亡）⑥，卅日内家破（？），用

---

① "于（？）灵祇"，关长龙释作"之虚耗"。
② 第二个"备"，系衍文，当删，关长龙释作"之"。
③ "亡"，关长龙释作"己"。
④ "道"，关长龙释作"通"。
⑤ "厄"，关长龙释作"死"。
⑥ "正"，关长龙释作"亡"。

76　炭十斤悬于鸣处。午时，或官长亡、小口凶。未时，大吉利，
77　有人来，有益。申时鸣，右（有）口舌①、白身、女人厄②。酉时鸣，
78　不出九十日，家有疾病。戌时，妻儿口舌，家有死亡。亥时
79　鸣，会客，或吉或凶，平平之事。又云：子日釜鸣，女妇、口舌、耗财、失
80　火，不出旬月有③
81　又法著十二日辰占之第卅一④
82　丑日，会客、亡六畜、口舌，用桃木七寸六枚
83　克（刻）作人，书天文符户上，吉。子准同。寅日，忧女子亡、时家
84　破、口舌、女长子人凶⑤，用桃木长九寸十枚，书天文符悬宅上，吉。
85　卯日，祭祀不了，家长、少子口舌，不出其年月，破家，恶（用）同（桐）木
86　长六寸七枚⑥，书天文符，新（星）光中盆下祭之，三月四月吉也。
87　辰日，口舌、子孙不利。巳日，斗打、口舌，凶⑦。〔　　　〕
88　未日，家吉或凶，北家病。申日，死亡、官事，不出日。酉日，非
89　祸、论财、妇女口舌。戌日，口舌、官事、六畜死亡。亥日，
90　官事、亡遗六畜。又云：平旦鸣，小口凶。日出，忧家长者。食
91　时，忧小口。隅中，忧文书。日中，忧奴婢事。日昳，忧财鸡⑧，
92　忧远行事。晡时，忧小口。日入，大凶。黄昏，了吉。
93　人定，亦吉。夜半，凶。鸡鸣，客事。又云：甲乙日，平旦鸣，不出年，
　　死亡；日中，吉也。丙
94　丁日，不出三年，家长亡。戊己日，不出三年，有丧；日中，祭祀不了。
　　庚辛日，不
95　三年，凶，亦可五十日。壬癸日，男女奴婢死亡。凡厌釜鸣，甲乙日，
　　受用

---

① "右"，关长龙释作"家有"，按底本"家"旁有点煞符号。
② "厄"，关长龙释作"死"。
③ 按"又云子日釜鸣女妇口舌耗财失火不出旬月有"一句属另一占法，本当抄写于下文"占之第卅一"后。
④ 按底本"占之第卅一"后先抄写"又云子日釜鸣女妇口舌耗财失火不出旬月有"一句，因此句上文已出，所以用墨笔删去，后又加朱笔删除符。
⑤ "人"，关长龙校改作"大"。
⑥ "家恶"，关长龙释作"恶家"，按底本旁有倒乙符号。
⑦ 按此句下底本留空，当脱"午日"的内容。
⑧ "鸡"，系衍文，当删。

96　青颈一升、青鸡一枚祀之，吉。诸日依卅论之色别[①]。初之时，家
97　长令带口刀，口自祭之。于灶边、于军营鸣，大凶。
98　又一法：慈石一斤，黍米一升，麻子一升，缯囊盛之，悬釜上，吉，
99　永不鸣。又六符厌之。以真朱丹书天文符四枚，随书其木上，好净
100　香、酒脯于星下祭之，香度符，再拜，清水洗手，扫地及釜，男子
101　自祭之于（？）釜口上，吉。
102　右甲乙日、丙丁日、戊己日、庚辛日、壬癸日符如左。
103　（符图）甲乙日符如上。（符图）丙丁日符如上。
104　（符图）戊己日符如上。（符图）庚辛日符如上。
105　（符图）壬癸日符如上。
106　**厌法第卅二**　又法：厌用釜鸣口舌，用青石八十斤于辰地，方圆八尺
107　三寸，大吉。厌釜鸣妨六畜，用黑石十斤，埋于子地，方五尺五寸。
108　厌釜鸣虚耗亡财，用甘色石百斤，埋于大门中户，〔方〕二尺三寸，大吉。
109　厌釜鸣妨人，用青石一百斤，于午地埋，方停作人刑（形）。
110　厌釜鸣妨子孙，以黄石一百斤，埋于卯地，吉。所厌埋之处，杵一千下，妇
111　　　　　　　　　　　　随方色，鸡一只，绢七尺，
112　　　　　　　　　　净洁，勿
（后缺）

写本D：Дх.6698……Дх.3876
Дх.6698
（前缺）

官□
（符图）寅　寅日见怪，□
　　　　　以天文符□
（符图）卯　卯日见怪，朝害子□
　　　　　不出九十日，必有□

---

① "卅"，关长龙释作"世"。

（符图）辰　　辰日见怪，朝☐
　　　　　　　不出六十日，必害☐
　　（后缺）

Дх.3876
　　（前缺）

（符图）未　　寅日见怪，朝☐
　　　　　　　必有，书天文☐

（符图）申　　申日见怪，朝害☐
　　　　　　　不出四十日，必有☐

（符图）酉　　寅日见怪，朝☐
　　　　　　　不出六☐

（符图）戌　　戌日见怪，☐
　　　　　　　不出☐

（符图）亥　　亥☐
　　　　　　　☐
　　（后缺）

附录三　敦煌写本 P.2683《瑞应图》校录

说明：对本件作过完整录文的是小岛祐马、松本荣一和郑炳林、郑怡楠[1]。本次据法国国家图书馆网站公布的彩色照片重新释录，主要出校与小岛祐马的录文差异，间或涉及其余两家。

（前缺）

1	灵龟（图）[2]	□□□□者，其唯龟乎！《书》曰"龟从"，此之谓也。灵者，德之精也。龟者，久也，能明于久远事也。王者不偏不党，尊者不失故旧，则神龟出矣。
2	□龟（图）	灵龟者，黑神之精也。王者德泽湛积，渔猎顺时，则灵龟出矣。五色已章，则金王（玉）倍阴向阳，上逢象地，槃行象山，四出转运。生三百岁，游于藕叶之上，千岁化浦上，逢一尺二寸，能见存亡，明于吉凶，不偏不党，唯义之从。
3	□龟（图）	雒书者，天地之符，水之精也。何者[3]？地天经川也。王者奉顺后土承天，则何岁游于藕叶之上，千岁化浦上，一尺二寸，能见存亡吉凶。
4	灵龟（图）	似鳖而长，合五行之精，卜知吉凶，出蔡地。

---

[1] 小岛祐马《巴黎国立图书馆藏敦煌遗书所见录（六）》，《支那学》第 7 卷第 1 号，1933 年 5 月，第 113—120 页；松本荣一《燉煌本瑞应图卷》，《美术研究》第 184 号，1956 年 1 月，第 113—130 页；郑炳林、郑怡楠《敦煌写本 P.2683〈瑞应图〉研究》，樊锦诗、荣新江、林世田主编《敦煌文献·考古·艺术综合研究：纪念向达先生诞辰 110 周年国际学术研讨会论文集》，北京：中华书局，2011 年，第 493—514 页。
[2] "灵龟"，据《开元占经》卷一二〇补。
[3] "何"，小岛祐马释作"河"，松本荣一释作"所"，均误。

5	玄武（图）	似龟而黑色，常负蛇而行，北方神兽。
6	玉龟（图）	玉龟者，师旷时出河东之雀，为圣国出，出河录谶书。
7	龙	《礼记》曰：圣王用水火金木，〔饮〕〔食〕必时①，〔合〕〔男〕〔女〕②，颁爵位，必当年德，无水旱之灾，妖孽之疾，则龙在官（宫）沼③。《瑞应图》曰④：君子在位则神龙出。
8	黄帝乘龙	《大戴礼》曰：黄帝治五气，设五量，抚万民，〔度〕四方⑤，乘龙而游。
9	帝颛顼乘龙	《大戴礼》曰：颛顼端渊以有谋，疏通以知事，养财以任地，履时以象天，依鬼神以制义，治气以教民，洁诚以祭祀。乘龙而至四海。动静之物，大小之神，日月所照，莫不砥厉⑥。
10	帝喾乘龙	《大戴礼》曰：帝喾历日月而送迎之，明鬼神而敬事之。春夏乘龙，秋冬乘马。
11	帝禹御二龙	《括地图》曰：禹平天下，二龙降之。禹御龙行域，既周而还。《神灵记》云：禹乘二龙，哀为御。
12	五龙舞河	《魏文帝杂事》曰：黄帝录图，五龙舞河，此应圣贤之符也。
13	交龙洗于河	《礼斗威仪》曰：君乘木而王，其政升平，则交龙洗于河。注云：龙交合游戏，自洒洗于河，言升平之治。
14	天龙负图	《孝经援神契》曰：天子孝则天龙负图也。
15	青龙	《孙氏瑞应图》曰：青龙，水之精也。乘云雨而下上，不处渊泉，王者有仁则出。又曰：君子在位，不肖斥退则见。
16	青龙进驾	《淮南子》曰：黄帝时，日月精明，风雨顺时，五谷登熟，故青龙进驾。
17	青龙衔图授周公	《尚书中候》曰：周公摄命七年，归政成王，沉璧于河，荣

---

① "饮食"，据《礼记·礼运》补。
② "合男女"，据《礼记·礼运》补。
③ "官"，当作"宫"，据《礼记·礼运》改。
④ 按"瑞应图"下转行原写"应图"两字，诸家录文均将其所引文字视为"黄帝乘龙"的解说，但从"君子在位则神龙出"的文义看，应该仍是"龙"的解说。"应图"两字或为当时"提行添字例"的抄写习惯，故不录。
⑤ "度"，据《大戴礼·五帝德》补。
⑥ "砥"，小岛祐马释作"砭"，误。

光幕河，青云浮至，青龙衔玄甲，临憻（坛）吐图而去。①

<small>注云：周公摄政，归美成王，制礼作乐，天下洽和，荣光五色，从河水出，幕覆其上，浮云从荣光中来。〔青〕龙者，苍帝威仰之使，玄甲所以畏（裹）图②。</small>

18	赤龙在泽谷	《礼稽命征》曰：王者得礼之制，则泽谷之中有赤龙。
19	赤龙负图授帝尧	《春秋元命苞》曰：尧游河渚，赤龙负图以出，图赤色如绨状，赤王（玉）为匣，白玉为检，黄珠为泥③，玄玉为绳，章曰"天皇大帝"，合神制署，上曰"天帝孙伊尧"。龙消图在。尧兴（与）太尉等百甘（廿）臣发视之④，藏之大麓。<small>《瑞应图》云：图有江河海水山川丘泽之形及州国之分⑤，天子圣人所兴起，容颜刑（形）状也。</small>《宋书·瑞》曰：赤龙河图者，地之符也，王者德至渊泉则河〔出〕〔龙〕〔图〕⑥。
20	龙负图	《孙氏瑞应图》曰：河图者，天地之命纪，水之精也，王者奉顺后土，德及渊泉则出。又曰：王者承天命而行，天道四通而悉达，无益之术藏，而世无浮言之书，则河出龙图。
21	黄龙	《孝经授神契》曰：德至渊泉则黄龙应。<small>宋均注云：黄龙应，则准绳止（正）。</small>
22	黄龙负图授黄帝	《龙鱼河图》曰：黄龙负图，鳞甲成字，以授黄帝，帝令侍臣写之以示天下。《尚书中候》云：河龙图出，赤文象字以授轩〔辕〕⑦。
23	黄龙负图授舜	《春秋运斗枢》曰：舜为天子，东巡至乎（河）⑧，中月临观，<small>注云：临河观望也，月或为丹。</small>至（五）采负图⑨，出置舜前。图黄玉为匣，如匮，长三尺，广八寸，厚一寸，四合而连，有户。曰（白）⑩玉为检，黄金为绳，黄芝为泥，封两端，章曰"天黄帝符玺"五字，广袤各三寸，深四分，鸟文。舜与三公大司空禹等卅人发图，

---

① "憻"，当作"坛"，据《开元占经》卷一二〇改，小岛祐马、松本荣一、郑炳林、郑怡楠径释作"坛"。
② "青"，据《开元占经》卷一二〇补；"畏"，当作"裹"，据《开元占经》卷一二〇改。
③ "泥"，小岛祐马释作"渥"，误。
④ "兴"，当作"与"，据《开元占经》卷一二〇改，小岛祐马、松本荣一径释作"与"；"甘"，当作"廿"，据《开元占经》卷一二〇改。
⑤ "江河"，小岛祐马释作"河江"，误。
⑥ "出龙图"，据《宋书·符瑞志》补。按小岛祐马在"河"后顺接下一个标题"龙负图"，将标题视为解说文字，进而将原本"龙负图"下所引《孙氏瑞应图》亦看作是"赤龙负图授帝尧"的解说文字。这种调整恐不合原卷体例。
⑦ "辕"，据《开元占经》卷一二〇补。
⑧ "乎"，当作"河"，据《开元占经》卷一二〇改。
⑨ "至"，当作"五"，据《开元占经》卷一二〇改。
⑩ "曰"，当作"白"，据《开元占经》卷一二〇改。

323

		玄色而绨状，可卷舒，长卌二尺，广九尺，中有七十二帝地形之制，天文分度之差。注云：黄龙，含枢纽之使也，故龙匣皆黄；四合者，有道相入也；有户，言可开闢也。《尚书中候》云："舜沉璧，黄龙负卷舒图，出水坛畔，赤文录字。"《春秋运斗枢》曰：旋星得则黄龙见。蔡伯喈《月令章句》曰：智听政事则黄龙见。
24	玄龙衔云	《春秋孔演图》曰：文命将兴，玄龙衔云。
25	蛟龙	《文子》曰：王有道德者，天与之，地助之，鬼神辅之，则蛟龙宿其沼。《山海经》云：蛟似龙蛇而四脚，小头细颈，颈有白婴，大者十数围。
26	黄龙（图）	四龙之长也，不洒池而渔①，〔德〕至渊泉②，则黄龙游于池，能高能下，能细能精，能幽能冥，能短能长，乍存乍亡。
27	神龙（图）	旧图不载。君子在位则神龙出矣。
28	河图（图）	旧图不载。神龙负图，水纪之精，王者德至渊泉则出矣。尧在河渚之上，神龙赤色，负图如（而）出③。
29	河书（图）	旧图不载。王者奉刑法则河出书。周公时神龙解甲④，入于庙辰。
30	河图（图）	天地之命，纪水之精也。王命后土，后土承天则河出图矣。尧坐河渚之上，神龙负图而出，江河海水山川丘泽之形兆及王者州国之分，天子圣人所兴起，容颜形状也。王者奉子（天）命而行⑤，天道四通而悉〔达〕⑥，无益之术藏，而无浮言之书，则河图出。
31	河图（图）	天地之符，水之精也。河者，地大经川也。王者奉顺后土承天，则河锥出图书矣。昔者黄帝坐玄扈，锥上凤皇衔书至，尧坐中，河龙负图而出，圣人沉河锥而游者，有候望也，图河海山川国之分，圣人初起容貌尔。
32	神龙（图）⑦	君子在位则神龙出。
33	青龙（图）	青龙者，水之精也，乘云雨而上，下处渊泉之中，有仁主则见。

---

① "洒"，郑炳林、郑怡楠释作"漉"，误。
② "德"，据第37条"黄龙"补。
③ "如"，当作"而"，据第30条"河图"改。
④ "解"，小岛祐马漏录。
⑤ "子"，当作"天"，据《开元占经》卷一二〇改。
⑥ "达"，据《开元占经》卷一二〇补。
⑦ 按图下有一"重"字，提示与上文有重复。

324

一本：君子在位，不肖斥退则见。

34	黄虬（图）	黄虬，一名龙无角曰虬；一则：虬，龙子也。黄虬与人君之零瑞，背上负玉函，有玉牒。玉牒之录，录者，人君合符契则有之应也。黄者，中之色，言人君有中和之德，总六合以居中也。黄虬出，象人君之大变化。玉函者，象君有玉德函盛。背负者，象君有明天下负戴。玉牒者，象者有明白文章。牒者，〔象〕人君累明文之德①。洛出者，欲使君德临洛润泽，恩平天下，如水无穷也，如水之均平天下酌取也。
35	黑龙（图）	禹得黑龙之瑞，治水太平。宋孝武时，黑龙见，武帝曰：吾不惶（堪）也②，此及禹之应也，何德当吾？遂修德大治。昭廿九年，《传》云：龙见于降郊。蔡默曰：龙，水物也，水官循则龙见③。
36	白龙（图）	王者精贤有德则白龙见。
37	黄龙（图）	五龙之长也，不漉池而渔④，德至渊泉则黄龙游于池，为龙能高能下，能长能短，纷纭文章，神灵之精也。
38	发鸣（明）（图）⑤	状似凤皇，鸟喙⑥，大鹞（颈）羽翼⑦，大足胫，身仁，戴智⑧，婴义，应（膺）信⑨，负礼，至则丘（兵）丧之威（感）⑩。
39	幽昌（图）⑪	状似凤皇，锐喙，小头，大身，细足，胫翼若邻（鳞）叶，身短（智）⑫，戴义，婴信，膺仁，负礼，至则早（旱）之感

---

① "象"，松本荣一据文义补。
② "惶"，当作"堪"，据文义改，小岛祐马径释作"堪"。
③ "循"，小岛祐马、松本荣一均释作"修"。按原卷此句后本有"水官弃则不见也"七字，小岛祐马、松本荣一照录，小岛祐马未能释读"弃"字，郑炳林、郑怡楠释作"水官蔡则不民见也"。案：原卷"弃则不见"四字旁有卜字符，剩余之"水官也"不能成句，故不录。
④ "漉"，小岛祐马释作"洒"，误。
⑤ "鸣"，当作"明"，据《天地瑞祥志》卷一八引《乐斗图》改。
⑥ "喙"，小岛祐马释作"啄"，误，下同，不另出校。
⑦ "鹞"，小岛祐马释作"鹝"，当作"颈"，据《天地瑞祥志》卷一八引《乐斗图》改。
⑧ "戴"，小岛祐马释作"载"，误；"智"，小岛祐马漏录。
⑨ "应"，当作"膺"，据《天地瑞祥志》卷一八引《乐斗图》改，下同，不另出校。
⑩ "丘"，当作"兵"，据《天地瑞祥志》卷一八引《乐斗图》改；"威"，当作"感"，据《天地瑞祥志》卷一八引《乐斗图》改。
⑪ "幽昌"，据《天地瑞祥志》卷一八引《乐斗图》补。
⑫ "短"，当作"智"，据《天地瑞祥志》卷一八引《乐斗图》改。

也①。

40 鹔鸘（图）② 状似凤皇，鸠喙，专刑（形）③，身义，〔戴〕信④，婴礼，应（膺）仁，负智，至则〔旱疫〕之感也⑤。《汁图微（征）》⑥。

41 焦明（图）⑦ 状似凤皇，〔鸠〕喙⑧，流（疏）翼⑨，员尾，身礼，戴信，婴仁，膺智。

42 □□（图）
（后缺）

---

① "旱"，当作"旱"，据《天地瑞祥志》卷一八引《乐斗图》改。
② "鹔鸘"，据《续汉书·五行志》注补。按图下有一"重"字，提示与上文有重复。
③ "刑"，当作"形"，据《天地瑞祥志》卷一八引《乐斗图》改。
④ "戴"，据《天地瑞祥志》卷一八引《乐斗图》补。
⑤ "旱疫"，据《天地瑞祥志》卷一八引《乐斗图》补。
⑥ "汁"通"叶"；"微"，当作"征"，据《续汉书·五行志》注改。
⑦ "焦明"，据《天地瑞祥志》卷一八引《乐斗图》补。
⑧ "鸠"，据《天地瑞祥志》卷一八引《乐斗图》补。
⑨ "流"，原写作"沇"，为"流"之古文，当作"疏"，据《天地瑞祥志》卷一八引《乐斗图》改。

图版目录

上编 占验与厌禳

第一章 敦煌写本《白泽精怪图》研究

图 1-1 《白泽精怪图》第 4 纸题记（IDP 图）

图 1-2 《白泽精怪图》第 4 纸题记叠压痕迹（IDP 图）

图 1-3 《白泽精怪图》第 4 纸题记字迹比较（作者提供）

图 1-4 《天地瑞祥志》卷一九中的"白泽"（《天地瑞祥志》卷一九，日本尊经阁文库藏钞本）

第二章 敦煌写本《百怪图》研究

图 2-1 羽 44+BD15774+BD15773 缀合图（局部）（作者提供）

图 2-2 P.4793《百怪图》（IDP 图）

图 2-3 BD15432《百怪图》（IDP 图）

图 2-4 BD10791+BD16359《百怪图》（IDP 图）

图 2-5 宅经方位示意图（作者提供）

图 2-6 《太上老君混元三部符》卷上"狐怪符十通"（《道藏》第 11 册，第 656 页）

第三章　敦煌写本 P.2683《瑞应图》新探

图 3-1　P.2683 第 19 条（IDP 图）

图 3-2　P.2683 第 7、8 条（IDP 图）

图 3-3　P.2005《沙州都督府图经》背面（IDP 图）

第四章　德藏吐鲁番文书《推十二支死后化生法、推建除日同死法》研究

图 4-1　Ch.842(左：正面；右：背面）（IDP 图)

第五章　唐代汉地堪舆观念在吐鲁番地区的传播——以出土文书为中心

图 5-1　LM20-1523-13-128（《旅顺博物馆藏新疆出土汉文文献》第 31 册，第 160 页）

图 5-2　LM20-1523-13-128+Ot.3747（作者提供）

图 5-3　都筑晶子绘制的概念图(《龙谷大学佛教文化研究所纪要》49，第 46 页）

图 5-4　LM20-1523-13-128+Ot.3747 图示（作者提供）

图 5-5　P.2964《三元宅经》"推移徙黄黑法"中的"六月、十二月"图（上：原图；下：图示）（上：IDP 图，下：作者绘制）

图 5-6　LM20-1523-13-128+Ot.3747《宅经》"推移徙黄黑法"（六月、十二月）复原图（作者绘制）

图 5-7　大谷 3277v+5447v+5071v 镇宅法（作者提供）

图 5-8　甲辰冢图（左）和乾冢壬穴（右）（《敦煌本数术文献辑校》，第 843、846 页，关长龙绘制）

第六章　敦煌吐鲁番汉文文献中的剃头、洗头择吉日法

图 6-1　Ch.3821r（IDP 图）

图 6-2　Ch.3821v（IDP 图）

中　编　现世与冥界

第八章　吐鲁番新出《冥讼文书》与中古前期的冥界观念

  图 8-1　北凉缘禾二年（433）高昌郡高宁县赵货母子冥讼文书（《新获吐鲁番出土文献》，第 170 页）

第十章　唐西州"张无价文书"新考

  图 10-1　请给墓夫赙赠牒（《吐鲁番出土文书》肆，第 396 页）

第十一章　"沙州龙神力亡兄墓田争讼案卷"再探——兼论敦煌文献中的"墓田"

  图 11-1　"沙州龙神力亡兄墓田争讼案卷"缀合图（P.4974+Дх.8786……Дх.2264，作者提供）

下　编　知识与文本

第十三章　敦煌写本 S.2506v 等唐代《失名史书》再探

  图 13-1　S.2506v+P.2810Av+P.2810Bv+P.4073+P.2380v《失名史书（开元九年至贞元四年大事纪）》（作者提供）

第十四章　吐鲁番所出《老子道德经》及其相关写本

  图 14-1　《老子道德经》第五五、五六章复原（作者提供）
  图 14-2　《老子道经》第一二、三三至三七章复原（作者提供）
  图 14-3　《老子德经》第三八、三九章复原（作者提供）
  图 14-4　《老子德经》第六三、六四章复原（1）（作者提供）
  图 14-5　《老子德经》第六三、六四章复原（2）（作者提供）
  图 14-6　《老子道德经河上公章句》谦德第六一（IDP 图）

图 14-7　《老子道德经河上公章句》象元第二五（《高昌残影》，图版第 237）

图 14-8　《唐玄宗御制道德真经疏》以政治国章第五七（IDP 图）

图 14-9　《老子道德经河上公章句》淳德第六五复原（作者提供）

图 14-10　《唐玄宗御制道德真经疏》善建章第五四复原（作者提供）

图 14-11　佚名《老子道德经》注疏（第六二章）缀合（LM20-1452-37-17+LM20-1455-17-04，作者提供）

图 14-12　《老子道德经序诀》缀合（1）（LM20-1506-734a+ Ot.8111，作者提供）

图 14-13　《老子道德经序诀》缀合（2）（SH.174-2-50+ SH.174-2-58，作者提供）

图 14-14　SH.174-5-78《老子道德经序诀》（《台东区立书道博物馆中村不折旧藏禹域墨书集成》下卷，第 111 页）

图 14-15　《老子道德经序诀》缀合（3）（SH.174-2-50+SH.174-2-58……LM20-1506-734a+ Ot.8111……SH.174-5-78，作者提供）

图 14-16　《老子道德经序诀》缀合（4）（LM20-1520-27-14……Mannerheim MS.30-3+LM20-1522-09-16+LM20-1509-1582e，作者提供）

第十五章　唐写本《列子·杨朱》（张湛注）的文献价值——从旅顺博物馆藏残片谈起

图 15-1　LM20-1523-19-181《列子·杨朱》（《旅顺博物馆藏新疆出土汉文文献》第 31 册，第 175 页）

图 15-2　S.10779《列子·杨朱》（IDP 图）

图 15-3　S.12087+S.13496+S.13624+BD12335《列子·杨朱》（作者提供）

图 15-4　《列子·杨朱》缀合图（S.12728+S.12288B+S.12288A+S.12124……S.12951+S.12991……S.9928+S.13441+S.11422+S.12971……S.12710+S.12285+S.12295+S.13219+S.777，作者提供）

第十六章　新见敦煌吐鲁番写本《沙门法琳别传》

图 16-1　《法琳别传》卷中缀合（Дх.5374+P.3901 前部，作者提供）

图 16-2　LM20-1463-17-03《法琳别传》卷上（《旅顺博物馆藏新疆出土汉文文献》第 8 册，第 251 页）

图 16-3　LM20-1456-27-04《法琳别传》卷中（《旅顺博物馆藏新疆出土汉文文献》第 4 册，第 174 页）

图 16-4　LM20-1521-02-18《法琳别传》卷中（《旅顺博物馆藏新疆出土汉文文献》第 30 册，第 161 页）

图 16-5　吐峪沟出土《法琳别传》卷下（吐鲁番市文物局提供）

表格目录

上 编 占验与厌禳

第一章 敦煌写本《白泽精怪图》研究

    表 1-1 "山中遇精怪""十二祇精怪"比较表

    表 1-2 "三十六禽"搭配比较表

    表 1-3 釜鸣占比较

    表 1-4 血污占比较

第二章 敦煌写本《百怪图》研究

    表 2-1 "十干日符"比较

    表 2-2 "厌釜鸣法"部分文字比较

    表 2-3 P.3106 与 P.4793 字迹比较

    表 2-4 BD15432 与 BD10791+BD16359 字迹比较

    表 2-5 敦煌写本《百怪图》内容示意表

    表 2-6 "十二辰狐鸣占"厌禳术信息表

    表 2-7 羽 44《百怪图》与《天地瑞祥志》"十二辰狐鸣占"比较

第三章　敦煌写本 P.2683《瑞应图》新探

　　表 3-1　"凤凰"类图说文字比较

　　表 3-2　汁、斗字形比较

　　表 3-3　P.2683 与《开元占经》"龙"类引书比较

第四章　德藏吐鲁番文书《推十二支死后化生法、推建除日同死法》研究

　　表 4-1　Ch.842v"推十二支死后化生法"信息表

第六章　敦煌吐鲁番汉文文献中的剃头、洗头择吉日法

　　表 6-1　敦煌所出"洗头吉日法"比较

中　编　现世与冥界

第九章　先秦至南北朝时期的冥讼——从吐鲁番新出《冥讼文书》谈起

　　表 9-1 中古前期冥讼事例表

第十一章　"沙州龙神力亡兄墓田争讼案卷"再探——兼论敦煌文献中的"墓田"

　　表 11-1　龙神力状与朗神达帖对应关系表

下　编　知识与文本

第十二章　敦煌写本 S.2078v"史大奈碑"习字之研究

　　表 12-1　S.2078v"史大奈碑"习字结构表

　　表 12-2　史大奈事迹比较表

表 12-3　东突厥世系简表

第十四章　吐鲁番所出《老子道德经》及其相关写本

表 14-1　吐鲁番出土《老子道德经》及其相关写本表

后　记

　　2003年，我追随郝春文教授攻读博士学位，郝师当时已是知名的敦煌学家，但我的博士论文选题是"中国中古时期的正史《五行志》"，与敦煌学、出土文献一点关系都没有。其间因为郝师的关系，我参加了荣新江教授在北京大学开设的"敦煌吐鲁番文书研读"课。荣老师当时分给我的文书是 S.2703v 的事目历，因为没有一点敦煌吐鲁番学的基础，所以我解读这份文书十分费劲，报告不是很成功。记忆犹新的是，荣老师问我文书中的"墨敕"是什么，我完全没有注意到这两个字，毫无准备，一时愣住了，无法作答，十分惭愧。这件事对我的触动可以说是刻骨铭心的，让我深刻意识到史学研究必须搞清楚史料里每一个字的含义，做到"敲骨吸髓"。以此为契机，我广泛搜寻"墨敕"的资料，完成了一篇《唐五代墨敕新探》的作业，虽然用了 S.2703v 的资料，基本上仍然是制度史的探讨。这篇文章得到了郝师的认可，后改题《墨诏、墨敕与唐五代的政务运行》，发表在了《历史研究》上。这算是我与敦煌吐鲁番学最初的结缘了。

　　2006年7月，我进入北京大学历史学系，成为荣老师的博士后。当时，荣老师正带领团队整理新获吐鲁番出土文献，我进站时，先期的文字释读和录文工作都已经完成，正进入研究阶段。为了尽快跟上步伐，除了参与团队会读、报告外，我几乎都坐在中古史中心的图书馆里，一册册地翻阅敦煌吐鲁番文献的图版，恶补缺漏的知识。蒙荣老师信任，将他多年收集的散藏吐鲁番文献的手写录文纸片全部交予我整理，录入到电脑中，这是最基础的训练。幸运的是，10月，吐鲁番市文物局新发掘了洋海4号墓，出土文书的照片很快传来，我有了从最初步骤上手整理文书的机会。在荣老师的指导和团队各位师友的帮助下，我较快地掌握了整理方法，并学会了在电脑上拼缀残片的技术，在当年发挥了很大作用。2007年"五一"假期，我随团队到吐鲁番博物馆，复核4号墓的文书内容，亲手摩挲这些1600年前的纸张碎片，一点点将它们拼缀在一起，突然感觉古人近在咫尺，诉说着他们的故事。原来，我们与"历史"的距离看似遥远，其实很近。只要愿意倾听，这些"故纸堆"都在讲述它们的前世今生。此刻，我对自己所从事的出土文献整理工作的敬畏之心油然而生。"五一"复核工作的尾声，我们在葡萄沟畅饮，荣老师很认真地对我说："我发现你是整理文书的一把好手。"我终于在敦煌吐鲁番学研究上"登堂入室"了。本书收录的两篇探讨"冥讼"的论文，即是新获吐鲁番出土文献整理项目的成果。

由于是半路出家，要在具有百年研究史、高手如林的敦煌吐鲁番学界选定自己的研究领域，这是一件十分困难的事情。在撰写博士论文的时候，面对一大堆让人读之神昏的怪异记录，我关注的是士人阶层如何利用怪异记录构建"天道人妖"的话语体系，这属于国家意识形态的层面的问题。当时我感觉需要关注怪异记录的另一个层面，即普通民众的视角。因此，我在阅读敦煌吐鲁番文献的时候，有意识地搜集占卜文书的资料，这也是当时研究较少、有待挖掘的一个领域。这样，《白泽精怪图》很自然最先进入我的观察视野，成为我打开敦煌占卜文献研究大门的敲门砖。荣老师交予我录入的散藏吐鲁番文献中有不少是占卜文书，这批文献资料主要来自德国国家图书馆，此前中国学者得见者甚少。我在释录之余，对其中 Ch.842v 所涉及的死后世界观念产生兴趣，于是撰写了专文。这些最终构成了我博士后出站报告的主体内容。

2008 年 7 月，我回到母校首都师范大学任教，除了继续收集、关注敦煌吐鲁番占卜文献的研究外，开始将精力转移到郝师主持的国家社科基金首批重大招标项目"英藏敦煌社会历史文献整理与研究"上。为了更好地推进项目运行，同时也培养人才，从 2011 年起，郝师开设了英藏敦煌社会历史文献整理的读书班，从最基础的认字抓起，手把手地教学生怎么整理敦煌文献，严格遵守学术规范，统一整理研究体例。在这样的训练下，我自己也经受了一场洗礼。"英藏"是一个超长期的项目，不是一般人能够坚持的。十五年来，"铁打的郝师，流水的兵"，我是除郝师之外唯一不动的"兵"，《英藏敦煌社会历史文献释录》也出到了第 20 卷，见证了我们的艰辛与坚韧！本书收录的《史大奈碑》的复原与研究、《百怪图》的缀合与研究、敦煌吐鲁番占卜文献新议题的思考，以及《瑞应图》《失名史书》的重新探讨方面的文章，都是我从事这个项目过程中的一些所得，现在看来，仍具有较高的学术价值。

2015 年，在荣老师的带领下，我参与旅顺博物馆藏新疆出土汉文文献的整理。这批文献总数超过 26000 片，多数残片学界未尝寓目。五年中，每个周六团队都要集中工作一天，从最开始的会读，到中间残片的定名、解题的撰写，再到最后校样的审阅，其间几次赴旅顺博物馆核查原卷，举行了3次专题研讨会，我是全程参与，感觉又回到了整理新获吐鲁番出土文献时的情形。这个团队里，荣老师是把控全局者，史睿师兄和我是具体组织和执行者，只有我们全部过眼了这26000多残片，耗费了极大精力。也正因此，我只写出了关于《老子道德经》和《列子·杨朱》的两篇论文。2020年，中华书局出版了《旅顺博物馆藏新疆出土汉文文献》全彩版32册并附《总目索引》3册，我们高质量地把这批新资料及时推向了学界，我忝列副主编，亦是一大荣耀。此后，在荣老师的关照和提携下，由我继续带领团队进行分类缀合与释录工作，并申请到了国家社科基金重大项目的资助。因为有了上一阶段过眼全部残片的经历，我得以综合性地观照吐鲁番出土的不同类别文献，考察汉地堪舆观念、《沙门法琳别传》在西域地区的传播，并尝试进行敦煌、吐鲁番占卜文献的比较研究。

回顾近二十年来我从事敦煌吐鲁番学研究的历程，主要是以文献整理为主，研究工作所得不多，回头来看，不免汗颜。本次结集，分为"占验与厌禳""现世与冥界""知识与文本"三个门类，因主体内容是我长期关注的占卜与信仰领域，故以"幽赞化行"为主书名。"幽赞"语出《易·说卦》"幽赞于神明而生蓍"，中古时期生民的占卜、信仰与知识传承，最终都是为了现世的"一己之福"，符合儒家所谓"化行天下"的理念。书中绝大部分文章都已经在期刊上发表过，收入本书时统一了体例。《白泽精怪图》和《百怪图》的几篇文章作了重新统合，有较大修订；其余文章则是修改错字、增补研究成果，略有改订。总体上，基本内容和观点不变，留待读者的评判。

衷心感谢郝师春文先生和荣师新江先生二十多年来对我的提携和帮助，是他们引领我进入敦煌吐鲁番学这个广阔的学术天地，没有他们，我不可能参与到英藏敦煌文献与各种新出吐鲁番文献的整理工作中来，自然也就谈不上取得的一点成绩。蒙荣师邀约，将本书列入他主编的"新时代敦煌学研究丛书"，这是我个人的第一本学术专著，于我有着特殊的意义。

感谢多年来一路相伴走过的师友、同门，这个名单太长，请原谅我无法逐一列举，浓情厚意，谨记心间。我的学生翟泰堃、李婧玉、张瀛之、方晓辰、杨倩、袁晨凯、郝琦敏、张鑫琦、才晶晶、高塬绪协助复核了本书的全部引文，让我不至于在这极度繁忙的毕业季手忙脚乱。感谢浙江古籍出版社的徐立先生，他的细致编校保证了本书的出版质量。

最后要感谢我的妻子邓庆平，她天资聪颖，在学生时代就被师长们看好，入职高校后发表的学术成果虽不多，但每篇论文都有重要创见，甚为同行瞩目。小女出生后，为照顾女儿，她放缓了科研的步伐，对一个学者而言，这无疑是作出了极大的牺牲。我心有愧，希望在今后的岁月里，我能够替她多分担一些。

游自勇

2024 年 9 月 10 日初稿

2025 年 5 月 30 日定稿